W0183435

Karsten Münch, Dietrich Munz, Anne Springer (Hg.)
Die Psychoanalyse im Pluralismus der Wissenschaften

Das Anliegen der Buchreihe Bibliothek der Psychoanalyse besteht darin, ein Forum der Auseinandersetzung zu schaffen, das der Psychoanalyse als Grundlagenwissenschaft, als Human- und Kulturwissenschaft und als klinische Theorie und Praxis neue Impulse verleiht. Die verschiedenen Strömungen innerhalb der Psychoanalyse sollen zu Wort kommen, und der kritische Dialog mit den Nachbarwissenschaften soll intensiviert werden. Bislang haben sich folgende Themenschwerpunkte herauskristallisiert:

Die Wiederentdeckung lange vergriffener Klassiker der Psychoanalyse – wie beispielsweise der Werke von Otto Fenichel, Karl Abraham, W. R. D. Fairbairn, Sándor Ferenczi und Otto Rank – soll die gemeinsamen Wurzeln der von Zersplitterung bedrohten psychoanalytischen Bewegung stärken. Einen weiteren Baustein psychoanalytischer Identität bildet die Beschäftigung mit dem Werk und der Person Sigmund Freuds und den Diskussionen und Konflikten in der Frühgeschichte der psychoanalytischen Bewegung.

Im Zuge ihrer Etablierung als medizinisch-psychologisches Heilverfahren hat die Psychoanalyse ihre geisteswissenschaftlichen, kulturanalytischen und politischen Ansätze vernachlässigt. Indem der Dialog mit den Nachbarwissenschaften wiederaufgenommen wird, soll das kultur- und gesellschaftskritische Erbe der Psychoanalyse wiederbelebt und weiterentwickelt werden.

Stärker als früher steht die Psychoanalyse in Konkurrenz zu benachbarten Psychotherapieverfahren und der biologischen Psychiatrie. Als das anspruchsvollste unter den psychotherapeutischen Verfahren sollte sich die Psychoanalyse der Überprüfung ihrer Verfahrensweisen und ihrer Therapie-Erfolge durch die empirischen Wissenschaften stellen, aber auch eigene Kriterien und Konzepte zur Erfolgskontrolle entwickeln. In diesen Zusammenhang gehört auch die Wiederaufnahme der Diskussion über den besonderen wissenschaftstheoretischen Status der Psychoanalyse.

Hundert Jahre nach ihrer Schöpfung durch Sigmund Freud sieht sich die Psychoanalyse vor neue Herausforderungen gestellt, die sie nur bewältigen kann, wenn sie sich auf ihr kritisches Potenzial besinnt.

Bibliothek der Psychoanalyse
Herausgegeben von Hans-Jürgen Wirth

Karsten Münch, Dietrich Munz, Anne Springer (Hg.)

Die Psychoanalyse im Pluralismus der Wissenschaften

Mit Beiträgen von Michael B. Buchholz,
Peter Fonagy, Horst Kächele, Jürgen Körner,
Hartmut Kraft, Joachim Küchenhoff,
Marianne Leuzinger-Bohleber,
David E. Orlinsky, Gerhard Roth,
Johann August Schülein
und Christoph Türcke

Psychosozial-Verlag

Bibliografische Information der Deutschen Nationalbibliothek
Die Deutsche Nationalbibliothek verzeichnet diese Publikation in der Deutschen Nationalbibliografie; detaillierte bibliografische Daten sind im Internet über http://dnb.d-nb.de abrufbar.

Originalausgabe
© 2010 Psychosozial-Verlag
Walltorstr. 10, D-35390 Gießen
Fon: 06 41 - 96 99 78 - 18; Fax: 06 41 - 96 99 78 - 19
E-Mail: info@psychosozial-verlag.de
www.psychosozial-verlag.de
Alle Rechte vorbehalten. Kein Teil des Werkes darf in irgendeiner Form (durch Fotografie, Mikrofilm oder andere Verfahren) ohne schriftliche Genehmigung des Verlages reproduziert oder unter Verwendung elektronischer Systeme verarbeitet, vervielfältigt oder verbreitet werden.
Umschlagabbildung: © Peter von Tresckow
Umschlaggestaltung & Satz: Hanspeter Ludwig, Gießen
www.imaginary-art.net
Lektorat: Vera Kalusche, Literaturbüro Schreibschlüssel, Bonn
www.schreibschluessel.de
Druck: Fuldaer Verlagsanstalt GmbH & Co. KG
www.fva.de
Printed in Germany
ISBN 978-3-8379-2061-1

Inhalt

Einleitung

Der vorliegende Band versammelt die Beiträge zur 60. Jahrestagung der Deutschen Gesellschaft für Psychoanalyse, Psychotherapie, Psychosomatik und Tiefenpsychologie, die vom 2. bis 4. Oktober 2009 in Berlin stattfand. Thematisch ging es um: Die Psychoanalyse im Pluralismus der Wissenschaften.

Der Titel postuliert, dass die Psychoanalyse sich als Wissenschaft unter anderen Wissenschaften zeigt und damit ihre eigenständige Position im heterogenen Pluralismus der Wissenschaftslandschaft behauptet. Obwohl allenthalben immer von einer Krise der Psychoanalyse gesprochen wird, ist doch erkennbar, dass sich in den letzten Jahren Entwicklungen ergeben haben, die die Position der Psychoanalyse verbessern. Zu erwähnen sind hierbei zum einen die immer häufiger anzutreffende Relativierung des Anspruchs der empirischen Wissenschaften, allein über »Wissenschaftlichkeit« entscheiden zu können, zum anderen die Forschungsergebnisse der Neurowissenschaften, durch die sich theoretische Annahmen der Psychoanalyse als gut fundiert erwiesen. Wir haben allen Anlass, unsere psychoanalytische Wissenschaft im gesellschaftlichen wie auch insbesondere im akademischen Diskurs offensiv zu vertreten.

Die Tagung begann am Abend des 1. Oktober mit einem öffentlichen Vortrag von H. Kächele (Ulm), der mit dem Titel »Klinische Überzeugung und empirische Befunde« über die unausweichliche Spannung zwischen klinischer Überzeugung (des einzelnen Analytikers) und empirischen Befunden sprach. Weitere Vorträge waren der Beziehung der Psychoanalyse zur empirischen Wissenschaft, insbesondere zur Psychotherapieforschung, gewidmet. Unter der Überschrift »The changing shape of clinical practice: Driven by science or by pragmatics?« ging P. Fonagy (London) der Frage nach, warum die klinische Praxis so schwer empirische Evidenz integrieren kann und so leicht durch pragmatische Faktoren zu beeinflussen ist. J. Küchenhoff (Basel) referierte zum Thema »Der Wandel psychoanalytischer Therapiekonzepte: Klinische Herausforderungen und theoretischer Fortschritt« und verwies auf die ständig erweiterten Grenzen der Behandelbarkeit als Folge der Weiterentwicklung von miteinander verflochtenen Theoriekonzepten. M. Leuzinger-Bohleber (Frankfurt) beschäftigte sich mit der Position der Psychoanalyse im wissenschaftlichen Pluralismus der heutigen Zeit und der Frage nach dem Common Ground: »Pluralität oder Einheit? Transgenerationelle Forschung in der Psychoanalyse heute«. Schließlich trug D. Orlinsky (Chicago) unter dem Titel »Psychotherapy research and psychodynamic-psychoanalytical psychotherapies: Implications for practice« seine Überlegungen vor zu den Konsequenzen, die eine über 50 Jahre bestehende Forschungstradition für die Psychoanalytischen Psychotherapien zusammengetragen hat.

Das Verhältnis der Psychoanalyse zu einigen Nachbarwissenschaften bildete das Thema weiterer Vorträge: G. Roth (Bremen) – »Psychoanalyse und psychoanalytische Therapie aus Sicht der Hirnforschung« – widmete sich zunächst dem Verhältnis von Psychoanalyse und Hirnforschung und präsentierte dann Ergebnisse der gerade abgeschlossenen Hanse-Neuropsychoanalyse-Studie. M. Buchholz (Göttingen) untersuchte ebenfalls die Beziehung der Psychoanalyse zu Nachbarwissenschaften – »Blüten in fremden Gärten – Psychoanalyse und ihre Nachbarn« – und verwies auf die vielfältigen Anregungen, die die Psychoanalyse aus dem Dialog mit diesen Nachbarn gewinnen kann. Speziell auf die Bedeutung der Psychoanalyse für die Kulturwissenschaft ging Ch. Türcke (Leipzig) ein – »Traum und Trauma. Der Freud'sche Primärprozess als Kulturstifter«: Wenn der Traum, wie Freud sagt, »primitive Denktätigkeit« ist, dann lässt sich unser Denken womöglich nur vom Traum her gründlich begreifen. H. Kraft (Köln) sprach über das Verhältnis von Psychoanalyse und Kunst und widmete sich anhand der Besprechung eines konkreten

Gemäldes der Frage, wie die individuelle Antwort des Betrachters auf das Kunstwerk entsteht: »Kunstgenuss. Eine Analyse«.

Mit der Tagung beging die DGPT zugleich ihren 60. Geburtstag. Durch zwei Vorträge wurde das Thema: »60 Jahre Psychoanalyse in Deutschland« beleuchtet. Dem (soziologischen) »Blick von außen« widmete J.A. Schülein (Wien) seinen Vortrag mit dem Titel »Institutionalisierungsprobleme der Psychoanalyse oder: Wird die ›autoerotische Phase des Vereinslebens‹ durch die ›Objektliebe‹ abgelöst?«. J. Körner (Berlin) referierte aus der Innenperspektive über »Die DGPT – 60 Jahre erfolgreiches Krisenmanagement« und berichtete über eine geglückte Institutionalisierungsgeschichte der Psychoanalyse. Die Tagung erwies sich wissenschaftlich als Einlösung des Postulats, unter das sie gestellt worden war.

Karsten Münch, Dietrich Munz & Anne Springer

Teil I

Psychoanalyse und empirische Wissenschaft

Klinische Überzeugung und empirische Belege

Horst Kächele

In der Geschichte der Psychoanalyse nimmt der Begriff »Schule« einen respektablen Platz ein und auch in der gegenwärtigen psychoanalytischen Welt hängt dem Schulenbegriff nicht unbedingt eine negative Konnotation an. Doch tauchen von Zeit zu Zeit Stellungnahmen auf, die das Positivum Schule doch etwas kritisch zu beäugen versuchen. So schrieb Bibring schon 1947 einen Artikel zur »so-called English school of psychoanalysis« und Kernberg verfasste 1972 eine Kritik der »Kleinian School«, die wenig Beachtung gefunden hat, da sie in einem wenig gelesen Buch erschienen war (in Giovacchini 1972).

Einen positiven Gebrauch des Schulenbegriffs unterstützt der anerkannte schwedische Wissenschaftstheoretiker Gerad Radnitzky[1], der in einem viel beachteten Werk, *Contemporary Schools of Metascience*, Folgendes ausführt:

> »›*Tradition*‹ und ›*Schule*‹ werden benutzt, um Phänomene im sozialen Leben und in der Kultur zu bezeichnen, und sie werden auch als konzeptuelles Werkzeug vom Historiker, vom Soziologen benutzt. Sie präsentieren Modelle des Denkens, Ideal-Typen wie Geisteswissenschaftler sie vermutlich bezeichnen würden. *Tradition* betont die historische Dimension; *Schule* impliziert Gleichzeitigkeit« (Radnitzky 1973, S. 8).

Schulen repräsentieren Modelle des Denkens, die einen gewissen systematischen Aufriss der leitenden Gesichtspunkte einer Praxis geben.

1 Philosophieprofessor an der Universität Trier.

Die Erfinder bzw. Erbauer dieser Denkfiguren sind in der Psychoanalyse namentlich bekannt – und manchmal berüchtigt, um an die Herren Stekel oder Rank zu erinnern. Zeitgleich und doch in verschiedenen Ausformungen und Variationen arbeiten die Angehörigen der einzelnen Schulen. Meist besteht ein Grundkonsens, bestehend aus »basic assumptions«, die auf von Freud übernommene Denkfiguren zurückgeführt werden können. Dazu kommen dann Neubildungen und Neu-Akzentuierungen, die das originale Modell variieren – wobei fraglich ist, ob es dieses jemals in reiner Form gegeben hat. War Freud ein Freudianer, kann deshalb Momogliano (1987) rhetorisch fragen. Der Anteil persönlicher Eigenarten, theoretischer Vorlieben, eigener praktischer Erfahrungen und selbst-stilisierender Interessen der Gründer für die Ausgestaltung ihrer therapeutischen Modelle dürfte beträchtlich sein. Für die frühe Psychoanalyse und ihre frühen Apostaten – das sind die vom rechten Glauben Abgefallenen – wurde dies vielfältig thematisiert (z.B. Ellenberger 1973). Doch auch zeitgenössische Schulengründer dürften lohnende Studienobjekte abgeben. Man vergleiche die Persönlichkeiten Kohuts und Kernbergs und dazu ihre theoretischen Lieblingsfiguren und ihre praktischen Handlungsweisen.

Heute wird niemand mehr aus der Kirche verbannt; stattdessen sprechen kritische Psychoanalytiker von der Gefahr einer Babylonisierung der Psychoanalyse (Jiménez 2009a, 2009b; s.a. Tuckett 1994[2]).

Es ist unübersehbar, es gibt keine einheitliche psychoanalytische Schule mehr, sondern nur noch eine Vielzahl von -ianern, als da sind Freudianer, Kleinianer, Bionianer, Kohutianer, Lacanianer und Post-Lacanianer und natürlich die British Independents usw. Gemeinsamkeiten werden auf den internationalen Kongressen, wenn überhaupt, im Austausch über die praktische Arbeit gesucht – mit durchaus wechselndem Erfolg. Fonagy (2006) thematisiert explizit das Versagen der

2 In seinem Vorwort zu der Jubiläumsnummer des *International Journal of Psychoanalysis* zum 75. Jahrgang, die dem Thema »Konzeptualisierung und Kommunikation klinischer Fakten« gewidmet war, schrieb Tuckett: »Nach 75 Jahren wird es Zeit, nicht nur unsere Methodologie zur Ermittlung der Wahrheit, sondern auch Ansätze zu entwickeln, die es uns erlauben, für neue Ideen offen zu sein und deren Nützlichkeit durch vernünftige Argumente zu evaluieren. Die Alternative würde sonst nur der Turm von Babel sein« (Tuckett 1994, S. 865).

Praxis, informativ für die Theoriebildung zu sein, und benennt erneut die Bedeutung impliziter Theorien des Psychoanalytikers, um diese Transmissionslücke zu überbrücken. Als Sigmund-Freud-Professor folgt er (seit 1992) seinem Vorgänger in diesem Amte, Joseph Sandler, der schon 25 Jahre zuvor forderte, die Beziehung zwischen psychoanalytischen Konzepten und psychoanalytischer Praxis zu untersuchen:

> »Die Forschung sollte darauf abzielen, die impliziten Konzepte praktizierender Psychoanalytiker explizit zu machen. Ich vertrete die These, dass dieser Prozess zu einer beschleunigten Entwicklung der psychoanalytischen Theorie führen wird. Diese Theorie muss sich im Wesentlichen auf die praktische Arbeit der Psychoanalytiker beziehen, deshalb ist ihr Hauptakzent notwendig klinischer Art« (Sandler 1983, S. 43).

Diese Aufgabe wurde von seiner deutschen Mitarbeiterin Dreher (1998) dann zu einem eigenständigen Forschungsbereich erhoben, in dessen Rahmen auch die Suche nach den impliziten Theorien der Praktiker fällt. Hamilton (1996) zeigte in einer vergleichenden Studie jedoch auf, welches Ausmaß an Divergenz dabei zutage gefördert wird, wenn man das Vorbewusste von Analytikern verschiedener Schulen auf seine konzeptuellen Metaphern hin analysiert.

Woher stammen nun diese konzeptuellen Metaphern, die den Analytikern bei der Aufnahme und Verarbeitung des Materials des Patienten leiten? Woher nahm Freud seine ursprüngliche Überzeugung, dass die Berichte seiner hysterischen Patientinnen realen Erfahrungen geschuldet waren? Greifen wir auf eigene lebensweltliche Konzepte zurück oder ist unser vorbewusstes Denken fest in einer der vier gängigen psychoanalytischen Entwicklungstheorien (nach Pine 1988) verankert? Und wie steht es mit der empirischen Fundierung dieser uns leitenden Hintergrundannahmen? Sind diese Hintergrundannahmen bedeutsam für den Verlauf und das Ergebnis unserer klinischen Arbeit?

Immer wieder einmal kommt es zu Dialogen zwischen Analytikern verschiedener theoretischer Orientierung, die am gleichen Material ihre unterschiedlichen Sichtweisen erproben sollen. Das sogenannte Pulver-Experiment, wie A.E. Meyer es zu nennen pflegte – um damit den Herausgeber des Berichtes des Experimentes zu ehren –, endete mit dem Ergebnis, dass alle theoretischen Orientierungen gleichwertig sind und jede einen Preis bekommen sollte. Auch Streeck (1994) berichtete, dass verschiedene Psychoanalytiker »das Gespräch, in dem die psychoanalytische Behandlung besteht«, zwar verschieden interpretieren, aber es wird keine Superiorität des einen über den anderen theoretischen Ansatz beansprucht. Wir sind empirisch noch weit davon entfernt, Belege für die Funktionsweise und Wirksamkeit verschiedener theoretischer Orientierungen vorlegen zu können.

Zum Internationalen psychoanalytischen Kongress in New Orleans 2004 wurden Helmut Thomä und ich von R. Bernardi aufgefordert, ein klinisches Beispiel für den vergleichenden Austausch von psychoanalytischen Sichtweisen zu stellen. Wir griffen auf eine psychoanalytische Sitzung der Patientin Amalie X, die Stunde 152, zurück, die Thomä (1981b) als Demonstration seines Weges »vom spiegelnden zum aktiven Psychoanalytiker« (Thomä 1981a) veröffentlicht hatte. Wie zu erwarten, waren die Reaktionen sehr vielfältig. Diese erneute Dokumentation des No Agreements zusammenfassend, schrieb Jiménez:

> »Die Unmöglichkeit, in der Psychoanalyse einen Konsens zu erzielen, und die damit verbundene Fragmentierung oder der Pseudo-Pluralismus sind auf den Mangel eines von allen Kommentatoren akzeptierten Bezugsrahmens zurückzuführen. Genau dieser Mangel eines Bezugsrahmens ist es, dem man durch die Entwicklung von Methoden für die klinische, theoretische und empirische Forschung in der Psychoanalyse entgegenzutreten versucht« (Thomä/Jiménez/Kächele 2006, S. 193).

Jahrelang schien die öffentliche psychoanalytische Diskussion davon auszugehen, dass sich die Technik aus der Theorie ableiten ließe. Aber die Vermehrung der Theorien und der Eindruck, dass sich die Patienten *anscheinend* unabhängig von der Theorie ihrer Analytiker verbesserten, hat dazu geführt, dass der eindeutige Charakter der Beziehung zwischen Theorie und Praxis in Zweifel gezogen wird.

Alain Vanier hat sich am Ende seiner Diskussion des Ulmer Falles vom Lacan'schen Standpunkt ausgehend gefragt, ob bei der Betrachtung des tatsächlichen Verlaufs der Behandlung von Amalie X der ausgedachten Theorie überhaupt irgendeine Bedeutung zukommt. Deshalb lautet seine konkrete Frage: Warum wirkt die Analyse? Denn dass sie wirkt, glauben wir doch trotz der starken theoretischen und technischen Unterschiede, die die derzeitige Psychoanalyse wie eine Ansammlung von Verschiedenheiten erscheinen lassen. Andere Kollegen behaupteten, dass – wie Lacan zu sagen pflegte – die Analyse trotz des Analytikers wirkt. Was bedeutet das? Wie soll man das verstehen? Was ist denn der Status unserer Theorien? Wozu so viel Mühe und Überfluss? In diesem Sinne merkt Jiménez an:

> »Die Trennung zwischen Theorie und Praxis anzuerkennen, auch wenn wir dadurch mit enormen epistemologischen und methodischen Problemen konfrontiert werden, hat uns von dem in den vergangenen Dekaden üblichen Dogmatismus befreit« (Thomä/Jiménez/Kächele 2006, S. 196).

Es geht also darum, die Praxis als Untersuchungsfeld zu priorisieren. Wie ist das möglich?

Marianne Leuzinger-Bohlebers unübertreffbare graphische Synthese dessen, was alles unter psychoanalytischer Forschung subsumiert werden kann, zeigt das Feld auf, in dem die Frage nach der Entstehung und Herkunft konzeptueller Arbeitsinstrumente untersucht werden muss.[3]

Dabei ist die Unterscheidung, ob hier Online- oder Offline-Forschung vorliegt – um die Formulierungen von Ulrich Moser aufzugreifen –, vielleicht hilfreich. Denn die konkrete Arbeit in der psychoanalytischen Situation, wo Patient und Analytiker im multimodalen Austausch stehen, muss zunächst modelliert werden; dann wird aufzuzeigen sein, wie diese Erfahrungen methodisch erfasst werden können. Das zureichende Verständnis der klinischen Situation auf eine empirisch sichere Basis zu stellen, erfordert also, Modelle zu entwerfen, die dem Fluss des Geschehens gerecht zu werden vermögen. Unter den derzeit verfügbaren Modellen des psychoanalytischen Prozesses, die Helmut Thomä und ich im 9. Kapitel des Ulmer Lehrbuchs schon 1985 diskutiert haben, ist das von Moser und von Zeppelin konzipierte Prozessmodell besonders

3 Siehe hierzu Leuzinger-Bohleber 2010, S. 118 (in diesem Band).

gut geeignet, den Aufbau von klinischer Überzeugung als notwendigen Vorgang zu beschreiben.

Ulrich Moser und Ilka von Zeppelin betrachten die Beziehung Analytiker – Analysand als Wechselwirkung zweier Systeme, die expliziten oder impliziten Beziehungsregeln folgen. Die Hauptannahme des Züricher Prozessmodells besteht darin, dass sich Analytiker und Patient laufend Bilder (Modelle) vom Stand des Regulierungssystems machen – sowohl vom eigenen als auch von dem des anderen und von der vermuteten Wechselwirkung. Ein wichtiges Charakteristikum des Modells besteht darin, dass für die Herstellung und Aufrechterhaltung von Beziehungen ein spezieller Regulierungskontext angesetzt wird, der Wünsche und Regeln für deren Verwirklichung enthält. Die Beziehungsregeln umfassen auch jene Regeln, die zur kommunikativen »hardware« jedweder Interaktionsregulierung gehören. Diese sind im therapeutischen Prozess erst dann von Interesse, wenn sie erheblich gestört sind und als pathologische Phänomene in Erscheinung treten.

Generell klinisch bedeutsam sind die sogenannten *selbstrelevanten Beziehungsregeln*, die die Stabilität des gesamten Regulierungssystems gewährleisten. Ihnen hierarchisch untergeordnet sind die *(objekt)relevanten Beziehungsregeln*, die den sozial vorgegebenen Beziehungsregeln folgen. Aus der Unterscheidung beider Regelsätze folgt ein erstes Verständnis der Übertragung: Sie findet nur dort statt, wo selbstrelevante Beziehungsregeln ins Spiel gebracht werden.

Der therapeutische Prozess kommt in Gang, weil der Analysand die Regulierungskompetenz des Analytikers zuhilfe nimmt. Er tut dies auf die ihm eigene, entwicklungspsychologisch determinierte Weise. Die Aufgabe des therapeutischen Prozesses ist es, diese unbewusst eingeleiteten Erwartungen an die Hilfestellung des Analytikers deutlich zu machen.

Dazu werden in dem Modell vier Hauptfunktionen der therapeutischen Beziehung definiert (Zeppelin 1987):

1) die Erweiterung der affektiv-kognitiven Suchprozesse in Bezug auf die Regulierungsaktivität, insbesondere die Erweiterung der selbstreflexiven Fähigkeiten,
2) der Aufbau und die Einübung eines Ad-hoc-Modells der Bezie-

hung zwischen Analytiker und Analysand; im Hier und Jetzt wird eine bessere Interaktionskompetenz erworben, die dann auf die außeranalytische Beziehungsrealität übertragen werden muss,
3) die allmähliche Veränderung der therapeutischen Wechselwirkung im Sinne der Herstellung einer anderen Regulierungsverteilung zwischen Analytiker und Analysand,
4) die Veränderung des Regulierungssystems des Analysanden über die Ausdifferenzierung der selbstreflexiven Funktionen.

Übertragungs- und Gegenübertragungsanalyse entstehen durch die Anwendung dieser vier Hauptfunktionen auf die therapeutische Beziehung. Die dadurch entstehenden Prozesse durchlaufen verschiedene Phasen, in denen unterschiedliche Brennpunkte immer wieder durchgearbeitet werden. Einsicht kann als der schrittweise Aufbau von »Annäherungsmodellen« beschrieben werden, die in einem iterativen Verfahren gesucht werden müssen. In einfacher Weise fasst eine neuere Arbeit der beiden Autoren diese Modellbildung so zusammen:

> »Im klassischen psychoanalytischen Modell der Therapie bildet sich, durch die Regeln des Settings gesteuert, ein interaktives Arbeitsfeld. In diesen Bereich fallen die Prozesse von Übertragung, Gegenübertragung, Interpretation, Erinnern usw. [...] Diese ›Mikrowelt‹ (Moser 2001) wird die ganze Zeit hindurch von der real konkreten Beziehung zwischen Analytiker und Analysand getragen« (Moser/Zeppelin 2004, S. 634).

Der Analytiker bildet zwei Modelle aus, eines geht in diese Mikrowelt ein, das andere versucht die Art der Beziehungsregulierung zwischen ihm und dem Analysanden zu erfassen.

Mit diesem Modellierungsansatz kann das Verständnis der unvermeidlichen Entwicklung klinischer Überzeugung formal gut gefasst werden; beide Partner im therapeutischen Geschehen bilden solche Beziehungsmodelle aus, und diese werden *subjektiv* als gut begründete Überzeugungen fühlbar. Diese Überzeugungen sind körperlich spürbar, wie wir heute mit den Sprachmitteln der »embedded cognitive science« sagen können (Leuzinger-Bohleber et al. 2008). Das Gefühl der Sicherheit bildet sich in einem iterativen Prozess; allerdings wird daran auch deutlich, dass diese Modellbildungen jeweils im bipersonalen Geschehen verankert sind. Deshalb sind Konsensbildungen unter Psychoanalytikern so schwer zu erreichen, nicht nur wegen unterschiedlicher theoretischer Voreinstellungen.

Man könnte nun meinen, dass die Frage des Psychoanalytikers Isaak Ramzy, »how does the mind of the analyst work« (1974), durch ein solches Modell beantwortet würde. Wie aber können empirische Ansätze aussehen, die doch erhebliche methodische Probleme zu lösen haben?

Ein erstes Experiment von Franz Alexander, auf welche Weise ein Zugang zu dieser Frage zu gewinnen sei, ging – perfektionistisch und zwanghaft zugleich – von der Idee aus, den Analytiker vom Analysanden durch eine schalldichte Glaskabine akustisch zu trennen und den Grundregelbericht des Analysanden über Kopfhörer dem Analytiker zu übermitteln, der gleichzeitig seine mitlaufenden Einfälle auf ein zweites Tonband aufzeichnen sollte. Solche technologisch überlasteten Rahmenbedingungen hatten unter Analytikern wenig Chancen auf Verwirklichung.

Immerhin hatten Wallerstein und Sampson (1971) in ihrer Übersichtsarbeit über Probleme der Prozessforschung an den Vorschlag von Shakow (1960) erinnert, »die Verbatimaufzeichnung durch eine Aufzeichnung der unmittelbaren ›post-session elucidation‹ des Analytikers zu ergänzen, in der dieser sein Verständnis der Sitzung unter Einschluss all der Assoziationen, die er zu seinen unausgesprochenen Denkvorgängen habe, geben könne« (Wallerstein/Sampson 1971, S. 26).

Trotz dieses Vorschlages der in der Psychoanalytic Community renommierten Autoren befand sich psychoanalytische Prozessforschung nach A. E. Meyer (1981, S. 111) noch lange zwischen der Skylla der unsystematischen und nur schwer kontrollierbaren »Verkürzung« in den Fallberichten und der Charybdis der »systematisch akustischen Lücke« der Tonbandaufzeichnung.

Die tradierten Verfahren der Kommunikation über solche Modellbildungen durch Vignetten-Material oder – selten genug – ausführlichere Fallberichte (Kächele 1981) enthalten dabei nicht nur quantitative Verkürzungen, sondern werden auch durch Verdichtungen poetisch umgestaltet.[4] Tonbandregistrierungen von psychoanalytischen Sitzungen (von Meyer beharrlich Liegungen genannt) enthalten wiederum nichts von den äußeren non-verbalen Abläufen (wie Begrüßung und Verabschiedung) und nichts von inneren Verarbeitungsprozessen, die Heimann (1969) und auch unabhängig davon Pearl King (o.J.) den »inneren Begleit-Kommentar« des Analytikers genannt haben, sondern nur jene Anteile, die von ihm in intervenierender Absicht verbal geäußert werden.[5]

Um diese beiden Mängel auszugleichen, sind Sitzungsrückblicke unerlässlich. Für diese sind mehrere Formen denkbar: Ihre einfachste, die nie fehlen sollte, ist der frei-assoziative Rückblick, wobei der Analytiker direkt nach der Liegung oder Sitzung berichtet, was immer ihm zu dieser einfällt. Für konkrete Forschungsvorhaben reicht dies nicht, ein standardisierter Teil muss folgen.

> »Für eine Basisdokumentation wäre ein besonders aufwendiges Verfahren wünschbar: Direkt nach einer Liegung spielt sich der Analytiker diese noch mal vor, während ein zweiter Recorder läuft. Wo immer er eine Explikation seiner inneren Vorgänge für angezeigt hält, hält er den ersten Recorder an und spricht seinen Kommentar auf den zweiten, welcher weiterläuft« (Meyer 1995).

---

4 Zum ungewöhnlichen Begriff »poetische Forschung« hat sich Poscheschnik (2009) bekannt.

5 So schrieb A.E. Meyer in einer seiner letzten veröffentlichten Arbeiten: »Für eine Basisdokumentation sind automatisch-elektronische Registrierungen zwar unerlässlich, aber nicht ausreichend, weil sie hinsichtlich Analytiker systematische akustische (und unsystematische) Lücken aufweisen (Meyer 1981). Während der Kranke, auf die Grundregel verpflichtet, welche er zwar längst nicht immer einhält, aber über Widerstandsinterventionen immer wieder annähert, entsprechend vollständig seine derzeitige innere Welt berichtet, tut sein Analytiker das Gegenteil: Die systematische akustische Lücke besteht darin, dass er alles von seinen emotionalen Gegenreaktionen, psychodynamischen Hypothesen und Interventionsoptionen für sich behält, welche er für nicht therapeutisch hilfreich erachtet. Somit werden einzig diejenigen laut, also akustisch erfassbar, welche er für therapeutisch fruchtbar hält« (Meyer 1988).

Die unsystematische Lücke betrifft Nicht-akustische oder Außer-Stunden-Interaktionen: Der Kranke erscheint (erstmalig – oder nach langem Intervall wieder) in modisch-fröhlicher Kleidung, oder der Analytiker erfährt (vielleicht mit erheblicher Verspätung), dass der Kranke seiner Arzthelferin ein überproportional wertvolles Geschenk gemacht oder einen Angehörigen in die Praxisgemeinschaft zur Beratung geschickt hat. Oder er entdeckt ihn unter den Zuhörern seines Volkshochschulvortrags. Derartige Wahrnehmungen können die Interventionsstrategie des Analytikers beeinflussen, bevor (oder ohne dass) die betreffende Determinante verbalisiert wird.

Dieser Vorschlag wurde von A.E. Meyer als Forschungsprojekt im Hamburger Sonderforschungsbereich in Zusammenarbeit mit Helmut Thomä und mir realisiert. Die systematisch-akustische Lücke sollte also durch die Einführung eines »freien Rückblickes« gefüllt werden, bei dem der Analytiker unmittelbar im Anschluss an die Sitzung seinen freien Assoziationen folgend alles berichten soll, was ihm durch den Kopf geht. Da schon die Tonbandaufzeichnung der Sitzung für viele Psychoanalytiker, eingestandenermaßen oder auch eingekleidet in viele einleuchtende Rationalisierungen besondere Belastungen mit sich bringt, so war zu erwarten, dass dieser Forschungsansatz »hohe bis übermenschliche Forderungen an die Offenheit und Wahrhaftigkeit des Analytikers stellt« (Meyer 1981, S. 111). Nicht zufällig bildete sich das Bonmot vom »Lügungsrückblick« unabhängig voneinander bei zwei der drei am Projekt Beteiligten.

Das Projekt kann man als einen ersten empirischen Versuch ansehen, zu verstehen, wie klinische Überzeugung in der analytischen Sitzung sich bildet. Einen zweiten Versuch haben dann Hartmut König und ich unternommen (König/Kächele 1995). Eine von mir durchgeführte und auf Tonband aufgezeichnete Sitzung wurde umgehend transkribiert, von König durchgearbeitet und in einem Dialog zwischen dem Analytiker und dem Forscher auf die latenten Modelle des Analytikers hin untersucht. Diese Anordnung sollte die von Spence (1982) geforderte Einbettung des Textes in stets präsente hintergründige Gewebe des assoziativen Netzwerkes leisten. Unerlässlich bei diesem Bemühen ist das freundlich-kritische Aufeinanderzugehen, im Dialog, ohne Rechthaberei und doch mit deutlichem Gegen-den-Strich-bürsten. Angesichts der bekannten theoretischen Unterschiede der Auffassungen in Tübingen und Ulm erstaunt nicht, dass auch Unterschiede im Verständnis des klinischen Materials zu finden waren; aber das Tonband bot jedem die Möglichkeit, sein jeweiliges Vorverständnis zu korrigieren. Hartmut König (mündliche Mitteilung) äußerte sich dazu wie folgt:

> »Und ich habe dann anhand des verschrifteten Stundenprotokolles Hypothesen entwickelt, die teilweise durch den Tonfall beim Abhören invalidiert wurden. Ich hatte nämlich sehr dramatische Hypothesen, näm-

> lich dass der Patient sehr depressiv werden könnte und dass er etwas sehr Verschlingendes-Einverleibendes hat und deswegen auch so ungeheure Angst hat, ob wirklich eine innere Konstanz da ist.«

Die Ergebnisse dieses maieutischen Vorgehens fanden ihren Niederschlag in der umfangreichen Dissertation von König (2000), die trotz ihrer Summa-cum-Bewertung durch den gutachtenden Psychologieprofessor Kaminski wenig Leser gefunden hat und die ich deshalb sehr zum Nachlesen empfehlen möchte.

Festzuhalten ist: Es gibt einen systematischen Zugang, die gedanklichen, emotionalen und kognitive Prozesse einer psychoanalytischen Sitzung zu erfassen; der Prozess der bipersonalen Fundierung von klinischen Überzeugungen kann untersucht werden – dass dies nicht einfach ist, dürfte niemanden wundern.

Über das weitere Schicksal solcher Online-Erfahrungen, die während der Sitzung vermutlich in großer Dichte und nur teilweise in sprachlicher Form aufgebaut werden, ist wenig bekannt. Nachdem der Patient das Behandlungszimmer verlassen hat, wird aus der Online-Situation eine Offline-Geschichte.

Was für 50 Minuten ein Dialog war, der von zwei parallel ablaufenden inneren Monologen begleitet wurde, verwandelt sich: Einen inneren Monolog – von dem wir allerdings nur vom Hörensagen wissen[6] – führt der Patient auf dem Weg nach Hause, im Auto, in der Straßenbahn; der andere Monolog wird Teil unseres beruflichen Lebens. In der kurzen Pause zwischen einem Patiententermin und dem nächsten wird der Analytiker versuchen, zu vergessen und seinen seelischen Apparat von Unerledigtem zu reinigen – wie das Freud (1925a) mit dem Wachstäfelchen als Modell des Gedächtnisspeichers skizziert hat –, um für das nächste anstehende Gespräch wieder voll aufnahmebereit zu sein.

Wenn dann das Gespräch mit dem nachfolgenden Patienten ansteht, kann der Psychoanalytiker sich auf Bions (1967) wunderbares Wort berufen: »[N]o memory, no desire« soll dem neuen Ereignis im Wege stehen. Seine Erinnerung an die vorausgehende Sitzung wird jedoch

6 Orlinskys *Intersession Questionaire* eröffnete einen Zugang zu diesem Zeitraum zwischen einzelnen Sitzungen (Zeeck et al. 2004).

auf wundersame Weise mit den ersten Sätzen des Patienten wiederkehren: Ach ja, da sind wir ja wieder. Freuds berühmte Empfehlung, sich nichts Bestimmtes zu merken, bewährt sich. Patient und Analytiker schwimmen wie Fische im reichen Material des Unbewussten und die ersten Sätze des Klienten führen den Therapeuten auf den richtigen Weg. Greensons Bemerkungen zum Rückgang und Ende der 50-Minuten-Sitzung befördern allerdings Zweifel an dieser idealisierenden Prozessmetapher:

> »Erstens glaube ich nicht, dass ein Analytiker, der in seine Arbeit vertieft ist, alle Gedanken, Phantasien, Gefühle und Verwirrtheiten hinsichtlich eines Patienten abschalten kann, sobald dieser geht. Außerdem bedarf es einiger Minuten der Kontemplation oder Ablenkung, um nach einer verwirrenden oder schwierigen Stunde seinen Gleichmut wiederzugewinnen« (Greenson 1974, S. 398).

Was also macht der Therapeut in der Pause nach 50 Minuten? Geht er seinen Toilettenbedürfnissen nach, telefoniert er oder schreibt er gar etwas auf? In der Fachliteratur finden sich vorwiegend kurze oder längere episodische Schilderungen von interaktiven Ereignissen aus den Therapiesitzungen. Wann sind diese entstanden? Schreiben die Verfasser solcher Vignetten während der Stunde mit, während sie mit gleichschwebender Aufmerksamkeit zuhören? Das kann doch nicht sein – oder haben wir psycho-akustische Hochbegabte unter uns, denen Schreiben und gleichschwebendes Zuhören gleichermaßen gelingt? Oder schreiben sie nach der Sitzung ein paar Stichworte auf einen Zettel und arbeiten diese dann spätabends aus? Oder erfinden sie gar am Wochenende das Material für diese Produktionen?

Glücklicherweise betreffen diese Sorgen nur wenige Therapeuten. Die meisten sehen das Schreiben nicht als einen konstitutiven Anteil der therapeutischen Arbeit. Fakt – Ergebnis vieljähriger Feldbeobachtung – ist doch, dass ein Großteil der Psychoanalytiker nur höchst ungern schreibt.

Bei den wenigen, die offenkundig gerne schreiben, entstehen im günstigen Fall Behandlungsberichte als nachgelieferte, sozusagen posthume

Zeugnisse. Allerdings liegt zwischen dem Ereignis des Gesprächs und der Existenzform als literarischem Gegenstand nicht nur ein zeitlicher, sondern auch vom Material her ein Abgrund unbestimmter Art und Größe (Kächele 2009).

Der Prozess der Transformation des therapeutischen Gesprächs in einen Behandlungsbericht ist wenig untersucht. Denken wir an Musik, die sich ereignet, die gehört wird – und von der keine technischen Aufzeichnungen existieren: Sie würde verwehen und im günstigen Fall wehmütig erinnert werden. Auch deshalb wurde für die Musik die Notation erfunden: um wenigstens ein fixiertes, wenn auch extrem reduziertes Abbild zu haben. Von Takt zu Takt repräsentieren die einzelnen Noten mit ihren formalen Einbettungen – wie Pausenzeichen, Taktangaben, Tonlage, Zäsuren – die Struktur, den Verlauf und die Form der Melodie. Die Welt der Musikwissenschaft bestimmt seit Jahrhunderten die auf acht Linien komprimierbaren Formen, benannte Fugen, Sonaten, Sinfonien etc.

Ist es sinnvoll, entsprechendes für das psychoanalytische Gespräch zu erwarten? Wenn ja, wäre die naheliegende Antwort, es müsse dann in großem Umfang Notationen auf der Basis von Tonbandaufzeichnungen geben. Aber eine solche Empfehlung hat sich nicht durchgesetzt. Wir warten noch auf ein universelles Notationssystem für therapeutische Gespräche, das dem der Musik auch nur ansatzweise nahekommt.

Das Logbuch

Deshalb möchte ich eine Metapher einführen. Stellen wir uns die Welt der Psychotherapie als einen Ozean vor, den viele kleine und große Schiffe befahren; aber dieser ist nicht oder nur schwach kartografiert. Unser Wissen entspricht den nautischen Karten des Mittelalters, die in Küstenbereichen recht präzise waren, aber je weiter hinaus die Schiffe fuhren, desto vager wurde ihre Orientierung. Tagsüber und bei klarem Himmel gab es schon seit Jahrhunderten Orientierungshilfen; für das Navigieren auf der hohen und oft stürmischen See in dunkler Nacht wurde im Jahre 1100 Anno Domini von chinesischen Seeleuten der

Kompass erfunden. So einen Psycho-Kompass besitzen wir für intensive Therapieprozesse noch nicht. Was wir haben, und das seit langer Zeit, sind Logbücher – auch Tagebücher, Laborbücher, Stundenbücher – von Therapeuten. Es handelt sich dabei um tägliche Aufzeichnungen dessen, was Außergewöhnliches passiert; wenn nichts passiert ist, steht auch wenig im Logbuch.

Abschließend möchte ich die Frage aufwerfen, inwieweit solche Logbücher »nautischer Verortung« dienen und vorzugsweise Momente der Gefährdung aufzeichnen – oder eher wie Tagebücher[7] der Funktion systematischer Selbstanalyse dienen.

Die nach-freudianische Welt hat sich das Vorbild des Gründers zu eigen gemacht, das Material der täglichen Notizen nicht als wissenschaftlich relevantes Material sui generis zu betrachten. Obwohl viele Therapeuten während ihrer Ausbildung, bei der das Erstellen von Protokollen zu den mühseligen und wohl notwendigen Pflichten gehört – seien sie Analytiker oder von anderer Provenienz –, viele Bogen Papier beschreiben – während der Sitzung, nach der Sitzung –, scheinen nur relativ wenige Therapeuten nach der Phase der Ausbildung eine besondere Lust zu verspüren, den Produkten dieses Schreibens einen hohen Stellenwert zuzugestehen. Die Aktenordner mit den Aufzeichnungen werden vermutlich längere Zeit aufbewahrt, aber nur selten und nur bei wenigen gewinnen sie später nochmals Bedeutung. Es wäre ja denkbar, dass es ein lohnendes Unterfangen sein könnte, ohne explizites wissenschaftliches Interesse später noch einmal über die eigenen schriftlich fixierten Behandlungserfahrungen zu reflektieren. Wie oft dies geschieht, entzieht sich einer systematischen Kenntnis. Trotz dieser Unlust wird aber dem Schreiben über klinische Erfahrungen ein großer kommunikativer Stellenwert in der Entfaltung wissenschaftlich fundierter Psychotherapie zugeschrieben. So haben Buchholz und Reiter (1996) in den epistemischen Kulturen der Therapieschulen interessante Unterschiede bezüglich der Erstellung von Fallgeschichten herausgearbeitet.

Als geglückte Transformationen therapeutischer Erfahrungen

---

7 Zur selbstreflexiven Funktion von Tagebüchern siehe Hockes klassisch zu nennender Text: *Das europäische Tagebuch* (1964, S. 9).

in schriftstellerische Produkte können die Schlüsselromane von Tilmann Moser gelten. Es ist anzunehmen, dass sie von seinen Erfahrungen als Psychoanalytiker und als noch immer psychoanalytisch denkender Körpertherapeut motiviert und materialiter umgesetzt wurden. Ihr Gehalt an Faktizität ist jedoch schwer bestimmbar; offenbar kennen nur die Beteiligten, die (vermutlich) ohne ihre Zustimmung literarisch aufbereitet wurden, das Ausmaß des Realitätsgehaltes.

Immerhin berichtet Tilman Moser (1996) über den glücklichen Umstand, »für genau ein Jahr die von Einfühlung, vielfältiger therapeutischer Selbsterfahrung und theoretischem Interesse getragene Hilfe eines Assistenten« in Anspruch genommen zu haben, dem er für das erste Jahr der Behandlung »fast täglich« den Fortgang seiner Behandlung diktieren konnte.[8]

Ähnliches lässt sich wohl über I. D. Yaloms intensive Produktivität von therapeutischen Erzählungen sagen (Yalom 1989), deren Beschreibungen von Gegenübertragungsphänomen eine so hohe Qualität aufweisen, dass sie in Lehrbüchern zitiert werden könnten. Allerdings kennzeichnet solche Produkte ein Merkmal, das Spence (1983) als »narrative persuasion« bezeichnet: Sie sind rhetorische Gebilde und sollen den Leser überzeugen.

Sondiert man die Schreibtätigkeit eines Therapeuten, lassen sich gewisse Unterschiedlichkeiten identifizieren. Abgesehen von den praktisch notwendigen schriftlichen Äußerungsformen, die sich bei der Beantragung der Leistungspflicht der Krankenkasse zwangsläufig

8 »Die Protokolle haben zum Inhalt meinen zu dem Zeitpunkt bereits einige Jahre in Gang befindlichen Übergang von der reinen Psychoanalyse zur Körperpsychotherapie. Deshalb wirkt sich bei den Diktaten auch eine Gewichtung aus: der Schwerpunkt liegt auf Stunden, in denen ich glaubte, die Therapie durch Körperarbeit zu vertiefen. Es fehlen also oft lange Passagen der verbalen ›Verdauung‹, also des Durcharbeitens; auch Passagen der langsamen meditativen Vorbereitung des nächsten Schrittes, der langsamen Veränderung der Übertragung, des Schweigens, des ruhigen Seins oder des vorsichtigen Umkreisens einer noch unklaren Spannung oder neuen Atmosphäre. Insofern handelt es sich sicher nicht um eine direkte Abbildung der täglichen Arbeit, sondern um Berichte über Verdichtungen, besondere Eingriffe, Beschleunigungen oder einen massiven Wechsel der Arbeitsebenen oder deren besonders anschauliches Ineinandergreifen« (Moser 1996, S. 9).

ergeben, dürfte empirisch eine große Variabilität hinsichtlich Umfang und Qualität der persönlichen Aufzeichnungen bestehen.[9]

Längere und genauere Aufzeichnungen werden vermutlich dann vorgenommen, wenn eine Sitzung problematisch verlaufen zu sein scheint, wenn der Therapeut glaubt, vieles, zu vieles nicht recht verstanden zu haben, oder wenn er ein ungewöhnliches Ereignis oder einen ungewöhnlichen Traum festhalten will. Es findet die Nacharbeit im Anschluss an eine Sitzung wohl zunächst im affektiven Bereich statt. Wird die spontane Bewertung einer Sitzung als eher zufriedenstellend empfunden, kann das zu dem Gefühl führen, die Arbeit getan zu haben; bei der folgenden Sitzung sieht man dann weiter. Ist die Arbeit nicht zufriedenstellend verlaufen, setzen grübelnde Denkschleifen ein, die entweder zur Unlust, etwas zu notieren, führen oder ein produktives Nachdenken in Gang bringen können.

Im günstigen Fall wird der Vorgang des Protokollierens zu einem selbstanalytischen Vorgang. Als Therapeut werde ich zu meinem eigenen Supervisor, schreibend erzähle ich mir selbst nochmals zusammenfassend, was in einer Sitzung vorgefallen ist. Kann man davon ausgehen, dass Schreiben Selbstreflexion bedingt und damit fördert? Es könnte unter therapeutischen Rahmenbedingungen auch umgekehrt sein: Je mehr aufgeschrieben wird, desto mehr wird sekundär elaboriert, was zu schmerzvoll wäre, nur als unverarbeitetes Gefühl aufbewahrt zu werden, und also aufgeschrieben werden muss.[10]

Forschungsansätze

Als offene Frage bleibt vorerst stehen, ob es hilfreicher, nützlicher ist, einen Sitzungsrückblick unmittelbar im Anschluss an die Stunde zu

9 Bei uns besteht auch nach der Ausbildung eine Dokumentationspflicht, über deren Umfang bezüglich der Einzelheiten des psychotherapeutischen Prozesses keine klare Festlegung besteht. Es dürften in der Regel vermutlich eher knapp gehaltene stichwortartige Aufzeichnungen gemacht werden. Formalisierte Prozessbegleitbögen, wie sie in der Therapiebegleitforschung eingesetzt wurden, haben sich in der Praxis nicht durchgesetzt (Orlinsky/Howard 1975).

10 Bions »containing« sollte aber nicht zu einem Gegenstand reifiziert werden!

diktieren als ihn erst nach ausgiebiger »Verdauung« zu notieren. Entsteht unmittelbar nach der Sitzung ein »freierer Bericht«, der sich von einem später geschriebenen unterscheidet?

Im Rahmen des eingangs erwähnten Projektes zum Erkenntnisprozess im Analytiker (Meyer 1988) wurde mir deutlich, dass die gedankliche Situation nach dem Sitzungsende nicht einfach als eine Fortsetzung der »unbewussten Geistestätigkeit« während der analytischen Stunde begriffen werden kann. Eine wichtige Erfahrung der Studie war die Auswirkung der physischen Trennung vom Patienten auf den sogenannten freien Rückblick. Der Übergang von der therapeutischen Situation, in der parallel eine dyadische Kommunikationsebene und eine monologische – teils verbalisierte, teils nicht verbalisierte – Ebene bestehen, die sich gegenseitig bedingen und sich fördern und hemmen, in die äußerlich monologische Position, in der über eine nur noch in der kurzzeitigen Erinnerung vorhandene, dyadische Situation assoziierend reflektiert werden soll, führt zu einer raschen Umorganisation der seelischen Verfassung des reflektierenden Analytikers.

Wozu sind solche privaten, auf therapeutische Prozesse bezogenen Aufzeichnungen nun nützlich? Sind sie hilfreich für die Rekonstruktion latenter Modelle des schreibenden Therapeuten durch die Metaphernanalyse, wie Buchholz (1997) aufzeigt? Was lässt sich daraus lernen und erfahren, das weder aus den üblichen Fallberichten noch über Tonbandaufzeichnungen zu erfahren ist? Ist es das Material der Subjektivität des Analytikers par excellence, der Schlüssel zu dem Nicht-Gesagten und oft nicht Sagbaren? Als engagierter Logbuchschreiber plädiere ich für eine größere Bereitschaft, solche privaten Aufzeichnungen, natürlich gut anonymisiert, in die Hände der Scientific Community zu geben, um die Nahtstelle zwischen dialogischer Tätigkeit und monologischer Verarbeitung besser zu begreifen.

Literatur

Bibring, E. (1947): The so-called English school of psychoanalysis. Psychoanal Q 16(1), 69–93.
Bion, W. R. (1967/1988): Notes an memory and desire. In: Bott Spillius, E (Hg.): Melanie Klein today. London, New York (Tavistock) S. 17–21.
Buchholz, M. B. (1997): Die Rekonstruktion latenter Modelle von Falldarsteller und Supervisor durch die Metaphernanalyse. In: Buchholz, M. B. & Hartkamp, N. (Hg): Supervision im Fokus – Polyzentrische Analysen einer Supervision. Opladen (Westdeutscher Verlag), S. 140–168.
Buchholz, E. S. & Reiter, L. (1996): Auf dem Weg zu einem empirischen Vergleich epistemischer Kulturen in der Psychotherapie. In: Bruns, G. (Hg): Psychoanalyse im Kontext. Opladen (Westdeutscher Verlag), S. 75–100.
Dreher, S. (1998): Psychoanalytische Konzeptforschung. Stuttgart (Verlag Internationale Psychoanalyse).
Ellenberger, H. (1973): Die Entdeckung des Unbewußten. Bern (Huber).
Fonagy, P. (2006): The failure of practice to inform theory and the role of implicit theory in bridging the transmission gap. In: Canestri, J. (Hg.): Psychoanalysis from practice to theory. West Sussex (Wiley & Sons), S. 69–86.
Freud, S. (1925a): Notiz über den Wunderblock. GW XIV, S. 3–8.
Giovacchini, P. L. (Hg.): Tactics and techniques in psychoanalytic therapy. London (Hogarth).
Greenson, R. R. (1974): The decline and fall of the 50-minute-hour. J Am Psychoanal Assoc 22(4), 785–791.
Hamilton, V. (1996): The analyst's preconscious. Hillsdale, NJ (Analytic Press).
Heimann, P. (1969): Gedanken zum Erkenntnisprozeß des Psychoanalytikers. Psyche – Z Psychoanal 23(1), 2–24
Jiménez, J. P. (2009a): Das Erfassung der Praxis des Psychoanalytikers gemäß ihrem eigenen Wert. Psyche – Z Psychoanal 63(4; Supplement), 25–50.
Jiménez, J. P. (2009b): Grasping psychoanalysts' practice in its own merits. Int J Psychoanal 90(2), 231–248.
Kächele, H. (1981): Zur Bedeutung der Krankengeschichte in der klinisch-psychoanalytischen Forschung. Jahrbuch der Psychoanalyse 12, 118–177.
Kächele, H. (2009): Das Logbuch des Therapeuten. In: Kächele, H. & Pfäfflin, F. (Hg.): Behandlungsberichte und Therapiegeschichten. Gießen (Psychosozial-Verlag), S. 201–217.
Kernberg, O. F. (1972): Critique of the Kleinian school. In: Giovacchini, P. L. (Hg.): Tactics and techniques in psychoanalytic therapy. London (Hogarth), S. 62–93.
König, H. (2000): Gleichschwebende Aufmerksamkeit und Modellbildung. Eine qualitativ-systematische Studie zum Erkenntnisprozess des Psychoanalytikers. Ulm (Ulmer Textbank).
König H. & Kächele, H. (1995): Das Tübingen-Ulmer Naturalisierungsprojekt (unveröffentlicht).
Leuzinger-Bohleber, M. (2010): Pluralität oder Einheit? Transgenerationelle Forschung in der Psychoanalyse heute. Im vorliegenden Band, S. 109–140.
Leuzinger-Bohleber, M.; Henningsen, P. & Pfeifer, R. (2008): Klinische, konzeptuelle und wissenschaftstheoretische Überlegungen. In: Leuzinger-Bohleber, M.; Roth, G. & Buchheim, A. (Hg.): Psychoanalyse, Neurobiologie, Trauma. Stuttgart (Schattauer), S. 157–171.

Meyer, A. E. (1981): Psychoanalytische Prozeßforschung zwischen Skylla der »Verkürzung« und der Charybdis der »systematischen akustischen Lücke«. Z Psychosom Med Psychoanal 27, 103–116.

Meyer, A. E. (1988): What makes psychoanalysts tick? In: Dahl, H.; Kächele, H. & Thomä, H. (Hg.): Psychoanalytic process research strategies. Berlin, Heidelberg, New York, London, Paris, Tokyo (Springer), S. 273–290.

Momogliano, L. N. (1987): A spell in Vienna – but was Freud a Freudian? Int Rev Psychoanal 14, 373–389.

Moser, T. (1996): Der Erlöser der Mutter auf dem Weg zu sich selbst. Frankfurt/M. (Suhrkamp).

Moser, U. (1991): Vom Umgang mit Labyrinthen. Praxis und Forschung in der Psychoanalyse – eine Bilanz. Psyche – Z Psychoanal 45(4), 315–334.

Moser, U (2001): »What is a Bongaloo, Daddy?« Übertragung, Gegenübertragung, therapeutische Situation. Allgemein und am Beispiel früher Störungen. Psyche – Z Psychoanal 55(2), 97–136.

Moser, U. & Zeppelin, I. v. (2004): Borderline: Mentale Prozesse in der therapeutischen »Mikrowelt«. Psyche – Z Psychoanal 58(7), 634–648.

Orlinsky, D. E. & Howard, K. I. (1975): Varieties of psychotherapeutic experience. New York (Columbia Teachers College Press).

Pine, F. (1988): The four psychologies of psychoanalysis and their place in clinical work. J Am Psychoanal Assoc 36(3), 571–596.

Poscheschnik, G. (2009): Empirische Forschung in der Psychoanalyse – Vorbehalte und Vorteile. Psyche – Z Psychoanal 63(4), 333–366.

Pulver, S. E. (1987): How theory shapes technique: perspectives on a clinical study. Psychoanalytic Inquiry 7(2), 141–299.

Radnitzky, G. (1973): Contemporary schools of metascience. Chicago (Regnery).

Ramzy, I. (1974): How the mind of the psychoanalyst works. An essay on psychoanalytic inference. Int J Psychoanal 55(4), 543–550.

Sandler, J. (1983): Die Beziehung zwischen psychoanalytischen Konzepten und psychoanalytischer Praxis. Psyche – Z Psychoanal 37(7), 577–595.

Shakow, D. (1960): The recorded psychoanalytic interview as an objective approach to research in psychoanalysis. Psychoanal Q 29, 82–97.

Spence, D. P. (1982): Narrative truth and theoretical truth. Psychoanal Q 51(1), 43–69.

Spence, D. P. (1983): Narrative persuasion. Psychoanal Contemp Thought 6, 457–481.

Streeck, U. (1994): Psychoanalytiker interpretieren »das Gespräch, in dem die psychoanalytische Behandlung besteht«. In: Buchholz, M. B. & Streeck, U. (Hg.): Heilen, Forschen, Interaktion. Psychotherapie und qualitative Sozialforschung. Opladen (Westdeutscher Verlag), S. 179–224.

Thomä, H. (1981a): Schriften zur Praxis der Psychoanalyse: Vom spiegelnden zum aktiven Psychoanalytiker. Frankfurt/M. (Suhrkamp).

Thomä, H. (1981b): Über die Identifizierung des Patienten mit dem Psychoanalytiker und seinen Funktionen. In: Thomä, H. (Hg.): Schriften zur Praxis der Psychoanalyse: Vom spiegelnden zum aktiven Psychoanalytiker. Frankfurt/M. (Suhrkamp), S. 122–139.

Thomä, H.; Jiménez, J. P. & Kächele, H. (2006): Vergleichende Psychoanalyse –textnahe klinische Forschung. In: Thomä, H. & Kächele, H. (Hg.): Psychoanalytische Therapie. Band 3: Forschung. Heidelberg (Springer MedizinVerlag), S. 177–198.

Tuckett, D. (1994): The conceptualization and communication of clinical facts in psychoanalysis. Int J Psychoanal 75(5–6), 865–870.

Wallerstein, R. S. & Sampson, H. (1971): Issues in research in the psychoanalytic process. Int J Psychoanal 52(1), 11–50.

Yalom, I. D. (1989): Die Liebe und ihr Henker und andere Geschichten aus der Psychotherapie. München (btb).

Zeeck, A.; Hartmann, A. & Orlinsky, D. E. (2004): Inter-Session-Prozesse – Ein vernachlässigtes Thema der Psychotherapieforschung. Psychother Psych Med 54(6), 236–242.

Zeppelin, I. v. (1987): Outline of a process model of psychoanalytic therapy. In: Cheshire, N. M. & Thomä, H. (Hg.): Self, symptoms and psychotherapy. New York, Chichester (Wiley & Sons), S. 149–165.

Veränderungen der klinischen Praxis: Wissenschaftlich oder pragmatisch begründet?

Peter Fonagy

Einleitung

Dass sich die psychoanalytische Praxis seit der Mitte des 20. Jahrhunderts beträchtlich verändert hat, würde kaum jemand bestreiten. Die Unterschiede betreffen mindestens drei Aspekte: (a) eine bimodale Verteilung der Behandlungsdauer (sehr lange bzw. sehr kurze Behandlungen), (b) Patienten mit Achse-I-Symptomen und Persönlichkeitspathologie sowie (c) behandlungstechnische Veränderungen, die einen relationalen Anstrich aufweisen und Einflüsse aus verschiedenen Entwicklungstheorien einschließlich der Bindungstheorie zu erkennen geben. Besteht ein Zusammenhang zwischen diesen Veränderungen und der wissenschaftlichen Forschung? Und falls ein solcher existiert: Welche wissenschaftlichen Entwicklungen könnten diese klinischen Veränderungen angestoßen haben? Eine zweite Frage betrifft die Forschungsbasis der Psychoanalyse: Welche Art von Therapie können wir unseren Patienten empfehlen, wenn wir die Entdeckungen der vergangenen 25 Jahre ernst nehmen? Hätte sie überhaupt noch etwas mit der Standardpraxis zu tun? Im Folgenden hinterfrage ich den Status der klinischen Praxis und versuche zu klären, weshalb sie sich zum einen gegen wissenschaftliche Fortschritte abschirmt, zum anderen aber sehr wohl aber auf pragmatische Aspekte wie die Zahlung durch Dritte reagiert.

Die wissenschaftliche Basis der Psychotherapie

Leider gehört dieser Aufsatz zu den langweiligsten, die ich je verfassen musste. Um dem interessierten Publikum die Lektüre ein wenig zu erleichtern, möchte ich meine Überlegungen in Form mehrer kurzer, übersichtlicher Heldensagen mit Anfang, Mitte, Schluss und Fabula docet präsentieren.

Die Evidenzbasis der Psychotherapie

Die erste Geschichte handelt von der Evidenzgrundlage der Psychotherapie im Allgemeinen. Sie begann Mitte des letzten Jahrhunderts, als sich ein böser Geist, ein gewisser Dr. Hans Eysenck (1952), anschickte, die Ruhe im Königreich der Psychotherapie, das ein gutherziger, mächtiger Herrscher (Sigmund Freud der Weise) gegründet hatte, zu stören. Jener böse Geist also behauptete, dass die Psychotherapie keine bessere Wirkung erziele als die natürlichen Selbstheilungskräfte, die psychische Störungen durch einen Prozess der Spontanheilung kurieren. Zuvor hatten sich all die Tempelritter der Psychotherapie, furchterregende Krieger wie auch fromme Mönche, in dem Glauben wiegen können, dass die von ihnen behandelten Menschen an ihren Zaubersprüchen und sorgsam dosierten Zaubertränken genasen – schließlich bedurfte es häufig einer jahrzehntelangen Ausbildung, um diese Heilmittel mit Selbstvertrauen und Überzeugung verabreichen zu können. Gleichwohl behauptete dieser böse Geist, dass beispielsweise Dornröschen lediglich deshalb aufgewacht sei, weil es lange genug geschlafen hatte – mit der magischen Zeit, die es auf der Couch lag, habe sein Erwachen rein gar nichts zu tun gehabt.

Mit dieser Ungeheuerlichkeit animierte der böse Geist – glücklicherweise – die Imker alias die Psychologen, einen neuen Bienenstock anzulegen, um ihre Arbeitsbienen (auch Doktoranden genannt) zu beschäftigen. Dieser neue Stock erhielt den Namen Psychotherapieforschung, und die Forscherbienen und ihre Bienenzüchter begaben sich an die Arbeit. Sie sammelten Hunderttausende Therapiesitzungen und stellten eine Reihe von Beiträgen mit magischen Kräften zusammen, die als »Evidenzbasis« bezeichnet wurden und bewiesen, dass die Magie der Psychotherapie ein rechter Zauber war.

In den folgenden 50 Jahren konnten die Bienenzüchter (die eher wie Sancho Pansa aussahen, während die Tempelritter Don Quixote ähnelten) und die Forscherbienen nachweisen, dass die durchschnittliche *Effektstärke* der Psychotherapie bei vermutlich mehr als 1000 Studien 0.8 betrug (Wampold, 2001). In der Forscherbienensprache bezeichnet »Effektstärke« (ES) die Wahrscheinlichkeit, dass es einem mit dem Psychotherapiezauber behandelten Individuum besser gehen wird als einem Probanden in der Kontrollgruppe, wenn beide nach dem Zufallsprinzip zugeteilt werden (Cohen, 1962). Mithilfe der Effektstärke können die Bienen den Nektar – die Ergebnisse – von Hunderten von Blumen – Studien – zusammentragen und die durchschnittliche Effektstärke für eine bestimmte Behandlung errechnen. Traditionell ist eine Effektstärke von weniger als 0.3 zu nahe an der 50%-Marke (das heißt zu nahe am Zufall), als dass man von einem signifikanten Effekt sprechen könnte. Von 0.3 (wo es 58% der behandelten Probanden besser geht als den unbehandelten aus der Kontrollgruppe) bis 0.6 (wo es zwei Drittel besser geht) spricht man von einem schwachen Effekt. Von 0.6 bis 0.9 (wo es drei Viertel der Behandelten besser geht als den Unbehandelten aus der Kontrollgruppe) sind die Effektstärken mittel und über 0.9 bewegen wir uns im Land der großen Effektstärken. Ich bitte zu beachten, dass die Effektstärken manchmal benutzt werden, um die Veränderung zwischen Beginn und Ende eines Versuchs anzugeben (Vorher-Nachher-Effektstärke), und manchmal, um den Unterschied zwischen einer behandelten und einer unbehandelten Gruppe am Ende des Versuchs zu erfassen (Zwischen-Gruppen-Effektstärke). Vorher-Nachher-Effektstärken kombinieren den Behandlungseffekt mit der von Eysenck präsentierten Ungeheuerlichkeit – der Spontanheilung. Ein letztes Wort noch zum Idiom der Forscherbienen: In diesem evidenzgestützten magischen Bienenstock ist auch ein Dialekt geläufig, der Unterschiede durch die Anzahl der Individuen angibt, die behandelt werden müssen, bevor man einer Person begegnet, die ohne die Behandlung ganz sicher nicht von allein genesen wäre (Laupacis, Sackett und Roberts, 1988).

Die Effektstärke 0.8 für Psychotherapie versus ohne Behandlung ist *groß* – auf moderate Weise (Wampold, 2001; Wampold, Imel und Minami, 2007). Sie bedeutet, dass annähernd drei Viertel der Patienten, die eine Psychotherapie gemacht haben, besser dran sind als jene, die sich selbst überlassen bleiben. Die »Number Needed to Treat« (NNT) beträgt 3. Für diejenigen von Ihnen, die Aspirin zur Herzinfarktprophylaxe nehmen: Es müssen 129 Patienten behandelt werden, bevor Sie einen Fall sehen, der eindeutig vom Aspirin profitiert. Die Effektstärke für den Psychotherapiezauber ist beinahe sämtlichen Interventionen, sei's in der Kardiologie, in der geriatrischen Medizin, bei asthmatischen Erkrankungen, bei Grippeimpfungen oder in der Kataraktchirurgie überlegen. Die Psychotherapie erweist sich in den meisten Studien als ebenso effektiv wie die psychoaktive Medikation; außerdem zeigen Studien aus unterschiedlichen Kontexten, dass der Benefit durch eine Kombination mehrerer Zaubermittel erhöht werden kann (siehe z.B. Brent, Emslie, Clarke et al., 2008; Cuijpers, van Straten, van Oppen und Andersson, 2008; Maina, Rosso und Bogetto, 2009; Nemeroff, Heim, Thase et al., 2003).

Diese Geschichte hat also scheinbar ein Happyend gefunden. Doch wie bei den meisten Geschichten, die ich erzähle – und anders als im echten Märchen –, ist dieser Ausgang auch merkwürdig und kompliziert. Effektstärken sind naturgemäß mehrdeutig. Ein Therapiezauber könnte beispielsweise eine mittlere Effektstärke erzielen, indem er einen sehr *großen Effekt* für eine *kleine Untergruppe* von Patienten produziert oder eine mittlere, aber unvollständige Symptomreduktion bei vielen Probanden. Um dies abzuklären, haben die Forscherbienen nach vordefinierten Kriterien Daten über den Prozentanteil der geheilten und den Prozentanteil der gebesserten Patienten gesammelt. Zwei der eifrigsten Bienenzüchter der Psychotherapieforschung, Drew Westen und Elizabeth Bradley (Westen und Bradley, 2005), haben eine beeindruckende Metaanalyse von sechs Störungen (MDD, Panikstörung, GAS, OCD, Bulimia nervosa und PTSD)[1] vorgelegt, die auf dem Prozentanteil der gebesserten Patienten beruht. Ihre Geschichte klingt ernüchternd.

1 MDD, manisch-depressive Störung; GAS, generalisierte Angststörung; OCD, Zwangsstörung; PTSD, posttraumatische Belastungsstörung.

Während die Effektstärken für Behandlung verglichen mit der Wartekontrollgruppe bei den verschiedenen Störungen tendenziell mittel bis groß sind, geht es durchschnittlich nur ca. der Hälfte der Patienten, die ihre Behandlungen in diesen Studien *abschließen*, substanziell besser. Noch ernüchternder sind die Zahlen, wenn wir den Prozentanteil derjenigen, denen es besser geht, auf der Basis sämtlicher Probanden berechnen, die eine Behandlung *begonnen haben.* Auf der Grundlage dieser Zahlen war nämlich eine signifikante Besserung im Durchschnitt nur bei 33% der Patienten, die sich wegen einer Depression behandeln ließen, festzustellen. Eine weitere Überraschung steht uns bevor, wenn wir schauen, wie hoch der Prozentanteil derjenigen ist, deren Besserung bei einem Follow-up stabil war. Weniger als ein Drittel derjenigen, die sich wegen Bulimie behandeln ließen, blieben gebessert. Tendenziell günstiger sehen die Zahlen für Angststörungen (Panikstörung und GAD) aus.

Dass die Besserungsraten mit der Schwere der Erkrankung und der Behandlungsdauer zusammenhängen, ist kaum überraschend (Kopta, Lueger, Saunders und Howard, 1999). Im Durchschnitt sind Besserungen bei akutem Distress in drei Viertel der Fälle innerhalb von 25 Sitzungen zu verzeichnen. Hingegen erfordern chronische Störungen, so unterschiedlich sie definiert werden, offensichtlich längere Behandlungen. Die Besserungsrate nach 25 Sitzungen liegt hier bei weniger als 60%. Noch schlechter sieht es für Patienten aus, die mit einer, wie man sagen könnte, komplexen Störung diagnostiziert werden, das heißt drei oder mehr Diagnosen oder die Diagnose Persönlichkeitsstörung erhalten. Hier betragen die Besserungsraten weniger als 40% nach 25 Sitzungen. Gewisse Befunde könnten sogar darauf hinweisen, dass zeitlich begrenzte Behandlungen Patienten mit Persönlichkeitsstörung schaden und es ihnen am Ende der Therapie schlechter geht als zu Beginn (Tyrer et al., 2004) – der vermeintliche Segen, der sich als Fluch erweist. Eine ganz aktuelle deutsche Studie, die von den Bienen aus dem Stock des Meisterbienenzüchters Horst Kächele mit einer Gruppe privatversicherter Patienten durchgeführt wurde, zeigt, dass der durchschnittliche Patient erst nach etwa 18 Behandlungsmonaten ein akzeptables Besserungsniveau erreichte (Puschner, Kraft, Kächele und Kordy, 2007). Diese Arbeit fand, nebenbei bemerkt, keinen Anhalt für die viel zitierte exponentielle Besserungsrate, die Ken Howard einst nachgewiesen zu haben glaubte (Howard, Kopta, Krause und Orlinsky, 1986). Die Beziehung zwischen Besserung und Zeit wird vielmehr am treffendsten durch eine gerade Linie abgebildet.

Welche Lehren können wir also aus der Fabel von der Psychotherapie ziehen? Es gibt zweifellos eine solide Evidenz für die Wirksamkeit psychotherapeutischer Behandlungen. Mehr als 1000 Studien haben nachgewiesen, dass sie bei schweren psychischen Erkrankungen signifikante Symptombesserungen und in manchen Fällen, vor allem bei Angststörungen, Symptomfreiheit erreichen können. Zauberspruch und Zaubertrank können bei angemessener Verabreichung die soziale Anpassung und die Arbeitsbeziehungen verbessern. Es werden jedoch viele verschiedene Zaubertränke angeboten, und nicht alle der häufig verabreichten wurden gleichermaßen gründlich erforscht. Das magische Gebräu der Ritter der kognitiven Verhaltenstherapie hat eine bessere Evidenzbasis als der im Hexenkessel der psychodynamischen Psychotherapie gebraute Trank. Freilich, in der Praxis arbeiten die meisten Brauer dieser wirkungsvollen Mixturen mit einer Kombination verschiedener Rezepte, und für solcherart eklektische Gebräue gibt es derzeit sehr wenig Evidenz. Mit großem Fleiß haben sich die Forscherbienen hingegen um einige selten verwendete Zubereitungen wie zum Beispiel die interpersonale Psychotherapie gekümmert. Für zahlreiche Diagnosen wurden bislang kaum Daten gesammelt; dazu zählen Essstörungen, bipolare Störungen und bestimmte Persönlichkeitsstörungen, etwa die ängstlich-vermeidende.

Das Rennen um den ersten Platz

Aus der letzten Geschichte haben wir erfahren, wie sich die Mönche der Psychotherapie in Ritter verwandelten und kämpften, um ihr Königreich zu verteidigen, und wie sie den bösen Geist mithilfe etlicher Bienenzüchter und ihrer Forscherbienen bezwangen. Doch sobald sie zu Rittern geworden waren, wollten sie sich natürlich im Turnierkampf üben, um den Stärksten von ihnen zu ermitteln. Die nächste Geschichte erzählt von dieser Schlacht, vom Rennen um den ersten Platz, das leider noch immer nicht beendet ist. Freilich klingt diese Geschichte, je nachdem, wer sie erzählt, immer ein wenig anders. Ein legendärer Barde, Bruce Wampold (2001), Adept der tiefgründigen Kunst der Mathematik, erzählt die Geschichte vom Dodo, dem Vogel, der rief: »Sie haben alle gewonnen, und sie haben alle einen Preis verdient« (Luborsky, Rosenthal, Dibuer et al., 2002). Bekanntermaßen erklärte Wampold, dass sämtliche Psychotherapien gleichwertig seien, sobald man die Studien bereinige und die unedlen Ritter ausschließe – das heißt jene, deren Therapien des Prädikats »bona fide« nicht würdig sind, weil der Therapeut nicht psychotherapeutisch ausgebildet ist, über keine anerkannten Qualifikationen verfügt, keine Beziehung auf der Grundlage von Face-to-face-Gesprächen herstellt, die Behandlung unflexibel, ohne Rücksichtnahme auf den individuellen Patienten, durchführt (z.B. unmodifiziertes Relaxationstraining) und sein Verfahren keine psychologisch validen Komponenten aufweist. Letzteres ist nach Wampold dann der Fall, wenn nicht mindestens zwei der folgenden Bedingungen erfüllt sind: (a) Affiliation zu etablierten Schulen, (b) Beschreibung der Behandlung enthält einen Hinweis auf einen psychischen Prozess (z.B. operante Konditionierung), (c) Manualisierung der Behandlung, (d) Identifizierung und In-Beziehung-Setzen von Wirkkomponenten (Wampold, Minami, Baskin und Callen-Tierney, 2002; Wampold, Mondin, Moody et al., 1997). Mit anderen Worten: »Bona-fide«-Psychotherapien müssen von Psychotherapeuten praktiziert werden, die über eine kohärente theoretische Grundlage verfügen, über Ausbildungseinrichtungen, eine kohärente Methode, eine Tradition etc. Gemessen an diesen Kriterien erzielen sämtliche getesteten Bona-fide-Behandlungen ähnliche durchschnittliche Effektgrößen bei der Behandlung von Depression, PTSD und Alkoholerkrankungen (Benish, Imel und Wampold, 2009; Cuijpers, van Straten, Andersson und van Oppen, 2008; Imel, Malterer, McKay und Wampold, 2008; Imel, Wampold, Miller und Fleming, 2008).

Ähnlich klingende Balladen werden von Barden gesungen, die nicht die aggregierten Ergebnisse der Turnierkämpfe (auch als randomisierte kontrollierte Studien, RCTs, bezeichnet) zusammenfassen, sondern sich auf das Schicksal des durchschnittlichen Patienten konzentrieren, der eines von mehreren Zaubergetränken konsumiert hat (Barkham, Stiles, Connell et al., 2008; Stiles, Barkham, Mellor-Clark und Connell, 2008a, 2008b). Dabei stellte sich heraus, dass der Markenname des Zaubertranks weit weniger bedeutsam ist, als man vermutet. Ebenso wie viele Turniere mit einem Unentschieden enden, weisen in den Studien über die Routinepraxis auch die Effekte verschiedenartiger Therapien nur selten signifikante Unterschiede auf.

Doch bevor die ein oder anderen Kollegen daraus womöglich die Lehre ziehen, dass das, was wir tun, keine nennenswerte Rolle spiele, sollten Sie sich daran erinnern, dass ein Barde nur besingen kann, was er gesehen hat – und manchmal sieht er von der Realität eben nur einen Ausschnitt. Das Verdikt des Dodo-Bird ist vorhersehbar, wenn wir den für viele verschiedene Störungen aggregierten *durchschnittlichen* Einfluss auf den *durchschnittlichen* Patienten betrachten. Unterschiedliche Individuen können, beispielsweise was die Besserungsrate anlangt, in unterschiedlichen Therapien ganz unterschiedliche Wege einschlagen. Jede Studie zeigt eine hohe Variabilität der je individuellen Veränderungsverläufe. Wir aggregieren diese Verläufe auf unser eigenes Risiko hin und lassen es so aussehen, als spiele es keine große Rolle. Wenn wir bei hereinfallender Dämmerung das Licht ausschalten, sehen alle Katzen schwarz aus.

Wenn Forscher – durch sogenannte »Äquivalenzstudien« – zeigen möchten, dass zwischen verschiedenen Therapiemethoden kein Unterschied besteht, müssen sie sich darüber hinaus anderer statistischer Verfahren bedienen als bei sogenannten Überlegenheitsstudien; wir brauchen zum Beispiel wesentlich größere Samples. Anders formuliert: Man kann zeigen, dass sich die Überlegenheit einer Behandlung über eine andere nicht nachweisen lässt; das bedeutet indes nicht, dass man wissenschaftlich die Gleichwertigkeit beider Behandlungen nachgewiesen hätte! In Wirklichkeit nämlich verweist die Befundlage klar auf die Wirksamkeit spezifischer Interventionen bei spezifischen Erkrankungen. Ein Beispiel ist die scheinbare Überlegenheit der kognitiven Verhaltenstherapie bei Angststörungen (Acarturk, Cuijpers, van Straten und de Graaf, 2009). Eine Studie von Falk Leichsenring und seinen Mitarbeitern (Leichsenring, Salzer, Jaeger et al., 2009) berichtet über die 30-wöchige Behandlung mit psychodynamischer Kurztherapie (short term psychodynamic psychotherapy, STPP) bzw. kognitiver Verhaltenstherapie (CBT) von Patienten mit generalisierter Angststörung (GAS); in die Studie einbezogen war auch ein 6-Monats-Follow-up. Nach der Ergebnismessung mit der Hamilton-Skala gab es einen marginal signifikanten Follow-up-Effekt zugunsten der CBT. Bei selbstberichteter Angst war der Effekt statistisch signifikant; bezüglich interpersonaler Probleme waren die Gruppen jedoch nicht voneinander zu unterscheiden.

Ich erwähne diese Randbegebenheit in meiner Geschichte, weil sie Licht auf zwei wichtige Fakten wirft. Einer im Land der Psychotherapie häufig erzählten Geschichte zufolge müssen wir lediglich über die theoretische Orientierung des ersten Autors einer randomisierten kontrollierten Studie Bescheid wissen, um ihre Resultate korrekt erraten zu können (Luborsky, Diguer, Seligman et al., 1999; Miller, Wampold und Varhely, 2008). Falk Leichsenrings Studie widerlegt diese Regel: Hier berichten psychoanalytisch orientierte Autoren Ergebnisse, die zugunsten des kognitiv-behavioralen Ansatzes sprechen.

Die zweite Moral dieser Geschichte ist für die Frage relevant, weshalb sich die kognitive Verhaltenstherapie überhaupt zu einer besonders effektiven Angstbehandlung entwickeln konnte. Dies ist ihr gelungen, weil das Behandlungsverfahren für das je spezifische Problem optimiert wurde. David Clark und seine Mitarbeiter haben mit ihren Techniken experimentiert und sie wiederholt abgewandelt, bis eine neue Behandlung entstanden war. Sie adressiert die selbstfokussierte Aufmerksamkeit mit dem exzessivem Fokus auf innere Hinweisreize und den übertriebenen Einsatz von Sicherheitsverhalten ebenso wie die kognitiven Verzerrungen vor und nach angsterregenden Erfahrungen, die diesen Patienten Schwierigkeiten bereiten (Clark, Ehlers, Hackmann et al., 2006; Clark, Ehlers, McManus et al., 2003; Clark, Salkovskis, Hackmann et al., 1999). Hätte die kognitive Verhaltenstherapie an ihrer ursprünglichen Technik der angewandten Relaxation festgehalten, wäre sie gegenüber der STPP wahrscheinlich ineffektiv. Zum Glück für die Tempelritter, die das

Freud'sche Wappen in ihrem Schild tragen, sind Barbara Milrod und ihre Kollegen auf dem besten Weg, eine psychodynamische Behandlung zu entwerfen und zu testen, die für Panikstörungen besonders effektiv ist (Milrod, Busch, Cooper und Shapiro, 1997b; Milrod, Busch, Leon et al., 2000; Milrod, Leon, Busch et al., 2007).

Die Moral von der Geschichte lautet also, dass es bei dem Rennen um den ersten Platz im Falle etlicher Störungen wahrscheinlich durchaus Gewinner und Verlierer geben wird. Zu den Gewinnern werden, wie üblich, vermutlich die Tapferen gehören, diejenigen, die bereit sind, Traditionen über Bord zu werfen und ihre Methoden zu verfeinern, um sie für die Behandlung der Erkrankungen, mit denen ihre Patienten zu ihnen kommen, wirksamer zu machen – und natürlich werden sich auch die Erkrankungen verändern. Je stärker wir die Behandlung spezifizieren, desto unwahrscheinlicher wird es, dass wir den Dodo-Song zu hören bekommen.

Die Geschichte der psychodynamischen Kurzzeittherapie (STPP)

Die Geschichte der STPP ist in vielerlei Hinsicht eine Ruhmesgeschichte homerischen Ranges. Den Weg, den die Bienenzüchter und Arbeitsbienen der Psychotherapieforschung zurückgelegt haben, markieren Heldentaten und bedeutsame, für die Kultur des Feldes wichtige Leistungen.

Deren erste ist die Manualisierung der psychoanalytischen Psychotherapie (siehe z.B. Abbass, Hancock, Henderson und Kisely, 2007; Clarkin, Levy, Lenzenweger und Kernberg, 2004; Clarkin, Yeomans und Kernberg, 1998; Fonagy, Miller, Edgcumbe et al., 1993; Kernberg und Chazan, 1991; Lieberman, Van Horn und Ippen, 2005; Luborsky, 1984; Milrod, Busch, Cooper und Shapiro, 1997a; Milrod, Busch, Cooper und Shapiro, 1997b; Shapiro und Firth, 1985; Skarderud, 2007). Nur um ein Geringes weniger kompliziert als die Sequenzierung des menschlichen Genoms, bringt diese Manualisierung erhebliche Vorteile mit sich, beschreibt sie doch, was in einer psychoanalytischen Kurzzeittherapie geschehen sollte. Es gibt eine ganze Reihe von Manualen, aber Blagys und Hilsenroth (2002) konnten sieben gemeinsame Merkmale identifizieren, die in allen enthalten sind. Bezeichnenderweise fehlen sie in CBT-Manualen. Diese sieben magischen Ingredienzien sind (a) eine Fokussierung auf Affekte und Gefühlsäußerungen, (b) die Erforschung von Bemühungen, verstörenden Gedanken und Gefühlen auszuweichen (Abwehrmechanismen), (c) die Identifizierung wiederkehrender Themen und Muster, (d) ein entwicklungsgeschichtlicher Fokus in den Gesprächen über frühere Erfahrungen, (e) Diskussionen über interpersonale Beziehungen, (f) eine häufige Fokussierung auf die therapeutische Beziehung (Übertragung), (g) die Erforschung von Wünschen, Träumen und Phantasien (Triebabkömmlingen).

Mittlerweile ist man noch einen Schritt weiter gegangen, um die spezielle Rezeptur der psychodynamischen Behandlung zu definieren. Alessandra Lemma und ihre Mitarbeiter haben sämtliche verfügbaren Manuale, die es für psychoanalytische Psychotherapie gibt, gründlich untersucht, um die gemeinsamen Kompetenzen zu identifizieren, die analytische Therapeuten in der Ausübung ihrer Kunst beweisen sollten (Lemma, Roth und Pilling, 2009). Sie haben diese auf elf Grundkompetenzen heruntergebrochen, darunter die Herstellung und Handhabung des therapeutischen Rahmens und der therapeutischen Grenzen, sowie fünf spezifisch analytische Techniken, zum Beispiel die Fähigkeit, Abwehrmechanismen zu erkennen und mit ihnen zu arbeiten. Darüber hinaus haben sie sieben problemspezifische Kompetenzen und spezifische Anpassungen identifiziert – zum Beispiel solche, die mit der übertragungsfokussierten Psychotherapie oder der panikfokussierten psychodynamischen Psychotherapie zusammenhängen – und eine Gruppe von Metakompetenzen, etwa die Fähigkeit, die therapeutische Beziehung als Vehikel für Veränderung zu nutzen, oder die Fähigkeit, eine Ausgewogenheit zwischen deutender und stützender Arbeit herzustellen.

Eine solche Spezifizierung der Zutaten des psychodynamischen Zaubertranks wird von vielen – so auch vom ehemaligen Vorsitzenden der Europäischen Psychoanalytischen Föderation, David Tuckett (siehe Tuckett, 2005) – als überaus wünschenswert und längst überfällig angesehen. Zwar gibt es Kritiker, die von Reduktionismus sprechen, tatsächlich aber stellen die identifizierten Kompetenzen eine Verbindung zur Evidenz her, weil sie aus den Studien über psychodynamische Kurzzeitpsychotherapie als exakt jene Elemente hervorgehen, die der Kontrollbedingung überlegen sind. Diese Arbeit war Teil eines Projekts des Department of Health (England), für Psychotherapien der systemischen, klientenzentrierten, psychodynamischen und kognitiv-behavioralen Schulen *National Occupational Standards* festzulegen. Die Erfüllung von Standards ist freilich nicht erzwingbar; sie dienen für mehrere Hundert Ausbildungsprogramme, die derzeit existieren, als Richtlinien – ohne jeden Lehrplan oder konzeptuellen Rahmen, der angäbe, wie eine vernünftige Implementierung einer dieser großen therapeutischen Traditionen aussehen sollte oder nicht. Obwohl sich die großen psychoanalytischen Gesellschaften allesamt an dieser Initiative beteiligt haben, weise ich der Vollständigkeit halber darauf hin, dass sie in Großbritannien bei einigen der Priester und Hohepriester des psychodynamischen Königreichs beträchtlichen Unmut weckte. Vor allem die lacanianischen Kollegen und solche, die nicht den fest etablierten psychoanalytischen Ausbildungsgruppen angehören, kündigten der Initiative ihre Mitarbeit auf und erklärten die Ausharrenden zu Häretikern, die den Konsultationsprozess an sich rissen, um ihren eigenen Interessen zu dienen: Darian Leader behauptete: »*Skills for Health* hat es möglich gemacht, dass die Konsultationen von einer sehr kleinen Anzahl von Leuten monopolisiert wurden, die eine sehr verengte und restriktive Sichtweise der psychoanalytischen Praxis vertreten und offenbar eine klare Agenda verfolgen, ihre eigene spezifische Therapieform zu fördern und innerhalb des NHS voranzubringen.«[2] Eines der wichtigen Meta-anliegen, aus denen all diese Geschichten hervorgegangen sind, ist die Notwendigkeit, unser Behandlungsverfahren explizit zu spezifizieren, damit das, was in den Augen unserer Anhänger Magie und in denen unserer Kritiker Hokuspokus ist, für beide als Ausdruck des gesunden Menschenverstandes erkennbar wird.

Mittlerweile haben sich die Bemühungen zur Festlegung beruflicher

2 Brief an die HPC Professional Liaison Group, Januar 2009, einsehbar im Internet unter http://www.psychoanalysis-cpuk.org/HTML/Response0609.htm

Standards ausgezahlt. Gestützt auf den Kompetenzrahmen konnten Lemma und ihre Kollegen (Lemma, Target und Fonagy, 2009) ein Manual für generische psychodynamische Kurzinterventionen bei Angst und Depression erstellen, das alle psychodynamischen Psychotherapeuten, die innerhalb des Kompetenzrahmens ausgebildet wurden, nach zwei- oder dreitägiger Fortbildung praktizieren können sollten. Zurzeit (2010) läuft eine Pilotstudie, die den vorläufigen Schluss nahelegt, dass psychodynamisch arbeitende Therapeuten ähnliche Ergebnisse erzielen können wie die CBT-Therapeuten in der vom Gesundheitsdienst angebotenen Behandlung dieser Störungen.

Wenngleich die Systematisierung ein bedeutender Fortschritt ist und kolossale Anstrengungen zur Evaluierung der psychodynamischen Kurztherapie unternommen wurden, sollten wir die Augen nicht davor verschließen, dass die systematischen Evaluierungen der Effektivität der auf Freuds Entdeckungen beruhenden Behandlung auch eine gewisse Enttäuschung mit sich brachte. Im Einzelnen: Die manualisierte psychoanalytische Psychotherapie ist ein vielversprechendes Forschungsprojekt, weil sie in mancherlei Hinsicht mehr als eine Symptomreduzierung zu erreichen versucht (Gabbard, Gunderson und Fonagy, 2002). Sie will die psychischen Fähigkeiten und Ressourcen verbessern – Ziele, die weiter reichen als die ihrer wichtigsten Konkurrenten. Wenn wir jedoch einen Blick auf die Evaluierungen von psychoanalytischen Psychotherapien werfen (Abbass, Hancock, Henderson und Kisely, 2007; Abbass, Kisely und Kroenke, 2009; Fonagy, Roth und Higgitt, 2005; Leichsenring und Leibing, 2003; Leichsenring, Rabung und Leibing, 2004; The Committee on Therapy: Group for the Advancement of Psychiatry), finden wir merkwürdigerweise nur selten adäquate Messungen der Beeinflussung von Bereichen der Psyche, die von anderen Zaubertränken nicht erreicht werden. So werden die verbesserte Beziehungsfähigkeit, die Fähigkeit, Sinn im Leben und im Beruf zu finden, und ein realistisches Selbstwertgefühl in der Literatur über die Ergebnisse psychodynamischer Therapien zwar mitunter berücksichtigt, doch andere Kompetenzen bleiben unbeachtet oder können nicht gemessen werden, weil sie nicht sinnvoll operationalisiert sind. Dies gilt beispielsweise für die Fähigkeiten, ein befriedigendes Sexualleben zu führen, eine große Bandbreite von Affekten zu tolerieren oder das eigene Leben freier und flexibler zu gestalten. Auch andere spezifische therapeutische Entwicklungen sollten erfasst werden: von der Isolation zur Intimität, vom Stillstand zur Kreativität, von der Identitätsdiffusion zur Identität und vom »Auf-der-Arbeit-Sein« zu einer Identifizierung mit der Arbeit und entsprechendem Engagement. Wenn es uns nicht gelingt, eine größere Gruppe von Ergebnissen zu erfassen, die spezifisch für psychodynamische Therapien sind, werden wir dem Dodo-Bird-Song wahrscheinlich nicht entkommen und auch die Patientengruppen nicht erreichen, für die unser spezieller Zaubertrank von unvergleichlichem Nutzen ist.

Wie also sieht die monumentale Geschichte der Ergebnisse psychodynamischer Psychotherapien in der Zusammenfassung aus? Etwa seit 1970 hat die STPP viele Länder bereist und Bekanntschaft mit mannigfaltigen psychischen (Abbass et al., 2007; Fonagy et al., 2005; Leichsenring et al., 2004) und somatischen (Abbass et al., 2009) Störungen gemacht. Mehrere systematische metaanalytische Zusammenfassungen dieser Resultate, die jeweils mit leicht unterschiedlichen Methoden und Samples arbeiten und zu leicht unterschiedlichen Schlussfolgerungen gelangen, liegen vor. Bleiben wir zunächst an der Oberfläche: Die Ergebnisse für die meisten Störungskategorien lassen auf stärkere und auch im Follow-up erhalten gebliebene Besserung in den behandelten Gruppen schließen. Wenn wir aber eine Schicht tiefer blicken, stellen wir fest, dass für jede Störungskategorie lediglich eine kleine Anzahl von Studien vorliegt, die an sich wiederum höchst heterogen sind. Einige der besten Auswertungen dieser Ergebnisstudien sind in Deutschland, und zwar insbesondere an den Schreibpulten von Falk Leichsenring und seinen Mitarbeiterinnen und Mitarbeitern, entstanden (Leichsenring, Rabung und Leibing, 2004). Sie haben 17 Studien ausgewertet und die Vorher-Nachher-Effektgrößen für Zielprobleme, allgemeine psychische Symptome und allgemeines soziales Funktionieren berechnet. Insgesamt gesehen sind die Zwischen-Gruppen-Effektstärken gegenüber der »Behandlung wie üblich« *groß* für Zielprobleme und *mittel* für allgemeine Symptome und soziales Funktionieren. Es gibt aber nur wenige Studien. Die Zwischen-Gruppen-Effektgrößen beim Vergleich von STPP mit anderen Therapieformen unterschieden sich nicht signifikant.

Studien über den modalitätsspezifischen Behandlungsnutzen, in denen unsere psychodynamischen Tempelritter geglänzt haben, sind offenbar schwer zu finden; doch wie erwähnt wird nach diesem Nutzen auch nur selten gesucht. Gleichwohl sind mehrere Projekte erwähnenswert: 2007 berichtete Barbara Milrod über eine vorläufige Studie mit 49 Erwachsenen, die unter Panikstörung litten und randomisiert der panikfokussierten psychodynamischen Psychotherapie oder der angewandten Entspannung zugeteilt worden waren. Letztere ist eine legitime Vergleichsgruppe, die oft für CBT-Studien verwendet wird. Diese Studie gelangte zu dem interessanten und ermutigenden Ergebnis, dass die größten Unterschiede zwischen dem positiven Respons auf die Behandlung in den beiden Versuchsgruppen bei komplizierten Fällen zu beobachten waren, die auf dem Papier zunächst so aussahen, als seien sie – wegen Major Depression mit Komorbidität, Scheitern früherer medizinischer Behandlung oder Scheitern einer kognitiven Verhaltenstherapie – schwieriger zu behandeln. Eine zweite Studie über eine integrierte Therapieform namens CBASP (Cognitive Behavioural Analysis System of Psychotherapy) war ebenfalls bemerkenswert. Wenngleich der Name an eine Verhaltenstherapie denken lässt, enthält das Verfahren zahlreiche psychodynamische Komponenten einschließlich einer Fokussierung auf interpersonale Elemente und eine zentrale Berücksichtigung der Übertragungsbeziehung. In einer großen Studie mit annähernd 700 chronisch depressiven Patienten, die zum Teil ein frühes Trauma erlitten hatten (N = 314), erreichte die auf Antidepressiva beschränkte Behandlung der Untergruppe der Schwertraumatisierten schlechte Ergebnisse, während es den ausschließlich psychotherapeutisch behandelten Patienten signifikant besser ging (Nemeroff et al., 2003). Von der Kombination beider Behandlungen profitierten beide Gruppen (85%).

Wie also lautet die Moral der STPP-Geschichte? Es sind tatsächlich signifikante Fortschritte erzielt worden, doch nicht so viele, wie wir benötigen oder wie uns lieb wäre. Ein Problem ist der fehlende Respekt psychodynamisch orientierter Forscher vor psychiatrischen Diagnosekriterien. Er ist zwar angesichts ihrer Überzeugung, dass die psychodynamische Therapie bei den meisten Problemen zur Anwendung kommen kann, verständlich, hat aber Studien mit ganz heterogenen Samples und Ergebnisse hervorgebracht, die für Regierungen und Versicherungsträger schwierig zu interpretieren sind. Die frühen Studien wiesen vor allem methodische Schwächen auf, zum Beispiel: fehlende Sicherstellung, dass die Behandlung tatsächlich stattfindet; Beteiligung von angehenden neben ausgebildeten Therapeuten und das Versäumnis, sie mit adäquaten Behandlungsmanualen auszurüsten. Tragischerweise ist unter den psychodynamisch orientierten Forschern ein starkes Widerstreben zu verzeichnen, die Ergebnisse anderer zu replizieren. Jede Gruppe entwickelt ihre eigene Version der psychodynamischen Psychotherapie und vermarktet sie als einzigartigen Zaubertrank, der sich von allen übrigen unterscheidet (und besser ist als alle anderen). Vollkommen anders sieht es bei unseren Kollegen aus der kognitiven Verhaltenstherapie aus, die völlig unbefangen ganz unterschiedliche Behandlungen als CBT bezeichnen und sehr konzentriert auf den »common ground« fokussieren, statt sich an den narzisstischen Details der kleinen Unterschiede festzubeißen. Diese fehlende Replikation schadet dem Feld; dies gilt vor allem für die USA, wo die unabhängige Replikation ein Schlüsselkriterium für empirisch gestützte Behandlungen bleibt (Chambless und Hollon, 1998; Chambless und Ollendick, 2001).

Doch viele dieser Überlegungen sind unserem Feld weitgehend äußerlich. Die Moral von der Geschichte lautet, dass STPP in zahlreichen Ländern nicht einmal die übliche Praxis repräsentiert. STPP wird aufgrund der Länge der durchschnittlichen Pharmakotherapiestudie mit 16–20 Stunden durchgeführt. Die meisten derjenigen von uns, die psychodynamische Psychotherapie praktizieren, führen Behandlungen mit relativ langer Dauer von einem Jahr und mehr durch. Der spannenden Geschichte dieser Langzeittherapien möchte ich mich im Folgenden zuwenden.

Die Geschichte der psychodynamischen Langzeittherapie

Die Geschichte, die ich nun erzählen möchte, ist kürzer und deutlich jünger als die vorangegangenen. Ebenso wie zahlreiche andere moderne

Geschichten ist sie voller Kontroversen und Probleme, die vielleicht sogar unlösbar sind. Die Bienenzüchter und Forscherbienen sammeln voller Eifer Informationen über die Langzeitbehandlungen und speisen sie in unsere kollektive Wissensbasis ein. Sie hatten große Mühe, das Problem der Randomisierung zu bewältigen, weil dies bedeutete, dass sich die Teilnehmer bereit erklären mussten, auf die präferierte Behandlung 18 Monate oder länger zu verzichten. Auch eine angemessene Kontrollgruppe zu finden, war eine Herausforderung, ebenso wie die Verblindung der Auswerter und die Erstellung von Manualen, an denen sich die Arbeit über einen längeren Zeitraum zu orientieren hat, damit gewährleistet ist, dass das, was stattfindet, tatsächlich das ist, was beschrieben wird (Behandlungsintegrität). Gleichwohl ist die Langzeitbehandlung der Heilige Gral der psychoanalytischen Kliniker. Für sie wurden wir ausgebildet, sie wollen wir praktizieren.

Es grenzt wahrhaftig an ein Wunder, dass genügend Daten gesammelt und zwei inzwischen hochangesehene systematische Reviews publiziert werden konnten; die erste Studie stammt von Falk Leichsenring und erschien im *Journal of the American Medical Association* (Leichsenring und Rabung, 2008); die zweite, verfasst von Saskia de Maat und ihren Mitarbeitern, wurde im *Harvard Review of Psychiatry* publiziert (de Maat, de Jonghe, Schoevers und Dekker, 2009). Die Metaanalyse von de Maat et al. fasste 27 Studien zusammen, die den Einfluss der Langzeittherapie auf die Symptomreduzierung gemessen haben und/oder Informationen über Persönlichkeitsveränderungen sammelten. Kontrollgruppen wurden nicht berücksichtigt, das heißt, es wurden Vorher-Nachher-Effektgrößen und nicht solche zwischen Gruppen ermittelt. Gleichwohl erfassten die Studien die Behandlung von mehr als 5000 Patienten. Kombiniert betrugen die Effektgrößen der Ergebnismessungen zwischen 0.8 und 1; wenn überhaupt, so tendierten sie zu einem leichten Anstieg beim Follow-up und waren bei der Psychoanalyse etwas stärker als bei der Psychotherapie. Der Prozentanteil der Erfolgsrate in Bezug auf die Symptome betrug, ausgehend von der Meinung der Kliniker, rund 70% und zwischen 60% und 70% nach Selbstbericht der Patienten. Erfolg war dabei definiert als mindestens moderate Besserung.

Die sehr ehrgeizige Metaanalyse von Leichsenring identifizierte 23 Studien. Diese untersuchten schwierige Probleme, doch die Prä-post-Effekte sind übereinstimmend hoch. Bei chronischen Problemen beträgt die Effektgröße 0.87–2.45, bei komplexer Depression und Angst 0.97–1.94, bei multiplen Problemen 0.94–1.84 und bei Persönlichkeitsstörung 0.82–1.65. Die Autoren haben diese Effekte mit denen verglichen, die normalerweise bei ähnlichen Patientengruppen in Kurztherapie gefunden werden; dabei stellten sie eine signifikante Überlegenheit der Langzeitbehandlung fest. Die Effektgrößen variierten je nach Messungstyp; die höchsten wurden übereinstimmend bei Zielproblemen ermittelt; für soziales und allgemeines psychisches Funktionieren lagen sie ein wenig niedriger. Die Effekte waren aber durchgehend positiv; dabei lag das Konfidenzintervall um die Effektgrößen deutlich oberhalb der Insignifikanz, der gefürchteten Nulllinie.

Im Lande der Psychotherapieforschung war nicht jeder über diese Neuigkeiten glücklich (Beck und Bhar, 2009; Glass, 2008; Kriston, Holzel und Harter, 2009; Roepke und Renneberg, 2009; Thombs, Bassel und Jewett, 2009). Zum Dauerthema der anschließenden Korrespondenz wurde die Infragestellung der positiven Evidenz für die Langzeitbehandlung. Die Details sollte man wahrscheinlich den Geschichtsbüchern überantworten, doch sei zumindest darauf hingewiesen, dass die Kritikpunkte sowohl die Beschaffenheit[3] der ursprünglichen Studien betrafen als auch die Methode[4] der Metaanalysen.

Unsere Barden haben eine geistreiche Verteidigung verfasst, die mehrere Seiten der Zeitschrift füllt (Leichsenring und Rabung, 2009). Dass die Attacken nicht gänzlich unberechtigt waren, ließ sich aber schlecht von der Hand weisen. Viele der untersuchten Studien waren tatsächlich unkontrolliert und heterogen, und es fällt schwer, darauf zu vertrauen, dass der Kritik, die der böse Geist Hans Eysenck einst formulierte, angemessen Rechnung getragen wurde. Deshalb zogen

3 Die Metaanalyse beruhte auf Studien mit kleinen Samples, die ein wahrscheinliches Bias zum Positiven aufwiesen und eine große Bandbreite von Störungen untersuchten; die Kontrollgruppen waren unzulänglich spezifiziert und nicht kontrolliert für Kontakt und Behandlungsstruktur.

4 Mischung von Prä-post-Effekten und Effekten des Vergleichs zwischen Gruppen, selektiver Ein- und Ausschluss von Studien usw.

sich die Barden erneut in ihre Klausen zurück und verfassten eine neue Ballade. Weil sie noch nicht publiziert ist, darf ich hier lediglich ihren Refrain wiedergeben. Die Forscher identifizierten 10 kontrollierte Studien, in denen psychoanalytische Langzeitpsychotherapie gegen andere Behandlungsverfahren getestet wurde[5]. Behandelt wurden komplexe Störungen – in der Hauptsache Persönlichkeitsstörung (7), Essstörung (2) und Depression (1). Verglichen wurde die Langzeitpsychotherapie mit CBT, DBT, CAT, SCM und TAU. Die Behandlungsdauer betrug im Durchschnitt 70 Wochen mit 120 Sitzungen. Die Vergleichsbehandlungen waren etwa genauso lang, boten aber weniger Sitzungen an. Die Ergebnisse ähnelten denen der vorangegangenen Analyse. Die durchschnittliche Effektgröße im Vergleich zwischen Gruppen betrug 0.67 und war mit 0.88 für Zielprobleme ein wenig höher als für allgemeine psychische Symptome; hier betrug er 0.54. Die mittlere Effektgröße unterschied die Vergleichsgruppen von der Gruppe mit LTPP in Bezug auf soziales und allgemeines psychisches Funktionieren.

Warum sind diese Ergebnisse von allergrößter Bedeutung? Es handelt sich um eine erste Gruppe starker Signale, die nahelegen, dass die psychodynamische Langzeitpsychotherapie weniger intensiven Behandlungen überlegen ist, wenn sie bei komplexen psychischen Störungen angewendet wird. Nach der Publikation dieser Ergebnisse werden die Klagen über die ursprünglichen Studien und die Methodik des Reviews zweifellos augenblicklich erneut zu vernehmen sein. Doch sollte uns das überraschen? Wir leben in einer Konkurrenzwelt. Was zugunsten der psychodynamischen Therapie spricht, wird häufig als Benachteiligung anderer Orientierungen empfunden. Unseren eigenen kollektiven Unmut über ähnliche Streitfragen haben wir im Zusammenhang mit CBT-Studien bei vielen Gelegenheiten zum Ausdruck gebracht.

Nichtsdestoweniger sollten wir, bevor wir zum Abschluss kommen, die Lehre auch aus dieser Geschichte ziehen. Erstens ist es zwar beruhigend und hilfreich, dass die LTPP-Ritter länger und letztlich effektiver kämp-

5 Bachar, Latzer, Kreitler und Berry, 1999; Bateman und Fonagy, 1999; Bateman und Fonagy, im Druck; Clarkin, Levy, Lenzenweger und Kernberg, 2007; Dare, Eisler, Russell et al., 2001; Gregory, Virk, Chlebowski et al., 2008; Huber, Denscherz, Gastner et al., eingereicht; Korner, Gerull, Meares und Stevenson, 2006; Svartberg, Stiles und Seltzer, 2004.

fen als die Ritter mit anderen Wappen im Schild; wir wissen aber nicht, wie gut sich die anderen Ritter schlagen würden, wenn ihre Turnierregeln es ihnen gestatteten, sich in ebenso intensiven Nahkämpfen zu messen wie unsere Ritter. Zweitens haben diese ihren Mut gerade in Studien bewiesen, die suizidale, selbstverletzende Edelfräuleins aus der Not retteten (sowohl Borderline- als auch Essstörung-Samples sind zu 80% weiblich). Doch wie häufig haben wir mit solchen Herausforderungen in unseren Behandlungszimmern zu tun, wo wir dieselbe Zeitdauer und manchmal mehr in Anspruch nehmen, um Patienten und Patientinnen zu retten, deren Distress vielleicht, zumindest oberflächlich betrachtet, geringer ist? Ist die Überlegenheit unserer Ritter auch dann noch belegbar, und falls ja: in welcher Hinsicht? Die von mir bereits erwähnte Studie über die privatversicherten Probanden (Puschner, Kraft, Kächele und Kordy, 2007) mahnt zur Vorsicht: Als psychoanalytische Psychotherapie und tiefenpsychologisch fundierte Psychotherapie über zwei Jahre bei 480 Patienten untersucht wurden, fanden sich keine signifikanten Unterschiede in der Rate oder im Umfang der Symptomreduzierung zwischen diesen beiden Gruppen. Wie also lautet die Moral? Wir brauchen mehr Studien mit breiteren Ergebnismessungen.

Bevor ich zum Schluss meiner LTPP-Geschichte komme, noch drei Anmerkungen. Die erste betrifft das naturalistische Follow-up von Patienten, die von DGPT-Mitgliedern in Langzeittherapie oder Psychoanalyse behandelt wurden (Beutel, Rasting, Stuhr et al., 2004; Leuzinger-Bohleber, Stuhr, Ruger und Beutel, 2003). Es handelt sich um eine sorgfältig konstruierte Studie, die weniger wegen ihrer Ergebnisse hochinteressant ist als vielmehr deshalb, weil die Tempelritter, die die Behandlungen anboten, Seite an Seite mit den Forscherbienen arbeiteten und sowohl qualitative als auch quantitative Methoden benutzten, um zu erfassen, wie die Patienten die Behandlung erlebten. Die große Mehrheit der Behandelten schätzte die Erfahrung hoch ein; gemessen wurde auch der Behandlungseinfluss auf die Ausgaben für die Gesundheitsversorgung. Die ehrgeizigste Studie über psychoanalytische Psychotherapie kommt aus Helsinki (Knekt und Lindfors, 2004; Knekt, Lindfors, Harkanen et al., 2008). Sie vergleicht die lösungsfokussierte Therapie und psychodynamische Psychotherapie mit psychodynamischer Langzeittherapie für Patienten mit Depression und Angst. Diese Bienenzüchter und Forscherbienen haben extrem schwer gearbeitet und sind ihren Patienten drei Jahre lang hartnäckig auf der Fährte geblieben. Das war auch gut so, denn ein signifikanter Nutzen von der Langzeitbehandlung war nicht nach 18 Monaten und noch nicht einmal nach 24 Monaten zu verzeichnen, sondern erst nach 36 Monaten. Es dauerte tatsächlich eine Weile, bis unsere Ritter, die dazu ausgebildet worden waren, nicht monate-, sondern jahrelang zu kämpfen, zum Erfolg kamen. Sie hatten durchaus Mühe, mit dem Fortschritt, den ihre Kollegen aus der Kurzzeittherapie im ersten Jahr der Studie erzielten, mitzuhalten. Man könnte freilich sagen, dass die Patienten, die sich selbst für die Langzeitbehandlung entschieden hatten, die schwierigeren Kunden waren. Die dritte LTPP-Studie ist wahrscheinlich die beste, die bislang durchgeführt wurde. Diese Münchener Studie von Dorothea Huber und Gunter Klug (Huber et al., im Druck) ist u. a. deshalb bemerkenswert, weil sie als einzige mit einer spezifisch psychoanalytisch orientierten Ergebnismessung arbeitete, nämlich mit Wallersteins »Scales of Psychological Functioning« (Klug und Huber, 2009). Dieses Instrument beruht auf Definitionen, die von Psychoanalyseexperten formuliert wurden, und beinhaltet 17 Dimensionen, die jeweils in zwei Unterdimensionen unterteilt sind, nämlich (a) enthemmtes und (b) gehemmtes Funktionieren. Demzufolge kann die Impulsregulation infolge allzu starker Enthemmung oder infolge allzu starker Hemmung pathologisch sein. Die Wirksamkeit der Psychoanalyse wird anhand dieser Messung erkennbar, überzeugend allerdings auch erst nach einem Jahr.

In Anbetracht all dessen habe ich den Eindruck, dass wir, wenn wir uns die intensive Langzeitbehandlung ansehen, zum einen die falschen Dinge messen und zum anderen nicht lang genug messen.

Die aktuelle Geschichte der Psychotherapie der Borderline-Persönlichkeitsstörung: Ein Beispiel

Am Ende dieses Teils meines Beitrags möchte ich eine meiner eigenen Geschichten erzählen. Zunächst bitte ich um Nachsicht, und zwar nicht allein deshalb, weil ich in dieser Geschichte die Rolle eines Bienenzüchters spiele, sondern weil sie eine Reihe der Evidenzprobleme illustriert, mit denen wir uns als Ritter der psychodynamischen Psychotherapie auseinanderzusetzen haben.

Über Borderline-Patienten sind viele Studien durchgeführt worden; es wurden auch viele Zaubertränke ausprobiert, deren Wirksamkeit randomisierte Kontrollstudien belegten. Dazu zählen DBT (z.B. Linehan, Domtois, Murray et al., 2006), TFP (z.B. Clarkin, Levy, Lenzenweger und Kernberg, 2007), SFT (z.B. Giesen-Bloo, van Dyck, Spinhoven et al., 2006), CBT (z.B. Cottraux, Note, Boutitie et al., 2009), CAT (z.B. Chanen, Jackson, McCutcheon et al., 2009), DDP (z.B. Gregory, Virk, Chlebowski et al., 2008), STEPPS (z.B. Blum, St John, Pfohl et al., 2008) und MBT (z.B. Bateman und Fonagy, 2008).[6] Man sieht, dass sich die Zauberformel, solange ihr Akronym aus drei Buchstaben besteht, als überlegen erweisen wird, zumal gegenüber der »üblichen Behandlung« oder einer inadäquaten Vergleichstherapie. All diese Behandlungen sind spezialisierte Interventionen, die eine umfangreiche Ausbildung und kontinuierliche Supervision voraussetzen.

Als Antony Bateman und ich beschlossen, ebenfalls zu einer Heldenfahrt aufzubrechen (Bateman und Fonagy, 2008), haben wir feierliche Eide geschworen, nicht eher zurückzukehren, als bis wir einen Vergleich gefunden hätten, der für Kliniker und für Drittzahler aufschlussreicher sein würde als die Vergleiche, die die Hohepriester der evidenzgestützten Praxis in ihren Zeitschriften präsentieren. Unser Schwur verpflichtete uns, Überlegenheit gegenüber einer strukturierten Behandlung nachzuweisen, die in einem kohärenten Behandlungsprogramm mit äquivalenter Supervision organisiert ist. Beide Behandlungen sollten von Rittern durchgeführt werden, die auf demselben Niveau ausgebildet wurden, aber keine Familienwappen tragen, die sie der einen oder anderen Seite verpflichten. Wir haben zudem geschworen, ein klinisch repräsentatives Sample von Edelfrauen und Edelmännern mit bestätigter BPS-Diagnose

6 DBT, dialektische Verhaltenstherapie; TFP, übertragungsfokussierte Psychotherapie; SFT, schema-fokussierte Therapie; CAT, kognitiv-analytische Therapie; DDP, dynamic-deconstructive psychotherapy; STEPPS, Systems Training for Emotional Predictability and Problem-Solving; MBT, mentalisierungsgestützte Behandlung.

und hohem Suizidrisiko zusammenzustellen. Wir haben geschworen, nicht eher zu rasten, als bis wir eine statistische Stärke erreicht hätten, die es zuließe, selbst relativ kleine Unterschiede zu identifizieren.

So brachen wir auf, um die mentalisierungsgestützte Behandlung (Mentalisation Based Treatment, MBT; Bateman und Fonagy, 2006) zu erforschen, einen von uns selbst entwickelten Zaubertrank mit spezifischen Ingredienzien, der Patienten hilft, einfache wie auch komplexe psychische Zustände besser zu verstehen, ihre Emotionen zu regulieren, ihre Aufmerksamkeit zu fokussieren (gezielte Kontrolle) und ihre eigenen Handlungen sowie die Aktionen anderer Menschen in Bezug auf Gedanken, Gefühle, Wünsche und Überzeugungen zu interpretieren. MBT wurde nicht entworfen, um Menschen zu lehren, »im Dunkeln zu sehen« (das heißt, sie zielt nicht auf Einsichten ins Unbewusste), sondern um ihnen zu helfen, vorbewusste Aspekte ihrer interpersonalen Beziehungen (vor allem ihrer Bindungsbeziehungen) einschließlich der Beziehung zu ihrem Therapeuten besser zu begreifen.

An der Studie konnten Frauen und Männer mit einer bestätigten BPS-Diagnose teilnehmen, die innerhalb der vorangegangenen sechs Monate einen Suizidversuch unternommen oder sich eine lebensbedrohliche Verletzung zugefügt hatten. Wir haben uns verpflichtet, alle Interessenten zu behandeln, um sicherzustellen, dass unser Zaubertrank bei jedem anschlug. Ausgenommen waren Personen mit organischer Hirnschädigung, psychotischer Störung oder Opiatabhängigkeit. Wir beurteilten die Patienten bei der Aufnahme sowie nach 6, 12 und 18 Monaten. Das Programm dauerte 18 Monate und beinhaltete eine therapeutische Einzel- und eine Gruppentherapiesitzung pro Woche.

Um zu gewährleisten, dass für die Genesung tatsächlich unser Zaubertrank verantwortlich war und nicht unsere spezialisierten, in den Farben ihrer Familienwappen antretenden Ritter, kooptierten wir elf angehende Ritter; sie wurden *nach dem Zufallsprinzip* entweder dazu ausgebildet, ambulante Patienten mit MBT zu behandeln, oder erhielten eine Ausbildung in strukturiertem klinischen Management (SCM) für ambulante Patienten. Strukturiertes klinisches Management ist ein Angebot, das eine gute psychiatrische Abteilung für diese Patienten auf kohärente und geordnete Weise bereithalten sollte. Alle Therapeuten hatten eine allgemeinpsychiatrische Ausbildung abgeschlossen und danach mindestens zwei Jahre lang Patienten in allgemeinpsychiatrischen Diensten sowie mindestens ein Jahr lang Patienten mit BPS behandelt. Ihre durchschnittliche psychiatrische Erfahrung betrug mehr als sechs Jahre. Zu unseren Rittern gehörten sieben Krankenschwestern bzw. -pfleger (4 MBT und 3 SMC), drei Psychiater in Ausbildung (2 MBT und 1 SCM) und ein akkreditierter Berater (SCM). Wir bildeten sowohl die MBT- als auch die SCM-Therapeuten aus; das Design sah für beide Ausbildungsprogramme etwa die gleiche Dauer vor: eine dreitägige Grundausbildung und zwei Tage Weiterbildung in MBT und eine vergleichbare, auf Persönlichkeitsstörungen und generische stützende psychotherapeutische Techniken konzentrierte Ausbildung in SCM. Supervision wurde auf wöchentlicher Basis für die Ritter beider Studienzweige angeboten.

Das SCM beinhaltete zahlreiche MBT-Komponenten einschließlich Unterstützung und Struktur, Hinterfragung von selbstdestruktiven Akten und Krisenmanagement; zusätzlich umfasste es Beratung, soziale Unterstützung, Problemlösung und regelmäßige Überprüfung der Medikation. Die in den MBT-Methoden ausgebildeten Ritter lernten, basale Mentalisierungsfähigkeiten zu verbessern, mentalisierende Interpretationen anzubieten, die Übertragung zu mentalisieren und mit Krisen, emotionalem Aufruhr, selbstverletztendem Verhalten und Suizidversuchen umzugehen, indem sie diese Erfahrungen als Zusammenbruch des Mentalisierens verstanden, der durch eine Vielfalt interpersonaler Erfahrungen ausgelöst werden kann. Die Medikamentenüberprüfung folgte in dieser Gruppe demselben Protokoll wie in der SCM-Gruppe, aber die Therapeuten-Ritter mussten überdies versuchen, die psychischen Gründe zu erforschen, die den Patienten oder Personen aus seinem Umfeld bewogen, um eine Veränderung der Medikation nachzusuchen; dies sollte genauso hinterfragt werden wie sämtliche anderen Aktionen des Patienten.

168 Patienten wurden auf ihre Eignung getestet; 134 wurden randomisiert. Von den ausgeschlossenen Patienten erschien ein Drittel nicht zu den Interviews, ein weiteres Drittel sagte die Teilnahme ab. Die restlichen Patienten erfüllten entweder die Einschlusskriterien nicht,

oder sie erfüllten die Ausschlusskriterien, oder sie konnten nicht kontaktiert werden. 52 von 71 Teilnehmern aus der MBT-Gruppe führten die Behandlung vollständig durch; SCM wurde von 47 von insgesamt 63 Teilnehmern vollständig abgeschlossen. Datenausfälle blieben minimal; alle Patienten wurden in die Auswertung einbezogen. Das Hauptergebnis betraf den Anteil der Patienten, die in beiden Gruppen in den vorangegangenen sechs Monaten kein schweres parasuizidales Verhalten gezeigt hatten – Suizidversuche, lebensbedrohliche Selbstverletzung oder Klinikeinweisung. Die Randomisierung war erfolgreich, und die Gruppen wiesen keine Unterschiede in den zentralen Charakteristika auf. Es handelte sich um eine recht komplexe Gruppe von BPS-Patienten mit zusätzlich ca. drei Achse-I-Diagnosen und 2.5 Achse-II-Diagnosen. Nach 18 Monaten hatten 57% aus der SCM-Gruppe, aber nur 27% aus der MBT-Gruppe schweres parasuizidales Verhalten gezeigt; dies entspricht einer relativen Risikoreduktion von 0.46 und einer NNT (number needed to treat) von 3. Heruntergebrochen auf Suizidversuche, lebensbedrohliche Verletzung und Klinikeinweisung fanden wir signifikante Benefits für Suizid (NNT von 4), Klinikeinweisung (NNT von 6) und einen etwas weniger überzeugenden Effekt für Selbstverletzung (NNT von 5, aber CI von 2–32). Am Ende der 18 Monate nahmen über 70% der Patienten aus der MBT-Gruppe, aber lediglich 45% aus der SCM-Gruppe keine psychoaktiven Medikamente mehr.

Mir fehlt die Zeit, um sämtliche Resultate zu erläutern. Selbstberichtete Messungen von Symptomschwere, Depression, sozialer Anpassung und interpersonalen Problemen sowie Blindauswertungen des allgemeinen adaptiven Funktionierens (GAF) deuten darauf hin, dass die Patienten von der MBT beträchtlich stärker profitierten als vom SCM.

Die wichtige Lehre, die wir aus dieser Geschichte zogen, war aber weniger, wie gut die Ritter mit dem MBT-Wappen arbeiteten, als vielmehr, wie gut beide Gruppen, nach beinahe sämtlichen Messungen zu urteilen, abschnitten. Unsere Behandlung schlug zwar besser an, aber sowohl das strukturierte integrierte als auch das fokussierte Behandlungsprotokoll erzielte bessere Ergebnisse, als wir es, ausgehend von Follow-up-Studien über die Spontanheilungen von Symptomen, erwarten konnten. Somit wurde nicht nur die Wirksamkeit der MBT durch die Studie bestätigt, sondern die generelle Wirksamkeit der Fokussierung auf die psychischen Vorgänge des Patienten; die Studie spricht nachdrücklich gegen die Durchführung nicht-fokussierter generischer Methoden und gegen die vorzeitige ausschließliche Anwendung eines bestimmten Modells. Dieses Thema wird später noch einmal zur Sprache kommen.

Die Geschichte vom Niedergang der randomisierten kontrollierten Studie

Nun ist es an der Zeit, die Geschichten von den Zelotensekten zu erzählen, die das Königreich der Psychotherapie in den letzten Jahrzehnten zu dominieren versucht haben (Sackett, Richardson, Rosenberg und Haynes, 2000; Strauss, Richardson, Glasziou und Haynes, 2005). Sie führen die unterschiedlichsten Wappen in ihrem Schild, sind aber allesamt eingeschworen auf die evidenzbasierte Medizin, die sie definieren als »den gewissenhaften, ausdrücklichen und vernünftigen Gebrauch der gegenwärtig besten externen, wissenschaftlichen Evidenz für Entscheidungen in der medizinischen Versorgung individueller Patienten« (Sackett, Rosenberg, Gray et al., 1996). Ihre Losungen (Definitionen) sind weniger reportiv, stipulativ und operational als vielmehr motivierend, persuasiv und essentialistisch.

Die Initiative läuft im Grunde auf nichts anderes hinaus, als experimentell eine Kausalbeziehung zwischen Behandlung und Outcome nachzuweisen. Die Strategie, der ihre höchste Wertschätzung gilt, ist daher die randomisierte kontrollierte Studie (RCT). Im vergangenen Jahr geschah indes etwas Merkwürdiges. Ein Hohepriester der evidenzgestützten Medizin, nämlich kein Geringerer als Sir Michael Rawlins, Direktor des National Institute of Health and Clinical Excellence (NICE), hielt die Harvey-Vorlesung am Royal College of Physicians. Thema war die Überbewertung der randomisierten kontrollierten Studien in der evidenzbasierten Medizin (Rawlins, 2008). Er erläuterte, dass solche Studien häufig unzulänglich seien und die randomisierte Zuteilung von Probanden zu unwirksamen oder gar schädlichen Behandlungen bioethische und rechtliche Probleme mit sich bringe. Manche

Erkrankungen seien derart selten und manche Behandlungseffekte derart durchschlagend, dass kaum jemand die RCTs als sensibles Messinstrument betrachten würde. So würden zum Beispiel Fallschirme sehr häufig benutzt, obwohl sie keinen RCTs unterzogen wurden. Rawlins wies auch darauf hin, dass die Nullhypothese der RCTs häufig mehr für den Showeffekt denn aus genuiner Überzeugung formuliert wird. Sie sei zweifellos unangebracht, wenn frühere Studien bereits einen Effekt nachgewiesen haben, und statistisch sowie konzeptuell schwierig, wenn das Ziel der Studie darin bestehe, eine Unterschiedslosigkeit zwischen Behandlungszweigen nachzuweisen. Rawlins identifizierte überdies gewisse Probleme hinsichtlich der Anwendung von Wahrscheinlichkeitstheorien in RCTs.

Dass viele Studien multiple Variablen für die Ergebnismessung benutzen, kann zu erheblicher Verwirrung führen. Zusammen mit Anna Higgitt haben wir Reviews über den Nutzen von SSRIs[7] bei Depressionen im Kindesalter ausgewertet (Fonagy und Higgitt, 2009). Es gibt lediglich rund 15 randomisierte kontrollierte Studien, doch seit 2005 wurden annähernd 100 Reviews publiziert. Diese analysieren dieselben Untersuchungen, gelangen aber zu radikal unterschiedlichen Schlussfolgerungen, weil sie auf unterschiedliche Aspekte der in den Ausgangsstudien berichteten Ergebnisse fokussieren. Die Schlussfolgerungen schwanken zwischen »sämtliche SSRIs gehören verbannt« und »SSRIs als Behandlung erster Wahl«. Dazwischen finden sich mannigfaltige Varianten (»manche SSRIs gehören verbannt«, »nur einen einzigen SSRI als Behandlung erster Wahl«, »SSRI als Behandlung zweiter Wahl nach gescheiterter Psychotherapie« usw.).

Sir Michael widmete sich auch der Frage, die am häufigsten auftaucht, wenn man im Königreich der Psychotherapie über die Angemessenheit von RCTs diskutiert: Wie verallgemeinerbar sind die Ergebnisse solcher Studien? Natürlich unterscheiden sich die Settings, in denen Psychotherapie-RCTs stattfinden, erheblich von der realen klinischen Situation (La Greca, Silverman und Lochman, 2009; Lambert und Ogless, 2004; Minami, Wampold, Serlin et al., 2009; Weiss, Guidi und Fava, 2009).

7 SSRI, Selektiver Serotoninwiederaufnahmehemmer

Die meisten werden über einen begrenzten Zeitraum an ausgewählten Populationen durchgeführt und nicht an einer heterogenen Population mit mannigfaltigen Lebensproblemen und Komorbiditäten, die zu ihrem Ausschluss führen würden. »Studienpatienten« und Patienten im »realen Leben« unterscheiden sich nach Alter, Geschlecht, Schweregrad der Erkrankung, Risikofaktoren, Komorbidität, Ethnizität, sozioökonomischem Status. Und als wäre das noch nicht schlimm genug, entspricht die in Psychotherapie-RCTs applizierte Behandlung nur selten der klinischen Realität, wenn man sich die Dosierung (Frequenz der Therapie), das Timing der Durchführung, die Dauer der Therapie, interkurrente Behandlungen sowie die spezifischen Fähigkeiten und das Engagement der Behandler ansieht. Es gibt bedeutsame Unterschiede im Setting, in der Art und Weise, wie die Behandler honoriert werden, und in den beruflichen Prioritäten, die sie sich gesetzt haben – Publikation oder klinische Versorgung. Ob der durch eine Studie ermittelte Nutzen einer Behandlung wirklich auf normale klinische Settings übertragen werden kann, ist in der Tat fraglich.

Sir Michael lenkte die Aufmerksamkeit auch auf die Messung schädlicher Wirkungen. RCTs sind haarsträubend, wenn es um die Testung möglicher Schädigungen geht (z.B. Lilienfeld, 2007; Roback, 2000). Jefferys, Leakey, Lewis et al. (1998) stellten bei einer Überprüfung von Medikamenten, die zwischen 1972 und 1994 eingeführt wurden, fest, dass 22 aus Sicherheitsgründen wieder vom Markt genommen wurden, aber nur ein einziges wegen fehlender Wirkung. Dieser Befund ist schwerlich überraschend, denn RCTs sind kaum je darauf angelegt, unerwünschte Zwischenfälle zu untersuchen. Die Kontroverse über SSRIs und Suizid im Kindesalter ist hierfür ein gutes Beispiel. Keine der mit Placebo-Gruppen kontrollierten Studien war groß genug, um einen signifikanten Unterschied im Vorkommen spontaner Zwischenfälle (spontaneous adverse events, SAEs) zu zeigen. Zusammengenommen wiesen sie solche Zwischenfälle zweimal so häufig bei medikamentös behandelten Kindern und Jugendlichen nach wie in der Placebo-Kontrollgruppe. Diejenigen aber, die für den Einsatz dieser Medikamente plädieren, behaupten, dass die Studiendesigns und die Samples allzu heterogen waren, um diese Art der Zusammenfassung zuzulassen.

Vielleicht also war es, wie Rawlins schlussfolgerte, nicht angebracht, dass sich die Ritter der RCTs über die Ritter der Beobachtungsstudien erhaben dünkten. Eine solche Hierarchie ist illusorisch. Beide Studienformen haben Vor- und Nachteile. Wenn wir vor dem Hintergrund begrenzter Ressourcen Entscheidungen treffen über kostengünstige Behandlungen, müssen wir die gesamte Evidenz ernst nehmen und *die Vernunft sprechen lassen*. RCTs sind ungeheuer kostspielig. 153 pharmazeutische RCTs kamen auf Durchschnittskosten von £ 3.200.000 mit einem Interquartilabstand von £ 2.000.000 bis £ 6.250.000.

RCTs sind nicht nur in finanzieller Hinsicht ressourcenintensiv, sondern kosten auch viel Zeit und Energie. Vielleicht ist dies der Grund, weshalb die Reporte so häufig Verzerrungen aufweisen und bestrebt sind, Unterschiede hervorzuheben und über Nullfunde den Mantel des Schweigens zu decken. Dazu als aktuelles Beispiel die Therapie der behandlungsresistenten Depression in der Adoleszenz. Aus dem Abstract der betreffenden Studie (Brent, Emslie, Clarke et al., 2008) erfahren wir, dass es 40% der jungen Menschen, die nicht auf mindestens einen SSRI ansprachen, nach einem Medikamentenwechsel besser gehen wird. Die Besserung ist noch deutlicher, wenn dieser Wechsel mit der Aufnahme einer CBT einhergeht. Die Erhöhung der Responserate beträgt 15%. Dabei macht es keinen Unterschied, ob die Patienten einen anderen SSRI erhalten oder das Antidepressivum Venlafaxin; eindeutig verbessert wird die Responserate durch die Aufnahme einer Psychotherapie. Ich werde die geneigten Leser mit den Details dieser hoch komplizierten Studie nicht weiter behelligen, sondern beschränke mich auf den Hinweis, dass eine beunruhigend große Zahl junger Menschen aus sämtlichen Behandlungszweigen, denen sie randomisiert zugeteilt worden waren, die Teilnahme abbrach (von 334 brachen 102 – fast ein Drittel – ab, davon eine signifikante Anzahl (41) wegen unerwünschter Zwischenfälle). Dies weckt erhebliche Bedenken hinsichtlich der Akzeptierbarkeit all dieser Behandlungszweige. Wenn wir uns die Teilnehmer ansehen, die auf eine Therapie ansprachen, scheint klar zu sein, dass die zusätzliche kognitive Verhaltenstherapie die Responseraten verbesserte; weniger klar sieht ebendies aber aus, wenn wir uns nur jene jungen Leute anschauen, die bis zum Schluss an der Studie teilnahmen (d. h. von der CBT in vollem Umfang profitieren konnten).

In dieser Geschichte geht es noch um etwas anderes, nämlich einen höchst fragwürdigen Aspekt der evidenzbasierten Medizin. Ich habe auf der Grundlage der Zahlen, die in sehr großen, schwer zugänglichen Tabellen im *Journal of the American Medical Association (JAMA)* präsentiert werden, drei Abbildungen erstellt. Die Zahlen erfassten – nach Selbstberichten – die Depression und die Suizidgedanken der Kinder sowie die globale Beurteilung durch unabhängige Beobachter. Nun kann jeder für sich einmal prüfen, ob er irgendeinen Unterschied zwischen dem Schweregrad der Depression, der Bewertung der Suizidgedanken oder auch der Beurteilungen des allgemeinen Funktionierens durch die wahrscheinlich nicht gar so blinden Auswerter erkennt. Die im *JAMA* formulierte Schlussfolgerung lautet, dass die Kombination von CBT und einem Wechsel auf ein anderes Antidepressivum zu »einer höheren Rate von klinischem Response führt als der Medikamentenwechsel allein«. Im Text des Beitrags findet sich über den Nutzen der CBT für diese Gruppe der vielsagende Satz: »Es gab keine differentiellen Behandlungseffekte nach Skalenmessung von Depression, Suizidgedanken und Funktionieren; ebenso wenig gab es Behandlungseffekte bezüglich der Messungen von Suizidversuchen oder Selbstverletzungen.«

Ich könnte noch viele ähnliche Beispiele über verzerrte Ergebnisberichte nennen. Sie sind in der pharmakologischen Literatur häufiger, weil kommerzielle Interessen hier eine große Rolle spielen, bleiben aber nicht darauf beschränkt. Ich behaupte auch keineswegs, dass das Bias der Eigennützigkeit für psychodynamisch orientierte Forscher kein Handikap darstelle. Mir geht es um Folgendes. Die evidenzbasierte Medizin ist, ungeachtet ihrer Rhetorik, häufig keineswegs gewissenhaft, explizit und vernünftig. Als Psychoanalytiker wissen wir um die Schliche der Psyche, die Realität so zu verfälschen, dass Lust maximiert und Unlust minimiert wird. Warum sollte dies bei denjenigen, die von der aktuellen Befundlage einen gewissenhaften, expliziten und vernünftigen Gebrauch zu machen versuchen, anders sein als bei allen anderen Menschen?

Mir fehlt die Zeit, um hier auch die Geschichte von den Helden zu erzählen, die die Pharmagesellschaften gezwungen haben, ihre Versuchsdaten über die Risiken von SSRIs, Venlafaxin, Mirtazapin usw. offenzulegen. Es möge der Hinweis genügen, dass wir, als wir vor fünf Jahren sowohl veröffentlichte als auch unveröffentlichte Studien über die Effizienz von SSRIs im Kindes- und Jugendlichenalter auswerteten, bei Berücksichtigung der nicht publizierten Daten eine enttäuschende Reduktion der Wirksamkeit fanden (Whittington, Kendall, Fonagy et al., 2004). Es dauerte weitere vier Jahre, bevor jemand unser Design für eine Studie mit Erwachsenen replizierte (Turner, Matthews, Linardatos et al., 2008). Publiziert wurden 37 von 38 Studien, deren Ergebnisse von der FDA (Food and Drug Administration, Arzneimittelzulassungsbehörde der USA) als positiv erachtet wurden. Von 34 Studien, deren Ergebnisse die FDA als negativ oder fragwürdig beurteilte, wurden 22 nicht publiziert und 11 solcherart veröffentlicht, dass indirekt ein positives Ergebnis impliziert war. Ist das gewissenhaft, explizit und vernünftig?

So kann sich das Blatt wenden, und wir müssen aus dieser Geschichte die Lehre ziehen: »Lies sorgfältig, glaube nicht alles, was du liest, und halte Ausschau nach Dingen, die vorhanden sein könnten und vorhanden sein sollten.«

Die Geschichte von der Beeinflussung des Behandlungsergebnisses durch den Therapeuten

Meine vorletzte Geschichte ist eine kurze, aber ernüchternde Fabel über die Tempelritter selbst. Es wird niemanden überraschen zu hören, dass die Wirksamkeit des psychotherapeutischen Zaubertranks offensichtlich zu einem gewissen Grad von der Persönlichkeit des Ritters abhängt, der ihn verabreicht.

Bruce Wampold, der bereits genannte, weithin umjubelte Heros der Psychotherapieforschung, wertete die Daten von mehr als 6000 Patienten und annähernd 600 Therapeuten aus und gelangte zu dem Ergebnis, dass die Diagnosen, die Erfahrung des Behandlers, ja selbst die Medikation die unterschiedlichen Behandlungsergebnisse kaum zu erklären vermochten (Wampold und Brown, 2005). Für einen erheblichen Unterschied aber war die Persönlichkeit des Behandlers verantwortlich. Das effektivste Viertel der Therapeuten hatte nach einjähriger Behandlung einen doppelt so großen Effekt produziert wie das am wenigsten effektive Viertel.

Die Persönlichkeit des Therapeuten spielt sogar bei medikamentöser Behandlung eine wichtige Rolle. Der beste Therapeut wird mit einem Placebo wahrscheinlich bessere Ergebnisse erzielen als der schlechteste Therapeut mit einem aktiven Medikament (McKay, Imel und Wampold, 2006).

In einer elegant designten Studie (Okiishi, Lampert, Nielsen und Ogless, 2003; Okiishi, Lambert, Eggett et al., 2006) über 6500 Patienten und 70 Therapeuten, von denen im Schnitt jeder 92 Klienten in durchschnittlich neun Sitzungen sah, beurteilten die Patienten zu Beginn jeder Sitzung anhand einer 45-Punkte-Liste das Ergebnis. Die Resultate zeigten übereinstimmende Unterschiede zwischen den Therapeuten bezüglich der Symptombesserung, und zwar ungeachtet der von ihnen behandelten Patiententypen. Bei manchen Therapeuten verzeichneten die Patienten eine besonders schnelle Besserung; bei anderen Therapeuten hingegen schritt sie derart langsam voran, dass sie kaum wahrnehmbar war. Die Geschichte wäre von Nutzen, wenn sich anhand weiterer Kriterien bestimmen ließe, wer die Therapeuten mit den Zauberhänden sind. Leider geben weder Geschlecht, Art der Ausbildung, professioneller Hintergrund oder theoretische Orientierung brauchbare Hinweise. Die Patienten des effektivsten Zehntels haben Heilungsraten von etwa 22% und Verschlechterungsraten von rund 5%. Bei den Patienten des am wenigsten effektiven Zehntels ist die Verschlechterungsrate doppelt so hoch, während die Heilungsrate nur die Hälfte beträgt. Vorläufige Ergebnisse über diese Gruppe legen nahe, dass ein Teil der Outcome-Varianz auf die Fähigkeit der Therapeuten zurückzuführen ist, interpersonal schwierige Begegnungen mit den Patienten zu handhaben (Anderson, Ogles, Patterson et al., 2009).

Ungemein wichtig ist in diesem Zusammenhang die Arbeit von Michael Lambert (Okiishi, Lambert, Eggett et al., 2006). Er erfasste die Entwicklung der Probanden im Verlauf der Therapie mit Selbstberichtsinstrumenten (OQ45) und konnte dadurch frühe Abweichungen von erwarteten Besserungsraten identifizieren, negative Behandlungsergebnisse reduzieren und die Heilungsraten verbessern – mit dem Ergebnis, dass die schlechten Therapeuten beinahe so gut wie die durchschnittlichen wurden und diese an die besten heranrückten. Leider denkt niemand von uns gern an die Möglichkeit, dass die Therapie schädigen könnte. Selbst Kritiker, die die Psychotherapie ablehnen, berufen sich zumeist auf eine mutmaßliche Verschwendung von Ressourcen und machen nicht geltend, dass mit vermeidbaren Schädigungen zu rechnen ist. Fakt ist, dass sich der Zustand von etwa 5–10% der in Psychotherapie überwiesenen Patienten verschlechtert; dies zeigen mit hoher Übereinstimmung Beobachtungsstudien wie auch RTCs (z.B. Gurman und Kniskern, 1978; Lynn, Martin und Frauman, 1996; Palmer, Stalker, Harper und Gadbois, 2007; Roback, 2000; Snow, Tebes, Arthur und Tapasak, 1992; Terkelsen, 1983). Therapeuten schneiden sehr schlecht ab, wenn sie angeben sollen, mit welchen Patienten sie keine gute Arbeit leisten und welche Patienten eine Zustandsverschlechterung während der Therapie berichten. Die Wahrscheinlichkeit, dass sie sich selbst als unterdurchschnittlich gut oder gar als Risiko für die ihnen überwiesenen Patienten einschätzen, ist gering (Dew und Riemer, 2003). Nach den Gründen müssen wir vermutlich nicht allzu lange suchen. Von 143 Probanden, die mit Kindern und Jugendlichen arbeiteten und gebeten wurden, die Qualität ihrer Arbeit auf einer 7-Punkte-Skala (von A+ bis F) zu bewerten, gaben sich 60% die Note A oder besser. Nicht einer gab sich eine schlechtere Note als C. Man kann über die Bewohner des Königreichs der Psychotherapie nur staunen – *jeder von ihnen ist besser als der Durchschnitt!*

Gleichwohl hat die Geschichte des Therapeuten ein Happyend. Therapeuten *können* sich verbessern, wenn sie im Laufe der Therapie von ihren Patienten ein Feedback darüber bekommen, wie diese ihre Entwicklung selbst wahrnehmen. Sie können sich korrigieren und fortan bessere Arbeit leisten. Wenn der Patient zu Beginn oder am Ende jeder Sitzung einen kurzen Fragebogen für den Therapeuten ausfüllt, wird dieser sorgfältiger darauf achten, wo er von dem erwarteten Weg der Besserung abweicht. Gleichzeitig ist die Geschichte insofern ernüchternd, als uns die an Behandlungsergebnissen orientierte Versorgung exakter sagt, wie gut eine Therapie wirkt. Als vor einiger Zeit die CBT in Großbritannien in das Improved Access to Psychological Therapy-Programm aufgenommen wurde, ermittelten die Forscherbienen, die sich die Vorher-Nachher-Daten ansahen, in dieser Gruppe von ängstlich-depressiven Patienten einen Response von 80%. Einige dieser Patienten haben aber den Fragebogen, den sie bei Therapieende ausfüllen sollten, nie abgegeben (das ist häufig der Fall). Wenn die Outcome-Daten anhand der Methode der ergebnisorientierten Versorgung, Sitzung für Sitzung, gesammelt wurden, sank die Responserate auf 50%. Mit anderen Worten: Wenn uns in Vorher-Nachher-Beobachtungsstudien Daten verloren gehen, handelt es sich tendenziell um die Daten derjenigen Patienten, die von dem, was wir für sie tun, am wenigsten halten.

Ein neuer intellektueller Rahmen für die psychoanalytische Psychotherapieforschung

Damit komme ich zu meiner letzten Geschichte, einer, die zurück in die Zukunft schaut – so der Titel eines brillanten Aufsatzes, den meine Freunde und Kollegen Patrick Luyten und Sidney Blatt (2007) verfasst haben. Die Geschichte erzählt mehrere Episoden, deren erste von der Frage handelt: »Woher wissen wir, ob wir gewonnen haben?«

Unsere tapferen Ritter und ihre treuen Forschergefährten haben, wie sich zeigt, mit Studien rivalisiert, denen die Barone der großen Pharmakonzerne nicht nur die Durchführungsregularien, sondern auch die Siegeskriterien diktierten. Die Ergebnismessungen im Bereich der Psychotherapie sind Selbstberichtsmessungen und sollen eine Antwort auf die durch neuro-chemische Interventionen erzeugten Veränderungen – im Großen und Ganzen eine Abstumpfung des Gewahrseins für symptombedingten Distress – geben. Erstens versucht die psychodynamische Psychotherapie in vielen Fällen, das Gewahrsein für Distress zu schärfen statt zu dämpfen. Zweitens ist es ein Armutszeugnis für das gesamte System, dass eine Klientenbeteiligung an der Definition von Ergebnismessungen praktisch ausgeschlossen war; das gesamte Schema ist ein Konstrukt der von Experten vorgegebenen evidenzbasierten Praxis (Dolan, Lee, King und Metcalfe, 2009). Unter dem Blickwinkel des Profis wie auch unter dem des normalen Bürgers haben körperliche Rolleneinschränkung, körperliches Funktionieren und Schmerz eine hohe Priorität, während jene, die unter Störungen leiden, Würde und allgemeines Wohlbefinden (Stimmung, allgemeine Lebensqualität, Partnerschaft, Arbeit, zahlreiche soziale Kontakte) höher einschätzen. Das Wohlbefinden sollte in den Ergebnisstudien zumindest zusammen mit den Symptomen, wenn nicht gar an ihrer Stelle aufgeführt werden (Pressman und Cohen, 2005).

Messungen sind überwiegend willkürlich, weil subtile psychische Prozesse auf willkürlich erstellten Skalen erfasst werden. Trotzdem reifizieren wir sie und hantieren mit ihnen so, als gäbe es diese Willkür nicht (Kadzin, 2006). Eine Auswertung von 2000 Schizophrenie-RCTs identifizierte 640 Skalen – viele davon für die spezifische Studie entworfen und ohne Validitäts- oder Reliabilitätsnachweis. Unvalidierte Skalen zeigten mit höherer Wahrscheinlichkeit signifikante Behandlungseffekte als getestete Instrumente. Willkür oder nicht – unsere Messungen sollten in Bezug auf die Art der Behandlung, die sie evaluieren, neutral sein; andernfalls könnten wir Behandlungen finden, die nicht auf den Krankheitsprozess zielen, sondern auf die Messskalen, was natürlich ein Zerrbild ergäbe. Seit einigen Jahren stehen uns nicht-reaktive Ergebnismessungen zur Verfügung, die mit der funktionellen Magnetresonanztomographie durchgeführt wurden. Nachdem Eisenberger und seine Kollegen (Eisenberger, Lieberman und Williams, 2003) nachgewiesen hatten, dass sozialer Ausschluss exakt dieselben Hirnbereiche zu aktivieren vermag wie körperlicher Schmerz (anteriorer cingulärer Cortex, rechter ventro-präfrontaler Cortex), wurden buchstäblich Hunderte von fMRI-Studien durchgeführt, die exakte Informationen über subjektive Zustände lieferten. In 27 Neuroimaging-Psychotherapiestudien mit verschiedenen Bildgebungsverfahren wurde eine ganze Bandbreite von Diagnosen sowie Therapieformen untersucht (Carrig, Kolden und Strauman, 2009).

Diese Studien haben ihre Grenzen; es gibt praktisch keine Untersuchungen, die noch während der Behandlung Daten über Veränderungen publizieren. Mit ein wenig Phantasie aber könnten die Bienenzüchter und Forscherbienen funktionelle Aufgaben designen, die nicht nur für die Erkrankung spezifisch sind, sondern auch für den postulierten Wirkmechanismus des Therapieverfahrens. Die Erforschung des Zusammenspiels von biologischen und psychischen Prozessen kann unser Verständnis der Wirkungsweise der Psychotherapie verbessern. Um die Mechanismen identifizieren zu können, die für spezifische Interventionstypen entscheidend sind, werden wir wahrscheinlich Daten unterschiedlichster Provenienz benötigen (Kazdin, 2007, 2008). Dabei geht es nicht darum, psychologische Erklärungen durch biologische zu ersetzen; vielmehr müssen wir spezifizieren, was eine Therapie wirksam macht, und klären, unter welchen Bedingungen sie effektiv und langfristig wirkt. Biomarker, die Veränderungen anzeigen, gewähren tiefere Einblicke als Informationen über die Symptombelastung. Darüber hinaus kann die biologische Grundlagenforschung Vorläufer und Primärpathologien aufdecken, die sich als Ziele der psychotherapeutischen Intervention herausstellen könnten. So haben Neurobiologen die Impulsivität als zentrales Ziel von Präventivinterventionen bei Suchtproblemen identifiziert (Lejuez, Aklin, Daughters et al., 2007; Lejuez, Bornovalova, Reynold et al., 2007).

Damit kommen wir zu einer der Schlüsselfragen, mit der unsere tapferen Ritter es zu tun bekommen, wenn sie den Blick zurück in die Zukunft richten. Das System der Feudalherrschaft ohne Primogenitur[8], das die Geschicke unseres psychotherapeutischen Königreichs lenkt, brachte eine Fragmentierung mit sich; ehemals große Lehen wurden in buchstäblich Hunderte winzige Landflecken zerteilt. Es gibt Hunderte von Therapien, von denen viele sogar »Eigentumsurkunden« (Evidenz) besitzen, die ihr Potenzial, Veränderung zu erzeugen, bestätigen. Doch gibt es tatsächlich ebenso viele verändernd wirkende Mechanismen, wie es Methoden und Orientierungen innerhalb dieser Methoden gibt? Wenn wir verstehen, wie Psychotherapie Veränderung erzeugt, können wir die zersplitterten Fraktionen vielleicht zusammenführen.

Sind wir, was die Herbeiführung von Veränderung anlangt, tatsächlich so gut, wie wir glauben? Haben all diese ritterlichen Therapiestudien unsere Effektivität als Therapeuten verbessert? Dazu nur ein Beispiel,

8 Erbfolgeprinzip, nach dem der Erstgeborene das Erbe antritt und seine Geschwister leer ausgehen (Anm. des Lektorats).

nämlich die Effektgrößen, die die Auswertung von 27 Studien über die Behandlung der Depression im Jugendalter mit CBT ergeben hat. Der gemessene therapeutische Benefit ist im Laufe der Zeit nicht angestiegen, sondern gesunken (Weisz, McCarty und Valeri, 2006). Warum? Die offenkundige Antwort lautet, dass die Tempelritter der Therapie ihre Forscherbienen falsch instruiert haben. Die Verwendung von zunehmend stringenteren Kriterien zur Definition einer wirksamen Therapie (z.B. zunehmend realistische Effektivitätstests) ergibt noch keine effizientere Behandlung. Wenn wir mehr darüber wissen, wie es zu Veränderungen kommt, werden wir vielleicht auch in der Lage sein, alternative überlegene Strategien zu identifizieren, die besser geeignet sind, einen Veränderungsprozess in Gang zu setzen. Wenn wir zurückblicken und darüber nachdenken, wie sich die klinische Effektivität, die unter Forschungsbedingungen beobachtet wird, erfolgreich in die normale Alltagspraxis übertragen lässt, kann uns die Kenntnis der verändernd wirkenden Mechanismen helfen, selektiv jene Komponenten zu schützen, die nicht verwässert werden sollten, und mit anderen, die zwar die Forschung beleben, nicht aber zur Effizienz der Therapie beitragen, entspannter umzugehen.

Das Verständnis der Mechanismen wird uns auch dabei helfen, die Moderatoren der Behandlungswirksamkeit aufzuspüren. Als Kliniker wissen wir, dass selbst das beste Verfahren nicht für jeden taugt. Doch abgesehen von etlichen Faustregeln oder Wahrheiten, die wir unseren Lehrern verdanken, haben wir zu Beginn einer Behandlung kaum Vorstellungen von den Indikatoren, die uns zeigen könnten, ob die Therapie wirklich helfen wird. Unerfahrene Therapeuten arbeiten bei bestimmten chronisch kranken Patienten häufig ebenso effektiv wie erfahrene oder sogar effektiver (siehe z.B. Brown, Lambert, Jones und Minami, 2005), weil ihnen die Praxis fehlt, die ihnen sagen würde, dass ihre Mühen aller Voraussicht nach vergeblich sein werden.

Die Effektivitätsforschung der vergangenen 50 Jahre hat uns insbesondere durch die randomisierten kontrollierten Studien gezeigt, dass die Psychotherapie an der Einleitung von Veränderung kausal beteiligt ist. Der Kausalitätsnachweis aber ist eine Illusion und überdies eine schädliche, denn sie kann uns – denken wir nur an Skinners Tauben –

zu abergläubischem Verhalten bewegen. Statt zu begreifen, wie unsere Behandlung wirkt, wiederholen wir dann lediglich die Verhaltensweisen, die zu den positiven Ergebnissen geführt haben. In Großbritannien läuft eine landesweite Studie über multi-systemische Therapie (Henggeler, Clingempeel, Brondino und Pickrel, 2002), in die enorme finanzielle Mittel und menschliche Anstrengung investiert werden, um die Intervention, die ursprünglich in den USA an der Medical University of South Carolina durchgeführt wurde, exakt zu replizieren. Dies ist ein sinnloses und verschwenderisches Projekt, das einzig aufgrund unserer Unkenntnis der Wirkmechanismen der Psychotherapie notwendig wurde.

Doch nicht allein Experimental-, sondern auch Beobachtungsstudien sind irreführend, wenn es um die Identifizierung der effektiven Behandlungskomponenten geht. Nehmen wir die Legende vom therapeutischen Bündnis, die man sich in den Ritter- und Abendschulen noch immer erzählt. Das therapeutische Bündnis ist, so will es die Sage, ein Mediator und Mechanismus therapeutischer Veränderung: Je stärker das Bündnis, desto größer die zu beobachtenden Veränderungen (Klein, Schwartz, Santiago et al., 2003). Korrelationsstudien zeigen auch, dass das Bündnis zu Behandlungsbeginn die bei Therapieende erzielte Symptombesserung vorhersagt (Cloitre, Chase Stovall-McClough, Miranda und Chemtob, 2004). Benötigen wir tatsächlich noch mehr Evidenz, um zu beweisen, dass die gute Beziehung zum Therapeuten kurativ ist? Aktuelle Studien, die die Behandlungsergebnisse von Patienten verschiedener Therapeuten verglichen, fanden heraus, dass anhand der Stärke des Bündnisses tatsächlich Unterschiede zwischen den Effektivitätsgraden der Therapeuten vorhergesagt werden konnten (Baldwin, Wampold und Imel, 2007); die unterschiedlichen Outcomes der Patienten ein- und desselben Therapeuten zeigten aber keinen Zusammenhang mit dem therapeutischen Bündnis. Wenn das therapeutische Bündnis der Veränderungsmechanismus wäre, könnte man davon ausgehen, bei Patienten, mit denen man ein gutes Bündnis hat, erfolgreicher zu arbeiten als bei jenen, zu denen ein relativ schwaches Bündnis besteht. Genau dies aber wäre ein grandioser Irrtum. Die Fähigkeit, ein Bündnis zu entwickeln, zeichnet die talentierteren Therapeuten aus, doch was sie tatsächlich effektiver macht, bleibt nach wie vor ein Geheimnis.

Um zu begreifen, weshalb Psychotherapie wirkt, müssen wir die Moderatoren der therapeutischen Effektivität verstehen. Die rasant voranschreitende biologische Forschung erbringt immer überzeugendere Befunde dafür, dass dem, was die Therapie erreichen kann, genetische Grenzen gesetzt sind. In seiner letzten großen Abhandlung, »Die endliche und die unendliche Analyse«, schien sich Freud (1937c) der Grenzen seiner Technik sehr wohl bewusst zu sein, wenngleich er vielleicht und begreiflicherweise einige der verantwortlichen Prozesse falsch verstand. 2003 zeigten Avshalom Caspi und Terri Moffitt in einer viel zitierten Studie, dass der Zusammenhang zwischen der Anzahl belastender Lebensereignisse, die einem Individuum im Alter zwischen 21 und 26 Jahren widerfahren, und der Wahrscheinlichkeit von Depression, Suizidgedanken und Suizidversuchen durch den 5-HTT-Genotyp moderiert wird (Caspi, Sugden, Moffitt et al., 2003). Nur diejenigen, die zwei der kurzen Allele dieses Genotyps besaßen, hatten eine Wahrscheinlichkeit, auf vier Lebensereignisse mit vermehrten Suizidgedanken zu reagieren. Der Zusammenhang zwischen Lebensereignissen und Suizidgedanken fehlte bei den Probanden mit zwei langen Allelen vollständig.

Dieses Forschungsgebiet hat sich mittlerweile zu einer kleinen Heimindustrie entwickelt, obwohl viele Genetiker zu Recht skeptisch bleiben (Risch, Herrell, Lehner et al., 2009). Für mich als Bindungstheoretiker ist das herausforderndste Ergebnis ein Bericht aus Kochanskas Labor. Die Studie wies nach, dass die Feinfühligkeit der Mutter die Bindungssicherheit des Säuglings nur bei Säuglingen mit dem kurzen Allel des 5-HTT-Genotyps vorhersagte (Barry, Kochanska und Philibert, 2008). Säuglinge mit dem langen Allel waren ungeachtet der Feinfühligkeit der Mutter mit einer ebenso hohen Wahrscheinlichkeit sicher gebunden. Kaufman führte eine ähnliche Studie mit älteren Kindern durch und zeigte, dass die depressogenen Effekte von Misshandlung bei Personen mit dem kurzen Allel des 5-HTT-Gens durch soziale Unterstützung gemildert werden konnten (Kaufman, Yang, Douglas-Palumberi et al., 2004).

Die Hypothese, die geradezu danach schreit, getestet zu werden, lautet, dass Individuen, deren Depression wahrscheinlich mit Lebensereignissen zusammenhängt, weil ihr Serotonin-Transporter-Gen sie als umweltsensibel kennzeichnet, ebenfalls mit höherer Wahrscheinlichkeit von einer Umweltintervention wie der Psychotherapie profitieren werden. Bestätigt wird dies durch Forscher, die an einer bindungsgestützten Intervention zur Förderung positiver Eltern-Kind-Beziehungen und sensibler Disziplin arbeiten (Bakermans-Kranenburg, Van, Pijlman et al., 2008). In dieser Studie, in der die Mütter von Kleinkindern mit externalisierenden Verhaltensauffälligkeiten durch Video-Feedback und andere an der Bindungstheorie orientierte Interventionen unterstützt wurden, profitierten diejenigen Kinder, die das 7-repeat-Allel auf dem DRD4-Gen hatten.

Hieraus ist nicht die Schlussfolgerung zu ziehen, dass man Menschen, die dieses oder jenes Allel nicht tragen, keine Psychotherapie anbieten sollte, sondern dass der Mechanismus, durch den die Therapie ihre Wirkung erzielt, bei konstitutionell unterscheidbaren Personengruppen möglicherweise ein jeweils anderer ist. Wenn wir beschließen, die Realität dieser Unterschiede in unserer klinischen Arbeit zu ignorieren, werden künftige Generationen dies wahrscheinlich als unethisch und ungerechtfertigt und vielleicht als Zeichen unserer Eigennützigkeit verurteilen.

Schluss

Die Moral von dieser langen Geschichte lautet: Wissenschaft ist gut für die Praxis. Die Forschung hat nicht die Aufgabe, die Grenzen unserer Terrains zu verteidigen, sondern soll uns helfen, diejenige Versorgung anzubieten, die für unsere Patienten die beste ist. Damit dies gelingen kann, müssen wir gründlicher verstehen, welche kausalen Mechanismen an der Besserung beteiligt sind und wodurch die Wirksamkeit einer Behandlung beeinträchtigt werden kann. Der Informationsfluss darf allerdings nicht einseitig sein. Die Naturwissenschaften und insbesondere die Neurowissenschaft können uns inspirieren und aufzeigen, wie wir unseren Patienten auf eine differenziertere Weise helfen können.

Die Praxis ist aber auch ein exzellenter Partner der Wissenschaft. Sie muss dem Forscher sagen, wo der Kenntnisbedarf am größten ist, und sie muss dafür sorgen, dass die Wissenschaft tatsächlich in der täglichen klinischen Versorgung geerdet ist. Die beste Evidenz ist nur dann bedeutsam, wenn sie einer sachgerechten Argumentation dient. Und eine Argumentation ist nur bedeutsam, wenn ihre Bausteine auf der besten Evidenz beruhen. Jules Henri Poincaré (1902) schrieb: »Wissenschaft wird aus Fakten erbaut wie ein Haus aus Steinen, aber eine Ansammlung von Fakten ist ebenso wenig eine Wissenschaft, wie ein Steinhaufen ein Haus ist.«

Damit endet meine Geschichte über die Forschung im Lande der Psychotherapie. Freilich erzähle ich diese Geschichte nun schon lang genug, um zu wissen, dass Argumente nur dann überzeugen können, wenn sie in diejenigen Bereiche des Gehirns vordringen, in denen die emotionale Signifikanz abgespeichert wird. Deshalb hier noch eine Beobachtungsstudie, die für jeden der hier Anwesenden persönlich relevant ist. Jeffery (2001) hat die Sterblichkeitsraten für drei Gruppen weißhäutiger Männer als Funktion des Alters ermittelt. Die ernüchternde kumulative Kurve zeigt einen positiv akzelerierenden Trend für weiße Männer ab 50. Eine medizinische Ausbildung wirkt sich eindeutig verlangsamend aus, doch wenn wir die Mortalitätsrate von Psychoanalytikern auf derselben Achse darstellen, sehen wir, dass die Psychoanalyse hocheffizient ist und sich als Behandlung der Wahl fürs Leben empfiehlt!

Aus dem Englischen übersetzt von Elisabeth Vorspohl, Frankfurt am Main.

Literatur

Abbass, A., Hancock, J., Henderson, J., & Kisely, S. (2007): Short-term psychodynamic psychotherapies for common mental disorders (Review). Cochrane Database of Systematic Reviews 2006, Issue 4, Art. No.: CD004687. DOI: 004610.001002/14651858.CD14004687.pub14651853.

Abbass, A., Kisely, S., & Kroenke, K. (2009): Short-term psychodynamic psychotherapy for somatic disorders. Systematic review and meta-analysis of clinical trials. Psychother Psychosom 78(5), 265–274.

Acarturk, C., Cuijpers, P., van Straten, A., & de Graaf, R. (2009): Psychological treatment of social anxiety disorder: a meta-analysis. Psychol Med 39(2), 241–254.

Anderson, T., Ogles, B. M., Patterson, C. L., Lambert, M. J., & Vermeersch, D. A. (2009):

Therapist effects: facilitative interpersonal skills as a predictor of therapist success. J Clin Psychol 65(7), 755–768.
Bachar, E., Latzer, Y., Kreitler, S., & Berry, E. M. (1999): Empirical comparison of two psychological therapies. Self psychology and cognitive orientation in the treatment of anorexia and bulimia. J Psychother Pract Res 8(2), 115–128.
Bakermans-Kranenburg, M. J., Van, I. M. H., Pijlman, F. T., Mesman, J., & Juffer, F. (2008): Experimental evidence for differential susceptibility: dopamine D4 receptor polymorphism (DRD4 VNTR) moderates intervention effects on toddlers' externalizing behavior in a randomized controlled trial. Dev Psychol 44(1), 293–300.
Baldwin, S. A., Wampold, B. E., & Imel, Z. E. (2007): Untangling the alliance-outcome correlation: exploring the relative importance of therapist and patient variability in the alliance. J Consult Clin Psychol 75(6), 842–852.
Barkham, M., Stiles, W. B., Connell, J., Twigg, E., Leach, C., Lucock, M., et al. (2008): Effects of psychological therapies in randomized trials and practice-based studies. Br J Clin Psychol 47(Pt 4), 397–415.
Barry, R. A., Kochanska, G., & Philibert, R. A. (2008): G x E interaction in the organization of attachment: mothers' responsiveness as a moderator of children's genotypes. J Child Psychol Psychiatry 49(12), 1313–1320.
Bateman, A. W., & Fonagy, P. (1999): The effectiveness of partial hospitalization in the treatment of borderline personality disorder – a randomised controlled trial. American Journal of Psychiatry 156, 1563–1569.
Bateman, A. W., & Fonagy, P. (2006): Mentalization Based Treatment for Borderline Personality Disorder: A Practical Guide. Oxford (Oxford University Press).
Bateman, A., & Fonagy, P. (2008): 8-year follow-up of patients treated for borderline personality disorder: mentalization-based treatment versus treatment as usual. Am J Psychiatry 165(5), 631–638.
Beck, A. T., & Bhar, S. S. (2009): Analyzing effectiveness of long-term psychodynamic psychotherapy. JAMA 301(9), 931; author reply 932–933.
Benish, S. G., Imel, Z. E., & Wampold, B. E. (2008): The relative efficacy of bona fide psychotherapies for treating post-traumatic stress disorder: a meta-analysis of direct comparisons. Clin Psychol Rev 28(5), 746–758.
Beutel, M., Rasting, M., Stuhr, U., Ruger, B., & Leuzinger-Bohleber, M. (2004): Assessing the Impact of Psychoanalyses and Long-Term Psychoanalytic Therapies on Health Care Utilization and Costs. Psychotherapy Research 14(2), 146–160.
Blagys, M., & Hilsenroth, M. (2002): Distinctive activities of cognitive-behavioral therapy. A review of the comparative psychotherapy process literature. Clinical Psychology Review 22(5), 671–706.
Blum, N., St. John, D., Pfohl, B., Stuart, S., McCormick, B., Allen, J., et al. (2008): Systems Training for Emotional Predictability and Problem Solving (STEPPS) for outpatients with borderline personality disorder: a randomized controlled trial and 1-year follow-up. Am J Psychiatry 165(4), 468–478.
Brent, D., Emslie, G., Clarke, G., Wagner, K. D., Asarnow, J. R., Keller, M., et al. (2008): Switching to another SSRI or to venlafaxine with or without cognitive behavioral therapy for adolescents with SSRI-resistant depression: the TORDIA randomized controlled trial. JAMA 299(8), 901–913.
Brown, G. S., Lambert, M. J., Jones, E. R., & Minami, T. (2005): Identifying highly effective psychotherapists in a managed care environment. Am J Manag Care 11(8), 513–520.

Carrig, M. M., Kolden, G. G., & Strauman, T. J. (2009): Using functional magnetic resonance imaging in psychotherapy research: A brief introduction to concepts, methods, and task selection. Psychother Res 19(4/5), 409–417.

Caspi, A., Sugden, K., Moffitt, T. E., Taylor, A., Craig, I. W., Harrington, H., et al. (2003): Influence of life stress on depression: moderation by a polymorphism in the 5-HTT gene. Science 301(5631), 386–389.

Chambless, D. L., & Hollon, S. (1998): Defining empirically supported therapies. J Consult Clin Psychol 66(1), 7–18.

Chambless, D. L., & Ollendick, T. H. (2001): Empirically supported psychological interventions: controversies and evidence. Annu Rev Psychol 52, 685–716.

Chanen, A. M., Jackson, H. J., McCutcheon, L. K., Jovev, M., Dudgeon, P., Yuen, H. P., et al. (2008): Early intervention for adolescents with borderline personality disorder using cognitive analytic therapy: randomised controlled trial. Br J Psychiatry 193(6), 477–484.

Clark, D. M., Ehlers, A., Hackmann, A., McManus, F., Fennell, M., Grey, N., et al. (2006): Cognitive therapy versus exposure and applied relaxation in social phobia: A randomized controlled trial. J Consult Clin Psychol 74(3), 568–578.

Clark, D. M., Ehlers, A., McManus, F., Hackmann, A., Fennell, M., Campbell, H., et al. (2003): Cognitive therapy versus fluoxetine in generalized social phobia: a randomized placebo-controlled trial. J Consult Clin Psychol 71(6), 1058–1067.

Clark, D. M., Salkovskis, P. M., Hackmann, A., Wells, A., Ludgate, J., & Gelder, M. (1999): Brief cognitive therapy for panic disorder: a randomized controlled trial. J Consult Clin Psychol 67(4), 583–589.

Clarkin, J. F., Levy, K. N., Lenzenweger, M. F., & Kernberg, O. F. (2004): The Personality Disorders Institute/Borderline Personality Disorder Research Foundation randomized control trial for borderline personality disorder: rationale, methods, and patient characteristics. J Personal Disord 18(1), 52–72.

Clarkin, J. F., Levy, K. N., Lenzenweger, M. F., & Kernberg, O. F. (2007): Evaluating three treatments for borderline personality disorder: A multiwave study. Am J Psychiatry 164(6), 922–928.

Clarkin, J. F., Yeomans, F., & Kernberg, O. F. (1998): Psychodynamic psychotherapy of borderline personality organisation: A treatment manual. New York (Wiley).

Cloitre, M., Chase Stovall-McClough, K., Miranda, R., & Chemtob, C. M. (2004): Therapeutic alliance, negative mood regulation, and treatment outcome in child abuse-related posttraumatic stress disorder. J Consult Clin Psychol 72(3), 411–416.

Cohen, J. (1962): The statistical power of abnormal-social psychological reserach: a review. J Abnorm Soc Psychol 65, 145–153.

Cottraux, J., Note, I. D., Boutitie, F., Milliery, M., Genouihlac, V., Yao, S. N., et al. (2009): Cognitive therapy versus Rogerian supportive therapy in borderline personality disorder. Two-year follow-up of a controlled pilot study. Psychother Psychosom 78(5), 307–316.

Cuijpers, P., van Straten, A., Andersson, G., & van Oppen, P. (2008): Psychotherapy for depression in adults: a meta-analysis of comparative outcome studies. J Consult Clin Psychol 76(6), 909–922.

Cuijpers, P., van Straten, A., van Oppen, P., & Andersson, G. (2008): Are psychological and pharmacologic interventions equally effective in the treatment of adult depressive disorders? A meta-analysis of comparative studies. J Clin Psychiatry 69(11), 1675–1685; quiz 1839–1641.

Dare, C., Eisler, I., Russell, G., Treasure, J., & Dodge, L. (2001): Psychological therapies for adults with anorexia nervosa: randomised controlled trial of out-patient treatments. Br J Psychiatry 178, 216–221.

de Maat, S., de Jonghe, F., Schoevers, R., & Dekker, J. (2009): The effectiveness of long-term psychoanalytic therapy: a systematic review of empirical studies. Harv Rev Psychiatry 17(1), 1–23.

Dew, S., & Riemer, M. (2003). Why inaccurate self-evaluation of performance justifies feedbackinterventions. In: L. Bickman (Chair), Improving outcomes through feedback intervention. Symposium conducted at the 16th Annual Research Conference, A System of Care for Children's Mental Health: Expanding the Research Base, Tampa, University of South Florida, The Louis de la Parte Florida Mental Health Institute, Research and Training Center for Children's Mental Health.

Dolan, P., Lee, H. J., King, D., & Metcalfe, R. (2009): How does NICE value health? BMJ 339(b2577), 371–373.

Eisenberger, N. I., Lieberman, M. D., & Williams, K. D. (2003): Does rejection hurt? An FMRI study of social exclusion. Science 302(5643), 290–292.

Eysenck, H. J. (1952): The effects of psychotherapy: An evaluation. J Consult Psychol 16(5), 319–324.

Fonagy, P., & Higgitt, A. (2009): SSRIs – should they be the first line treatment for pediatric depression or should they be banned: A systematic review of not so systematic reviews of the SSRI controversy. Unpublished manuscript.

Fonagy, P., Miller, J., Edgcumbe, R., Target, M., & Kennedy, H. (1993): The Hampstead Manual of Psychodynamic Developmental Therapy for Children.

Fonagy, P., Roth, A., & Higgitt, A. (2005): The outcome of psychodynamic psychotherapy for psychological disorders. Clinical Neuroscience Research 4(5–6), 367–377.

Freud, S. (1937c): Die endliche und die unendliche Analyse. GW XVI, S. 59–99.

Gabbard, G. O., Gunderson, J. G., & Fonagy, P. (2002): The place of psychoanalytic treatments within psychiatry. Arch Gen Psychiatry 59(6), 505–510.

Giesen-Bloo, J., van Dyck, R., Spinhoven, P., van Tilburg, W., Dirksen, C., van Asselt, T., et al. (2006): Outpatient psychotherapy for borderline personality disorder: randomized trial of schema-focused therapy vs transference-focused psychotherapy. Arch Gen Psychiatry 63(6), 649–658.

Glass, R. M. (2008): Psychodynamic psychotherapy and research evidence: Bambi survives Godzilla? JAMA 300(13), 1587–1589.

Gregory, R. J., Virk, S., Chlebowski, S., Kang, D., Remen, A. L., Soderberg, M. G., et al. (2008): A controlled trial of psychodynamic psychotherapy for co-occurring borderline personality disorder and alcohol use disorder. Psychotherapy: Theory, Research, Practice, Training 45(1), 28–41.

Gurman, A. S., & Kniskern, D. P. (1978): Deterioration in marital and family therapy: empirical, clinical, and conceptual issues. Fam Process 17(1), 3–20.

Henggeler, S. W., Clingempeel, W. G., Brondino, M. J., & Pickrel, S. G. (2002): Four-year follow-up of multisystemic therapy with substance-abusing and substance-dependent juvenile offenders. J Am Acad Child Adolesc Psychiatry 41(7), 868–874.

Howard, K. I., Kopta, S. M., Krause, M. S., & Orlinsky, D. E. (1986): The dose-effect relationship in psychotherapy. Special Issue: Psychotherapy research. Am Psychol 41(2), 159–164.

Huber, D., Denscherz, C., Gastner, J., Henrich, G., & Klug, G. (submitted): Psychodynamic long-term psychotherapies and cognitive-behavior therapy in comparison.

Imel, Z. E., Malterer, M. B., McKay, K. M., & Wampold, B. E. (2008): A meta-analysis of psychotherapy and medication in unipolar depression and dysthymia. J Affect Disord 110(3), 197–206.

Imel, Z. E., Wampold, B. E., Miller, S. D., & Fleming, R. R. (2008): Distinctions without a difference: direct comparisons of psychotherapies for alcohol use disorders. Psychol Addict Behav 22(4), 533–543.

Jeffery, E. H. (2001): The mortality of psychoanalysts. J Am Psychoanal Assoc 49(1), 103–111.

Jefferys, D. B., Leakey, D., Lewis, J. A., Payne, S., & Rawlins, M. D. (1998): New active substances authorised in the United Kingdom between 1972 and 1994. Br J Clin Pharmacol 45(2), 151–156.

Kaufman, J., Yang, B. Z., Douglas-Palumberi, H., Houshyar, S., Lipschitz, D., Krystal, J. H., et al. (2004): Social supports and serotonin transporter gene moderate depression in maltreated children. Proc Natl Acad Sci U S A 101(49), 17316–17321.

Kazdin, A. E. (2006): Arbitrary metrics: implications for identifying evidence-based treatments. Am Psychol 61(1), 42–49; discussion 62–71.

Kazdin, A. E. (2007): Mediators and mechanisms of change in psychotherapy research. Annu Rev Clin Psychol 3, 1–27.

Kazdin, A. E. (2009): Understanding how and why psychotherapy leads to change. Psychother Res 19(4–5), 418–428.

Kernberg, P., & Chazan, S. E. (1991): Children with conduct disorders: A psychotherapy manual. New York (Basic Books).

Klein, D. N., Schwartz, J. E., Santiago, N. J., Vivian, D., Vocisano, C., Castonguay, L. G., et al. (2003): Therapeutic alliance in depression treatment: controlling for prior change and patient characteristics. J Consult Clin Psychol 71(6), 997–1006.

Klug, G., & Huber, D. (2009): Psychic structure: exploring an empirically still unknown territory. J Am Psychoanal Assoc 57(1), 149–173.

Knekt, P., & Lindfors, O. (Hg.) (2004): A randomized trial of the effects of four forms of psychotherapy on depressive and anxiety disorders: Design methods and results on the effectiveness of short term spychodynamic psychotherapy and solution focused therapy during a 1-year follow-up (Vol. 77). Helsinki (Social Insurance Institution).

Knekt, P., Lindfors, O., Harkanen, T., Valikoski, M., Virtala, E., Laaksonen, M. A., et al. (2008): Randomized trial on the effectiveness of long-and short-term psychodynamic psychotherapy and solution-focused therapy on psychiatric symptoms during a 3-year follow-up. Psychol Med 38(5), 689–703.

Kopta, S. M., Lueger, R. J., Saunders, S. M., & Howard, K. I. (1999): Individual psychotherapy outcome and process research: Challenges leading to greater turmoil or a positive transition? Annu Rev Psychol 50, 441–469.

Korner, A., Gerull, F., Meares, R., & Stevenson, J. (2006): Borderline personality disorder treated with the conversational model: a replication study. Compr Psychiatry 47(5), 406–411.

Kriston, L., Holzel, L., & Harter, M. (2009): Analyzing effectiveness of long-term psychodynamic psychotherapy. JAMA 301(9), 930–931; author reply 932–933.

La Greca, A. M., Silverman, W. K., & Lochman, J. E. (2009): Moving beyond efficacy and effectiveness in child and adolescent intervention research. J Consult Clin Psychol 77(3), 373–382.

Lambert, M., & Ogless, B. M. (2004): The efficacy and effectiveness of psychotherapy. In: M. Lambert (Hg.): Bergin and Garfield's Handbook of Psychotherapy and Behavior Change (5th ed.). New York (Wiley), S. 139–193.

Laupacis, A., Sackett, D. L., & Roberts, R. S. (1988): An Assessment of Clinically Useful Measures of the Consequences of Treatment. N Engl J Med 318(26), 1728–1733.
Leichsenring, F., & Leibing, E. (2003): The effectiveness of psychodynamic therapy and cognitive behavior therapy in the treatment of personality disorders: a meta-analysis. Am J Psychiatry 160(7), 1223–1232.
Leichsenring, F., & Rabung, S. (2008): Effectiveness of long-term psychodynamic psychotherapy: a meta-analysis. JAMA 300(13), 1551–1565.
Leichsenring, F., & Rabung, S. (2009): Author's reply. JAMA 301, 932–933.
Leichsenring, F., Rabung, S., & Leibing, E. (2004): The efficacy of short-term psychodynamic psychotherapy in specific psychiatric disorders: a meta-analysis. Arch Gen Psychiatry 61(12), 1208–1216.
Leichsenring, F., Salzer, S., Jaeger, U., Kachele, H., Kreische, R., Leweke, F., et al. (2009): Short-term psychodynamic psychotherapy and cognitive-behavioral therapy in generalized anxiety disorder: a randomized, controlled trial. Am J Psychiatry 166(8), 875–881.
Lejuez, C. W., Aklin, W., Daughters, S., Zvolensky, M., Kahler, C., & Gwadz, M. (2007): Reliability and validity of the youth version of the Balloon Analogue Risk Task (BART-Y) in the assessment of risk-taking behavior among inner-city adolescents. J Clin Child Adolesc Psychol 36(1), 106–111.
Lejuez, C. W., Bornovalova, M. A., Reynolds, E. K., Daughters, S. B., & Curtin, J. J. (2007): Risk factors in the relationship between gender and crack/cocaine. Exp Clin Psychopharmacol 15(2), 165–175.
Lemma, A., Roth, A. D., & Pilling, S. (2009): The competences required to deliver effective psychoanalytic/psychodynamic therapy. London (UCL Research Department of Clinical, Educational and Health Psychology).
Lemma, A., Target, M., & Fonagy, P. (2009): Manual for Dynamic Interpersonal Therapy (DIT). Unpublished Manuscript: The Tavistock Clinic and the Anna Freud Centre.
Leuzinger-Bohleber, M., Stuhr, U., Ruger, B., & Beutel, M. (2003): How to study the ›quality of psychoanalytic treatments‹ and their long-term effects on patients' well-being: a representative, multi-perspective follow-up study. Int J Psychoanal 84(Pt 2), 263–290.
Lieberman, A. F., Van Horn, P., & Ippen, C. G. (2005): Toward evidence-based treatment: child-parent psychotherapy with preschoolers exposed to marital violence. J Am Acad Child Adolesc Psychiatry 44(12), 1241–1248.
Lilienfeld, S. O. (2007): Psychological treatmetns that cause harm. Perspectives on Psychological Science 2, 53–70.
Linehan, M. M., Comtois, K. A., Murray, A. M., Brown, M. Z., Gallop, R. J., Heard, H. L., et al. (2006): Two-year randomized controlled trial and follow-up of dialectical behavior therapy vs therapy by experts for suicidal behaviors and borderline personality disorder. Arch Gen Psychiatry 63(7), 757–766.
Luborsky, L. (1984): Principles of Psychoanalytic Psychotherapy: A Manual for Supportive-Expressive (SE) Treatment. New York (Basic Books).
Luborsky, L., Diguer, L., Seligman, D. A., Rosenthal, R., Krause, E. D., Johnson, S., et al. (1999): The researcher's own therapy allegiances: A ›wild card‹ in comparisons of treatment efficacy. Clinical Psychology: Science and Practice 6, 95–106.
Luborsky, L., Rosenthal, R., Diguer, L., Andrusyna, T. P., Berman, J. S., Levitt, J. T., et al. (2002): The Dodo Bird verdict is alive and well-Mostly. Clinical Psychology: Science and Practice 9, 2–12.

Luyten, P., & Blatt, S. J. (2007): Looking Back Towards the Future: Is It Time to Change the DSM Approach to Psychiatric Disorders? The Case of Depression. Psychiatry 70(2), 85–99.

Lynn, S. J., Martin, D. J., & Frauman, D. C. (1996): Does hypnosis pose special risks for negative effects? A master class commentary. Int J Clin Exp Hypn 44(1), 7–19.

Maina, G., Rosso, G., & Bogetto, F. (2009): Brief dynamic therapy combined with pharmacotherapy in the treatment of major depressive disorder: long-term results. J Affect Disord 114(1–3), 200–207.

McKay, K. M., Imel, Z. E., & Wampold, B. E. (2006). Psychiatrist effects in the psychopharmacological treatment of depression. J Affect Disord 92(2–3), 287–290.

Miller, S., Wampold, B., & Varhely, K. (2008): Direct comparisons of treatment modalities for youth disorders: a meta-analysis. Psychother Res 18(1), 5–14.

Milrod, B., Busch, F., Cooper, A., & Shapiro, T. (1997a): Manual for Panic-Focused Psychodynamic Psychotherapy. Washington, DC (American Psychiatric Press).

Milrod, B., Busch, F., Cooper, A., & Shapiro, T. (1997b): Manual of Panic-Focused Psychodynamic Psychotherapy. Washington, DC (APA Press).

Milrod, B., Busch, F., Leon, A. C., Shapiro, T., Aronson, A., Roiphe, J., et al. (2000): Open trial of psychodynamic psychotherapy for panic disorder: a pilot study. Am J Psychiatry 157(11), 1878–1880.

Milrod, B., Leon, A. C., Busch, F., Rudden, M., Schwalberg, M., Clarkin, J., et al. (2007): A randomized controlled clinical trial of psychoanalytic psychotherapy for panic disorder. Am J Psychiatry 164(2), 265–272.

Minami, T., Wampold, B. E., Serlin, R. C., Hamilton, E. G., Brown, G. S., & Kircher, J. C. (2008): Benchmarking the effectiveness of psychotherapy treatment for adult depression in a managed care environment: a preliminary study. J Consult Clin Psychol 76(1), 116–124.

Nemeroff, C. B., Heim, C. M., Thase, M. E., Klein, D. N., Rush, A. J., Schatzberg, A. F., et al. (2003): Differential responses to psychotherapy versus pharmacotherapy in patients with chronic forms of major depression and childhood trauma. Proc Natl Acad Sci U S A 100(24), 14293–14296.

Okiishi, J. C., Lambert, M. J., Eggett, D., Nielsen, L., Dayton, D. D., & Vermeersch, D. A. (2006): An analysis of therapist treatment effects: toward providing feedback to individual therapists on their clients' psychotherapy outcome. J Clin Psychol 62(9), 1157–1172.

Okiishi, J., Lambert, M. J., Nielsen, L., & Ogless, B. M. (2003): Waiting for supershrink: An emprical analysis of therapist effects. Clinical Psychology and Psychotherapy 10(6), 361–373.

Palmer, S., Stalker, C. A., Harper, K., & Gadbois, S. (2007): Balancing positive outcoems with vicarious traumatisation: Participants' experiences with group treatmetn for long-term effects of childhood abuse. Social Work With Groups 30(4), 59–77.

Poincaré, J. H. (1902): La Science et l'Hypothèse. Paris (Flammarion).

Pressman, S. D., & Cohen, S. (2005). Does positive affect influence health? Psychol Bull 131(6), 925–971.

Puschner, B., Kraft, S., Kachele, H., & Kordy, H. (2007): Course of improvement over 2 years in psychoanalytic and psychodynamic outpatient psychotherapy. Psychology and Psychotherapy: Theory, Research and Practice 80(1), 51–68.

Rawlins, M. (2008): De Testimonio: On the evidence for decisions about the use of therapeutic interventions. London: Royal College of Physicians (The Harveian Oration).

Risch, N., Herrell, R., Lehner, T., Liang, K. Y., Eaves, L., Hoh, J., et al. (2009): Interaction between the serotonin transporter gene (5-HTTLPR), stressful life events, and risk of depression: a meta-analysis. JAMA 301(23), 2462–2471.

Roback, H. B. (2000): Adverse outcomes in group psychotherapy: risk factors, prevention, and research directions. J Psychother Pract Res 9(3), 113–122.

Roepke, S., & Renneberg, B. (2009): Analyzing effectiveness of long-term psychodynamic psychotherapy. JAMA 301(9), 931–932; author reply 932–933.

Sackett, D. L., Richardson, W. S., Rosenberg, W. M., & Haynes, R. B. (2000): Evidence based medicine: How to practice and teach EBM (2nd ed.). New York & Edinburgh (Churchill Livingstone).

Sackett, D. L., Rosenberg, W. M., Gray, J. A. M., Haynes, R. B., & Richardson, W. S. (1996): Evidence based medicine: what it is and what it isn't. BMJ 312(7023), 71–72.

Shapiro, D. A., & Firth, J. A. (1985): Exploratory therapy manual for the Sheffield Psychotherapy Project (SAPU Memo 733). Sheffield, England (University of Sheffield).

Skarderud, F. (2007): Eating one's words: Part III. Mentalisation-based psychotherapy for anorexia nervosa – an outline for a treatment and training manual. Eur Eat Disord Rev 15(5), 323–339.

Snow, D. L., Tebes, J. K., Arthur, M. W., & Tapasak, R. C. (1992): Two-year follow-up of a social-cognitive intervention to prevent substance use. J Drug Educ 22(2), 101–114.

Stiles, W. B., Barkham, M., Mellor-Clark, J., & Connell, J. (2008a): Effectiveness of cognitive-behavioural, person-centred, and psychodynamic therapies in UK primary-care routine practice: replication in a larger sample. Psychol Med 38(5), 677–688.

Stiles, W. B., Barkham, M., Mellor-Clark, J., & Connell, J. (2008b): Routine psychological treatment and the Dodo verdict: a rejoinder to Clark et al. (2007): Psychol Med 38(6), 905–910; discussion 910.

Strauss, S. E., Richardson, W. S., Glasziou, P., & Haynes, R. B. (2005): Evidence based medicine: How to practice and teach EBM (3rd ed.). New York (Elsevier).

Svartberg, M., Stiles, T. C., & Seltzer, M. H. (2004): Randomized, controlled trial of the effectiveness of short-term dynamic psychotherapy and cognitive therapy for cluster C personality disorders. Am J Psychiatry 161(5), 810–817.

Terkelsen, K. G. (1983): Schizophrenia and the family: II. Adverse effects of family therapy. Fam Process 22(2), 191–200.

The Committee on Therapy: Group for the Advancement of Psychiatry. Is Psychotherapy Worth It? Costs, Social Costs and Cost-Effectiveness. Washington, DC (American Psychiatric Press).

Thombs, B. D., Bassel, M., & Jewett, L. R. (2009): Analyzing effectiveness of long-term psychodynamic psychotherapy. JAMA 301(9), 930; author reply 932–933.

Tuckett, D. (2005): Does anything go? Towards a framework for the more transparent assessment of psychoanalytic competence. Int J Psychoanal 86(Pt 1), 31–49.

Turner, E. H., Matthews, A. M., Linardatos, E., Tell, R. A., & Rosenthal, R. (2008): Selective publication of antidepressant trials and its influence on apparent efficacy. N Engl J Med 358(3), 252–260.

Tyrer, P., Tom, B., Byford, S., Schmidt, U., Jones, V., Davidson, K., et al. (2004): Differential effects of manual assisted cognitive behavior therapy in the treatment of recurrent deliberate self-harm and personality disturbance: the POPMACT study. J Personal Disord 18(1), 102–116.

Wampold, B. E. (2001): The Great Psychotherapy Debate: Models, Methods, and Findings Hillsdale, NJ (Laurence Erlbaum Associates).
Wampold, B. E., & Brown, G. S. (2005): Estimating variability in outcomes attributable to therapists: a naturalistic study of outcomes in managed care. J Consult Clin Psychol 73(5), 914–923.
Wampold, B. E., Imel, Z. E., & Minami, T. (2007): The story of placebo effects in medicine: evidence in context. J Clin Psychol 63(4), 379–390.
Wampold, B. E., Minami, T., Baskin, T., & Callen-Tierney, S. (2002): A meta-(re)analysis of the effects of cognitive therapy versus ›other therapies‹ for depression. J Affect Disord 68(2–3), 159–165.
Wampold, B. E., Mondin, G. W., Moody, M., Stich, F., Benson, K., & Ahn, H. (1997): A meta-analysis of outcome studies comparing bona fide psychotherapies: Empirically, »all must have prizes«. Psychol Bull 122, 203–215.
Weiss, A. P., Guidi, J., & Fava, M. (2009): Closing the efficacy-effectiveness gap: translating both the what and the how from randomized controlled trials to clinical practice. J Clin Psychiatry 70(4), 446–449.
Weisz, J. R., McCarty, C. A., & Valeri, S. M. (2006): Effects of psychotherapy for depression in children and adolescents: a meta-analysis. Psychol Bull 132(1), 132–149.
Westen, D., & Bradley, R. (2005): Empirically supported complexity: Rethinking evidence-based practice in psychotherapy. Curr Dir Psychol Sci 14(5), 266–271.
Whittington, C. J., Kendall, T., Fonagy, P., Cottrell, D., Cotgrove, A., & Boddington, E. (2004): Selective serotonin reuptake inhibitors in childhood depression: systematic review of published versus unpublished data. Lancet 363(9418), 1341–1345.

Der Wandel psychoanalytischer Therapiekonzepte

Klinische Herausforderungen und theoretischer Fortschritt

Joachim Küchenhoff

1 Einleitung

1954 schreibt Leo Stone im *Journal of the American Psychoanalytic Association* einen vielbeachteten Artikel: »The Widening Scope of Indications for Psychoanalysis«. Er warnt vor der Überschätzung, vor einer »ambivalent worship« der Psychoanalyse, vor allem wenn auf einmal alle nur denkbaren Beschwerden und Krankheiten psychoanalytisch behandelt werden sollen. Stone gibt ein Beispiel: Wenn chronische Kopfschmerzen durch den Genuss von Hummer verursacht werden, sollte man eben keinen Hummer mehr essen und nicht eine Psychoanalyse machen. Das eigentliche Ziel des Artikels aber ist ein anderes: Stone will klären, welche Indikationen die Psychoanalyse hat oder was Aufgabe einer – wie immer auch interpretierenden – Psychotherapie ist; da er sich für einen erweiterten Indikationsbereich, also die Behandlung auch von Borderline- und psychotischen Zuständen einsetzt, spricht er von modifizierten Psychoanalysen, in denen viele Parameter angewendet werden können, wenn die Analytiker nur auf der Bearbeitung der Übertragungsneurose und auf der Arbeit an den Widerständen beharren. Im Grunde sind es Persönlichkeitsfaktoren oder Faktoren der Strukturdiagnostik, nicht die deskriptive Diagnose, die über die Indikation entscheiden, aber sicher auch die Fähigkeit des Analytikers, sich einzustellen. Stone setzt sich also für modifizierte Psychoanalysen ein, die Psychoanalysen bleiben, auch wenn in ihnen Modifikationen zugelassen werden, zum Beispiel die offene Anteilnahme bei realen Verlusten. Er will zeigen, dass die klassische psychoanalytische Technik in einem weiteren Horizont angewendet werden kann, sich aber klar und deutlich von den von ihm so genannten interpretierenden Psychotherapien unterscheidet.

Anna Freud kommentiert Stones Artikel noch 1954 und findet, dass er interessant sei, aber gefährliche Gedanken in sich trage, die solle man nicht denken. Merton Gill (1997), der diese Stellungnahme mitteilt, stellt daraufhin die sarkastische Frage: »Wie gefährlich ist es doch für einen Analytiker zu denken, dass manche Gedanken zu gefährlich sind.«

40 Jahre später greift in der gleichen Zeitschrift Stanley Grand (1995) den Artikel von Stone auf. Grand fasst Stones Anliegen zusammen; er betont zu Recht, dass es Stones Absicht gewesen sei, dass mehr Menschen von der Analyse profitieren können, und zwar von der psychoanalytischen Arbeit an Übertragung und Widerstand. Worin er nicht recht hat ist mit der Behauptung, dass Stone die modifizierte Psychoanalyse strikt von der klassischen trennt – Stone will gerade sagen, dass auch die modifizierten genuine Analysen seien. Grand beruft sich auf Stone, hat aber eine gegenläufige Intention; er will die Trennlinie zwischen Psychotherapie und Psychoanalyse strenger ziehen. Für ihn selbst ist die Verbalisierungsfähigkeit die entscheidende Dimension; er unterstellt, dass Stone dies schon gesagt habe – aber im Artikel von Stone wird sie nicht erwähnt. Der Vergleich zwischen den beiden Artikeln ist aus mehreren Gründen interessant:

1. Er verweist, gleichsam als Nebenbefund, auf einen schwierigen Aspekt psychoanalytischer Theoriebildung, auf die oberflächliche, verzerrende Rezeption psychoanalytischer Autoren untereinander.
2. Viel wichtiger aber: Was 1954 als progressive Tendenz beginnt, nämlich die als selbstverständlich vorausgesetzte analytische Technik klinisch auszuweiten, wird 1995 zu einem Abwehrkampf: die richtige analytische Technik gegen ihre psychotherapeutische Aufweichung zu verteidigen.
3. Die Anschlussfrage liegt nahe, was in der Zwischenzeit geschehen ist. Psychotherapie ist nicht mehr mit Psychoanalyse gleichzusetzen. Nicht die klassische oder die modifizierte Psychoanalyse, sondern

> die interpretierende Psychotherapie, also das psychodynamische Verfahren hat sich durchgesetzt. Statt dass das psychoanalytische Setting ausgeweitet angewandt wird, hat sich das Setting selbst ausgeweitet.

Die Frage ist nur, ob diese Ausweitung des psychoanalytischen Denkens in andere Settings hinein uns Psychoanalytikern willkommen ist oder nicht. 2009 hat Antonino Ferro in Chicago einen Grundlagenvortrag gehalten; in ihm nennt er drei Invarianten, die erfüllt sein müssen, damit sich eine Therapie psychoanalytisch nennen könne: die Konzeption des Unbewussten; die Asymmetrie im Setting dergestalt, dass der Analytiker für die Geschehnisse die Verantwortung übernehme; und den Respekt für die unveränderlichen Settingelemente der Analyse. Mir geht es um den letzten Punkt: Sind wirklich die Settingvariablen das Entscheidende? Oder geht es – in den Worten von M. Gill – darum, dass eine psychoanalytische Situation entsteht, also »eine Situation, in der Analytiker und Patient der Idee verpflichtet bleiben, dass es das Nahziel ist, die Beziehung zu verstehen und sich nicht nur einfach darauf einzulassen […], während es das Fernziel ist, die Psychopathologie des Patienten auf dem Hintergrund seiner Entwicklung zu verstehen«? Ist es immer noch ein zu gefährlicher Gedanke, dass die Beziehung in unterschiedlichen Settings verstanden werden kann?

Wie jeder Wissenschaftler bearbeite auch ich mein Thema aus einer bestimmten Perspektive heraus; ich bin Psychoanalytiker und führe nach wie vor klassische Psychoanalysen durch. Ich bin Chefarzt einer psychiatrischen Klinik, und ich habe den doppelten Anspruch, dass ich den Fortschritt in der klinischen Theorie der Analyse nutzen kann für die Patienten, die wir in der Klinik behandeln, und dass ich darum nicht – wie man in der Schweiz sagt – mehrere Hüte auf- bzw. absetzen muss. Das Problem ist an und für sich eigentlich erfreulich, es stellt sich ja nur wegen der Fortschritte der psychoanalytischen Theorie, die die Psychoanalyse für die klinischen Herausforderungen, die sich mir in meiner psychiatrisch-klinischen Arbeit stellen, unvermindert und in besonderer Weise attraktiv machen. Ich werde in diesem Beitrag in zwei Schritten vorgehen: Zunächst – das ist der

Hauptteil – will ich den Fortschritt der klinischen Theorien beleuchten und ein paar Entwicklungslinien herausheben, die mir wichtig erscheinen. Im zweiten Teil werde ich die Konsequenzen, die sich aus diesen Entwicklungen für die Technik ergeben, darstellen und auf die einleitend geäußerte Fragestellung zurückkommen, also die Konsequenzen für die Anwendung der Psychoanalyse in klinischen Tätigkeitsfeldern ziehen. Mit einer kurzen Zusammenfassung werde ich enden. Eine mir wichtige Kernaussage kann ich freilich schon vorausschicken: Ich bin der Überzeugung, dass eine Diskrepanz besteht zwischen dem Reichtum psychoanalytischer klinischer Theorie und der Reduktion psychoanalytischer Praxisfelder – und dies ohne wirkliche Notwendigkeit.

2 Die Entwicklung der Therapiekonzepte

Die Entwicklung der Therapiekonzepte in den letzten Jahrzehnten zu beschreiben, ist ein fast aussichtsloses Unterfangen. Die psychoanalytische Theorie hat sich – das ist ein wesentlicher Grund für die Aussichtslosigkeit – sehr stark aufgefächert. Mit dem großen Wurf seiner psychoanalytischen Neurosenlehre hat Otto Fenichel 1945 als Letzter eine umfassende psychoanalytische, triebpsychologisch fundierte Theorie der Psychoanalyse entworfen. Für die psychoanalytische Technik vergleichbar ist Greensons Buch von 1967, in dem er das psychoanalytische Verfahren als Standardtechnik beschrieben und allgemein gültige Behandlungsregeln formuliert hat. Die psychoanalytischen Schulen, die sich in den letzten Jahrzehnten gebildet haben, erlauben einen solchen einheitswissenschaftlichen Zugang nicht mehr. Der Anspruch, eine allgemeine Psychologie zu formulieren, lässt sich nicht aufrechterhalten (Emde 2000). Die Schulen sind ja nicht einmal in sich selbst konsistent, und der Dialog der verschiedenen Schulen untereinander ist nicht systematisch geführt worden – sehr zum Schaden der Theorieentwicklung. Von Pluralismus sprechen die, die die Vielfältigkeit psychoanalytischer Theorien schätzen, von Pluralität die, die skeptischer eingestellt sind, und von Fragmentierung oder Theorie-Entropie (Fonagy 2003) diejenigen, die der Psychoanalyse ihre mangelnde wissenschaftliche Verwurzelung vorhalten. Dennoch ist es möglich, einige – unvollständige und subjektiv gewählte – Linien in der Entwicklung der Therapiekonzepte nachzuzeichnen. Ich möchte allerdings das Thema auf einem Umweg angehen, indem ich zunächst über die wissenschaftstheoretischen Positionsverschiebungen nachdenke, die nicht Psychoanalyse-spezifisch sind und an denen die Psychoanalyse gleichwohl teilnimmt, die sich also sehr konkret auf die Therapiekonzeption auswirken (2.1). Erst dann komme ich auf die Psychoanalyse zu sprechen (2.2). Ich werde kurz die Veränderung der impliziten ethischen Grundlagen der Psychoanalyse thematisieren (2.2.1), dann will ich mich auf die spezifischen psychoanalytischen Entwicklungen einstellen; ich werde dann nacheinander über zwei Paradigmen reden, das Intersubjektivitätsparadigma (2.2.2) und das Repräsentationsparadigma (2.2.3), die ich zunächst getrennt und dann in ihrer Verbindung zueinander besprechen werde (2.2.4).

2.1 Wissenschaftstheoretische Positionsverschiebungen

Ich will drei Positionsverschiebungen benennen, die einen deutlichen Einfluss auf die Entwicklung der Therapiekonzeption in der Psychoanalyse haben, wenngleich sie nicht aus ihr heraus entwickelt worden sind: Ich formuliere sie als kritische Positionen und spreche von der Kritik am Standpunkt der Objektivität, der Kritik des Ursprungsdenkens und der Kritik an statischen Identitätskonzepten.

- Nicht zuletzt die naturwissenschaftlichen Erkenntnisse in Kernphysik und Quantenmechanik haben verdeutlicht, dass auch ein Naturexperiment eingreift, dass es keine neutrale Beobachterperspektive gibt, sondern dass der Beobachter und sein Beobachtungsfeld interagieren. Die gleiche Erkenntnis hat sich in den empirischen Sozialwissenschaften durchgesetzt; beispielsweise ist es seit M. Leiris (1977) in der Ethnologie klar, dass der Ethnologe nicht eine indigene Gruppe analysieren kann, ohne sie zu beeinflussen. Damit ist auch die Haltung der spiegelnden Objektivität in der Psychoanalyse obsolet geworden.

- In der Philosophie des 19. und des 20. Jahrhunderts hat die Kritik des Ursprungsdenkens einen breiten Raum eingenommen, also die Kritik an einem Denken, das die Entwicklung der Welt, der realen wie der des Geistes, aus festen Ausgangs- und Anfangs-Prinzipien ableitet. Am radikalsten ausgearbeitet wurde sie in der Dekonstruktion, z. B. der Philosophie des für die Psychoanalyse so besonders wichtigen J. Derrida (1976). Dekonstruktion, das ist der analysierende Rückbau von Konstruktionen, die sich dabei in ihren Bedingungen zeigen, sodass die vermeintlichen Ursprünge sich als Illusionen und andere, zunächst augenscheinlich randständige Einflussfaktoren, als viel entscheidender erweisen. In dem Begriff der Urspur hat Derrida die These verdichtet, dass dort, wo ein Ursprung ist, nur immer neu eine Spur ist, dass alle Ur-Ereignisse eben doch Spuren sind, dass also nur die Spur uranfänglich ist, ein Paradox und eine Aporie, die für die psychoanalytischen Gedanken vom Ursprung psychischer Realität natürlich entscheidend sein müssen.
- Schließlich hat sich die Vorstellung von Identität grundlegend gewandelt. Identitätskonzepte werden nicht mehr substanzialistisch gedacht. Wo die kritische Hinterfragung an Bastionen angreift, die man bislang doch als fundamental und unverrückbar angesehen hatte, wo Dichotomien zersetzt und aufgelöst worden sind, da hat dieser Prozess viel Unruhe hervorgerufen. Das betrifft vor allem die Geschlechterkonzeption, die von der Männlich-weiblich-Dualität des anatomischen Geschlechts abgerückt ist, so weit, dass J. Butler (1993) auch den scheinbar natürlichen Körper als sozial hervorgerufen ansehen konnte. Das betrifft auch die sozioökonomische Anforderung an Identitätsbildung; wie R. Sennett (1998) gezeigt hat, ist die stabile Identität nicht gefordert in kapitalistischen Wirtschaftsprozessen, die ganz auf Flexibilisierung setzen. – In der Psychoanalyse hat sich ebenfalls – mehr oder weniger stillschweigend – ein anderes Identitätskonzept durchgesetzt, das mit der Entdeckung von Vielseitigkeit und mit Prozessen der

Identifizierung und Desidentifizierung viel mehr zu tun hat als mit den Eriksonschen Reifeidealen. Damit aber verlagern sich auch die ex- oder impliziten Zielsetzungen psychoanalytischer Behandlung.

2.2 Wissenschaftstheoretische Wandlungen in der Psychoanalyse

Zu zeigen war bisher nur, dass wir die Entwicklung psychoanalytischer Theorien der Technik nicht außerhalb des Kontextes der Entwicklung wissenschaftlicher Theorien betrachten können; jene ist von ihnen nicht unabhängig, wie auch umgekehrt. An den genannten Beispielen lassen sich wissenschaftstheoretische Wandlungen in den Einzelwissenschaften, so auch in der Psychoanalyse, bereits prognostizieren. Sie werden gehen in Richtung der Relativierung des eigenen Standpunktes, der Relativierung der Sicherheit in der genetischen Ableitung und schließlich der Veränderung der Ziele der Therapie.

2.2.1 Die impliziten ethischen Grundlagen

Die Theorie der therapeutischen Praxis ist nicht frei von Wertvorstellungen; wenn wir über den Wandel der Therapiekonzepte sprechen, müssen wir auch den Wandel der Wertvorstellungen reflektieren, um jene zu verstehen. Sicherlich spielte zunächst das Ideal der Aufklärung in der Psychoanalyse eine nicht unerhebliche Rolle, also dass die Psychoanalyse dazu beiträgt, den Analysanden aus der selbstverschuldeten Unmündigkeit zu befreien: »Aus Es soll Ich werden!« Wenn dieses idealistisch-aufklärerische Programm dominiert, ist die psychoanalytische Kur ebenfalls dem Fortschritt verpflichtet, und der spiegelt sich in der getreu reproduzierten Dynamik von Abschlussarbeiten, die immer »per aspera ad astra« gehen. Ich bin überzeugt, dass eine wissenschaftliche qualitative Aufarbeitung der Abschlussberichte zeigen würde, dass diese Position bis heute recht bedeutsam ist. – Im Amerika der Nachkriegszeit dominierte die psychoanalytische Ichpsychologie, als deren Protagonist Heinz Hartmann angesehen worden ist, der Anpassung als konfliktfreien Entwicklungsfaktor angesehen hat – und damit (zu Recht oder zu Unrecht, das will ich hier nicht diskutieren) zum roten Tuch geworden ist. Klar ist, dass eine Psychoanalyse, die die Triebbeherrschung, nicht die Triebbefreiung zum Ziel hat, anders vorgeht als eine, die sich der Aufhebung der Widerstände widmet, wie dies W. Reich (1933) vertreten hatte. – Vor allem unter dem Einfluss der französischen Psychoanalyse, insbesondere der Lacan-Rezeption, trat eine Position an die Stelle der beiden erstgenannten, die nicht von ungefähr die Nachträglichkeit zum zentralen Begriff erklärt hat. »Wo das Es war, da wird das Ich hinkommen«, so hat Lacan (1975) den Aufklärungsgedanken Freuds umformuliert – in ironischem Ernstnehmen der Übersetzung Freuds ins Englische: »where the it was there the ego will be«. Lacan betont, dass das erkennende, das analytische Bewusstsein immer verspätet ist in Bezug auf die unbewusste Dynamik – man könnte im Deutschen auch sagen, dass das Bewusstsein immer das Nachsehen hat. Damit ist – wenn auch nicht bei Lacan selbst – die Position der Nachsicht verbunden worden. Dann geht es in der Therapie nicht mehr darum zu stärken oder zu verändern, sondern darum, die normativen Vorgaben an Subjektivität und Selbstverwirklichung zu hinterfragen und an die Stelle eines Ziels der Therapie den Prozess der psychischen Entwicklung zu stellen. – Auffallend oft wird in der gegenwärtigen psychoanalytischen Literatur Richard Rorty, der kluge Advokat eines philosophischen Pragmatismus, zitiert. Diese pragmatische Position scheint gegenwärtig zu dominieren. Sie ist am Machbaren orientiert, nicht an der Idealität eines Anspruchs; die therapeutische Arbeit soll so weit wie möglich gehen, aber eben nicht weiter; sie geht pragmatisch auch darin vor, dass sie die Symptomkur nicht verschmäht zugunsten der tiefen Erkenntnis, sondern sich zusammen mit dem Analysanden ihrer freut (Rorty 1993, 2000).

Sprechen wir also abgekürzt von vier impliziten Grundlagen – der idealistisch-aufklärenden, der anpassungsorientierten, der nachsichtigen und der pragmatischen Orientierung – und vergessen wir nicht, dass alle vier Haltungen sich tief und konkret auf jede therapeutische Intervention auswirken.

2.2.2 Das Intersubjektivitätsparadigma

Nun wende ich mich den inner-psychoanalytischen Entwicklungen in den Therapiekonzeptionen zu. Einigkeit besteht weitgehend darin, dass die psychoanalytische Kur nicht mehr als Prozess der Veränderung des Patienten angesehen wird, der der Analytiker als Arzt, Chirurg oder Spiegel beiwohnt. Schon 1976 hatte R. Langs auf das bipersonale Feld aufmerksam gemacht, das durch die analytische Situation aufgespannt wird. In den letzten Jahren hat A. Ferro (2003) diese Konzeption weiter ausgearbeitet. Das Beziehungsdenken hat wenn nicht seine Quelle, so doch seine Bestätigung in der Forschung: Die Ergebnisse der Therapieforschung haben in aller wünschenswerten Klarheit gezeigt, dass die Qualität der therapeutischen Beziehung entscheidend ist für die Prognose jeder Form von Psychotherapie, auch der Psychoanalyse. Die Therapiekonzeptionen haben die Arbeit an der Übertragung und Gegenübertragung immer stärker in den Vordergrund gerückt. Vor allem durch die Gegenübertragungsanalyse wird die Person des Analytikers bedeutsam. Aber sein Einfluss geht darüber hinaus; er prägt das bipersonale Feld eben mit. Seine bewussten ebenso wie unbewussten Haltungen sind Ausgangspunkt der Phantasien und Einfälle, der Handlungsweisen und Reaktionen des Analysanden. Damit ist zugleich anerkannt, dass das Hier-und-Jetzt eine zentrale Rolle in der analytischen Erkenntnis und im Veränderungsprozess spielt. Es ist das »Gegenwarts-Unbewusste« (Sandler/Sandler 1985), an dem in der Analyse vornehmlich gearbeitet wird. Halten wir also fest: Eine große Veränderung ist der Paradigmenwechsel weg von der Ein-Personen- zur Zwei-Personen-Psychologie, der die Therapiekonzeptionen Schritt für Schritt verändert hat (Bohleber 2001, 2007).

Aber täuschen wir uns nicht: Auch wenn über diesen Paradigmenwechsel Einigkeit besteht, so öffnet sich diesseits oder unterhalb dieser Konvergenz eine breite Schere, die heterogene, ja divergente Positionen unter sich begreift. Ich baue sie in einer Art Ergänzungsreihe nebeneinander auf:

- Die therapeutische Beziehung als Ermöglichungsgrund der Analyse: Diese Diskussion hatte wohl in den 80er Jahren ihren theoretischen Höhepunkt, ist aber nie ganz verschwunden. In der »unanstößigen positiven Übertragung« Freuds (1912 b) wurde der Heilfaktor Beziehung gesehen, die therapeutische Beziehung war dann Ermöglichungsgrund von Analyse, nicht diese selbst.

- Die therapeutische Beziehung als Gegenstand der Analyse: Ursprünglich in der kleinianischen Tradition entwickelt, setzt sich die Analyse im Hier-und-Jetzt der therapeutischen Beziehung durch, mit den dadurch eröffneten Möglichkeiten zu einer nicht nur patientenzentrierten, sondern auch analytikerzentrierten Deutung (Steiner 2003).
- Die Ko-Konstruktion des psychoanalytischen Feldes: Diese Position stellt eine Radikalisierung der vorigen dar, sie öffnet das psychoanalytische Denken dem Konstruktivismus. Gemeinsam wird das Feld der Therapie aufgebaut, ein Feld gemeinsamer unbewusster Phantasien, in dem es schwer wird, Übertragung und Gegenübertragung genau zu unterscheiden. Die Konzeption, die heute sehr hoch im Kurs steht, hat weitere wichtige Konsequenzen über den Konstruktionscharakter hinaus, der die biografische Arbeit zurückdrängt: Alles in diesem Feld ist wichtig, nicht allein die Worte, sondern auch die Ästhetik, das Wahrnehmungsfeld, aber auch die Pragmatik, das Handlungsfeld der analytischen Situation. Der Körper ist an der Ko-Konstruktion des Feldes ebenso beteiligt wie die Worte.
- Die relationale Psychoanalyse: Sie hat sich aus dem Gedanken der Ko-Konstruktion heraus entwickelt und ist mit dem Namen von Jessica Benjamin verbunden, die die Konsequenzen eines interpersonalen Ansatzes am weitesten durchdacht hat. Das Verhältnis von Innenwelt zu Außenwelt, von Intrapsychischem zu Interpersonalem steht zur Disposition. Jessica Benjamin sieht in dem Wunsch, das Fremde und Andere kennenzulernen, einen Entwicklungsfaktor; der andere durchbricht nicht die narzisstisch verfangene Wunschwelt, sondern ist deren hauptsächlicher Gegenstand. Das Interpersonale steht dem Intrapsychischen nicht nach, sondern ist ihm gleichgestellt. Ziel der Therapie ist die wechselseitige Anerkennung der an der Beziehung Beteiligten. Sie ist nicht

endgültig zu erreichen, sie muss scheitern, und das Zerstören von interpersonaler Anerkennung ist zwangsläufig, passiert auch in der Analyse und ist dort auch vom Analytiker anzuerkennen. Damit wird das Enactment als unvermeidbarer Bruch des analytischen Prozesses ernstgenommen (Hübner 2009). Jessica Benjamin (2009) hat in einem Beitrag im IJPA auf diese konkrete Konsequenz des relationalen Ansatzes hingewiesen.

➢ Der Vorrang des Anderen: In der französischen Tradition wird der Gedanke der Intersubjektivität anders weiter entwickelt. Bei J. Laplanche (1988) wird das Interpersonale und das Intrapsychische nicht auf die gleiche Stufe gesetzt, vielmehr werden im Vergleich zum klassischen Ansatz die Verhältnisse umgekehrt: Es gibt die Dominanz des Anderen, der mit seinem Begehren von früh an gleichsam mikrotraumatisch wirksam wird, rätselhafte Botschaften an das Subjekt sendet, das diesen unterworfen ist, weil das Kleinkind sie nicht entschlüsseln kann. Das Begehren des Anderen zu verstehen, das ist dann eine Kernaufgabe der analytischen Praxis.

Das Intersubjektivitätsparadigma beerbt das personale Modell der individuellen seelischen Übertragungsbereitschaft. Psychoanalyse ist Beziehungsgeschehen. Zwischen den Spielarten der Intersubjektivität stehen vermittelnde Auseinandersetzungen freilich aus. Dort, wo sie stattfinden, ist der Gewinn hoch. So ist es äußerst lohnend, darüber nachzudenken, wie in der kleinianischen Darstellung von Projektion, Introjektion und projektiver Identifizierung ein Geflecht von Prozessen beschreibbar wird, in dem das Subjekt sich aus intersubjektiven Anfängen bildet und in dem sich die Subjektivität des Analysanden in der Kur allmählich herauszubilden beginnt. Auf diese Weise wird eine Brücke zwischen den kleinianischen und anderen Intersubjektivitätskonzepten geschlagen, die fruchtbar ist. So hat Gabbard (2005) zeigen können, dass projektive Identifizierung, Enactments und das Sandler'sche Konzept der Rollenübernahme des Analytikers (Sandler 1983) viel miteinander zu tun haben (Wallerstein 2006). Andere Diskussionen müssen folgen.

2.2.3 Das Repräsentationsparadigma

Ich verlasse das Intersubjektivitätsparadigma, um mich dem Repräsentationsparadigma zuzuwenden; im darauffolgenden Abschnitt aber werde ich auf das Intersubjektivitätsparadigma zurückkommen.

Der Begriff des Unbewussten ist gekoppelt an die Möglichkeit oder Unmöglichkeit, dass im Bewusstsein etwas repräsentiert ist oder nicht. Er geht davon aus, dass das, was im Bewusstsein nicht erscheint, an einem anderen Ort oder anderswie wirksam und in irgendeiner Weise niedergelegt ist, also psychisch repräsentiert bleibt. Dort bleibt es eine Repräsentation, wenn man so will: eine Form der Sprache! Darauf hat J. Lacan in seinem berühmten Vortrag von Rom hingewiesen, der ihn die Mitgliedschaft in der IPA gekostet hat. Freud hat gezeigt, nach welchen Repräsentationsregeln der Primärvorgang verläuft, nämlich nach denen der Verschiebung und Verdichtung, und Lacan hat diese mit den Grundfunktionen der Sprache, mit den Fähigkeiten zur Metaphern- und zur Metonymiebildung verbunden.

Heute hat die psychoanalytische Behandlung aber erkennbar nicht mehr nur die Aufgabe, Verdrängungen aufzuheben. Es geht auch darum, Spaltungen oder Dissoziationen zusammenzufügen oder Verwerfungen wieder zurechtzurücken. Dadurch, dass es gelungen ist, Spaltung und Verwerfung besser zu beschreiben, ist es möglich geworden, sich klinisch den sogenannten Frühen Störungen mehr und mehr zu widmen. Verdrängung, Spaltung, Verwerfung: Jeder der drei Leitabwehrmechanismen steht für eine bestimmte Form, psychische Repräsentation zu verändern. Verdrängung setzt voraus, dass es eine Repräsentation von Erfahrung gibt, die mit dem Bewusstsein nicht endet, sondern außerbewusst ist, und die durch Bearbeitung der Widerstände bewusst gemacht werden kann. Spaltung erzeugt aber nicht notwendig Unbewusstheit, sonder trennt Bewusstseinsbereiche, macht ihre Verbindung untereinander unmöglich, darin der Dissoziation als Traumareaktion ähnlich, deren neurobiologische Untersuchung die Abtrennung auch kortikaler Verbindungen voneinander eindrücklich unter Beweis gestellt hat. Verwerfung schließlich trennt nicht Bereiche, sondern zerstört Repräsentation überhaupt, also auch unbewusste Repräsentationsformen. Das in der Psychoanalyse mittlerweile angesammelte Wissen über die subtilen Prozesse der Repräsentationsbildung und -zerstörung ist eindrucksvoll. Bion war der Pionier, der in der Psychoanalyse eine Theorie des Denkens sah, die er auszuarbeiten versuchte (Bion 1962/1990, 1962/1995). Lacan hat das Verhältnis der bildhaften und der sprachlich-symbolischen Repräsentation in extenso untersucht. Piera Aulagnier-Castoriadis (1975) hat diesen Faden entwicklungstheoretisch weitergeknüpft. W. Bucci (1997) hat sich frühzeitig um eine neurowissenschaftlich-informationstheoretische Modellbildung psychischer Repräsentation verdient gemacht, indem sie symbolische und subsymbolische Codes voneinander geschieden hat. J. Kristeva (2007) hat in einer faszinierenden Weise dargestellt, wie in der Depression die Trauer, die im Übergang zwischen leiblicher Interaktion und sprachlicher Interaktion nötig wird, nicht geleistet und durchschritten werden kann. A. Green (1983) hat philosophische Konzepte der Negativität mit der Abwehrtheorie verknüpft, um Abwehr als Negation von Repräsentation auf unterschiedlichen Niveaus, mit unterschiedlicher existenzieller Dringlichkeit und Radikalität darzustellen. Das klingt abstrakt, ist es aber nicht, weil mit der Frage der Abwehr von Repräsentation etwas klar ist: Psychotische oder psychosomatische Phänomene sind nicht Ausdruck bloß eines Defizits oder Defektes; im Entzug von Sinn, in der Zerstörung der Repräsentation als der Grundlage sinnhafter Äußerung, mag sich selbst ein Sinn anzeigen. Paradigmatisch ist Greens Konzept der negativen Halluzination als einer erzeugten Leere dort, wo Intrusion und übergreifende, zerstörerische Überfülle Eigenständigkeit destruiert haben.

Die Liste ließe sich verlängern; der klinische Reichtum ist eben denkbar groß, weil das Repräsentationsparadigma ausgearbeitet worden ist, um immer tiefere, immer frühere, immer psychotischere Schichten psychischer Repräsentation zu erfassen. Damit leistet die Psychoanalyse heute zum Verständnis schwerster psychischer Beeinträchtigungen enorm viel. Und nicht nur zum Verständnis, sondern auch zur Behandlung. Wie Repräsentation sich bildet, das ist in den letzten Jahren, unter je anderen Titeln, zur unmittelbar angehbaren und auf diese Weise lehrbaren therapeutischen Aufgabe geworden. Fonagy und

Bateman (2008) haben das Reflexionsvermögen und die Mentalisierung, also die Fähigkeit, sich in andere hineinzuversetzen, zusammen mit anderen Kollegen ausgearbeitet. Gerd Rudolf (2004) hat, auf der Basis der OPD-Struktur-Achse, die strukturbezogene Psychotherapie ausgearbeitet, die ebenfalls konkret die strukturellen Voraussetzungen schaffen möchte, und das heißt ja auch: die die psychischen Innenräume vergrößern hilft.

Zwei Fragen stellen sich allerdings sogleich, auf die ich noch zurückkomme: Werden die Möglichkeiten, der Reichtum auch genutzt? Und wird an der Integration neuer, repräsentationstheoretisch ansetzender Konzepte gearbeitet – oder werden sie ausgegrenzt bzw. grenzen sie sich ohne Not ab?

2.2.4 Die Verbindung von Intersubjektivitäts- und Repräsentationsparadigma

Nun ist von besonderer Bedeutung, dass das Intersubjektivitäts- und das Repräsentationsparadigma miteinander verbunden werden können und auch miteinander verbunden worden sind – zum großen Vorteil der klinischen Praxis. Ich gebe einige Schnittpunkte zwischen beiden an:

- Das Verhältnis zwischen Sprache und Verhalten, Wort und Handlung wird neu gewertet. In einer bemerkenswerten Simultanität zu Entwicklungen der Sprachphilosophie wird in der psychoanalytischen Kur nicht nur die Bedeutung des einzelnen Wortes und seiner assoziativen Verbindungen untersucht, sondern auf die Benutzung des Wortes in einer bestimmten kommunikativen Situation geachtet. Der Sprechakt wird in der Kur ernstgenommen. Zugleich wird kommunikatives Verhalten als sprachanaloge Verständigungsform nobilitiert. Paradigmatisch dafür ist der Austausch des Begriffs Agieren durch den des Handlungsdialogs (Klüwer 1995).
- Die Fähigkeit zur und die Möglichkeit der psychischen Repräsentation wird an intersubjektive Erfahrungen angebunden. Die Voraussetzung für die Repräsentation ist es, dass der andere zum Träger, zum Aufbewahrungsort des psychischen Erlebens

wird, dass also das Intersubjektive das Intrapsychische nicht nur sichtbar werden lässt, sondern auch beherbergt. Und technisch macht es einen großen Unterschied, ob der Andere, also auch der Analytiker, sich in einer privilegierten Beobachtungsposition, die die Gegenübertragung durchaus einschließt, wähnt, oder ob er materiell an der Selbstkonstitution beteiligt ist, weil sich bei ihm die unerträglichen Erfahrungen erst einmal sammeln. Auf diese Weise gewinnt die Interpersonalität für die therapeutische Technik eine völlig neue Rolle. Dass Erfahrungen repräsentierbar werden, ist dann eine Funktion des Anderen, eine Funktion, die mit Entgiftung und Verdauung metaphorisch eingekreist worden ist.[1]

➢ Wenn auf diese Weise die Psychoanalyse Erfahrungen nicht nur bewusst zu machen gestattet, sondern sie allererst zur eigenen Erfahrung werden lässt, dann muss sich die Behandlungstechnik um die Kenntnis der Interaktionsformen, die der sprachlich verfassten Repräsentation vorausgehen, erweitern. So hat die Verbindung zwischen Entwicklungspsychologie und klinischer Theorie in neuer Weise fruchtbar werden können. Ich nenne als Beispiel zunächst T. Ogdens (2006) Beschreibung der autistisch-berührenden Position, die vorobjekthaft und leibnah empfunden wird und eine vorsymbolische Erfahrung atmosphärischer Umhüllung beschreibt. Während lange bekannt ist, dass es entwicklungspsychologisch solche Erfahrungsmodalitäten gibt, ist es das besondere Verdienst Ogdens, diese Erfahrungsschicht aus der Genese in die klinische Gegenwart transformiert und technisch handhabbar gemacht zu haben. Ein zweites Beispiel ist C. Bollas' (2005) Konzeption des »unthought known«, des mütterlichen Objektes, das ein transformationelles Objekt wird, weil es die ungedachten Erfahrungen teilt und in denkbare umwandeln hilft.

1 Dieser Gedanke kann oder muss auch dazu führen, dass beliebte Feindbilder und intellektuelle Gegnerschaften überdacht werden; durch diese Containing-Funktion wird die »korrigierende emotionale Erfahrung« F. Alexanders (Alexander/French 1946) in einem neuen Kontext lesbar.

3 Die theoretischen und klinischen Konsequenzen

Mir ist bewusst, dass ich durchaus nicht alle Veränderungen der klinischen Theorie beschrieben habe. Ich will gleichwohl nicht um Vollständigkeit besorgt sein, sondern versuchen, einige Schlussfolgerungen für die Theoriebildung und die klinische Praxis zu ziehen.

3.1 Aufdeckung des Unbewussten oder Ermöglichung von Unbewusstem?

Ich komme zu diesem Zweck auf die von A. Ferro (2009) genannten Essentials der Psychoanalyse zurück. Wesentlich ist die Anerkennung des Unbewussten, Ferro nennt sie an erster Stelle; seit Freud ist sie das Schibboleth der Psychoanalyse. Aber aus dem Schibboleth darf keine Beschwörungsformel werden, die blind macht und in dem Pluralismus der Konzepte den Blick verstellt auf das, was Psychoanalyse heute zu leisten vermag. Wenn die oben ausgeführten Gedanken zur Paradigmenentwicklung richtig sind, dann können wir festhalten, dass der zentrale Gegenstand der Psychoanalyse sicherlich weiterhin das Unbewusste ist, an dem und mit dem sie arbeitet, dass es aber nicht nur und allein ihre Aufgabe geblieben ist, Unbewusstheit aufzuheben oder unbewusste Effekte nachvollziehbar zu machen, sondern dass sich die Arbeit mit und am Unbewussten erweitert hat. Psychoanalyse arbeitet an der Möglichkeit der Entstehung des individuellen Unbewussten mit, gerade dort nämlich, wo die Verdrängungsabwehr versagt hat und wo keine transformationellen Objekte, keine Bezugspersonen mit Reverie-Vermögen zur Verfügung standen, um aus der Beziehungserfahrung eine intrapsychische Funktion, aus dem Containing eine Alpha-Funktion zu machen. Das gilt in besonders starkem Umfang für jene Therapien, in denen aus traumatischen Erfahrungen allererst verdrängbare Erzählungen werden sollen; Therapien, in denen es wichtig ist, an die Stelle eines autistischen Rückzugs Kontakt wieder zu ermöglichen, also die in der Begegnung mit anderen aufkeimenden Ängste und Sorgen, vor Verschmelzung ebenso wie vor völliger Verlassenheit, einzubinden in eine Affektregulation, die es eben auch ermöglicht, die Bedrohungen unbewusst werden zu lassen. Diese Erweiterung des analytischen Tätigkeitsfeldes ist nur dadurch möglich geworden, dass das Verhältnis des Intrapsychischen zum Intersubjektiven und die intersubjektiven Grundlagen der Repräsentation und der Abwehr immer besser verstanden und in die Praxis umgesetzt worden sind.

3.2 Das Theorie-Praxis-Verhältnis in der Psychoanalyse

Wenn wir den Gedanken zulassen, dass Psychoanalyse an der Entstehung von Unbewusstheit arbeiten muss und kann, ebenso wie an der Bewusstwerdung von Unbewusstem, dann hat dieser Gedanke Folgen für das Verhältnis von Theorie und Praxis in der Psychoanalyse. Denn für die beiden Aufgabenbereiche werden unter Umständen unterschiedliche therapeutische Techniken gebraucht. Die Herausforderungen der klinischen Praxis haben die Theoriebildung befruchtet und zu einer veränderten Konzeption der Technik geführt. So weit so gut; aber es bleibt zu fragen, wie offen und vorurteilslos dieses Wechselspiel von Theorie und Praxis läuft. Cooper hat sich 2001 mit dem Pluralismus in der Psychoanalyse beschäftigt; er findet ihn einen Gewinn, gerade auch weil er eine Möglichkeit sieht, den theoretischen Pluralismus in einen klinisch-praktischen Pluralismus zu überführen. Er kritisiert, dass das technische Repertoire der Psychoanalyse mit der Entwicklung ihrer Theorie einfach nicht Schritt halten kann. Er macht diesen Punkt an der Grundregel fest: »Das Beharren auf der freien Assoziation als einem zentralen Bestandteil der Definition von Psychoanalyse ist aus meiner Sicht vergleichbar mit einem Arzt, der darauf besteht, sein Ohr an den Brustkorb des Patienten zu legen« (Cooper 2001, S. 67). Und er fährt fort: »Statt stolz zu sein auf die Originalität einer Idee, tun wir alles, um nicht der Preisgabe irgendeinen Teils der psychoanalytischen Tradition beschuldigt zu werden.« Ich meine, dass er recht und unrecht zugleich hat: recht dann, wenn die freie Assoziation immer und allein auf das verbale Vermögen der Patienten bezogen bleibt, zugleich aber unrecht, wenn das Konzept in der Behandlung von sprachfern handelnden Patienten auf die Gesamtsituation der therapeutischen Begegnung ausgeweitet wird. Dann nämlich werden auch die Verhaltensäußerungen oder die Beschwerdedynamik zu Aussagen, die die Verbalassoziationen fortführen oder ergänzen. Es macht – darum geht es mir – weder Sinn ein Konzept vorschnell zu verabschieden noch es als sakrosanktes Prinzip zu konservieren. Vielmehr muss es weiterentwickelt werden. Wenn theoretische Fortschritte sich nicht in die Praxis umsetzen, dann verlieren sie an Wert.

Fonagy (2006) und auch Jimenez (2008, 2009) haben daraus die Schlussfolgerung gezogen, dass man doch Theorie und Praxis voneinander trennen sollte. Die Praxis folge ihren eigenen Gesetzen, die impliziten Theorien des Analytikers während der Stunde seien ganz entkoppelt von den offiziellen Theorien, die er vielleicht in einem Seminar vertritt, und einzig interessant ist diese implizite Theorie, die auf den Patienten flexibel reagiert und ihn besser versteht als alle große Theorie. »Wenn psychoanalytische Theorie in den psychiatrischen Therapien des 21. Jahrhunderts einflussreich sein soll«, schreibt Fonagy, »wird sie das nur sein, wenn der einengende Einfluss des Versuchs, klinische Intervention an öffentliche Theorie zu binden, anerkannt wird« (Fonagy 2003, S. 41).

Sicherlich, es ist berechtigt, Theoriebildung, die der Wirklichkeit nicht mehr gerecht wird, die Scheuklappen aufgesetzt hat, zu kritisieren. Aber der Schlussfolgerung, Theorie und Praxis voneinander zu entkoppeln, kann ich ganz und gar nicht folgen. So wichtig es ist, der Theorie des Analytikers in vivo zu folgen: Es wäre hermeneutisch naiv anzunehmen, sie lasse sich von theoretischen Überzeugungen lösen. Stattdessen geht es um Differenzierung, darum zu zeigen, wo die Praxis reicher ist als die Theorie, die ihr folgt. Dann geht es darum darauf zu dringen, dass die Theorie sich den Anforderungen der Praxis stellt. Aber auch das Umgekehrte ist wichtig, wenn die Theorie durchaus einen enormen Reichtum zu verzeichnen hat, oft der Mut aber fehlt, diesen Reichtum auch in die Konzeption der therapeutischen Praxis umzusetzen.

3.3 Die Gleichrangigkeit der sogenannten modifizierten Psychoanalyse

Das führt mich zu einer weiteren Konsequenz, und die folgenden Überlegungen bringen mich zu meinem Ausgangspunkt, der Arbeit von Leo Stone und ihrer Rezeptionsgeschichte, zurück. Dass das psychoanalytische Verfahren sich in dem Sinne modifizieren muss und bereits modifiziert hat, dass der Analytiker die erwähnten Behandlungsansätze in der Kur berücksichtigt und deshalb zwischen der neurosenpsychologischen, verdrängungsorientierten Arbeitsweise und den spaltungs- und verwerfungsbezogenen Techniken hin und her wechselt, davon gehe ich aus. Ich meine, dass es nicht mehr gerechtfertigt ist, von Modifikation zu sprechen; diese Arbeitsweisen gehören zum Repertoire der therapeutischen Möglichkeiten eines Analytikers. Die Erweiterungen der psychoanalytischen Technik gehören, mit anderen Worten, zu den genuinen Möglichkeiten der psychoanalytischen Alltagspraxis. Die Technik hat sich anzupassen an die Möglichkeiten des Patienten, seine Möglichkeit zu denken, also bewusst oder unbewusst Erfahrungen zu repräsentieren, an seine Möglichkeiten, in einem interpersonalen Raum das herzustellen, was er in einem intrapsychischen Raum nicht aufbauen kann, an seine Möglichkeiten, bei anderen das zu bewirken, was ihm selbst entgleitet. Wenn dem aber so ist, dann folgt daraus ein nach wie vor für viele unliebsamer Gedanke, nämlich dass eine psychoanalytische Diagnostik notwendig ist, um zu bestimmen, wann mit welchem Patienten wie gearbeitet werden muss. Ich halte es für eine ungerechtfertigte Mystifikation des analytischen Feldes, wenn wir davon ausgehen, dass in dem gemeinsam kreierten analytischen Prozess die richtige Technik sich gleichsam durch die Theorie in vivo spontan ergibt. Ich sehe in der Vermeidung einer psychodynamischen Diagnostik einen Abwehrvorgang, der aus der Hemmung resultiert, sich ein Urteil zuzugestehen – das gleichwohl unvermeidlich ist. Urteile werden, das ist eine Grunderkenntnis der Hermeneutik, beim Versuch des verstehenden Zugangs zur Welt ohnehin gebildet. Es lohnt, sich über die eigene Urteilsbildung Rechenschaft abzulegen. Entscheidend ist nicht, ob Diagnostik angewendet oder abgelehnt wird, sondern wie mit ihr umgegangen wird. Nur dann wird die Entscheidung, welche Technik Priorität hat, verhandel- und veränderbar, nur dann lässt sie sich zurückzunehmen und korrigieren. Es scheint mir notwendig zu sein, dass der Pluralismus der Behandlungsmöglichkeiten nicht zu einem spontaneistischen Selbstbedienungsladen wird, wo vieles und alles Mögliche geht. Vielmehr soll es der Pluralismus ermöglichen, Technik begründet und reflektiert einzusetzen.

3.4 Was ist wesentlich für die psychoanalytische Therapie?

Dennoch wissen wir längst, dass – so vielfältig inhaltlich ausgefüllt das analytische Setting ist oder sein kann – das Setting selbst für sehr viele Patienten nicht angebracht oder nicht nutzbar ist. Wäre es anders, hätte die Psychoanalyse nicht mit den Krisen zu kämpfen, die sie heute zu bewältigen hat. Das Setting ist nun einmal für die neurosenpsychologische Behandlung, also für die Aufdeckung von Unbewusstem, geschaffen worden. Auch wenn der Borderline- oder der psychotische Patient einmal in diesem Setting behandelt werden kann: Die unterschiedlichen therapeutischen Aufgaben, die mit der Aufdeckung von Unbewusstem einerseits und der Bildung von Unbewusstheit andererseits verbunden sind, sind nicht in gleicher Weise und gleich gut im gleichen Setting zu lösen. Meine Überlegungen führen mich zur Frage, wie das Verhältnis von Psychoanalyse und psychoanalytisch fundierter Psychotherapie sich weiter gestalten soll. Sie laufen darauf hinaus, dass die Wertigkeit, die mit der Metapher vom Gold der Analyse und Kupfer der Suggestion durch Freud (1919a) eingeführt worden ist, *grundsätzlich* aufgegeben werden muss. Ein psychotherapeutisches Setting kann – psychoanalytisch gesehen – adäquater sein als ein hochfrequentes Setting im Liegen; dann geht es nicht darum, dass in diesem Fall leider keine Analyse gemacht werden kann, sondern dass sie nicht das beste analytische Verfahren ist. Ich gebe ein Beispiel aus der eigenen Praxis. Wenn ich einen Patienten nach einer schizophrenen Episode in einem Setting behandle, in dem ich ihn 14-tägig einstündig sehe, so nimmt das Setting Rücksicht auf die enorme Fragilität der Nähe-Distanz-Regulation; ich habe den Patienten 13 Jahre lang in diesem Setting behandelt, in einer psychoanalytisch orientierten Therapie, also insgesamt etwa 500 Stunden. Ich bin auch nach Abschluss der Behandlung überzeugt, dass wir das angemessene, nicht ein Hilfsverfahren gewählt haben. Gleichwohl haben wir analytisch gearbeitet. Ich zitiere Gerhard Schneiders Vortrag zur 57. Jahrestagung der DGPT:

> »Natürlich handelt es sich bei der hier vorgestellten Behandlung der ich-strukturell schwer gestörten Patientin um keine Psychoanalyse im strengen Sinne, […] Trotzdem meine ich, dass ich sie *auf dem Boden der Psychoanalyse*, d.h. des psychoanalytischen Verstehens und des damit verbundenen Möglichkeitsfeldes von Interventionen, durchgeführt habe. Anders formuliert, ich habe sie *als Psychoanalytiker* durchgeführt […], das heißt konkret, dass für mich *das Verstehen* dessen, was in der Patientin und zwischen ihr und mir sich abspielte, sowie die deutende Vermittlung dieses Geschehens an die Patientin das basale Entwicklungs- und Heilungsmedium sind« (Schneider 2007, S. 246).

Das in der Tat scheint mir das entscheidende Kriterium zu sein; das Verstehen der interpersonellen Prozesse aber kann und muss in unterschiedlichen Settings auf unterschiedliche Weise geleistet werden. Ich habe darauf hingewiesen, dass die Interaktion auf der Ebene der interpersonellen Konstitution des Subjekts zu verstehen etwas ganz anderes heißt als wenn ich eine Übertragung unbewusster Objektvorstellungen analysiere, die Teil einer neurotischen Dynamik ist.

Das klingt einfach, ist aber in seinen Auswirkungen komplex. Wenn meine Überlegungen richtig sind, dann müssen wir die Sprachregelungen ändern. Dann ist nicht die Arbeit an der Übertragung im engeren Sinn zentral für jede psychoanalytische Therapie, sondern das psychoanalytische Verstehen der interpersonellen Beziehung, von denen die Übertragung ein Teil sein kann. Das heißt, dass die Arbeit an der Übertragung nicht immer den Königsweg der analytischen Arbeit darstellt, wohl aber die Arbeit in und an der therapeutischen Beziehung im Hier-und-Jetzt, also das gemeinsam geteilte Verständnis der Beziehungsfaktoren in der Therapie. Auch andere technische Regeln sind dementsprechend zu überdenken; auf das zu erweiternde Verständnis von freier Assoziation hatte ich schon hingewiesen. Immer gilt, dass nicht das formale Gesetz oder die standespolitisch vertretene Regel entscheidend ist, sondern dass der Ausgangspunkt sein muss, welcher therapeutische Schritt die Beziehungsarbeit unterstützt. Ein weiteres Beispiel ist der Umgang mit der Zeit in der psychoanalytischen Therapie. Meine Beschäftigung mit Kurztherapien hat mich darauf aufmerksam gemacht, dass auch die zeitliche Nicht-Begrenzung eine Zeitvariable in die Therapie einführt, ebenso wie die zeitliche Begrenzung durch die Kassenfinanzierung. Im Umgang mit der Zeit scheint mir die negative Olympiade, die die Psychoanalyse sich leistet, indem »immer länger« als »immer besser« gilt, zur Sterilität zu führen. Auf der anderen Seite waren die 13 Jahre Therapie für den Patienten, den ich erwähnte, wohl lebensrettend.

3.5 Der Reichtum der psychoanalytischen Praxis

Nun soll noch ein Schritt weiter gegangen werden. Ich habe den Paradigmenwechsel beschrieben, den ich sehe: Zusätzlich zu einer Bewusstwerdung unbewusster Prozesse geht es heute auch um die Aufgabe, seelische Erfahrung zu ermöglichen, also Unbewusstheit überhaupt herzustellen. Ich hatte betont, wie viel konzeptuelle Neuentwicklungen der Psychoanalyse zu dem Reichtum beitragen, der es prinzipiell ermöglicht, psychoanalytisches Denken in einem sich ständig erweiternden Indikationsbereich therapeutisch zu nutzen.

Da ich nun seit fast zwei Jahren als Psychoanalytiker eine psychiatrische kantonale Klinik, vulgo ein Landeskrankenhaus, leite, bin ich daran interessiert, die Möglichkeiten, die mir die Psychoanalyse für meine Tätigkeit bietet, auch wirklich zu nutzen. Das bedeutet, dass ich einen Schritt weiter gehen muss, dass ich das psychotherapeutische Setting verlassen muss, ohne dass ich darauf verzichte, psychoanalytische Beziehungsarbeit umzusetzen. Wenn ein schizophren gewordener Mensch in der Klinik behandelt wird, erhält er ein Antipsychotikum, der Sozialarbeiter setzt sich für seinen Arbeitsplatz und sein Zimmer im Wohnheim ein, neben den therapeutischen Einzelgesprächen. Beziehungsarbeit bedeutet hier, nicht alles nebeneinanderher laufen zu lassen; sie bedeutet, sich darüber Rechnung abzulegen, dass kein Patient nur in der Dyade behandelt wird, dass Dritte und Vierte immer dazugehören. Sie bedeutet, dass es notwendig ist, die Gewalt in der Beziehung, die unter Umständen mit der Medikation verbunden ist, auf der Ebene der Beziehung zu reflektieren. Sie bedeutet zu überlegen, welche Hindernisse oder welche Unterstützung die Medikation aufwirft für die Aneignung der in der psychotischen Produktion externalisierten Subjektanteile. Sie bedeutet, die Nötigung anderer Personen, die in einem selbstverletzenden Verhalten liegen mag, zu reflektieren und darauf nicht einfach disziplinarisch zu reagieren, sondern zu überlegen, was an Botschaften durch diesen Druck in den anderen hineingepresst werden sollen. – Die Psychoanalyse bietet die Möglichkeit, selbst in einem solchen psychiatrisch-psychotherapeutischen Setting Beziehungsarbeit zu leisten, das heißt, sie bietet heute in der enormen Auffächerung und Differenzierung des Intersubjektivitäts- und des Repräsentationsparadigmas ausreichend gute Konzepte für eine psychoanalytische Praxis in der Psychiatrie, auch wenn sie nicht so anwendungsorientiert ausgearbeitet sind, wie das vielleicht wünschenswert wäre. Der Reichtum aber, ich komme noch einmal auf meine optimistische Grundüberzeugung zurück, lässt sich nutzen.

4 Schluss

In Anbetracht solcher Überlegungen mag der ein oder andere sich fragen, ob hier noch »wirklich analytisch« gedacht und gehandelt wird. Ausgrenzungsmechanismen sind hilfreich, deshalb lassen sie sich rasch mobilisieren. Die Zerreißproben in den Auseinandersetzungen zwischen psychoanalytisch orientierter Psychotherapie und Psychoanalyse folgen der gleichen Dynamik, verschärft dadurch, dass wechselseitig ausgegrenzt wird. Die Folge ist für die Psychoanalyse als Wissenschaft und als therapeutische Praxis die gleiche wie für den einzelnen Patienten: Sie führt zu einer praktischen Lähmung, zu der Unmöglichkeit, sich der eigenen Möglichkeiten, der eigenen reichen Voraussetzungen zu bedienen.

Die Alternative ist es, sich dieses Reichtums bewusst zu werden und ihn zu nutzen. Die Entwicklungslinien psychoanalytischer Praxis, von denen ich einige aufgezeigt habe, sind sehr ermutigend – und das lässt sich sagen auch angesichts des theoretischen Pluralismus, der so heterogen vielleicht gar nicht ist. Deshalb habe ich mich bemüht, die Linien zu ziehen, ohne zu verdecken, dass es – beim Intersubjektivitätsparadigma wurde es besonders deutlich – Bedarf an Theoriearbeit gibt, die die verschiedenen Konzeptionen noch besser aneinander abarbeitet.

Anlässlich des 50-jährigen Bestehens der DGPT hatte ich vor zehn Jahren die Ehre, den Einführungsvortrag zum Kongress halten zu dürfen. Damals sagte ich abschließend: »Die Krise der Psychoanalyse ist keine ihres Ideenreichtums. [...] Die Psychoanalyse verarmt nicht an sich selbst« (Küchenhoff 2000, S. 27). Das sehe ich zehn Jahre später und in konkretem Bezug zu den Behandlungskonzepten der Psychoanalyse nicht anders. Wir brauchen allerdings den Mut, uns unseres Ideenreichtums zu bedienen, und das bedeutet, ihn in den verschiedenen Praxisfeldern umzusetzen, wo die Psychoanalyse nach wie vor, ja noch mehr als früher, etwas zu sagen hat, von denen sie aber den Rückzug angetreten hat oder verdrängt worden ist. Das ist nur möglich, wenn einige Voraussetzungen erfüllt sind:

- An die Stelle der Ausgrenzung muss die Integration treten.
- Integration wiederum gelingt nur, wenn – weit entfernt davon, die öffentliche Theorie als zahnlos abzuqualifizieren – Theorien wissenschaftlich durchdacht und aneinander gemessen werden. In Berlin gibt es in Gestalt der IPU neue Hoffnung!
- Die Psychoanalytic Community kann nicht weiterhin – aus Angst vor dem Verlust ihrer Identität – Settingfaktoren verabsolutieren und damit verdinglichen, sondern sie muss das therapeutische Grundanliegen dynamisch verstehen und dynamisch umsetzen.
- Auf diese Weise könnte aus der Psychoanalyse und ihren Anwendungen das Spektrum der psychoanalytischen Wissenschaften und Therapien entstehen, das große Dach also, unter dem viele Platz haben, nicht um Differenzen zu überspielen, sondern um kritisch miteinander umzugehen – und zugleich zu zeigen, was das

unverminderte Potenzial, ja die gewachsene Potenz der psychoanalytischen Therapie ausmacht.

Literatur

Alexander, F. & French, T. M. (1946): Psychoanalytic Therapy: Principles and applications. New York (Ronald Press).

Aulagnier-Castoriadis, P. (1975): La violence de l'interpretation. Paris (Press Universitaires).

Benjamin, J. (2009): A relational psychoanalytic perspective on the necessity of acknowledging failure in order to restore the facilitating and containing features of the intersubjective relationship (the shared third). Int J Psychoanal 90(3), 441–450.

Bion, W. R. (1962/1990): Lernen durch Erfahrung. Frankfurt/M. (Suhrkamp)

Bion, W. R. (1962/1995): Eine Theorie des Denkens. In: Elizabeth Bott-Spillius (Hg.): Melanie Klein heute. Stuttgart (Verlag Internationale Psychoanalyse), S. 225–235.

Bohleber, W. (2001): Die Gegenwart der Psychoanalyse. In: Bohleber, W. & Drews, S. (Hg): Die Gegenwart der Psychoanalyse, die Psychoanalyse der Gegenwart. Stuttgart (Klett-Cotta), S. 15–35.

Bohleber, W. (2007): Der Gebrauch von offiziellen und von privaten impliziten Theorien in der klinischen Situation. Psyche – Z Psychoanal 61(9–10), 995–1016.

Bollas, C. (2005): Der Schatten des Objekts: Das ungedachte Bekannte. Zur Psychoanalyse der frühen Entwicklung. Stuttgart (Klett-Cotta).

Bucci, W. (1997): Psychoanalysis and cognitive science. New York (Guilford Press).

Butler, J. (1993): Körper von Gewicht. Die diskursiven Grenzen des Geschlechts. Frankfurt/M. (Suhrkamp), 1997.

Cooper, A. (2001): Psychoanalytischer Pluralismus. Fortschritt oder Chaos? In: Bohleber, W. & Drews, S. (Hg): Die Gegenwart der Psychoanalyse, die Psychoanalyse der Gegenwart. Stuttgart (Klett-Cotta), S. 58–77.

Derrida, J. (1976): Die Schrift und die Differenz. Frankfurt/M. (Suhrkamp).

Emde, R. (2000): Der Wandel der Psychoanalyse vom Allgemeingültigen zum Spezifischen. In: Schlösser, A.-M. & Höhfeld, K. (Hg.): Psychoanalyse als Beruf? Gießen (Psychosozial-Verlag), S. 99–118.

Fenichel, O. (1945): Psychoanalytische Neurosenlehre, Bd. 11. Frankfurt/M. (Ullstein), 1983.

Ferro, A. (2003): Das bipersonale Feld. Gießen (Psychosozial-Verlag).

Ferro, A. (2009): Transformations in dreaming and characters in the psychoanalytic field. Int J Psychoanal 90(2), 209–230

Fonagy, P. (2003): Some Complexities in the Relationship of Psychoanalytic Theory to Technique. Psychoanal Q 72(1), 13–47.

Fonagy, P. (2006): The failure of practice to inform theory and the role of implicit theory in bridging the transmission gap. In: Canestri, J. (Hg.): Psychoanalysis: From practice to theory. Chichester (Wiley), S. 69–86.

Fonagy, P. & Bateman, A. (2008): Psychotherapie der Borderline-Persönlichkeitsstörung: Ein mentalisierungsgestütztes Behandlungskonzept. Gießen (Psychosozial-Verlag).

Freud, S. (1912b): Zur Dynamik der Übertragung. GW VIII, S. 364–374.

Freud, S. (1919a): Wege der psychoanalytischen Therapie. GW XII, S. 183–194.

Froté, P. (Hg.) (1998): Cent ans après. Paris (Gallimard).
Gabbard, G. O. (2005): Joseph Sandler's Contributions to The Concept of Countertransference. Psychoanal Inq 25(2), 184–195.
Gill, M. (1997): Psychoanalyse im Übergang. Stuttgart (Verlag Internationale Psychoanalyse).
Grand, S. (1995): A Classic Revisited: Clinical and Theoretical Reflections On Stone's Widening Scope of Indications for Psychoanalysis J Am Psychoanal Assoc 43(3), 714–764
Green, A. (1983): Narcissisme de vie, narcissisme de mort. Paris (Editions de Minuit).
Greenson, R. (1967/1975): Technik und Praxis der Psychoanalyse. Stuttgart: (Klett-Cotta).
Hübner, W. (2009): Notwendige Regelverletzungen. Psyche– Z Psychoanal 63(1), 22–47.
Jimenez, J. P. (2008): Theoretical plurality and pluralism in psychoanalytic practice. Int J Psychoanal 89(3), 579–599.
Jimenez, J. P. (2009): Grasping psychoanalysts' practice in its own merits. Int J Psychoanal 90(2), 231–248.
Klüwer, R. (1995): Studien zur Fokaltherapie. Frankfurt/M. (Suhrkamp).
Kristeva, J. (2007): Schwarze Sonne. Depression und Melancholie. Frankfurt/M. (Brandes & Apsel).
Küchenhoff, J. (2000): Die Psychoanalyse an der Schwelle zum 21. Jahrhundert – eine zeitgemäße Wissenschaft? In: Schlösser, A.-M. & Höhfeld, K. (Hg): Psychoanalyse als Beruf. Gießen (Psychosozial-Verlag), S. 11–29.
Lacan, J. (1975): Funktion und Feld des Sprechens und der Sprache in der Psychoanalyse. In: Lacan, J.: Schriften I. Frankfurt/M. (Suhrkamp), S. 71–170.
Langs, R. (1976): The Bipersonal Field. New York (Aronson).
Laplanche, J. (1988): Die allgemeine Verführungstheorie. Tübingen (edition diskord).
Leiris, M. (1977): Die eigene und die fremde Kultur. Frankfurt/M. (Syndikat).
Ogden, T. (2006): Frühe Formen des Erlebens. Gießen (Psychosozial-Verlag).
Reich, W. (1933): Charakteranalyse. Köln, Berlin (Kiepenheuer & Witsch), 1970.
Rorty, R. (1993): Kontingenz, Ironie und Solidarität. Frankfurt/M. (Suhrkamp), 2002.
Rorty, R. (2000): Pragmatism. Int J Psychoanal 81(4), 819–823.
Rudolf, G. (2004): Strukturbezogene Psychotherapie. Stuttgart (Schattauer).
Sandler, J. (1983): Reflections on some relations between psychoanalytic concepts and psychoanalytic practice. Int J Psychoanal 64(1), 35–45.
Sandler, J. & Sandler, A.-M. (1985): Vergangenheits-Unbewußtes, Gegenwarts-Unbewußtes und die Deutung der Übertragung. Psyche – Z Psychoanal 39(9), 800–829.
Schneider, G. (2007): Identität und Identitätstransformation. In: Springer, A; Münch, K. & Munz, D. (Hg): Psychoanalyse heute?! Gießen (Psychosozial-Verlag), S. 227–248.
Sennett, R. (1998): Der flexible Mensch. Frankfurt/M. (Suhrkamp).
Steiner, J. (2003): Probleme der psychoanalytischen Technik – patientenzentrierte und analytikerzentrierte Deutungen. In: Sandler, A.-M. & Davies, R. (Hg.): Psychoanalyse in Großbritannien. Göttingen (Vandenhoeck & Ruprecht).
Stone, L. (1954): The widening scope of indications for psychoanalysis. J Am Psychoanal Assoc 2(4), 567–594.
Wallerstein, R. (2006): Entwicklungslinien der Psychoanalyse seit Freud: Divergenzen und Konvergenzen einer Wissenschaft im steten Wandel. Psyche – Z Psychoanal 60(9–10), 798–828.

Pluralität oder Einheit?
Transgenerationelle Forschung in der Psychoanalyse heute

Marianne Leuzinger-Bohleber

Einleitung

Die DGPT hat erfreulicherweise für den Kongress zu ihrem 60-jährigen Bestehen das Thema »Die Psychoanalyse im Pluralismus der Wissenschaften« gewählt. Seit der Tagung »Pluralität der Wissenschaften. Psychoanalytische Methode zwischen klinischer, konzeptueller und empirischer Forschung« (2002, ausgerichtet vom Sigmund-Freud-Institut in Frankfurt am Main [SFI]) haben sich die Auseinandersetzungen um »Pluralität und Einheit in der heutigen Psychoanalyse« stetig weiterentwickelt. Zwei Beispiele möchte ich kurz herausgreifen:

Ich hatte die Chance, die DGPT in der Forschergruppe aktiv zu vertreten, die im Auftrag des Bundesministeriums das Psychotherapeutengesetz nach zehn Jahren evaluieren und neue Vorschläge zur Psychotherapeutenausbildung in Deutschland erarbeiten sollte. Verhaltenstherapeuten, Psychoanalytiker und Psychiater suchten konstruktiv nach inhaltlich und politisch vertretbaren Kompromissen und präsentierten in diesem Frühjahr ihr gemeinsames Gutachten (vgl. www.psychotherapiegutachten.de). Doch in unseren Diskussionen stießen wir immer wieder auf die unterschiedlichen wissenschaftshistorischen und -theoretischen Wurzeln der unterschiedlichen psychotherapeutischen Schulen und dem damit verbundenen Wissenschaftsverständnis, auch bezüglich von Wirksamkeitsstudien. Im Folgenden möchte ich einige Aspekte nochmals skizzieren, da sie mir – durch den vorherrschenden Zeitgeist der »evidence based medicine« – immer wieder in Vergessenheit zu geraten scheinen. Es geht dabei unter anderem um eine kritische Reflexion des Pluralismus der Wissenschaften, der schon vor Jahren in der Philosophie diskutiert wurde und mir auch heute noch sowohl für den Diskurs innerhalb der Psychoanalyse als auch für den der vergleichenden Psychotherapieforschung relevant erscheint (Toulmin 1958, 1977; Feyerabend 1975; Goodman 1978; Hampe/Lotter 2000; Leuzinger-Bohleber/Bürgin 2003; Hampe 2004). Die Berücksichtigung der grundlegenden wissenschaftstheoretischen und -historischen Vorannahmen, zum Beispiel in vergleichenden Psychotherapiestudien, scheint mir unverzichtbar, um solche Untersuchungen, wie etwa die LAC Depressionsstudie, verantwortungsvoll und sorgfältig durchzuführen.

Das zweite Beispiel betrifft aktuelle Diskurse innerhalb der IPA: Überraschenderweise hat sich auf der Sandler Conference 2008 (SFI) eine interessante Kontroverse zum Thema »Pluralismus« mit dem jetzigen Präsidenten der IPA, Charles Hanly, entwickelt. Die Bemühungen um neue theoretische und institutionelle Integrationen gehören zu Hanlys Visionen für seine Präsidentschaft in den nächsten vier Jahren. Er ist in Sorge, dass die heute vorherrschende Pluralität sowohl bezüglich der theoretischen Ansätze als auch der klinischen Behandlungstechniken schließlich zu einem Zusammenbrechen des »common grounds« in der internationalen Psychoanalyse führen könnte. Ich teile seine Sorge, dass die theoretische und klinische Pluralität zwar einerseits einen wertvollen Reichtum möglicher Annäherungen an die Komplexität klinischer Phänomene darstellt, da sie – wie bei einem Blick durch ein Kaleidoskop – je nach theoretischer Einstellung neue Informationsgestalten im vielschichtigen klinischen Material beleuchten kann. Falls die theoretische Pluralität aber nicht mit einem gleichzeitigen Bemühen um Integration verbunden wird, kann sie schließlich zu Fragmentierungs- und Spaltungsprozessen oder einer Babylonischen Sprachverwirrung und einem Zusammenbrechen der Kommunikation innerhalb der psychoanalytischen Bewegung führen. Steven Ellman schreibt dazu in *When theories touch: A historical and theoretical integration*:

> »Although various analysts have written about an era of convergence [...] to some extend one might consider that psychoanalysis has entered into

> a time that is best thought of as similar to the era of the tower of Babel. There is however a difference; in the Old Testament God created many languages and there was confusion. In the new testament of psychoanalysis, we use the same language and there is confusion. It is unclear for instance whether authors' from different theoretical perspectives when using the same theoretical terms are actually using the same concept. The tower of Babel however can be seen as having different effects; as a factor that makes it difficult or impossible for us to communicate, or as a precursor to developing new theoretical concepts and new ways of describing clinical experiences. In my mind new integrations have already begun, but the tower to some extend hinders our attempts to accomplish this task« (Ellman 2009, S. 2).

Obschon ich daher diese theoretischen Integrationsbemühungen begrüße, die sich zum Beispiel in der Aufgabe der von Hanly eingesetzten »task force« *Theoretical Integration* (Chair: Werner Bohleber) konkretisiert, beschäftigt mich gleichzeitig eine andere Sorge, nämlich dass der Ruf nach Integration oder sogar nach »Unifizierung« sich negativ für ein Feld der Psychoanalyse auswirken könnte, das sich als besonders sensibel erwiesen hat: die psychoanalytische Forschung. Mit einer großen Anstrengung haben wir in den letzten Jahren für eine *plurale Vielfalt in der psychoanalytischen Forschung* gekämpft und sie mit der kritischen wissenschaftstheoretischen Reflexion einer überholten Vorstellung einer »Einheitswissenschaft« verbunden. So fassten wir die Ergebnisse unserer achtjährigen Arbeit im Committee for Clinical, Conceptual, Historical and Epistemological Research in unserem Bericht an das IPA Board im Sommer 2008 wie folgt zusammen:

> »There is no such a thing like research. It belongs to the richness of contemporary psychoanalysis that we have developed different kinds of research, depending on the research questions, the aims and the context of research, its methodologies, quality criteria etc. All these forms of research are important tools to improve the present and future situation of psychoanalysis« (Unveröffentlichtes Dokument, Board der IPA).

Daher finde ich es notwendig, zwischen verschiedenen Formen des Pluralismus in der heutigen Psychoanalyse zu unterscheiden:

a) Psychoanalyse als spezifische wissenschaftliche Disziplin in »Zeiten des wissenschaftlichen Pluralismus«,
b) Pluralität in der Entwicklung von Theorien und klinischen Behandlungstechniken in der heutigen Psychoanalyse,
c) pluraler Reichtum von Forschungsstrategien in der klinischen und extraklinischen Forschung der Psychoanalyse.

Daher werde ich mich zuerst, vor allem anlehnend an Arbeiten des Zürcher Wissenschaftsphilosophen und -historikers Michael Hampe, kurz der Wissenschaftsgeschichte zuwenden und ableiten, dass wir uns heute in einem Zustand der *Pluralität der Wissenschaften* befinden und die Psychoanalyse auf diesem Hintergrund neu im Kanon heutiger Wissenschaften verorten können. Auf die Pluralität der Theorien und Behandlungstechniken (b) werde ich nur am Rande eingehen, da ich den Schwerpunkt darauf legen möchte, den Reichtum an verschiedenen Forschungsmöglichkeiten in der heutigen Psychoanalyse anhand eines exemplarischen Fallbeispiels aus der zurzeit laufenden LAC-Depressionsstudie zu erläutern, einer Studie, die von den DGPT-Mitgliedern beschlossen und weitgehend finanziert wird. Ich illustriere daran wenigstens kurz einen weiteren Aspekt, der mich seit meiner Tätigkeit als verantwortliche Direktorin am SFI zunehmend beschäftigt und der eine wichtige Dimension der Veränderung der heutigen, medialisierten, sich ständig im internationalen und interdisziplinären Wettbewerb stehenden Wissenschaften aufnimmt: Es ist die existenzielle Notwendigkeit, transgenerationell zu forschen und die damit verbundenen existenziellen Abhängigkeiten kritisch zu reflektieren und produktiv zu gestalten.

Psychoanalyse und die Pluralität der Wissenschaften

Hampe und Lotter (2000) fassen differenziert und in einer für philosophische Laien verständlichen Weise die Diskurse um die Pluralität der Wissenschaften zusammen. In einer für mich erhellenden Analyse zeigen sie auf, wie Bacon und Descartes im 17. Jahrhundert die »naturalistische Erfahrung« der wissenschaftlichen Erkenntnis kritisch gegenübergestellt haben. Sie setzten sich damit von der scholastischen Wissenschaft ab, in der es nicht um die Erzeugung neuen Wissens ging, sondern vielmehr um die Begründung von längst bekannten Erfahrungen. Sie erklärten – im Gegensatz dazu – die Entdeckung unbekannter Wirklichkeitsbereiche zum eigentlichen Ziel der neuen Wissenschaften. Neues kann ihnen zufolge nur durch eine methodisch vorgehende und kontrollierte Erfahrung erworben werden, während die Alltagserfahrung eher verdumme als erhelle. Interessanterweise geriet der Stellenwert von methodisch kontrollierten Erfahrungen im 19. Jahrhundert mehr oder weniger in Vergessenheit und tauchte erst wieder in idealisierter Form auf, nämlich im Zusammenhang mit der Praxis wissenschaftlicher Experimente. Das physikalische Experiment, das quantitative Abhängigkeiten zwischen genau definierten Größen in künstlich erzeugten Systemen überprüft (vgl. kontrollierte »Doppel-blind-Versuche«), wurde nun lange Zeit zum Paradigma wissenschaftlicher Erfahrung überhaupt.[1] Die wissenschaftliche Erfahrung von Bacon bis Bachelard und Popper wurde daher ausdrücklich als eine Gegnerin der Alltagserfahrung begriffen. »Empirisch begründet« heißt danach »Ergebnis einer experimentellen Messung«, die nicht auf Alltagserfahrung beruht, sondern, falls sie wissenschaftlich interessant ist, neuartiges Wissen erzeugt, das im Gegensatz zu gewohnten Denkweisen steht und unabhängig vom einzelnen Forscher ist, der das Experiment durchführt. Karl Popper definierte Wissenschaft als eine Erzeugerin von Hypothesen, die umso besser sind, je unwahrscheinlicher sie im Lichte der Alltagserfahrungen (und vorherrschender Wissenschaftsannahmen) erscheinen. Durch wissenschaftliche Erfahrung solle die Wissenschaft auf rein negativem Wege der Wahrheit näher kommen, indem sie Hypothesen falsifiziert.

1 Dieser Gegensatz zwischen wissenschaftlicher und persönlicher Erfahrung war folgenreich: Alltags- und Lebenserfahrung ist nie wiederholbar und weder situationsunabhängig noch von praktischen Fragen abgekoppelt, wie das Experiment. Zudem lernen wir »durch Erfahrung«, das heißt, wir sprechen der Erfahrung einen wichtigen Stellenwert, eine eigene Aktivität und Kreativität zu – im Gegensatz zu den Empiristen, für die die subjektiven Erfahrungen eines Forschers während eines Experiments eher Störvariablen darstellen.

Die Wissenschaftsgeschichte hat inzwischen dieses Popper'sche Bild von unvermittelt neu auftauchenden wissenschaftlichen Erkenntnissen durch revolutionierende experimentelle Einzelarbeiten modifiziert und auf die Abhängigkeit wissenschaftlicher Erkenntnisse vom sozialen und gesellschaftlichen Kontext verwiesen (vgl. Fleck 1935; Feyerabend 1975; Kuhn 1962; Toulmin 1977). Erfahrung und Erkenntnis sind daher nicht »objektiv« bzw. »neutral«, sondern ein »denkstilgemäßes Sinn-sehen« (Fleck). Zudem wurde die Bedeutung der persönlichen und sozialen Erfahrungen des Forschers für seinen Forschungsprozess sukzessiv aus der Entwertung der »Empiristen« befreit. Ein bekanntes Beispiel aus der Psychoanalyse selbst führt Steven Ellman in seinem bereits erwähnten Buch auf. Er zeigt detailliert auf, dass es zu Freuds herausragenden Fähigkeiten als Wissenschaftler gehörte, dass er seine eigene persönliche Erfahrung immer wieder als Prüfstein seiner Theorien nutzte. So gab er bekanntlich die frühe Verführungstheorie auf, weil er weder seinem Vater noch seiner Mutter eine reale sexuelle Verführung zutraute, sondern die entsprechenden Phantasien schließlich als seine eigenen erkannte, ausgelöst durch ubiquitäre, infantile Triebwünsche.

Im wissenschaftstheoretischen Diskurs (nach Hampe/Lotter 2000) wurde nun vermehrt diskutiert, dass der Erfahrungsgegenstand in den unterschiedlichen Erfahrungswissenschaften verschieden ist, was seit Mitte des 20. Jahrhunderts bei deutschen Wissenschaftstheoretikern zu einem pluralistischen Verständnis von wissenschaftlicher Erfahrung, Methode und »Wahrheit« führte.[2] Dies betraf auch die schematische Unterscheidung zwischen den sogenannten Natur- und Geisteswissenschaften, die Dilthey Ende des 19. Jahrhunderts einführte. Danach betrachtet man in den Naturwissenschaften das Einzelne als Fall einer allgemeinen Regel, während in den Geisteswissenschaften das Verstehen

2 Analog dazu stellt Bornstein (1989, S. 166) fest: »However, the epistemiology of science has changed. Logical positivism no longer reflects the standard of scientific theory. Science has entered a postmodern era [...] wherein relativity and subjectivity are recognized as intrinsic to scientific investigation.« Im Folgenden wird ausgeführt, dass es bei der Charakterisierung der »Pluralität der Wissenschaften« zwar durchaus um die postmoderne Befreiung von Uniformitätsymythen (Kiesler 1966) geht, allerdings gleichzeitig um die Spezifität der unterschiedlichen Forschungsmethoden und Qualitätskriterien in unterschiedlichen wissenschaftlichen Disziplinen, die keinesfalls mit postmoderner Beliebigkeit gleichgesetzt werden kann.

der »Erscheinung selber in ihrer einmaligen und geschichtlichen Konkretion« (Gadamer 1900, S. 2) im Zentrum des Interesses steht.

Aufgrund der eben skizzierten Überlegungen kann an dieser scharfen Unterscheidung historisch nicht mehr festgehalten werden, da auch die naturwissenschaftlichen Experimente nicht vom sozialen Kontext, in dem sie stattfinden, losgelöst werden können und »theoriegeladen« und »erfahrungsabhängig« sind. Ein bekanntes Beispiel ist, wie dies schon Pauker et al. (1976) in empirischen Studien in den 1970er Jahren zeigten, dass erfahrene Experten wie Radiologen aufgrund ihrer Erfahrung blitzschnell auffällige Informationsstrukturen in Röntgenbilden erkennen können – im Gegensatz zu Berufsanfängern. Auch in naturwissenschaftlichen Kontexten beeinflusst also die Erfahrung die Wahrnehmung und Interpretation von sogenannten objektiven Daten. Auf der anderen Seite geht es auch bei geisteswissenschaftlichen Studien um den Versuch, Behauptungen durch intersubjektive Erfahrungen zu überprüfen. Auch diese Behauptungen müssen *allgemein* sein; sie können sich nicht in individueller Sichtweisen erschöpfen. Aus diesem Grund haben wir zum Beispiel schon in der DPV-Katamnesestudie, aber auch später in der EU EDIG-Studie und jetzt in der LAC-Studie die Methode der Expertenvalidierung entwickelt, eine der vielen inzwischen verfügbaren systematischen Methoden, mit dem subjektiven Faktor bei der Interpretation narrativer Daten wissenschaftlich seriös umzugehen. Daher verschwimmen beim genauen Hinsehen die Unterschiede zwischen Natur- und Geisteswissenschaften immer mehr: Die grobe Unterscheidung zwischen diesen beiden Gruppen kann die Vielfalt der verschiedenen wissenschaftlichen Disziplinen, mit denen wir es heute zu tun haben, nicht mehr adäquat abbilden (vgl. Follesdal 1999). So wurde immer offensichtlicher, dass es nicht mehr möglich ist, einen einheitlichen Theoriebegriff für all diese Wissenschaften zu formulieren. Es gibt nicht die Form einer wissenschaftlichen Theorie, die sich in Mathematik, Physik, Biologie, Psychologie, Soziologie, Altertumswissenschaft, Geschichte und Neuphilologie als gültig erweist, ganz zu schweigen von Medizin, Jurisprudenz und Theologie. Stattdessen befinden wir uns in einem Stadium der Pluralität der Wissenschaften:

> »Erstens ist die Vielfalt der Wissenschaften nicht allein eine Vielfalt wissenschaftlicher Gegenstände, sondern zweitens eine von wissenschaftlichen Theorieformen. Diese unterschiedlichen Theorieformen bringen drittens eine Vielfalt wissenschaftlicher Erfahrungen hervor. Die Vielfalt wissenschaftlicher Erfahrungen ist durch Disziplinierung unserer alltäglichen Erfahrung möglich. Dabei machen wir die Qualität der Erfahrung, ihren Wert hinsichtlich Genauigkeit, Vollständigkeit etc. zu einem Zweck an sich. In den verschiedenen Wissenschaften verwirklicht sich die Vielfalt dieser Erkenntniswerte auf unterschiedliche Weise, und sie haben unterschiedliche Methoden entwickelt, um zu garantieren, dass die für sie jeweils spezifische Genauigkeit, Vollständigkeit, Kontrastschärfe etc. auch Schritt für Schritt entwickelt werden kann. Der Pluralismus der Wissenschaften ist also erstens einer der Theorien, zweitens einer der Erfahrungen, drittens einer der Erkenntniswerte und viertens einer der Methoden« (Hampe 2000, S. 33).

Pluralität von Theorie und Forschung in der Psychoanalyse

Aufgrund dieser wissenschaftshistorischen Überlegungen ergibt sich meiner Meinung nach, dass es weder das Anliegen der heutigen Psychoanalyse sein kann, sich an die Kriterien von »science« in Sinne einer naturwissenschaftlich geprägten Einheitswissenschaft anzugleichen, wie dies von einigen, vorwiegend angloamerikanischen Therapieforschern gefordert wird, noch die Psychoanalyse weiterhin in einem Schwebezustand zwischen Kunst und Wissenschaft zu lokalisieren, wie dies manche deutsche Psychoanalytiker, sich unter anderem anlehnend an die historisch wichtigen Arbeiten von Alfred Lorenzer in den 1980er Jahren, postulieren (vgl. Lorenzer 1985). So scheint mir, dass die Psychoanalyse inzwischen diese Sonderstellung als »Wissenschaft zwischen den Wissenschaften« – man könnte sie fast als Indikator für einen »negativen Narzissmus der Besonderheit« nennen – verloren hat und eine »normale, spezifische Wissenschaft« im Kanon der anderen, ebenso spezifischen Wissenschaften geworden ist. Sie hat ihre charakteristischen Forschungsmethoden und ihre spezifischen Prüf- und Wahrheitskriterien zur Untersuchung ihres spezifischen Forschungsgegenstandes – unbewusste Phantasien und Konflikte – entwickelt, die sie im Kanon anderer Wissenschaften offensiv vertreten kann und muss. Angesichts des Pluralismus der Wissenschaften, der sich aus den unterschiedlichen Erfahrungsbegriffen ergibt, steht die Psychoanalyse bei dieser Positionierung keineswegs isoliert, sondern mitten im Strom der heutigen Wissenschaften und ihrem Versuch, untereinander die Spezifität ihrer Disziplin transparent zu machen, darüber in einen kritischen Austausch zu treten und im besten Falle aus den unterschiedlichen Zugangsweisen zum gleichen Forschungsgegenstand eine interdisziplinäre Zusammenarbeit zu begründen (vgl. Leuzinger-Bohleber 1995, 2001).

Wissenschaftler unterscheiden sich von anderen »Wissenden«– etwa von Anhängern von Ideologien und Religionen oder auch von praktischen Anwendern von Wissen wie Gärtnern und Bäckern – durch den *systematischen Einsatz von Methoden*. Ein Anglist wird ein Stück englischer Literatur anders lesen, ein Musikwissenschaftler Bach anders hören als ein Laie. Ein Chemiker wird Gerüche und Geschmäcke anders wahrnehmen, ein Psychoanalytiker auf Träume seines Analysanden spezifischer reagieren als ein Ungeschulter. *Daher ist die wissenschaftliche Erfahrung nicht einfach nur ein quantitatives Mehr als die alltägliche Erfahrung; sie ist genauer, vollständiger, repräsentativer und kontrastschärfer als diese und stets um eine selbstkritische Intersubjektivität eigener Aussagen bemüht.* Eine solche *forschende Grundhaltung* zeichnet auch die psychoanalytische Forschung in verschiedenen Settings aus, wie ich im Folgenden auszuführen versuche.

Klinische und extraklinische Forschung in der heutigen Psychoanalyse – exemplarisch diskutiert an der LAC-Depressionsstudie

Um die Vielfalt – und Einheit – klinischer und extraklinischer Forschung in der Psychoanalyse, die durch eine solche »forschende Grundhaltung« und ihr Bemühen um Intersubjektivität von Beobachtungen, Hypothesen und Interpretationen psychoanalytischer Phänomene gekennzeichnet ist, sowie deren Brücken zur Vergleichenden Psychotherapieforschung illustrieren zu können, muss ich auf eine Graphik zurückgreifen, mit der ich versucht habe, eine »forschende Grundhaltung« in all den verschiedenen Formen psychoanalytischer Forschung von einer professionellen Behandlungskunst abzugrenzen (s. Abb. 1).

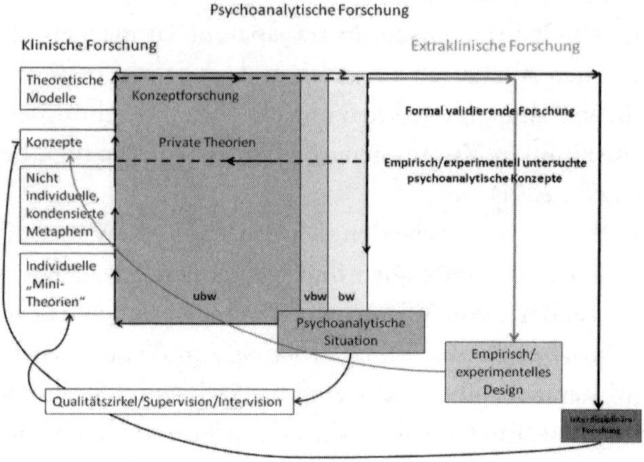

Abb. 1: Psychoanalytische Forschung (vgl. Leuzinger-Bohleber 2007, S. 974)

Wir können zwischen zwei unterschiedlichen Gruppen psychoanalytischer Forschung unterscheiden, der *klinischen* und der *extraklinischen* Forschung. Die klinische Forschung findet in der Intimität der psychoanalytischen Situation statt. Sie kann als zirkulärer Erkenntnisprozess beschrieben werden, in dem – zusammen mit dem Analysanden – idiosynkratische Beobachtungen unbewusster Phantasien und Konflikte sukzessiv auf verschiedenen Abstraktionsebenen theoretisch gefasst werden. Es handelt sich um ein Verstehen, das unsere Wahrnehmungsprozesse in folgenden klinischen Situationen unweigerlich prägt, auch wenn wir in jede neue Sitzung mit der genuin psychoanalytischen Grundhaltung des Bion'schen »no memory, no desire« eintreten. Die zirkulären Erkenntnisprozesse finden vor allem unbewusst und im Raum impliziter, privater Theorien statt. Die darin gewonnenen Erkenntnisse werden innerhalb und außerhalb der psychoanalytischen Community kritisch zur Diskussion gestellt.

In Übereinstimmung mit vielen, vor allem auch französischen Psychoanalytikerinnen und Psychoanalytikern (vgl. Perron 2003) ist für mich die klinisch-psychoanalytische Forschung *nach wie vor das Kernstück psychoanalytischer Forschung überhaupt*. Sie ist mit einem charakteristischen psychoanalytischen Erfahrungsbegriff und damit verknüpften »Erkenntniswerten« verbunden (vgl. Toulmin 1977; Hampe 2004, 2008). Sie wird als zirkulärer Erkenntnisprozess verstanden, der im psychoanalytischen Setting stattfindet. Dieses ermöglicht einen einmaligen, individuellen, sukzessiven Erkenntnisprozess zu Manifestationen von unbewussten Phantasien und Konflikten in der Übertragungssituation zum Analytiker. Er richtet sich auf das Verstehen persönlicher und biographischer Einmaligkeit, wie sie sich in einer aktuellen (auch gesellschaftlich determinierten) Situation entfaltet. Er ist immer mit einer Suche nach unbewussten Sinngehalten verbunden.

Die Professionalität des Analytikers ermöglicht ihm in einer Haltung der gleichschwebenden Aufmerksamkeit, eigene Gegenübertragungsreaktionen, szenische Beobachtungen des »embodied enactment« des Analysanden (Leuzinger-Bohleber/Pfeifer 2002; Leuzinger-Bohleber/Henningsen/Pfeifer 2008), auftretende Fehlleistungen und Fehlhandlungen, Träume etc. zur Hypothesengenerierung über die aktualisierte unbewusste Psychodynamik des Analysanden zu gewinnen.

Ich habe anfangs die Babylonische Sprachverwirrung und das drohende Auseinanderfallen der pluralistischen Psychoanalyse in Theorie und Technik erwähnt. Mir scheint es in der heutigen Psychoanalyse – und auch in der DGPT – durchaus einen Common Ground inmitten aller Pluralität und Diversität zu geben. Der Common Ground ist die *analytische, forschende Grundhaltung*, die die meisten Psychoanalytiker bei aller Divergenz in den theoretischen Orientierungen teilen, nämlich das Wissen um das »Nicht-Wissen«, die Akzeptanz, dass unbewusste Prozesse grundsätzlich zuerst einmal »nicht verstanden werden« und nur *gemeinsam* mit dem Analysanden zu erforschen sind. Analytiker unterschiedlichster theoretischer Orientierung teilen die Auffassung eines Forschungs- und Erkenntnisprozesses, der immer wieder durch Widerstände sowohl beim Analysanden als auch beim Analytiker beeinträchtigt wird. Das Wissen um diese unvermeidbaren Barrieren der Verständigung über Unbewusstes formt eine tiefe Skepsis sich selbst und dem anderen gegenüber. David Taylor (2007) charakterisierte die Psychoanalyse kürzlich durch drei Faktoren: »passion, biographical and empirical orientation«. Die Leidenschaft für den analytischen Erkenntnisprozess, die Suche nach der Vergangenheit in der Gegenwart eines Analysanden sowie eine empirische Orientierung, die der sorgfältigen und ständig kritisch zu überprüfenden Beobachtung in der klinischen Situation hohe Priorität einräumt, unterscheiden eine *psychoanalytische Grundhaltung und Behandlungstechnik* in einer viel krasseren Weise, als wir dies meist realisieren, von jener der Verhaltenstherapeuten – übrigens auch ein Ergebnis der LAC-Depressionsstudie. Verhaltenstherapeuten, die ebenfalls über eine Vielfalt verschiedener Theorien und Behandlungstechniken verfügen, fühlen sich einem Top-Down-Denken verpflichtet, einer logisch kausalen Anwendung ihres, in ihren Augen »eindeutigen, wissenschaftlich basierten Wissens zu therapeutischen Veränderungen«, das sie – eben von oben nach unten – als Experten in einer möglichst »objektiven Weise« ihren Patienten zur Verfügung stellen. Zweifel, Skepsis und das Aushalten von Unsicherheiten werden von Verhaltenstherapeuten – eben im Gegensatz zu uns Psychoanalytikern – als mangelnde Professionalität oder Erfahrung ausgelegt (vgl. dazu auch Leuzinger-Bohleber et al., im Druck).

Der typisch tastende, psychoanalytische Suchprozess nach »unbewussten Wahrheiten« kann nur zusammen mit dem Analysanden durchlaufen werden und zeichnet, wie dies Jonathan Lear (1995) so eindrücklich ausführte, die Psychoanalyse als das *demokratischste* heutiger Therapieverfahren aus. Verbunden damit ist das charakteristische »Wahrheitskriterium« psychoanalytischer Deutungen: Ob eine bestimmte Interpretation unbewusster Phantasien oder Konflikte »wahr« ist, kann nur zusammen mit dem Analysanden bzw. mit der gemeinsamen Beobachtung seiner (unbewussten und bewussten) Reaktionen auf eine Deutung beurteilt werden. Ein kurzes klinisches Beispiel aus der Voruntersuchung der LAC-Studie[3] soll dies illustrieren:

Der 33-jährigen Patientin, Frau A., wird vom Team einer psychosomatischen Klinik angeraten, sie solle einen Psychoanalyseplatz suchen. Sie war drei Monate wegen suizidalen Impulsen, Depressionen und einer Reihe psychosomatischer Symptome (Migräne, Schlafstörungen, Rückenschmerzen und »Nervenentzündungen« in ihrem rechten Arm) hospitalisiert gewesen. Seit sieben Jahren versucht sie zu promovieren, ohne Erfolg. Zurzeit ist sie arbeitslos und sozial völlig isoliert. Ihre Mutter rät ihr vehement von einer Psychoanalyse ab: Sie leide an einer Psychose wie ihr Vater, der Frau A. in ihrem dritten Lebensjahr verlassen hat. Sie hat ihn nie wieder gesehen. Die Mutter veranlasst eine Abklärung in einer psychiatrischen Klinik: In der Tat wird dort eine Psychose diagnostiziert.

Aufgrund dieser Informationen sind wir nach den diagnostischen Interviews am SFI sehr verunsichert. Die unabhängigen SKID-Diagnostiker stellen aber eindeutig die Diagnose »major depression« und sehen kaum Hinweise für eine Psychose. Frau A. erfüllt alle Einschlusskriterien für die LAC-Studie.

Frau A. leidet unter plötzlichen »Abstürzen«, während denen sie sich stundenlang in ihr Bett zurückzieht und oft in stereotyper Weise hin und her schaukelt. Diese Symptome waren offenbar ein Grund, warum die psychiatrischen Kollegen Frau A. als psychotisch diagnostizierten. In der Psychoanalyse entwickeln wir schließlich aufgrund vieler Detailbeobachtungen zum Kontext der »Abstürze« die Vermutung, dass diese als »embodied memories« (im Körper enthaltene Erinnerungen) an früheste Traumatisierungen verstanden werden könnten:

Frau A. war das einzige Kind einer sehr jungen Mutter. Als Frau A. sie während der Behandlung nach Informationen zu ihrem ersten Lebensjahr fragt, findet sie erstmals heraus, dass ihre Mutter nach einer dramatischen Geburt wegen einer schweren Postpartumdepression wochenlang hospitalisiert werden musste. Der Vater und

3 Das Fallbeispiel ist aktiv verschlüsselt und wurde in modifizierter Form in einem Vortrag in Köln im September 2008 ebenfalls verwendet.

seine Mutter übernahmen die Pflege des Babys – lieferten es aber nach drei Wochen für acht Stunden täglich in der Kinderkrippe ab. Als Frau A. fünf Monate alt war, wurde sie für acht Wochen in ein Krankenhaus eingeliefert; es bleibt unklar, welche medizinischen Gründe dafür sprachen. Die Mutter erzählt, dass die Patientin merkwürdiges Verhalten zeigte, als sie sie aus der Klinik holte: Sie schlug den Kopf gegen die Wand und schaukelte stundenlang hin und her. – Bei dieser Schilderung denke ich verständlicherweise an die Hospitalismusstudien von René Spitz (Beispiel für theoriegeleitete Wahrnehmung des klinischen Materials). Für Frau A. ist erschreckend, dass ihre Mutter sie – trotz dieser auffälligen Symptome – nach zwei Wochen wieder in die Tageskrippe gab: »Ich musste doch mein Studium fortsetzen«, meint sie dazu.

In der Psychoanalyse stellt sich immer deutlicher heraus, dass Frau A. auf plötzliche, unerwartete Trennungen mit »Abstürzen« reagiert: Es war der Verlust ihres Freundes, der nach dem Klinikaufenthalt einen solchen Absturz ausgelöst hatte und von dem sie in der psychiatrischen Abklärung erzählte: Sie hatte sich in der Klinik in diesen Mitpatienten, einen Alkoholiker, verliebt und war unerwartet schwanger von ihm geworden. Sie hatte das Kind – ohne für sie erkennbare emotionale Reaktion – abgetrieben, brach jedoch zusammen, als ihr Freund ihr kurz nach ihrer Entlassung aus der Klinik völlig überraschend mitteilte, er möchte die Beziehung nicht fortsetzen.

Nach vielen Monaten gemeinsamen Nachdenkens und »Prüfens« bestätigen unsere klinischen Beobachtungen schließlich die »Wahrheit« unserer Vermutung, dass es sich in der Tat bei den »Abstürzen« um »embodied memories« an diese frühesten Trennungstraumata handelt, Erinnerungen, die sich, wie wir wissen, selbstverständlich mit weiteren, späteren traumatischen Objektbeziehungserfahrungen vermischen. Dazu ein Beispiel:

Eines Tages überrascht mich die Patienten damit, dass sie mir ihr schmutziges Fahrrad entgegenschiebt, als ich ihr die Türe öffne. Sie habe ihr Fahrradschloss vergessen und wolle das Fahrrad in meinem Flur sicherstellen. Ich fühle mich überrumpelt, befremdet und ärgerlich, sodass ich mich emotional unvermittelt von der Analysandin zurückziehe. Kaum hat sich Frau A. auf die Couch gelegt, beginnt sie sich in stereotyper Weise schweigend hin und her zu schaukeln. Sie scheint völlig abwesend, in einer Art dissoziativem Zustand, und ist für mich während der ganzen Sitzung emotional nicht zu erreichen.

Zur nächsten Sitzung kommt sie verwirrt und sichtlich mitgenommen. Sie wolle die Analyse abbrechen, sie sei überzeugt, dass ich sie nicht länger ertragen könne. Ich habe sie ohnehin nur wegen des Geldes in Behandlung genommen und möchte sie nun wieder loswerden, weil sie unerträglich sei … – Schließlich sage ich ihr: »Könnte es sein, dass Sie gestern wahrgenommen haben, dass ich mich wegen Ihres Fahrrads überrumpelt fühlte und einen Moment lang ärgerlich wurde und mich von Ihnen emotional zurückzog? Ihr bodenloser Absturz gestern auf der Couch könnte dann dadurch ausgelöst worden sein.« Frau A. schweigt lange und beruhigt sich offensichtlich. Sie rückt von ihrer Entscheidung ab, die Behandlung abzubrechen. – Für uns beide ist diese Sequenz ein wichtiger Hinweis, dass unsere Vermutungen zu den psychodynamischen Hintergründen ihrer Abstürze »wahr« sind.

Viele ähnliche Situationen ereigneten sich in den nächsten Monaten – wir konnten sowohl in Außenbeziehungen als auch in der analytischen Beziehung selbst den Zusammenhang zwischen einem abrupten Objektverlust und ihren »Abstürzen« beobachten. Diese Entdeckung und das therapeutische Durcharbeiten führten schließlich dazu, dass Frau A. zwar immer noch heftig auf Rückzüge ihres Freundes oder kurzfristige Distanzierungen von mir in analytischen Sitzungen reagierte, aber nicht mehr zu »Abstürzen« Zuflucht nehmen musste.

Diese beobachtbare Veränderung der Symptomatik war für uns ein Indikator für die »Wahrheit« unserer biographischen Rekonstruktion. Wie ich mit dem Beispiel illustrieren wollte, scheint mir diese Art der Überprüfung von »Wahrheit« als charakteristisch für klinisch-psychoanalytische Forschung, die durch keinen Fragebogen, Test und keine Videographie ersetzt werden könnte.

Selbstverständlich waren die traumatischen Trennungserfahrungen im ersten Lebensjahr nicht die einzigen prägenden biographischen Erfahrungen von Frau A. Nur einige wenige Stichworte: Ihre Mutter hatte sie jahrelang als Selbstobjekt missbraucht, vor allem nachdem der Vater sie nach fürchterlichen Gewaltszenen verlassen hatte. Die Mutter lebte ein promiskuitives Leben, mit vielen wechselnden, teilweise gewalttätigen Männerbeziehungen. Während der Adoleszenz kam es zu einem sexuellen Übergriff durch den neuen Lebenspartner der Mutter. Mit 16 Jahren warf die Mutter ihre Tochter buchstäblich aus der Wohnung: A. lebte zwei Jahre lang in einem ziemlich verwahrlosten Zustand allein, bis die Mutter sie mit 18 wieder zurückholte, nachdem ihr Freund sie verlassen hatte und sie unter schweren Depressionen litt.

Schließlich gelang es Frau A., das Abitur zu machen. Sie begann zu studieren und lebte ein gefährliches, einsames Leben mit vielen wechselnden sexuellen Beziehungen, die sie – meist ohne erkennbare Reaktion – abrupt beendete. Mithilfe eines Professors, zu dem sie ebenfalls eine sexuelle Beziehung einging, konnte sie schließlich ihr Studium beenden. Sie begann zu promovieren, entwickelte aber schwere Arbeitsstörungen. Nachdem sie von einem 15 Jahre älteren Freund, mit dem sie ein halbes Jahr zusammen war, verlassen worden war, brach sie zusammen und wurde ernsthaft suizidal. Sie musste mehrere Male hospitalisiert werden.

Als sie 30 Jahre alt war, versuchte sie ihren leiblichen Vater zu finden. Er war ins Ausland gezogen. Sie besuchte seine letzte Freundin, die ihr erzählte, wie oft er von seiner Tochter gesprochen und darunter gelitten habe, dass ihm seine Ex-Frau den Kontakt zu ihr verboten hatte. Wahrscheinlich hatte er sich suizidiert. Es blieb unklar, ob er an einer Psychose oder an einer schweren Depression gelitten hatte.

Die Traumatisierungen ließen sich auch in der Übertragungsbeziehung zu mir, vor allem in Phasen der negativen Übertragung, direkt beobachten. Oft fühlte ich mich in der Gegenübertragung als ein narzisstisch-missbrauchendes Objekt, wie ein schwer gestörtes depressives, aufsaugendes Primärobjekt. Das Durcharbeiten dieser

Traumatisierungen in der Übertragung ermöglichten Frau A. eine kontinuierliche Arbeitsstelle zu finden und – nach elf Jahren – ihre Promotion zu beenden. Sie ließ sich schließlich in eine konstante und zärtliche Liebesbeziehung zu einem älteren Mann ein und konnte zunehmend besser mit seiner Tochter aus erster Ehe umgehen. Sie erhielt einen attraktiven Job und entschloss sich daher, die Psychoanalyse zu beenden.

Frau A. gehört zu jener erstaunlich großen Subgruppe der chronisch depressiven Patienten in der LAC-Studie, die kumulative Traumatisierungen in ihrer frühesten und späteren Kindheit sowie während der Adoleszenz erlebt hatten. Ihre chronische Depression schien in Zusammenhang mit einer tiefen Krise in der Spätadoleszenz zu stehen: Der anstehende Individuations- und Selbstfindungsprozess hatte die frühen Störungen in diesem Bereich aktualisiert und die Persönlichkeitsentwicklung zu einem Stillstand gebracht. Unbewusst schien sie überzeugt, dass sie nur einen Missbrauch durch ein Liebesobjekt »verdiente« und ihr kein eigenes, vom Objekt getrenntes Leben zustand. Sie war von Hass auf ihr Primärobjekt erfüllt und brach – während der Psychoanalyse – die reale Beziehung zu ihrer Mutter jahrelang ab. Erst gegen Ende der Behandlung gewann sie eine gewisse Einfühlung in das tragische Schicksal ihrer Mutter zurück, die selbst ein schwer traumatisiertes Kriegskind des Zweiten Weltkrieges war[4].

4 Nochmals kurz zurück zur Beschreibung des zirkulären Forschungs- und Erkenntnisprozesses in der psychoanalytischen Situation: In diesem Prozess bilden sich sogenannte »Minimodelle« heraus, das heißt, Symbolisierungsversuche der beobachteten, vor allem affektiven und in den Körper hineingenommenen (»embodied«) Reaktionen, die einen Schlüssel zu der unbewussten Phantasiewelt, der spezifischen »Mikrowelt« des Analysanden bieten. Unsere Formulierung »bodenlose Abstürze« kann als Beispiel einer solchen Metapher dienen (vgl. dazu Moser/Zeppelin 1996; Leuzinger-Bohleber 1995, 2002; Hoff/Leuzinger-Bohleber 1997; Bohleber 2007; Buchholz 2006; Wurmser 1981). In einem weiteren Prozess der Abstraktion werden solche Metaphern vom Analytiker mit seinen psychoanalytischen Konzepten (stereotype Motorik als Hospitalismussyndrom) und schließlich mit Modellen und Theorien (Hospitalismus als Reaktion auf frühe, traumatische Trennungen) in Verbindung gebracht. Auf der höchsten Abstraktionsstufe befinden sich schließlich die Modelle des Klinikers, Modelle wie die psychoanalytische Abwehrlehre (»Dissoziation« bei Frau A.), aber auch psychoanalytische Gedächtnis- und Erinnerungstheorien (»embodied memory«), psychopathologische Modelle, z. B. zur Beziehung von Trauma und Depression, einer

Mit diesem kurzen Fallbeispiel wollte ich illustrieren, dass die klinische Forschung der Psychoanalyse durch keine andere Forschungsmethode zu ersetzen ist und über ihre eigenen »Wahrheits-« und Gütekriterien verfügt. Der klinischen Forschung der Psychoanalyse verdanken wir den Großteil aller Erkenntnisse, die wir in den letzten 100 Jahren unserer Wissenschaftsgeschichte gewonnen haben.

Dennoch, damit keine Missverständnisse entstehen: Peter Fonagy hat wohl schon recht, wenn er darauf hinweist, dass nicht jeder Kliniker automatisch ein Forscher ist. Eine methodisch systematische Vorgehensweise, die – durch genaue Beschreibungen und eine Transparenz darauf beruhender Überlegungen – klinische Beobachtungen auch dem Verständnis und der Kritik eines Dritten zugänglich machen, ist eine Voraussetzung dafür, dass diese Form des Erkenntnisgewinns nicht nur eine professionelle Kunst, sondern auch eine klinische Wissenschaft ist. Wir brauchen dringend gute klinische Forschung, nicht nur um in der Welt der Psychotherapien zu bestehen, sondern auch um unsere professionelle Behandlungskunst ständig weiterzuentwickeln.

In der LAC-Studie haben wir gute Möglichkeiten für eine fundierte, systematische klinische Forschung. Sie nimmt in der Studie einen zentralen Stellenwert ein und wird durch konzeptuelle, extraklinische und interdisziplinäre Forschung ergänzt. Durch die sorgfältigen Dokumentationen der Behandlungen (teilweise auch auf Tonband), die

---

narzisstischen Persönlichkeitsentwicklung (während der Spätadoleszenz von Frau A.), Psychose etc. Die einzelnen Abstraktionsschritte sind selbstverständlich nicht rigide voneinander abgetrennt: Der klinische Forschungs- und Erkenntnisprozess verläuft dynamisch und beinhaltet immer ein Pendeln zwischen regressiven und progressiven Prozessen im intermediären Raum (Winnicott 1971). Zudem verläuft er vorwiegend unbewusst.

Dass wir bei diesen zirkulären Prozessen auch zwischen privaten und öffentlichen, impliziten und expliziten Theorien zu unterscheiden haben, ist eine Fragestellung, die, inzwischen – angestoßen von der EPF Working party for theoretical issues mit Werner Bohleber, Jorge Canestri, Peter Fonagy und Paul Denise – breit diskutiert wird. Eine ähnliche Zielsetzung verfolgen die Working parties for clinical issues der EPF, die David Tuckett ins Leben gerufen hat. Analytiker verschiedener europäischer Gesellschaften untersuchen seit sieben Jahren die unterschiedlichen psychoanalytischen Erkenntnisprozesse in der klinisch-psychoanalytischen Situation (vgl. Tuckett 2007). Beide Arbeitsgruppen haben meiner Einschätzung nach eine neue Form der klinischen Forschung in der Psychoanalyse initiiert und werden nun auch in den USA und Südamerika implementiert.

wöchentlichen klinischen Konferenzen und die systematische Reflexion unserer klinischen Erfahrungen anhand Taylors »Lehrbuch« (s.u.) gibt es vertiefte Möglichkeiten der klinischen Erforschung der spezifischen unbewussten Konflikt- und Phantasiewelt, unterschiedlicher psychodynamischer Konstellationen bei chronisch Depressiven sowie spezifischer behandlungstechnischer Fragen (z.B. der Umgang mit Suizidalität). Wissenschaftshistorisch nehmen wir damit die Tradition der Qualitätssicherung in psychoanalytischen Behandlungen in Intervisions- und Supervisionsgruppen auf, die uns einerseits helfen, unsere Behandlungskunst bei dieser spezifischen Patientengruppe zu verfeinern und sie andererseits mit einer systematischen klinischen Forschung zu verbinden (vgl. Leuzinger-Bohleber 2009a, 2009b).

Daher entwickeln wir – ähnlich wie die erwähnten »working parties« der EPF – eine *eigene Form der klinischen Forschung in der LAC-Studie*: In wöchentlichen »klinischen Konferenzen« besprechen wir Behandlungen wie jene von Frau A. und dokumentieren unsere Diskussionen systematisch. Aus dem kurzen Fallbericht wurde, so hoffe ich, ersichtlich, wie wichtig es für mich in den erwähnten Phasen der negativen Übertragung, etwa im Umgang mit der akuten Suizidalität von Frau A., war, mit erfahrenen Kolleginnen und Kollegen in regelmäßigem fachlichen Austausch zu sein. Die klinischen Konferenzen erweisen sich daher in der LAC-Studie nicht nur als exzellente klinische Forschungsmöglichkeit, sondern entfalten so etwas wie eine Holding- und Containingfunktion für uns und eine möglichst professionelle Behandlung dieser schwer gestörten und schwer zu behandelnden Patienten. Zudem werden die narrativen Fallberichte zum wichtigsten Ergebnis der LAC-Studie gehören und die psychoanalytischen Erkenntnisse zur spezifischen Psychodynamik der chronischen Depression sowie vieler behandlungstechnischer Details in die psychoanalytische und nicht psychoanalytische Community hineintragen (vgl. dazu Leuzinger-Bohleber 2010; Sturmfels 2010; Westenberger-Breuer/Maccarone Ehrhardt 2010; Leuzinger-Bohleber et al., im Druck).[5]

5 Ich bin daher sehr froh, dass sich z.B. in unserer LAC Forschergruppe in Frankfurt erfahrene klinische Kolleginnen und Kollegen dazu bereit erklärt haben, zu ihren Behandlungsfällen auch psychoanalytische Fallberichte zu schreiben. Diese Fallberichte

Psychoanalytische Konzeptforschung

Die skizzierten neuen Formen der klinischen Forschung sind immer auch Teil einer kreativen und originellen Konzeptforschung, ein Forschungsfeld, das Anna Ursula Dreher und Joseph Sandler initiiert haben und das wir im Research Subcommittee for Conceptual Research weiter voranzutreiben versuchen (vgl. Abb. 1).

Im Rahmen der LAC-Studie beziehen wir uns in der konzeptuellen Forschungsarbeit unter anderem auf die Weiterentwicklung des Behandlungsmanuals, das uns David Taylor aus der Tavistock Klinik freundlicherweise zur Verfügung gestellt hat und das von Heike Westenberger-Breuer übersetzt wurde. In einer Art Lehrbuch hat Taylor darin seine jahrzehntelange Arbeit mit depressiven Patienten beschrieben und charakteristische Schwierigkeiten und Probleme in Behandlungen mit dieser Patientengruppe herausgearbeitet (vgl. Taylor, im Druck). Für uns Kliniker ist es ein Fundus an Erkenntnissen genuin psychoanalytischer, klinischer und konzeptueller Forschung – und alles andere als ein Rezeptbuch.

Einen zweiten konzeptuellen Beitrag zum psychodynamischen Verständnis von Depressionen legte der spanische Psychoanalytiker Hugo Bleichmar (1996) unter anderem mit einer Übersichtsgraphik zur Psychodynamik der Depression vor, die uns zurzeit dazu dient, die unterschiedlichen Pfade, die schließlich in eine chronische Depression münden, für die einzelnen Patienten nachzuzeichnen und zu diskutieren. Für Frau A. zum Beispiel scheinen uns vor allem die »Traumatischen Erfahrungen« und die »Identifikationen mit depressiven Müttern« wesentliche Komponenten der unbewussten Dynamik der Depression zu sein (vgl. Pfade in der Mitte der Graphik).

nehmen die traditionelle Kommunikationsform psychoanalytischer Erkenntnisse in der psychoanalytischen Community auf, weisen aber durch die regelmäßigen klinischen Konferenzen und die exzellente Dokumentation der klinischen Beobachtungen im Rahmen der Studie eine hohe Qualität gemessen an der spezifischen Kriterien klinischer Forschung auf (Leuzinger-Bohleber/Fischmann 2006).

Extraklinische Forschung

Die Ergebnisse sowohl der klinisch-psychoanalytischen als auch der konzeptuellen Forschung können dann in einem zweiten Schritt zum Gegenstand *extraklinischer Untersuchungen* werden (vgl. Abb. 1), wie wir dies auch in der LAC-Studie realisieren. Die extraklinische Forschung ist, wie einleitend erwähnt, unverzichtbar, um die Wirksamkeit psychoanalytischer Behandlungen auch nach den Kriterien der »evidence based medicine« nachzuweisen – eine Anforderung, die vom Wissenschaftlichen Beirat Psychotherapie, den Krankenkassen und der nichtpsychoanalytischen, wissenschaftlichen Community an die Psychoanalyse herangetragen wird. Daher berücksichtigten wir bei der Entwicklung unseres Designs die Kriterien, die heute an solche Studien der Vergleichenden Psychotherapieforschung gestellt werden, verbinden sie aber immer mit genuin psychoanalytischen Forschungsmethoden (s. Abb. 2). Sorgfältige extraklinische Forschung bedeutet immer einen großen Aufwand, dem nur in einem entsprechend ausgestatteten Forschernetzwerk und mit ständiger Reflexion der damit einhergehenden Abhängigkeiten nachzukommen ist. Die LAC-Studie ist multizentrisch aufgebaut. Folgende Forscher sind daran beteiligt:

Zentrum Mitteldeutschland:
Sigmund-Freud-Institut Frankfurt am Main
Prof. Dr. M. Leuzinger-Bohleber
Dr. med. habil. H. Deserno
Dr. med. U. Bahrke
Dipl.-Psych. N. Pfenning
Dipl.-Psych. H. Prestele
Dipl.-Psych. A. Negele
Dr. phil. H. Westenberger-Breuer
Dipl.-Psych. A. Ramshorn-Privitera
Dipl.-Psych. R. Maccarone-Erhardt
Dipl.-Psych. C. Sturmfels
Dipl.-Psych. I. Göbel-Ahnert
3 stud. Hilfskräfte

Universität Mainz
Prof. Dr. M.E. Beutel
J. Edinger, Arzt
Dr. rer. nat. A. Haselbacher
Prof. Dr. W. Hiller

Universität Tübingen
Prof. Dr. Martin Hautzinger u.a.

Zentrum Norddeutschland:
Universitätsklinik Eppendorf Hamburg
Prof. Dr. U. Stuhr
Dipl.-Psych. G. Fiedler
PD Dr. R. Lindner u.a.

Universitätsklinik Benjamin Franklin und Kliniken im Theodor-Wentzel-Werk, Berlin
Dr. med. Wolfram Keller
Dr. S. Staehle
Dipl.-Psych. R. Dilg u.a.

Unabhängiges Methodenzentrum:
Universität München
Prof. Dr. Bernhard Rüger
Dipl.-Psych. A. Will u.a.

Zudem war uns aufgrund der oben erwähnten wissenschaftstheoretischen Überlegungen wichtig, sowohl schulenunabhängige als auch schulenspezifische Messinstrumente zu verwenden. Diese Kombination erzwingt eine methoden- und wissenschaftskritische Reflexion, da mit Konvergenzen, aber auch Divergenzen in den Resultaten, die durch die unterschiedlichen Instrumente gewonnen wurden, zu rechnen ist, die gemeinsam kritisch zu diskutieren sind. Auch aus diesem Grunde erweist es sich als unverzichtbar, ein plurales methodisches Vorgehen zu wählen. Zum Beispiel wird es für die Einschät-

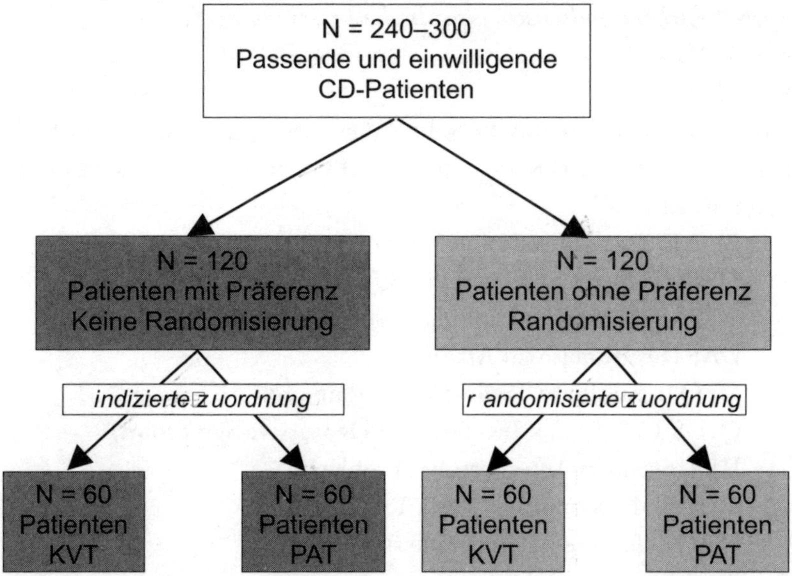

Abb. 2: Erhebungsdesign der LAC-Studie

zung des Therapieergebnisses von Frau A. wichtig sein, nicht nur die Reduktion der depressiven Symptome, wie sie durch einige der Fragebögen gemessen wird, zu berücksichtigen, sondern genauso die Veränderungen im OPD (vgl. Schauenburg/Cierpka 1998) oder im AAI. Hätten wir keine plurale Methodenvielfalt sowie die Kombination klinischer und extraklinischer Forschung, wäre eine Unterwerfung unter ein der Psychoanalyse fremdes Wissenschafts- und Forschungsverständnis fast unvermeidlich. Daher ist für mich die Verwendung einer pluralen Vielfalt psychoanalytischer und nichtpsychoanalytischer Forschungsmethoden in Psychotherapiestudien unverzichtbar.

INTERVIEWVERFAHREN:

Psychoanalytische Interviewverfahren:

➢ Psychoanalytisches Erstinterview
➢ OPD-II (Interviews mit AAI Fragen, Self reflective Scales, Heidelberger Umstrukturierungsskalen SRS/HSCS)

Psychiatrisch/verhaltenstherapeutische Interviewverfahren:

➢ SKID I/II

➢ LIFE

International anerkannte Fragebögen, die sowohl von Verhaltenstherapeuten als auch von Psychoanalytikern entwickelt wurden:

1. BDI-II (Beck Depression Inventory)
2. DEQ (Depressive Experience Questionnaire)
3. SOFAS (Social Functioning Assessment Scale)
4. DAS (Dysfunctional Attitudes)
5. CTQ (Childhood Trauma Questionnaire)
6. QIDS/C/S (Quick Inventory of Depressive Symptoms)
7. IIP (Inventory Interpersonal Problems)
8. SCL-90-R (Symptom Check List)
9. HAQ (Helping Alliance Questionnaire)
10. Weekly protocols by therapists

Erhebung der Gesundheitskosten (Arbeitsfehltage, Krankenhaustage):

Teilstudie: fMRI und EEG Untersuchung FRED durch die Frankfurter Forschergruppe

Ich kann im gegebenen Rahmen nicht weiter auf die Durchführung der Studie eingehen, sondern nur erwähnen, dass wir inzwischen über 300 Patienten rekrutiert haben und die Studie, über die wir an anderer Stelle berichten werden, gerade durchführen (vgl. dazu auch Leuzinger-Bohleber et al. im Druck). Auch auf die vielen Formen extraklinischer Forschung und entsprechende Studien kann ich nicht näher eingehen und möchte lediglich auf den 2006 erschienen dritten Band des »Ulmer Lehrbuchs« zu Forschung von Thomä und Kächele verweisen, das einen exzellenten Überblick über den derzeitigen Stand der psychoanalytischen Psychotherapieforschung vermittelt. Diese Art der Forschung – wie in der LAC-Studie – kann die klinische Erfahrung und Forschung im Sinne einer Triangulierung ergänzen und bereichern, indem sie einen »fremden Blick auf das Eigene« ermöglicht und dadurch kreative, innovative Prozesse fördert, falls wir, wie anfangs erwähnt, das damit verbundene Spannungsfeld kritisch reflektieren und ins Positive wenden. Zudem öffnet sie uns Türen zur wissenschaftlichen und politischen Öffentlichkeit, wie dies zum Beispiel die Arbeit von Falk Leichsenring (2008) zur Wirksamkeit von psychoanalytischen Langzeitbehandlungen exemplarisch gezeigt hat. Sie öffnet aber vor allem auch die Türen zu den Universitäten und erinnert uns an den *Generationenvertrag in der heutigen Wissensgesellschaft* (vgl. Pfenning, in Vorber.; Weingart et al. 2007). Auch die psychoanalytische Forschung ist immer seltener von einer »one-man-army« zu leisten, wie Erik Erikson einmal Alexander Mitscherlichs Forschungen in den 1950er Jahren charakterisierte: Vor allem extraklinische Forschung kann nur in einem intergenerationellen Netzwerk stattfinden (Leuzinger-Bohleber 2009a, 2009b). Die jüngeren Mitarbeiter sind von der Konzeptualisierung der großen Studien aufgrund des derzeitigen Standes psychoanalytischer Forschung und dem Einwerben von Drittmitteln durch uns erfahrenere Forscher und Analytiker abhängig und spüren dies auch ganz genau. Weniger oft wird reflektiert, dass auch wir Älteren von den Jüngeren existenziell abhängig sind: von ihrer Zuverlässigkeit und »Ehrlichkeit« bei der Dateneingabe, ihrer Zeit, ihrem Engagement und auch ihren neuen Kompetenzen, denken wir nur an den Umgang mit dem Internet und elaborierten Statistikprogrammen. Wie wir wissen, ertragen wir alle Abhängigkeiten oft nicht besonders gut, auch weil sie uns an unsere frühesten Abhängigkeiten vom Primärobjekt erinnern und daher zuweilen entsprechende archaische Phantasien reaktivieren. Daher ist es meiner Erfahrung nach unverzichtbar, unser psychoanalytisches Wissen für eine möglichst differenzierte Reflexion dieser gegenseitigen Abhängigkeiten einzusetzen und sie auf einem reifen seelischen Niveau gemeinsam zu reflektieren. Ich bin meinen psychoanalytischen Kolleginnen und Kollegen am SFI, dem sogenannten »Mittelbau«, Dr. habil. Ulrich Bahrke, Prof. Dr. habil. Heinrich Deserno, Dr. Tamara Fischmann, Dr. Tomas Plänkers und den jüngeren Kolleginnen Dr. Luise Läzer, Dipl.-Psych. Nicole Pfenning und Dipl.-Psych. Alexa Negele, sowie meinem Mit-Direktor Prof. Dr. Dr. Rolf Haubl sehr dankbar, dass sie zu dieser gemeinsamen Reflexion von institutionellen Abhängigkeiten in unserem Forschungsalltag beitragen. Ohne sie wäre die Durchführung der großen Projekte am SFI nicht denkbar.

Doch ebenso dankbar bin ich vielen jungen Nachwuchswissenschaftlern, die in der LAC-Studie als Praktikanten oder wissenschaftliche Hilfskräfte mitarbeiten und die ich hier nicht alle namentlich erwähnen kann. Sie verbinden zum Beispiel die diagnostische Arbeit und die Auswertungen von Fragebögen und Interviews mit ihren Diplom- und Magisterarbeiten, Promotionen etc. – Dass sie gleichzeitig, durch den Besuch der klinischen Konferenzen, in Austausch mit erfahrenen Klinikern kommen und einen einzigartigen Einblick in psychoanalytisches Verstehen und den konkreten Umgang mit unseren Analysandinnen und Analysanden erhalten, ist für viele, wie sie mir berichten, eine wertvolle Erfahrung, die manche von ihnen motivierte, sich für eine psychoanalytische Ausbildung zu bewerben. Daher danke ich auch ausdrücklich den erfahrenen Klinikern des FPI, der DGPT und des Alfred Adler Instituts für Individualpsychologie Ffm, ohne dass wir sie entsprechend bezahlen können, dafür, dass sie an den wöchentlichen klinischen Konferenzen teilnehmen und sich dadurch nicht nur an der klinischen Forschung der LAC-Studie, sondern auch dem transgenerationellen Holding und Containing des Forschungsnetzwerkes beteiligen. Auch den vielen Studientherapeuten in Frankfurt, Mainz, Hamburg, Berlin, Heidelberg und Köln gilt mein herzlichster Dank (siehe Anhang). Die LAC-Studie ist für mich ein Beispiel für die anspruchsvolle, heutige Forschung in interdisziplinären, internationalen, aber eben auch intergenerationellen Netzwerken.[6]

6 Daher bedanke ich mich bei allen Kolleginnen und Kollegen der LAC-Depressionsstudie sehr herzlich für die produktive, intergenerationelle Zusammenarbeit. Auch die verschiedenen z.Zt. am SFI laufenden Projekte im Bereich der Frühprävention eingehen wären ohne die enge Zusammenarbeit mit Kolleginnen und Kollegen des Instituts für Analytische Kinder- und Jugendlichenpsychotherapie (vor allem unter der Federführung von Angelika Wolff) in ähnlichen intergenerationallen Netzwerken nicht denkbar. Eine besondere Chance ist, dass wir dank der Vorarbeiten in der Frankfurter Präventionsstudie und dem STARTHILFE Projeks angefragt wurden, uns – zusammen mit dem Deutschen Institut für Internationale Pädagogik und der JWG-Universität am Forschungszentrum IDeA (Centre for Research on *I*ndividual *De*velopment and *A*daptive Education of Children at Risk) der *L*andes-*O*ffensive zur *E*ntwicklung *W*issenschaftlich-ökonomischer *E*xzellenz (LOEWE) der hessischen Landesregierung zu beteiligen. Auch all den »transgenerativen« Forscherinnen und Forschern dieses Netzwerkes mein herzlichster Dank!

Zusammenfassung

In diesem Aufsatz wollte ich illustrieren, wie wichtig es für die heutige Psychoanalyse ist, zwischen verschiedenen Formen der Pluralität und Einheit zu unterscheiden. Die heutige Psychoanalyse ist eine spezifische wissenschaftliche Disziplin in Zeiten des Wissenschaftlichen Pluralismus. Sie verfügt zudem über eine plurale Vielfalt von Theorien, Behandlungstechniken und Forschungsmethoden. Es bedarf einer ständigen Bemühung um integrative Weiterentwicklungen sowohl im Feld der Theorien als auch der Behandlungstechniken (vgl. Ellman 2009).

Doch sind solche theoretischen und behandlungstechnischen Integrations- oder sogar Vereinheitlichungsbemühungen nicht das Gleiche wie eine Unterwerfung unter ein wissenschaftshistorisch gesehen überholtes einheitswissenschaftliches Forschungsparadigma, das sich zum Beispiel in einer Idealisierung der Randomized Controlled Trials (RCTs) und anderen Forderungen der »evidence based medicine« manifestiert und im heutigen Zeitgeist oft als »golden standard« der Psychotherapieforschung deklariert wird. Dieser Zeitgeist mag auch wieder vorübergehen und sollte daher immer wieder kritisch reflektiert werden. Eine Unterwerfung unter ein überholtes, einheitswissenschaftliches Verständnis von Forschung im Sinne von »science« kann sich als Bumerang für die Zukunft der Psychoanalyse erweisen (vgl. Rawlings 2008, zit. nach Fonagy 2009).

Wie ich zu illustrieren versuchte, schützt eine plurale Verwendung psychoanalytischer Forschungsmethoden und eine gleichwertige Gegenüberstellung klinischer und extraklinischer Forschungsmethoden vor einer solchen Unterwerfung, da sie einen kritische Reflexion der Methoden und deren Einfluss auf die erzielten Ergebnisse erzwingt. Ist eine solche kritische Methoden- und Ergebnisreflexion gewährtleistet, müssen wir uns auch weniger scheuen, uns den Forderungen der Gesundheitssysteme und des Wissenschaftlichen Beirats »Psychotherapie« zu stellen, die Wirksamkeit unserer Behandlungen – im Vergleich zu anderen Verfahren – auf den Prüfstein zu legen.

Falls wir daran festhalten wollen, dass in Deutschland die Krankenkassen für die Kosten dieser Behandlungen aufkommen, werden wir uns kaum den Forderungen nach solchen Wirksamkeitsstudien entziehen können. Allerdings kann uns niemand den inneren und äußeren Raum strittig machen, die damit verbundenen Forschungserfahrungen möglichst umfassend, klug und psychoanalytisch zu reflektieren und einen öffentlichen Diskurs darüber immer wieder neu zu initiieren und zu gestalten. Dazu gehört auch eine ständige kritische Reflexion der gegenseitigen intergenerationellen Abhängigkeiten, ohne die heutige (psychoanalytische) Forschung nicht zu leisten ist. Im Verlauf solcher kritischer Reflexionen gewinnen wir immer wieder neue Bündnispartner, bei ehemaligen Patienten, Journalisten, kritischen Nachwuchswissenschaftlern und interdisziplinären Partnern, von den Neurobiologen wie Eric Kandel und Schriftstellern wie Siri Hustvedt oder Urs Widmer bis hin zu Philosophen wie Jürgen Habermas, der in seiner Rede anlässlich seiner Würdigung als Preisträger des Deutschen Buchhandels am 14. Oktober 2001 sagte:

> »Der szientistische Glaube an eine Wissenschaft, die eines Tages das personale Selbstverständnis durch eine objektivierende Selbstbeschreibung nicht nur ergänzt, sondern ablöst, ist nicht Wissenschaft, sondern schlechte Philosophie.«

Anhang: LAC-Studientherapeutinnen und -therapeuten (Stand: Oktober 2009)

LAC-Studientherapeuten Frankfurt am Main:
Dr. med. habil. Ulrich Bahrke, Dr. med. Bettina Brodt, Prof. Dr. Marianne Leuzinger-Bohleber, Zeljko Cunovic, Facharzt für Psychiatrie, Dipl.-Psych. Mahrokh Charlier, Dr. med. Thomas Charlier, Dipl.-Psych. Heike Cramer-Koeppen, Prof. Dr. med. Heinrich Deserno, Dr. phil. Susanne Döll-Hentschker, Prof. Dr. med. Matthias Elzer, Dipl.-Psych. Renate Franke, Dipl.-Psych. Ingeborg Göbel-Ahnert, Dr. phil. Johannes Gräber, Dr. phil. Kurt Grünberg, Dipl.-Psych. Henriette Himmelreich, Dr. med. Rosemarie Kennel, Dipl.-Psych. Klara Kilber-Brüssow, Dr. phil. Dipl.-Psych. Ewa Kobylinska, Dipl.-Psych. Anna Leszczynska-Koenen, Dipl.-Psych. Beate Lorke, Dipl.-Psych. Rosalba Maccarrone-Erhardt, Dr. rer. med. Alois Münch, Dr. phil. Rainer Paul, Dipl.-Psych. Martin Peuser, Dipl.-Psych. Ruth Pfeffer, Dr. med. Thomas Pollak, Prof. Dr. Ilka Quindeau, Dipl.-Psych. Angelika Ramshorn-Privitera, Dipl.-Psych. Christiane Schrader, Dipl.-Psych. Erwin Sturm, Dipl.-Psych. Christa Sturmfels, Dr. med. Ursula

Volz, Dipl.-Psych. Christoph von Gierke, Dr. med. Elke Weinel, Dipl.-Psych. Felicitas Weis, Dipl.-Psych. Ute Wessels, Dr. phil. Heike Westenberger-Breuer, Dipl.-Psych. Konstanze Zinnecker-Mallmann (weitere Therapeutinnen kommen im Laufe der Durchführung der Studie evtl. noch dazu).

LAC-Studientherapeuten Mainz: Dr. med. Matthias Adler, Dr. med. Ulrike Bastian, Dipl.-Psych. Christoph Lohmeier-Zenz, Jochen Klauenflügel, Facharzt Psychosomatische Medizin und Psychotherapie, Dr. med. Werner Köbel, Dipl. Psych. Ursula Paul, Dipl. Psych. Sabine Pregler, Dipl.-Psych. Katrin Wachter-Hennig

LAC-Studientherapeuten Hamburg: Herr Dr. med. Dirk Sieveking, Dr. med. Klaus Augustin, Dr. med. Beate Martius, Dr. med. Dieter Hoppe, Dr. med. Matthias Oppermann, Dipl.-Psych. Jochen Lellau, Dipl.-Psych. Ulrich Wirth, Dipl.-Psych. Mercedes Dohrn-van Rossum, Dipl.-Psych. Gabriele Amelung, Dr. med. Ilse Höcker, Dipl.-Psych. Martina Müller, Dr. med. Ruth Stamm, Dr. med. Bettina Steinberger, Dr. Isolde de Vries, Dipl.-Psych. Edda Uhlmann, Dr. Thomas Schlüter, Dipl.-Psych. Andreas Grothusen

LAC-Studientherapeuten Berlin: Dipl.-Psych. Dorothee Adam-Lauterbach, Dr. Stephan Alder, Dr. med. Anneli Bittner, Dipl.-Psych. Hans Boetel, Dr. Karl-Heinz Bomberg, Dipl.-Psych. Dorothee Bräutigam, Dipl.-Psych. Kirstin Brandt, Dr. Claus Braun, Dr. Michelle Brehm, Dr. med. Anja Burckardt, Corinna Cramer-Feuerbach, Dipl.-Psych. Christa Ecke, Dr. med. Toni Focke-Vöhringer, Dr. med. Constanze Jacobowski, Dipl.-Psych. Petra Janke, Dr. med. Bettina Jesberg, Dr. med. Vera Kattermann, Dr. Dipl.-Psych. Michael Krenz, Dipl.-Psych. Kerstin Kupke, Dipl.-Psych. Sabine Ladwig, Dipl.-Psych. Christiane Lieske, Dr. Ilka Lissmann, Dr. med. Juliane Matt, Dipl.-Psych. Jeanne-Marie Meunier, Dipl.-Psych. Antje Michel, Dr. med. Cornelia Micolaiczyk, Dipl.-Psych. Vera Müller, Dr. Dr. Jürgen Münch

LAC-Studientherapeuten Köln: Dr. med. Heribert Blaß, Dr. med. Marianne Bosshard, Dipl.-Psych. Martin Burgert, Prof. Dr. Manfred Heck, Dipl.-Psych. Elisabeth Imhorst, Dr. med. Aglaia Karatza-Meents, Dipl.-Psych. Michael Koenen, Reinhild Krosta, Dr. med. Gabriele Lang, Dipl.-Psych. Franziska Langer, Dipl.-Psych. Beate Mack, Dipl.-Psych. Vera Walther-Moog, Dipl.-Soz. Ingrid Prassel, Dipl.-Psych. Erika Quabach, Dr. med. Klaus Röckerath, Dipl.-Psych. Jutta von Steimker, Dr. phil. Viviana Strauss, Dipl.-Psych. Brigitte Ziob

Literatur

Bleichmar, H. B. (1996): Some subtypes of depression and their implications for psychoanalytic treatment. Int J Psychoanal 77(5), 935–961.
Bohleber, W. (2007): Editorial. Psychoanalytiker bei der Arbeit – ihre Praxis, ihre Theorien. Psyche – Z Psychoanal 61(9–10), 831–836.
Bornstein, M. (1989): Prologue. Psychoanal Inq 9, 165–168.
Buchholz, M. (2006): Profession und empirische Forschung in der Psychoanalyse- ihre Souveränität und Integration. Psyche – Z Psychoanal 60(5), 426–454.

Ellman, S. (2009): When theories touch: A historical and theoretical integration. London (Karnac).
Feyerabend, P. (1975): Against method: Outline of an anarchistic theory of knowledge. London (New Left Book).
Fleck, L. (1935): Genesis and development of a scientific fact. Chicago (University of Chicago Press), 1979.
Follesdal, D. (1999): Mind and meaning. Philos Stud 94(1–2), 139–149.
Fonagy, P. (2009): Veränderungen der klinischen Praxis: wissenschaftlich oder pragmatisch begründet? Unpublished paper given at the Conference of the DGPT in Berlin, 1. Oktober 2009.
Gadamer, H.-G. (1900): Wahrheit und Methode. In: Gadamer, H.-G.: Gesammelte Werke I. Tübingen (Mohr Siebeck), 1960.
Goodman, N. (1978): Ways of worldmaking. Indianapolis, Cambridge (Hackett Publishing).
Hampe, M. (2000): Pluralismus der Erfahrung und Einheit der Vernunft. In: Hampe, M. & Lotter, M.-S. (Hg.): »Die Erfahrungen, die wir machen, sprechen gegen die Erfahrungen, die wir haben«. Über Erfahrung in den Wissenschaften. Berlin (Duncker & Humblot), S. 27–39.
Hampe, M. (2004): Pluralität der Wissenschaften und Einheit der Vernunft – Einige philosophische Anmerkungen zur Psychoanalyse. In: Leuzinger-Bohleber, M.; Deserno, H. & Hau, S. (Hg.): Psychoanalyse als Profession und Wissenschaft. Stuttgart (Kohlhammer), S. 17–32.
Hampe, M. (2008): Diskussion des Vortrags von M. Leuzinger-Bohleber: Klinische Psychoanalyse in der heutigen Wissensgesellschaft im Interdisziplinären Forum. Universität Zürich, 9.4.2009, unveröff.
Hampe, M. & Lotter, M.-S. (Hg.) (2000): »Die Erfahrungen, die wir machen, sprechen gegen die Erfahrungen, die wir haben«. Über Formen der Erfahrung in den Wissenschaften. Berlin (Duncker & Humblot).
Hoff, D. &Leuzinger-Bohleber, M. (1997): Versuch einer Begegnung. Psychoanalytische und textanalytische Verständigungen zu Elfriede Jelineks »Lust«. Psyche – Z Psychoanal 51(8), 763–804.
Kiesler, D. J. (1966): Some myths of psychotherapy research and the search for a paradigm. Psychol Bull 65(2), 110–136.
Kuhn, T. S. (1962): Die Struktur wissenschaftlicher Revolutionen. Frankfurt/M. (Suhrkamp), 1977.
Lear, J. (1995): The shrink is in. In: Leuzinger-Bohleber, M. & Stuhr, U. (Hg.): Psychoanalysen im Rückblick. Gießen (Psychosozial-Verlag), 1997, S. 92–106.
Leichsenring, F. (2008): Effectiveness of long-term psychodynamic psychotherapy: A meta-analysis. JAMA 300(13), 1551–1565.
Leuzinger-Bohleber, M. (1995): Die Einzelfallstudie als psychoanalytisches Forschungsinstrument. Psyche – Z Psychoanal 49(5), 434–481.
Leuzinger-Bohleber, M. (2001): Katamnesen – ihre klinische Relevanz. In: Stuhr, U.; Leuzinger-Bohleber, M. & Beutel, M.: Langzeit-Psychotherapie. Stuttgart (Kohlhammer), S. 160–186.
Leuzinger-Bohleber, M. (2002): Quelques remarques critiques illustrées par un suivi représentatif de psychanalyses et thérapies psychanalytiques de longues durée. Bulletin de la Societé Psychanalytiques de Paris 63, 157–175.
Leuzinger-Bohleber, M. (2007): Forschende Grundhaltung als abgewehrter »common ground« von psychoanalytischen Praktikern und Forschern? Psyche – Z Psychoanal 61(9–10), 966–994.

Leuzinger-Bohleber, M. (2009a): Zum Verhältnis klinischer und extraklinischer Forschung in der Psychoanalyse. In: Leuzinger-Bohleber, M.; Canestri, J. & Target, M. (Hg.): Frühe Entwicklung und ihre Störungen. Klinische, konzeptuelle und empirische psychoanalytische Forschung. Kontroversen zu Frühprävention, Resilienz und ADHS. Frankfurt/M. (Brandes & Apsel), S. 148–159.

Leuzinger-Bohleber, M. (2009b): Wo steht die klinische Psychoanalyse heute? In: Schneider, G. & Eilts, H.-J. (Hg.): Klinische Psychoanalyse heute – Forschungsfelder und Perspektiven. Herbsttagung 2008 Deutsche Psychoanalytische Vereinigung, Bad Homburg, 19. bis 22. November 2008. Frankfurt/M. (Geber & Reusch), S. 15–38.

Leuzinger-Bohleber, M. (2010): Depression und Trauma. Aus der Psychoanalyse mit einem chronisch Depressiven. In: Leuzinger-Bohleber, M.; Röckerath, K. & Strauss, V.(Hg.): Depression und Neuroplastizität. Psychoanalytische Klinik und Forschung. Frankfurt/M. (Brandes & Apsel), S. 206–227.

Leuzinger-Bohleber, M. & Bürgin, D. (2003): Pluralism and unity in psychoanalytic research: some introductory remarks. In: Leuzinger-Bohleber, M.; Dreher, A. U. & Canestri, J. (Hg.): Pluralismus and unity? London (International Psychoanalytical Association), S. 1–26.

Leuzinger-Bohleber, M. & Fischmann, T., in cooperation with the Research Subcommittee for Conceptual Research of the IPA (2006): What is conceptual research in psychoanalysis? Int J Psychoanal 87(5), 1355–1386.

Leuzinger-Bohleber, M. & Pfeifer, R. (2002): Remembering a depressive primary object? Memory in the dialogue between psychoanalysis and cognitive science. Int J Psychoanal 83(1), 3–33.

Leuzinger-Bohleber, M.; Henningsen, P. & Pfeifer, R. (2008): Die psychoanalytische Konzeptforschung zum Trauma und die Gedächtnisforschung der Embodied Cognitive Science. In: Leuzinger-Bohleber, M.; Roth, G. & Buchheim, A. (Hg.): Psychoanalyse, Neurobiologie, Trauma. Stuttgart (Schattauer), S. 157–171.

Leuzinger-Bohleber, M.; Bahrke, U.; Beutel, M., Deserno, H., Edinger, J.; Fiedler, G.; Haselbacher, A.; Hautzinger, M.; Kallenbach, L.; Keller, W.; Negele, A.; Pfenning, N; Prestele, H; Strecker von Kannen, T.; Stuhr, U. & Will, A.: Psychoanalytische und kognitiv-verhaltenstherapeutische Langzeittherapien bei chronischer Depression: Die LAC Depressionsstudie. Erscheint im Doppelheft der Psyche (September/Oktober 2010).

Lorenzer, A. (1985): Das Verhältnis der Psychoanalyse zu ihren Nachbardisziplinen. Fragmente 14/15: 8–22.

Moser, U. & Zeppelin, I. v. (Hg.) (1996): Cognitive-affective processes: New ways of psychoanalytic modeling. Berlin (Springer).

Pauker, S. G. et al. (1976): Towards a simulation of clinical cognition. Am J Med 60(7) 981–996.

Perron, R. (2003): What are we looking for? How? In: Leuzinger-Bohleber, M.; Dreher, A. U. & Canestri, J. (Hg.): Pluralism and unity? London (International Psychoanalytical Association), S. 97–108.

Pfenning, N. (in Vorber.): Wissensmanagement in psychoanalytischen Forschungsprojekten. Universität Kassel, Diss.

Schauenburg, H.; Cierpka, M. et al. (Hg.) (1998): OPD in der Praxis. Konzepte, Anwendungen, Ergebnisse der operationalisierten psychodynamischen Diagnostik. Bern (Huber).

Sturmfels, Ch. (2010): Fallbericht zur Behandlung einer Depression. In: Leuzinger-Bohleber,

M.; Röckerath, K. & Strauss, V. (Hg.): Depression und Neuroplastizität. Psychoanalytische Klinik und Forschung. Frankfurt/M. (Brandes & Apsel), S. 197–206.
Taylor, D. (2007): Mündliche Mitteilung während einer Schulung im »Treatment Manual for Chronic Depression«. Frankfurt am Main, Sigmund-Freud-Institut, Januar 2007.
Taylor, D.: Das Tavistock-Manual der psychoanalytischen Psychotherapie – unter besonderer Berücksichtigung der chronischen Depression. Erscheint im Doppelheft der Psyche (September/Oktober 2010).
Toulmin, S. (1958): The uses of argument. Cambridge (Cambridge University Press), 1969.
Toulmin, S. (1977): Kritik der kollektiven Vernunft. Frankfurt/M. (Suhrkamp), 1983.
Tuckett, D. (2007): Wie können Fälle in der Psychoanalyse verglichen und diskutiert werden. Implikationen für künftige Standards der klinischen Arbeit. Psyche – Z Psychoanal 61(9–10), 1042–1071.
Weingart, P.; Carrier, M. & Krohn, W. (2007): Nachrichten aus der Wissensgesellschaft. Weilerswirst (Velbrück).
Westenberger-Breuer, H. & Maccarone Ehrhardt, R. (2010): »Ich möchte vor allem meine Ruhe haben ...« Der depressive Rückzug. In: Leuzinger-Bohleber, M.; Röckerath, K. & Strauss, V. (Hg.): Depression und Neuroplastizität. Psychoanalytische Klinik und Forschung. Frankfurt/M. (Brandes & Apsel), S. 186–197.
Winnicott, D. W. (1971): Vom Spiel zur Kreativität. Stuttgart (Klett), 1973.
Wurmser, L. (1981): Die Maske der Scham. Berlin (Springer), 1990.

Psychotherapieforschung und psychodynamisch-psychoanalytische Psychotherapien

Implikationen für die Praxis

David E. Orlinsky

Psychotherapieforschung ist die wissenschaftliche Untersuchung der Psychotherapie. Mit dem Ausdruck wissenschaftlich soll dabei im weiteren Sinne ein Wissen bezeichnet werden, das auf systematischer Beobachtung beruht, das sich replikativ bestätigen lässt und dessen Erweiterung sich auf die kritische Reflexion der Methoden stützt, die bei der Protokollierung, Analyse und Interpretation der angestellten Beobachtungen zum Einsatz kommen. Zu den Methoden selbst gehören gleichermaßen naturalistische wie experimentelle Forschungsdesigns, die Erhebungen können qualitativ oder quantitativ angelegt sein und große oder kleine Stichproben ebenso zugrunde legen wie Einzelfälle. Wissenschaftliche Forschung lässt sich dabei weder auf eine einzelne Methode beschränken, noch ist eine einzelne Methode zu privilegieren.

Zwischen der Psychotherapieforschung und der psychotherapeutischen Praxis besteht eine doppelte Beziehung. Zum einen ist die Psychotherapieforschung der psychotherapeutischen Praxis nachgeordnet, schließlich ist die Praxis der Gegenstand der Forschung. Doch zugleich ist die psychotherapeutische Praxis auch der Psychotherapieforschung gegenüber sekundär, gilt doch die Praxis als Anwendung wissenschaftlicher Erkenntnisse, die in der Forschung gewonnen wurden. Alle Arten moderner Psychotherapien beziehen ihre Legitimität und Glaubwürdigkeit aus dem Umstand, dass sie wissenschaftlich fundierte Heilmethoden sind.

Als Breuer und Freud vor über 100 Jahren ihre kathartische Methode zur Behandlung der Hysterie einführten (Breuer/Freud 1893), taten sie das in der Überzeugung, einen wissenschaftlich begründeten, aus den empirischen Erfahrungen in der klinischen Arbeit mit Patienten entwickelten Ansatz zu präsentieren. Auch nach 30 Jahren der schrittweisen Modifikation, als die kathartische Methode schon lange der freien Assoziation und der Übertragungsanalyse Platz gemacht hatte, erachtete Freud das, was er tat, weiterhin als wissenschaftliche Methode, um die Natur und die Probleme der menschlichen Psyche zu erforschen und zu behandeln. 1923 schrieb er:

> »Psychoanalyse ist der Name 1. eines Verfahrens zur Untersuchung seelischer Vorgänge, welche sonst kaum zugänglich sind; 2. einer Behandlungsmethode neurotischer Störungen, die sich auf diese Untersuchung gründet; 3. einer Reihe von psychologischen, auf solchem Wege gewonnenen Einsichten, die allmählich zu einer neuen wissenschaftlichen Disziplin zusammenwachsen« (Freud 1923, S. 211).

In jüngerer Zeit nun kam es vor, dass kognitive Verhaltenstherapien für sich reklamierten, insgesamt wissenschaftlicher beziehungsweise wissenschaftlich fundierter als andere Ansätze zu sein. Doch die Psychotherapieforschung ist nicht Eigentum einer bestimmten theoretischen Orientierung, und solcherlei Ansprüche sollten Therapeuten, die anderen Ansätzen folgen, nicht dazu verleiten, die wissenschaftliche Untersuchung der Psychotherapie, die schließlich Teil ihres eignen Erbes ist, zu ignorieren oder zu verwerfen. In seinen Ursprüngen geht das Gebiet der Psychotherapieforschung auf die Mitte des 20. Jahrhunderts zurück: Arbeiten humanistischer Psychotherapeuten wie Carl Rogers (Rogers/Dymond 1954) zählen ebenso zu den Pionierleistungen wie die Schriften psychoanalytisch und psychodynamisch orientierter Forscher wie Lester Luborsky und Hans Strupp (Luborsky 1953, 1964; Luborsky/Spence 1978; Strupp 1955, 1960; Strupp/Luborsky 1962; Luborsky et al. 1988). Viele Jahre lang sollten die psychoanalytischen Forscher auf dem Feld den Ton angeben.

Obgleich also die wissenschaftliche Erforschung der Psychotherapie bereits in den späten 1940er und frühen 1950er Jahren einsetzte, ist fairerweise anzumerken, dass die Ergebnisse der entsprechenden Studien in den ersten zwei oder drei Jahrzehnten nicht nur deutlich machten, wie sich die klinische Praxis weiterentwickeln ließe, sondern gleichermaßen zu erkennen gaben, wo die Forschungstechniken zu verbessern wären. Vermutlich gibt es eine solche notwendige Entwicklungsphase auf allen möglichen neuen Gebieten. Kliniker und Theoretiker, die ihre Erwartungen auf die frühen Studien gesetzt und von ihnen Bestätigung oder Orientierung erhofft hatten, wurden allerdings unweigerlich enttäuscht, und viele wandten sich ab. So konnten Praktiker es sich lange Zeit tatsächlich leisten, die Ergebnisse der Psychotherapieforschung als für die klinische Praxis weitgehend irrelevant außer Acht zu lassen – doch ist das heute nicht länger der Fall. Das Gebiet der Psychotherapieforschung hat sich mit zunehmender Geschwindigkeit entwickelt und in den vergangenen 25 Jahren ist es endgültig den Kinderschuhen entwachsen.

Die Forschung ist definitionsgemäß ein Unternehmen mit offenem Ausgang, dem es nicht darum geht, endgültige Gewissheiten zu verkünden oder übermäßig zu verallgemeinern. Allerdings bieten die Forschungsergebnisse zur Psychotherapie in ihrer Gesamtheit einen Wissensfundus, der zureichend in der Lage ist, die klinische Praxis anzuleiten. Heute gibt es Befunde, die so unzweifelhaft replikativ bestätigt sind, dass sie als *verbürgte Tatsachen* gelten können, das heißt als Tatsachen, die Praktiker (auch psychoanalytische Praktiker) wissen und bedenken sollten.

Psychotherapieforschung und ihre Implikationen für die klinische Praxis

Üblicherweise unterscheidet man bei Studien zur Psychotherapie im Allgemeinen Ergebnisforschung und Prozessforschung voneinander. Was die Ergebnisforschung anbelangt, so zielt sie darauf, die Effizienz und Wirksamkeit der Behandlungsmethoden zu evaluieren. In den Studien werden nach dem Zufallsprinzip Patienten ausgewählt, die sich einer bestimmten Therapie unterziehen, ebenso Patienten einer Kontroll- oder Vergleichsgruppe; die Behandlungsergebnisse der Patienten in den verschiedenen Gruppen vergleicht man schließlich, ohne dass dabei viel Mühe darauf verwendet würde, das während der Behandlung Geschehene zu spezifizieren oder zu bewerten.

Zu den wesentlichen Befunden aus einigen Jahrzehnten Ergebnisforschung (Bergin/Lambert 1978; Lambert/Ogles 2004) gehört erstens, praktisch für alle bisher untersuchten Formen der psychologischen Behandlung zeigen zu können, dass die Therapien den Patienten, im Vergleich zur Kontrollgruppe, effektiv helfen, und zweitens, dass im direkten Vergleich unterschiedliche Formen der Psychotherapie zu im Großen und Ganzen ähnlichen Resultaten führen. Im Hinblick auf die generelle Wirksamkeit psychodynamischer Langzeittherapie analysierten Falk Leichsenring und Sven Rabung 2008 elf randomisiert-kontrollierte Studien und zwölf Beobachtungsstudien. Die beiden Wissenschaftler kommen zu dem Schluss: »Es zeigt sich, dass LTPP [›long-term psychodynamic psychotherapy‹: psychodynamische Langzeittherapie] bei komplexen psychischen Störungen eine wirksame Behandlungsmethode ist«, sprechen aber zugleich die Empfehlung aus, »künftige Forschungsarbeiten sollten die Ergebnisse von LTPP bei spezifischen psychischen Störungen untersuchen und auch Kosteneffizienzanalysen einschließen« (Leichsenring/Rabung 2008, S. 1551). Aus der durchgängigen Ähnlichkeit der Ergebnisse unterschiedlicher Behandlungstypen ziehen zahlreiche Autoren den Schluss, in den meisten Fällen sei die therapeutische Wirksamkeit höchstwahrscheinlich den allgemeinen Faktoren geschuldet, wie sie sich in jedweder Form der Behandlung finden lassen (vgl. etwa Frank/Frank 1991). Insgesamt sprechen die Fakten eindeutig für multiple Formen psychotherapeutischer Praxis, und zugleich stellen sie die unter Praktikern anzutreffende Überzeugung infrage, der eigene Therapietypus sei der beste und aus Gründen wirksam, die in der favorisierten klinischen Theorie zu suchen sind.

Im Unterschied zur Ergebnisforschung untersucht die Prozessforschung, was sich im Verlauf der Therapie ereignet, ohne im Allgemeinen allzu sehr Bezug auf die Behandlungsresultate zu nehmen. Prozessstudien richten ihre Aufmerksamkeit auf Variablen wie die verbale und nonverbale Kommunikation zwischen Patienten und Therapeuten, auf die therapeutischen Techniken und die Reaktionen darauf seitens der

Patienten, auf die Erfahrungen von Patienten und Therapeuten im Verlauf von Sitzungen und auf verschiedene Aspekte der therapeutischen Beziehung oder Allianz. Der wesentliche Befund aus vielen Jahrzehnten Prozessforschung besagt, dass der Qualität der Beziehung, die der Patient zum Therapeuten erlebt, im Allgemeinen größere Bedeutung zukommt als den vom Therapeuten eingesetzten spezifischen Techniken.

Das Feld der Psychotherapieforschung entwickelte sich weiter, und Studien fingen an, nach der Beziehung zwischen der Wirksamkeit der Behandlung und spezifischen Aspekten des therapeutischen Prozesses zu fragen. Man kennt derartige Studien heute unter dem Namen Prozess-Ergebnis-Forschung (Orlinsky et al. 1994; Orlinsky et al. 2004). Besondere Relevanz kommt diesem Bereich der Psychotherapieforschung für die klinische Praxis zu, weil er nicht nur Aufschluss darüber gibt, ob diese oder jene Art von Psychotherapie »funktioniert« oder welche Ereignisse sich im Verlauf von Therapiesitzungen im Einzelnen zutragen, sondern weil er zugleich versucht, zwischen spezifischen, während der Therapiesitzungen beobachteten Transaktionen und Erfahrungen einerseits und deren klinischen Auswirkungen auf das Leben und die Persönlichkeit der Patienten außerhalb der Therapie andererseits Verbindungen herzustellen. Es gibt daher eine ganze Reihe von Befunden der Prozess-Ergebnis-Forschung, die nach meinem Dafürhalten für die Praktiker psychoanalytischer und psychodynamischer Psychotherapien relevant ist.

Perspektiven der Beobachtung

Zu den interessantesten und dabei zugleich häufig unterschätzten Gegebenheiten der Prozess- wie der Ergebnisforschung gehört, dass in der Regel die Wahrnehmungsperspektiven der Patienten, Therapeuten und externer Beobachter (beispielsweise geschulter Rater oder Supervisoren) zumindest partiell divergieren. Aus solch unterschiedlichen Perspektiven betrachtet weisen Beurteilungen einzelner Situationen und Ereignisse in Therapiesitzungen in der Regel keinen hohen Grad an Übereinstimmung auf, selbst wenn im Fokus vermeintlich dieselbe

Variable steht. So mag zum Beispiel die Empathie des Therapeuten dem Patienten, dem sie entgegengebracht wird, nicht auf gleichem Niveau scheinen wie dem Therapeuten, der sie aufbringt, oder den Ratern, die sie beobachten und evaluieren – auch wenn die Beurteilungen aus jeder Beobachterperspektive verlässlich sind. Ein gleicher Befund hat sich im Hinblick auf die Evaluation von Ergebnissen gezeigt, auch hier finden sich recht unterschiedliche Bewertungen von Therapeuten, Patienten, Familienangehörigen und unabhängigen Experten (etwa Supervisoren).

Das unterscheidet sich deutlich von Erwartungen, wie sie etwa an Naturwissenschaften geknüpft sind: Hier lässt sich ein hoher Grad an Übereinstimmung zwischen Beobachtern erreichen, residuale Nichtübereinstimmungen sind als statistische Abweichungen zu vernachlässigen. Allerdings sind dennoch gesetzmäßige Beziehungen zwischen Prozess und Ergebnis anzutreffen, und zwar sowohl innerhalb einzelner als auch zwischen verschiedenen Beobachterperspektiven, Beziehungen, die zeigen, dass es sich nicht lediglich um Beobachtungsfehler oder Messabweichungen handelt. Die epistemologische Ausgangslage in den Humanwissenschaften ist komplexer als in den Naturwissenschaften, denn durch die Beteiligung in verschiedenen Beobachtungssituationen determinieren Wahrnehmungen in gewisser Hinsicht die Situationen, in denen sie auftreten. In der Therapie ist jeder Beobachtertypus darauf beschränkt, einen Teil einer komplexen Situation zu kennen: Therapeuten, Patienten und externe Beobachter wie Supervisoren und klinische Rater beobachten die Therapieereignisse und evaluieren die Therapieergebnisse aus unterschiedlicher Perspektive. Dieser allgemeine Befund der Psychotherapieforschung mahnt Praktiker und Supervisoren.

Diese Mahnung im Hinterkopf, möchte ich mich nun den Implikationen zuwenden, die sich aus der Prozess-Ergebnis-Forschung für die Praxis der psychoanalytischen und psychodynamischen Psychotherapie ergeben. Erwähnt werden sollen ausschließlich replikativ bestätigte Befunde, die ich – entsprechend der Prozessvariablen im psychotherapeutischen Prozess, die sich durch eine umfangreiche Auswertung der Forschung ergaben – in sechs verschiedene Kategorien gruppieren möchte (Orlinsky 1994; Orlinsky/Howard 1986; Orlinsky et al. 2004). Relevant wären demnach

1. der *therapeutische Vertrag*,
2. die Methoden, technischen Verfahren oder *therapeutischen Maßnahmen*, mit denen Patient und Therapeut gleichermaßen befasst sind,
3. das *therapeutische Band* zwischen Patienten und Therapeuten,
4. die *Selbstbezogenheit* der Teilnehmer,
5. die *Auswirkungen* bestimmter Ereignisse auf die Teilnehmer *innerhalb einer Therapiesitzung*,
6. schließlich *zeitliche Muster*, die sich beim Eintreten bestimmter Ereignisse während einzelner Sitzungen und im Verlauf der Behandlung einstellen.

Ich werde im Folgenden jede Kategorie kurz umreißen, um dann die praxisrelevanten Forschungsbefunde darzustellen.

Der therapeutische Vertrag

Therapeutischer Vertrag heißt der formale oder organisatorische Aspekt des Therapieprozesses. Er ist eine Form der wechselseitigen Verständigung zwischen dem Therapeuten und dem Patienten über die *Ziele* der klinischen Arbeit, ferner über die zum Einsatz kommenden *Methoden*, über den *Ort* und *Plan*, die *Dauer* und die *Kosten* der Therapie, über die *Modalitäten* der Behandlung, das heißt über die Form, in der sie vor sich gehen soll (ob als Einzel-, Gruppen-, Paar- oder Familientherapie), und schließlich über die *Normen*, die regeln, wie sich die Beteiligten in der jeweiligen *Rolle* als Patient und Therapeut zu verhalten haben (und wie nicht). Bereits 1958 hatte Karl Menninger in seinem Buch *Theorie der psychoanalytischen Technik* die Frage des therapeutischen Vertrags auf psychodynamische Therapien bezogen behandelt.

Was verschiedene Aspekte des therapeutischen Vertrags anbelangt, bleibt die Reichweite der Befunde aus der Prozess-Ergebnis-Forschung letztlich ein wenig beschränkt. Relevant für die psychoanalytische Therapie dürfte allerdings der Umstand sein, dass sich keine konsistent besseren Ergebnisse für Einzel- im Vergleich zu Gruppentherapien aufweisen lassen, ebenso wenig für Therapien mit einem intensiven Therapieplan (und beispielsweise zwei bis drei wöchentlichen Sitzungen) oder für Therapien ohne zeitliche Begrenzung (im Unterschied zu befristeten Therapien). Es findet sich somit kein Beleg für die Überlegenheit einer Einzelbehandlung mit häufigen Sitzungen über einen langen Zeitraum, die als ein typisches Muster psychoanalytischer Behandlungspraxis gelten kann; und auch wenn ein solcher Musterfall nicht schlechter abschneidet, legen die Befunde zumindest nahe, dass im Allgemeinen eine langfristige intensive Einzeltherapie womöglich keine kosteneffiziente Form der Behandlung darstellt. Dem stehen verschiedene Studien aus jüngerer Zeit entgegen, die zeigen, dass längerfristige Therapien bei Beendigung der Behandlung zwar nicht notwendig bessere Ergebnisse aufweisen, aber späteren Rückfällen wirksamer vorbeugen.

Alles in allem hinterlassen die Resultate der Prozess-Ergebnis-Forschung bisher den Eindruck, dass die formalen Maßgaben des Vertrags weniger ins Gewicht fallen als das Können und die Erfahrung des Therapeuten, die Eignung des Patienten sowie schließlich die Konsequenz, mit der der Vertrag umgesetzt wird. Im Hinblick auf die Eignung des Patienten sollten Praktiker sich immer vor Augen halten, dass Kandidaten in therapeutischer Hinsicht möglicherweise unerfahren sind. Wenig informierte Patienten ohne Therapieerfahrung, die vor der Behandlung darüber aufgeklärt wurden, was sie erwartet und wie sie sich in der Therapie verhalten sollten, zeigen im Allgemeinen bessere Erfolge als andere, bei denen dem therapeutischen Vertrag keine Orientierung vorausging. Unerfahrenen Patienten kann dabei geholfen werden, aus der psychoanalytischen Behandlung größeren Nutzen zu ziehen, indem man ihnen eine Vorbereitung anbietet, entweder in direkter Form, durch explizite Unterweisung, oder indirekt, durch eine befristete »Probeanalyse«.

Therapeutische Maßnahmen

Unter therapeutischen Maßnahmen verstehe ich die einzelnen Aktivitäten, die zur Behandlung gehören und die der therapeutische

Vertrag für Patienten wie für Therapeuten spezifiziert – also das »Therapieunternehmen«, wie es durch die theoretische Orientierung des Therapeuten vorgegeben ist. Freud beispielsweise erhob für diejenigen, die als Patienten mit Psychoanalyse in Berührung kommen, die freie Assoziation zur Grundregel (Freud 1904), während er allen, die als Psychoanalytiker arbeiten, das Zuhören mit »gleichschwebender Aufmerksamkeit« auferlegte. Dabei sei, so schreibt er, »die Vorschrift, sich alles gleichmäßig zu merken, das notwendige Gegenstück zu der Anforderung an den Analysierten, ohne Kritik und Auswahl alles zu erzählen, was ihm einfällt« (Freud 1912a, S. 377). Bemüht um ein adäquates Verständnis und das richtige Timing, gehört es zur Rolle des Psychoanalytikers, dem Patienten Deutungen anzubieten, die ihm dabei helfen können, das »Unbewusste bewusst zu machen«; ob die Deutungen des Analytikers zutreffen, lässt sich aus den nachfolgenden Assoziationen des Patienten entscheiden (Freud 1937).

Diese Abfolge therapeutischer Maßnahmen verdeutlicht den endlosen Zyklus behandlungsspezifischer Verhaltensweisen, bei denen sich vier Schritte unterscheiden lassen: Zunächst erfolgt die *Problempräsentation* vonseiten des Patienten, die dem Therapeuten verbal und nonverbal Informationen über Gedanken, Gefühle, Phantasien, Symptome und Beziehungen liefert. Im Fortgang konstruiert der Therapeut im Rückgriff auf theoretische Konzepte ein *fachkundiges Verständnis* des »realen Problems«, das den Symptomen und Beschwerden des Patienten zugrunde liegt, um dann eine *therapeutische Intervention* anzubieten. Letztere wiederum motiviert beim Patienten *Kooperation*, das heißt eine mehr oder weniger zustimmende oder ablehnende Reaktion auf die Intervention des Therapeuten, die nun zum Ausgangspunkt der ersten Phase des darauffolgenden Zyklus wird.

Die Befunde der Prozess-Ergebnis-Forschung zeigen, dass Patienten, die sich auf Probleme konzentrieren, die mit ihrem Lebenswandel und ihren persönlichen Beziehungen im engeren Sinne zusammenhängen, im Großen und Ganzen bessere Ergebnisse erzielen. Insofern das vor allem aus der Wahrnehmungsperspektive des Patienten erkennbar ist, bleibt es möglicherweise sowohl Therapeuten als auch Supervisoren verborgen, zumal der Blick der Letzteren auf den Prozess sich auf das beschränkt, was die Therapeuten berichten. Ein weiteres wiederkehrendes Resultat der Forschung besagt, dass Patienten, die sich in kognitiver Hinsicht wie auch in ihrem Verhalten während der Sitzungen eher adaptiv zeigen, zu besseren Ergebnissen kommen als Patienten, die maladaptive Verhaltensweisen an den Tag legen.

Was *therapeutische Interventionen* anbelangt, hat sich gezeigt, dass die Methode, Deutungen anzubieten, praktisch durchgängig zu guten Ergebnissen führt, auch wenn wiederholt als wichtige Ausnahme auffällt, dass sich im Zusammenhang mit *Übertragungsdeutungen negative Ergebnisse* einstellen, insbesondere bei Behandlungen von relativ kurzer Dauer (und, so kann angenommen werden, auch in den frühen Phasen einer längerfristigen Behandlung). Aus Sicht der Forschung erscheinen unter diesen Bedingungen Übertragungsdeutungen als nicht ratsam. Zugleich sollte festgehalten werden, dass Deutungen nicht die einzige Art therapeutischer Intervention sind, die positive Auswirkungen zeigen – ich komme weiter unten darauf zurück.

Schließlich lassen zwei Aspekte der Reaktionen, die Patienten auf therapeutische Interventionen zeigen, auf das mutmaßliche Behandlungsergebnis schließen. Zum einen sind es *Widerstand* beziehungsweise *aktive Kooperation*, zum anderen ist es die Erfahrung positiver oder negativer Affekte, mit denen der Patient therapeutische Interventionen erwidert. Patienten, die aktiv kooperieren und sich im Anschluss an therapeutische Interventionen besser fühlen, erzielen tendenziell günstigere Ergebnisse; Patienten hingegen, die Widerstand zeigen und sich nach therapeutischen Interventionen schlechter fühlen, werden eher zu ungünstigen Ergebnissen kommen. Die wiederkehrende Erregung negativer Affekte bei Patienten – ohne anschließende Entlastung – ist selbst eines der häufigsten Vorzeichen eines schlechten Ergebnisses. Kliniker, die es mit Fällen zu tun haben, in denen Patienten ständig Widerstand und negative Gefühle zeigen, sollten ernsthaft überlegen, ob es nicht im Interesse des Patienten das Beste wäre, ihn an einen anderen Therapeuten zu überweisen oder aber eine andere Behandlungsform zu wählen.

Das therapeutische Band

Unter therapeutischem Band verstehe ich die *persönliche* Dimension der Interaktion und der Beziehung, wie sie von Patienten und Therapeuten in ihrer gemeinsamen Arbeit erfahren wird, im Unterschied und zusätzlich zu den Verhaltens- und Vorgehensweisen, die durch die jeweilige Rolle im therapeutischen Zusammentreffen bestimmt sind. Die Personen, die als Patienten und Therapeuten an der Therapie teilnehmen, haben zahlreiche Qualitäten und Charaktereigenschaften, die jenseits dessen liegen, was ihre Rolle in der Therapie erfordert. So wird von Therapeuten verlangt, über die für einen bestimmten Behandlungstypus grundlegende fachliche Ausbildung und Qualifikation zu verfügen. Von Patienten wird erwartet, dass sie tatsächlich einer Therapie bedürfen und darüber hinaus über zumindest durchschnittliche Intelligenz und sprachliche Ausdrucksmöglichkeiten verfügen, dass sie außerdem ein gewisses Maß an emotionaler Kontrolle und Selbsteinschätzung sowie schließlich die Fähigkeit besitzen, zwischenmenschliche Beziehungen einzugehen. Ganz abgesehen von diesen Grundvoraussetzungen jedoch sind Patient und Therapeut möglicherweise gleichen oder unterschiedlichen Geschlechts, sie können gleich alt sein oder auch einen beträchtlichen Altersunterschied aufweisen, ihr jeweiliger sozialer und kultureller Hintergrund mag ähnlich oder grundverschieden sein, ebenso ihr Lebensstil, vom Temperament her sind sie vielleicht freundlich und kontaktfreudig, vielleicht anspruchsvoll und fordernd, vielleicht auch schüchtern und sensibel und so weiter. Solche persönlichen Züge beeinflussen unausweichlich die Qualität und die Dynamik ihrer Beziehung als Menschen, mit anderen Worten: das therapeutische Band zwischen ihnen. Wie eine große Zahl von Studien belegt, hat dies ganz erhebliche Folgen für das Therapieergebnis – sowohl direkt als auch indirekt, das heißt durch Auswirkungen auf andere Aspekte des therapeutischen Prozesses.

Das Konzept des therapeutischen Bandes schließt auch das ein, was in der psychoanalytischen Literatur »Übertragung« und »reale Beziehung« genannt wird. Um Missverständnisse zu vermeiden, möchte ich erklären, wie ich diese Termini verwende: »Übertragung« bezieht sich zunächst einmal auf Wünsche oder Ängste, deren Ursprung außerhalb der unmittelbaren Behandlungssituation liegt, die aber in die Therapie übertragen werden beziehungsweise in sie eindringen, ohne dass der Patient sich dessen bewusst wäre (Freud 1912b). Ein solches Eindringen kann positiv oder negativ getönt sein, doch ist es in jedem Fall an der grundlos übertriebenen und häufig unangemessenen Art erkennbar, in der der Patient reagiert; eine Reaktion, die mit anderen Worten jenseits dessen liegt, was durch tatsächliche Verhaltensweisen oder Handlungen des Therapeuten »gefordert« oder gerechtfertigt wäre. Die Tatsache, dass es eine reale Situation gibt, in die ein Eindringen stattfindet, ist so offensichtlich, dass sie nicht explizit erwähnt werden musste.

Freud traf zudem die wichtige Unterscheidung zwischen unbewussten und bewussten (oder vorbewussten) Übertragungsreaktionen. Unbewusste Übertragungsreaktionen haben ihre Wurzeln in verdrängtem Konfliktmaterial, typischerweise aus der Kindheit, und manifestieren sich klinisch zuerst als heftiger Widerstand gegen die Analyse, um dann in den Mittelpunkt der Behandlung zu treten, wenn in der »Übertragungsneurose« die verdrängten Konflikte reaktiviert, durchgearbeitet und gelöst werden. Eine bewusste (oder vorbewusste) positive Übertragung gilt im Unterschied dazu durchweg als wichtiger Bestandteil der Behandlung: Sie unterstützt die Motivation des Patienten und die Bereitschaft, die Behandlung durchzuhalten, während die Aktivierung unbewusster konfliktgeladener Übertragungen ernste Verzweiflung und Verwirrung hervorruft.

In jüngerer Zeit hat man den Terminus der Übertragung allgemeiner verwendet, sodass er alle emotionalen oder persönlichen Aspekte der therapeutischen Beziehung einschließt – Dinge also wie etwa Sympathie und Vertrauen, die im Laufe einer Zusammenarbeit zwischen Menschen entstehen können. Damit verliert der Ausdruck seine spezifische Bedeutung, wonach etwas aus dem Leben des Patienten in die Therapie »übertragen« wird, und auch die wichtige Unterscheidung zwischen Gefühlen und Haltungen, die sich innerhalb der »realen Beziehung« entwickeln, und solchen, die von außen kommen, wird so verwischt.

In der Praxis sind diese Unterscheidungen allerdings nicht immer klar zu treffen, und deshalb ist es, denke ich, das Beste, das therapeutische

Band als ein Kontinuum zwischen dem Auftreten von »Übertragungen« und der sozialen »Realität« zu begreifen, die sich aus der tatsächlich stattfindenden persönlichen Interaktion ergibt. Ein solches Verständnis erkennt die Komplexität der Beziehungen ebenso an wie den jeweiligen Einfluss von Vergangenheit und Gegenwart in der Erfahrung, doch betont es zugleich die praktische Bedeutung einer Reihe von Unterscheidungen. Abzugrenzen wären demnach

1. Situationen, in denen die Beziehung im Wesentlichen im Hier und Jetzt existiert, das heißt inhaltlich angemessen realistisch wahrgenommen wird,
2. Situationen, die ebenfalls im Wesentlichen realistisch sind, jedoch feine Züge und Nuancen von Übertragung aufweisen,
3. Situationen mit offenkundigen und keineswegs unterschwelligen, allerdings nicht psychotischen Übertragungsreaktionen, und schließlich
4. Situationen, in denen Übertragungsreaktionen derart dominant sind, dass sie eigentlich psychotisch zu nennen sind.

Situationen des vierten Typs sind glücklicherweise recht selten und treten im Allgemeinen in dissoziativen Episoden auf, in denen es zu einem unkontrollierten »Wiedererleben« einer vergangenen traumatischen Erfahrung kommt. Verbreiteter sind, relativ gesehen, Situationen des dritten Typs, in denen es in signifikantem Maße zu offenen positiven wie negativen Übertragungen kommt, etwa als »Liebe auf den ersten Blick« oder »spontane Antipathie« gegenüber Personen beim ersten Zusammentreffen, doch typischerweise auch im Verlauf einer Langzeittherapie. Die meisten sozialen Beziehungen gehören einem der beiden ersten Typen an, sind also im Wesentlichen oder größtenteils realistisch, und entsprechend sind Therapiesitzungen die meiste Zeit im Wesentlichen oder größtenteils realistische Situationen.

Die Forschung hat sich entsprechend vor allem auf solche im Wesentlichen oder größtenteils realistische Aspekte der therapeutischen Beziehung konzentriert. Deren große Bedeutung zeigt sich in Prozess-Ergebnis-Studien, insofern messbare Behandlungsergebnisse stark von verschiedenen Aspekten der Beziehung zwischen Patienten und

Therapeuten abhängen (Norcross 2002). Bei der Auswertung entsprechender Studien habe ich zwei Aspekte des therapeutischen Bandes herausgearbeitet, nämlich einmal die *interaktive, aufgabenorientierte Zusammenarbeit* der Beteiligten, und zum Zweiten ihre *persönliche Beziehung.*

In der interaktiven, aufgabenorientierten Zusammenarbeit spiegelt sich die mehr oder weniger effektive Koordination der »Führungsstile« von Patient und Therapeut wider: Es geht dabei um Initiative und Kontrolle – in dem Sinne, dass beide weder permanent versuchen, die Führung zu übernehmen, noch darauf warten, dem anderen nur zu folgen. Interaktive, aufgabenorientierte Zusammenarbeit spiegelt zudem das »persönliche Engagement« wider, das die Beteiligten in ihrer jeweiligen Rolle aufbringen (das heißt, dass sie wirklich Beteiligung und »Präsenz« in dem, was sie tun, an den Tag legen, statt bloß so zu tun, »als ob«).

Die persönliche Beziehung ist ein Merkmal, das durch den Grad »empathischer Resonanz«, des »Aufeinander-eingestimmt-Seins« zwischen den Einzelnen bestimmt wird, davon, ob sie »auf derselben Wellenlänge« sind oder »aneinander vorbeireden«. Es spiegelt zugleich die Gefühlslage wider, die sich zwischen ihnen entwickelt, das heißt, ob sie einander mit Respekt und Vertrauen oder mit Abneigung und Misstrauen begegnen.

Es dürfte niemanden überraschen, dass die Qualität der persönlichen Beziehung und der interaktiven, aufgabenorientierten Zusammenarbeit, wie Patienten sie erleben und wie externe Beobachter sie wahrnehmen, die Wirksamkeit des therapeutischen Zusammenwirkens stark beeinflusst und die Ergebnisse der Behandlung in hohem Maße prädestiniert. Zahlreiche Studien haben diesen Zusammenhang untersucht, und ihre Resultate sind bemerkenswert konsistent. Aufgrund ihrer Bedeutung werde ich im Folgenden die wesentlichen Aspekte zusammenfassen:

- *Persönliches Engagement in der jeweiligen Rolle*
  Das Engagement des Patienten stellt aus der Prozessperspektive des Therapeuten einen verlässlichen Indikator für das zu erwartende Therapieergebnis dar. Nehmen Patienten die Therapeuten als engagiert wahr, sind durchgängig gute Ergebnisse vorgezeichnet; sobald Patienten jedoch die Therapeuten als persönlich »nicht

involviert« oder »gleichgültig« ansehen, ist dies umgekehrt mit schlechten Ergebnissen verbunden. Ein solches Resultat berührt die Frage der Neutralität des Therapeuten, worunter meines Erachtens am besten eine aufgeschlossene und vorurteilslose Haltung zu verstehen ist. In ihrem Beitrag zur psychoanalytischen Therapie gehen Peter Fonagy und Horst Kächele 2009 in klugen Worten auf dieses Problem ein, wenn sie schreiben:

> »[E]s ist für den Therapeuten vermutlich wirklich entscheidend, genau soweit emotionale Distanz zum Patienten zu wahren, dass es dem Letzteren möglich ist, Phantasien und Ängste, die ihn verunsichern, einzubringen. Im schlechtesten Fall allerdings wird Neutralität die Möglichkeit der Einfühlung dementieren; die jüngste Literatur zu Prozess und Ergebnis in der Psychotherapie verdeutlicht, dass eine echte Sorge des Therapeuten um den Patienten deutlich werden muss, wenn signifikante therapeutische Veränderung erreicht werden soll« (Fonagy/Kächele 2009).

➢ *Koordination von Führung*
Aus allen Beobachterperspektiven betrachtet lässt eine kooperative Beteiligung des Patienten in hohem Maße ein günstiges Ergebnis erwarten, während eine unselbstständige oder widerständige Haltung mit eher schlechteren Ergebnissen verbunden ist. Umgekehrt wiederum ist es im Hinblick auf das Ergebnis ein gutes Vorzeichen, wenn sich im Prozess aus Patientenperspektive der Eindruck einstellt, mit dem Therapeuten gebe es eine gemeinsame Anstrengung, statt dass Letzterer gebieterisch oder passiv erscheint. Relevant ist das für das psychoanalytische Behandlungsmodell, das bisweilen Passivität in einer Art fördert, die Freud selbst offenkundig nicht praktizierte (so jedenfalls beschreiben es seine Patienten).

➢ *Empathisches Aufeinander-eingestellt-Sein*
Aus jeder Beobachterperspektive wichtig für das Ergebnis ist offensichtlich die Fähigkeit des Patienten zur Expressivität. Die Bedeutung der Empathie des Therapeuten und ebenso das wechselseitige Aufeinander-eingestellt-Sein von Patient und Therapeut für das Ergebnis zeigten sich vor allem in objektiven Prozessbewertungen sowie in solchen aus Patientenperspektive. Diese Befunde

lassen stark vermuten, dass es in Fällen, in denen Patienten und Therapeuten nicht gut aufeinander eingestellt sind, in denen sie, mit anderen Worten, nicht »auf gleicher Wellenlänge« liegen und stattdessen aufeinander ein- oder aneinander vorbeireden, wahrscheinlich zu eher ungünstigen Ergebnissen kommen wird.

➢ *Gefühlslage*
Studien zeigen, dass in dem Moment, da eine Therapie sich auf ein erfolgreiches Ergebnis zubewegt, Patient und Therapeut einander wechselseitig positive Gefühle entgegenbringen. Beide neigen dazu, einen ausgeprägten Sinn für gegenseitige Bestätigung zu entwickeln, was im Hinblick auf das Ergebnis mehr Relevanz bekommt, wenn das beim Patienten als wenn es beim Therapeuten geschieht. An den Empfindungen von Patienten ist der Unterschied stärker abzulesen als an denen von Therapeuten, möglicherweise weil Therapeuten eher dazu neigen, sich entsprechend ihrer Rolle als Helfer als grundsätzlich freundlich zu erfahren. Aus jeder Beobachterperspektive lässt sich feststellen, dass eine positive Haltung des Patienten dem Therapeuten gegenüber durchgängig ein günstiges Ergebnis vorzeichnet; umgekehrt führt eine negative Haltung von Patienten Therapeuten gegenüber regelmäßig zu schlechten Ergebnissen.

Es wäre ein schwerwiegender Fehler, die genannten Befunde als Ausdruck einer »Übertragungsheilung« oder eines Scheiterns zu interpretieren, statt in ihnen ein tatsächliches Ansprechen auf die Behandlung zu sehen. Donald Winnicotts (1965) Konzept der haltenden Umwelt bietet eine genauere Vorstellung dessen, wie das therapeutische Band zum Ergebnis beiträgt. Erfahren die Patienten das therapeutische Band positiv, so erfahren sie es als haltende Umwelt, die ihnen ein sicheres und tragendes Fundament für die analytische Selbsterforschung bietet, die ihre Gabe stärkt, Abwehrreaktionen auszusetzen, und ihnen Mittel an die Hand gibt, reifer und stärker adaptiv mit Situationen umzugehen, die zuvor erdrückend schienen. Ein solches Verständnis des therapeutischen Bandes als haltende Umwelt wird darüber hinaus durch Befunde gestützt, die den signifikanten Beitrag empathischer Übereinstimmung am Behandlungsergebnis erkennen lassen.

Selbstbezogenheit

Unter Selbstbezogenheit verstehe ich die reflexiven, intrapersonalen Prozesse, von denen Selbstbewusstsein, Selbststeuerung, Selbstdisziplin und Selbstwertgefühl abhängen. Der klinische Aspekt der Selbstbezogenheit ist die psychologische Öffnung oder Abwehr der Patienten, die in signifikantem Maße Einfluss darauf haben, wie viel von dem, was in der Therapie passiert, sie verkraften werden; umgekehrt geht es um die Offenheit des Therapeuten für das, was Patienten, bewusst *und* unbewusst, in der Therapie mitteilen.

Die Befunde der Prozess-Ergebnis-Forschung zeigen, dass Patienten, die während der Sitzung keine Abwehrhaltung einnehmen, durchgängig bessere Ergebnisse erzielen. Das schient Freuds Empfehlung zu entsprechen, wonach zuerst die Widerstände des Patienten zum Gegenstand gemacht werden sollten, bevor man den Versuch unternimmt, die verdrängten oder dissoziativen Erfahrungen zu bearbeiten (Freud 1913).

Ein Aspekt der Selbstbezogenheit aufseiten des Therapeuten, der eine Verbindung zum Ergebnis erkennen lässt, ist die »Echtheit« oder Selbstkongruenz. Gleichwohl können auch Therapeuten, die ein hohes Maß an Selbstkongruenz und Selbstakzeptanz besitzen, unter Umständen mit Patienten scheitern, die mit einer starken Abwehrhaltung auftreten oder ernsthafte Probleme haben, eine nachhaltige therapeutische Allianz aufzubauen. Es gibt darüber hinaus verschiedene Belege, dass Therapeuten, die sich selbst infrage stellen, einen schädlichen Einfluss haben (Henry et al. 1990); ein solcher Befund würde, sollte er sich bestätigen lassen, eindeutig für die Empfehlung oder sogar für die Notwendigkeit sprechen, dass Therapeuten selbst erfolgreich eine Therapie gemacht haben müssen.

Auswirkungen innerhalb einer Therapiesitzung

Unter den Auswirkungen innerhalb einer Therapiesitzung verstehe ich die unmittelbaren Folgen des therapeutischen Handelns in der Sitzung, im Unterschied etwa zu mittelbaren Folgen in Lebenssituationen außerhalb der Therapie. Zu den positiven Effekten, die sich während einer Sitzung erzielen lassen, gehören möglicherweise Einsicht, emotionale Erleichterung, ein Gefühl neuen Mutes und der Hoffnung für die Zukunft. Umfangreiche Forschungsergebnisse zeigen, dass bei Patienten, bei denen sich positive Effekte innerhalb von Therapiesitzungen einstellen, regelmäßig günstige Ergebnisse vorgezeichnet sind; solche Effekte lassen sich aus der Perspektive der Patienten und externer Rater beobachten. Positive Auswirkungen innerhalb einer Therapiesitzung zeigen also, dass die Behandlung sich positiv entwickelt, doch scheint es für Therapeuten schwieriger, die Effekte innerhalb der Sitzung so wahrzunehmen, dass sich daraus auf ein positives oder negatives Ergebnis schließen ließe; Therapeuten können sich daher an diesem Punkt nicht auf ihre Wahrnehmung der Situation verlassen.

Therapiesitzungen können zu negativen Auswirkungen bei Patienten führen, wenn sich beispielsweise Verwirrung statt Einsicht, Sorge statt Erleichterung oder Entmutigung anstelle von Hoffnung einstellt. Wenn eine solche Situation über eine gewisse Zeit anhält, können die negativen Effekte insgesamt zu »Verschlechterungen« führen (vgl. Bergin/Lambert 1978; Lambert/Ogles 2004).

Die Auswirkungen innerhalb der Therapiesitzung auf Therapeuten sind viel seltener Gegenstand der Forschung, doch hat man ihnen in jüngerer Zeit eine gewisse Aufmerksamkeit gewidmet. Dabei zeigte sich, dass Therapeuten häufig durch ihre Arbeit mit Patienten eine intrinsische Befriedigung erfahren, was bei ihnen das Gefühl professioneller Weiterentwicklung und eine positive Arbeitsmoral befördert; allerdings erleben Therapeuten möglicherweise in der Arbeit mit Patienten auch emotionale Erschöpfungszustände, was zu professionellem Burnout führen kann (Orlinsky/Rønnestad 2005).

Zeitliche Muster

Der Terminus zeitliche Muster schließlich verweist auf Untersuchungen, die danach fragen, in welchem Verhältnis ein Ergebnis zu Ereignissen steht, die zu Beginn, in der Mitte oder gegen Ende von Therapiesitzungen auftreten, in welchem Verhältnis es darüber hinaus zu Ereignissen steht, die zu Beginn, in der Mitte oder gegen Ende einer Behandlung auftreten, und schließlich welche Relation zu Faktoren wie der Länge einer Sitzung oder der Dauer einer Behandlung existiert. Die am häufigsten untersuchte Variable ist dabei die Behandlungsdauer, und die zu dieser Fragestellung zusammengetragenen Resultate zeigen recht eindeutig, dass längere Behandlungszeiten tendenziell eher Erfolge erzielen als kürzere. Die Resultate gehen allerdings in der Regel auf Studien zurück, in denen Behandlungen unterschiedlicher Länge verglichen wurden. Das entspricht natürlich dem psychoanalytischen Behandlungsmodell, doch sollte man zwei andere Sachverhalte nicht aus den Augen verlieren.

Erstens zeigen Studien aus verschiedenen Ländern, dass Patienten, die zur Behandlung kommen, nur zu einem kleinen Teil zu Langzeitfällen werden – ein Umstand, den Therapeuten möglicherweise vergessen, wenn ihre Praxis sich allmählich mit Langzeitfällen füllt. Die Behandlungsdauer sollte darüber hinaus von der festgelegten *vertraglichen Laufzeit* der Behandlung unterschieden werden, die zu den Vertragsvariablen gehört, zumal auf einen bestimmten Zeitraum abgeschlossene Behandlungsverträge tatsächlich eine längere Behandlung mit sich bringen können als Fälle ohne im Voraus geregelte vertragliche Laufzeit.

Zweitens legen verschiedene Studien zum Dosis-Wirkung-Verhältnis nahe, den therapeutischen Nutzen als eine negativ beschleunigte Funktion der Behandlungsdauer anzusehen (vgl. Howard et al. 1986); allerdings ist ein solcher Befund nicht eindeutig (vgl. Puschner et al. 2007). Eine solche »negative Beschleunigung« tritt ein, wenn Patienten zu Beginn einer Behandlung relativ stark von ihr profitieren und im weiteren Verlauf immer länger brauchen, um weitere Fortschritte zu erzielen. Tatsächlich stellen Puschner et al. (2007) in ihrer Studie psychoanalytischer und psychodynamischer Langzeittherapie fest, dass noch »vor der ersten Sitzung [...] psychologische Probleme rasch zurückgingen«; darüber hinaus ist bemerkenswert: »Mehr als ein Drittel des für den zweijährigen Beobachtungszeitraum erwarteten Fortschritts wurde in dieser ersten [der Behandlung vorausgehenden] Phase erreicht« (Puschner er al. 2007, S. 60). Das mag Ausdruck des Umstands sein, dass die »moralische Wiederaufrichtung« und die Befreiung von Symptomen relativ schnell vonstatten gehen, dabei aber maladaptive Dispositionen (beispielsweise unbewusste Konflikte) und Dinge, die erst in späteren Phasen angegangen werden sollen, beim Patienten zurückbleiben. Jedenfalls legen die Befunde nahe, dass selbst gängige Langzeitbehandlungen letztlich einen Punkt erreichen, an dem die Ergebnisse immer schwächer werden. Damit stellt sich das Problem, dass Analysen, die über lange Jahre gehen, häufiger eher zu einem *way of life* werden als dass sie noch einen Weg bieten, therapeutische Veränderungen zu befördern.

Das psychoanalytische Behandlungsmodell

Abschließend möchte ich nun die Folgen der Psychotherapieforschung insbesondere für das psychoanalytische Behandlungsmodell resümieren. Die Befunde aus der Prozess-Ergebnis-Forschung zeigen, dass das psychoanalytische Modell zu Recht die Bedeutung der Partizipation des Patienten hervorhebt. Es ist wichtig, dass Patienten sprechen, wirklich engagiert beteiligt sind, aussagekräftig kommunizieren und sich ganz allgemein eher kooperativ als ablehnend verhalten.

Die Resultate der Prozess-Ergebnis-Forschung verweisen – im Einklang mit psychodynamischen Überlegungen – zudem darauf, wie wichtig es für Patienten ist, sich auf ihr engeres persönliches Beziehungsumfeld aus Vergangenheit und Gegenwart zu konzentrieren und dabei zu erkunden, wie diese Beziehungen ihre aktuellen Probleme im Leben berühren. Therapeuten können die Patienten in diesem Prozess unterstützen, indem ihre Interventionen die Kernprobleme und -fragen sowie die Gefühle, die damit verbunden sind, immer wieder in den Fokus rücken, *freilich nur in dem Maße, in dem Patienten dies ertragen.* Affektive Erregung, insbesondere positive Emotionalität in der Therapie, lässt ein positives Ergebnis erwarten und begünstigt es, negative affektive Erregung hingegen kann – wenn sie über einen längeren Zeitraum unvermindert anhält oder ausweglos erscheint – traumatisieren und zu einem negativen therapeutischen Resultat führen.

Forschungsergebnisse belegen die Wirksamkeit, die ganz allgemein

Deutungen als Form therapeutischer Intervention zukommt; insbesondere bestätigen sie den Vorrang, den das psychoanalytische Modell der Deutung von Abwehr und Widerstand einräumt – *allerdings nur, wenn solche Deutungen eine Unterstützung bieten und auf Schuldzuschreibungen verzichten.* In psychodynamischen Kurzzeittherapien haben Übertragungsdeutungen möglicherweise nachteilige Folgen. Zugleich zeigen sich bestimmte Interventionen, von denen im psychoanalytischen Behandlungsmodell *abgeraten* wird, etwa die Offenlegung bestimmter persönlicher Informationen vonseiten des Therapeuten oder der direkte Rat an Patienten, als weder besonders wirksam noch vorteilhaft.

Die Art der therapeutischen Beziehung, wie sie das psychoanalytische Behandlungsmodell vorsieht, wirft noch ein weiteres komplizierteres Problem auf. Resultate der Prozess-Ergebnis-Forschung stimmen mit dem psychoanalytischen Behandlungsmodell darin überein, die entscheidende Bedeutung des therapeutischen Bandes hervorzuheben, der therapeutischen Allianz, die sich zwischen dem adaptiven, dem Alter entsprechenden Ich des Patienten und dem reifen, der Rolle entsprechenden Ich des Therapeuten herausbildet. Auf der Ebene dieser Allianz zeichnet sich eine angemessene und effektive Haltung, die der Therapeut dem Patienten gegenüber einnimmt, durch kooperatives Engagement und persönliche Bestätigung aus, nicht durch emotionale Distanziertheit oder Neutralität. In Situationen allerdings, in denen der Therapeut bei weiterhin bestehender positiver therapeutischer Allianz mit den aktivierten unbewussten Übertragungsprojektionen des Patienten konfrontiert ist, ist die vermutlich angemessenste Haltung aufseiten des Therapeuten eine distanzierte und neutrale, *solange eine solche Haltung zugleich ein echtes empathisches Eingehen auf die Erfahrung des Patienten zeigt.*

Die verschiedenen Aspekte der therapeutischen Beziehung miteinander zu vereinbaren, ist mit Sicherheit eine Herausforderung und sollte ein Schwerpunkt der Selbstreflexion und der Supervision sein. Therapeuten, die den Unterschied der beiden beschriebenen Ebenen verwischen, die Distanziertheit und emotionale Neutralität zeigen, wenn es darum ginge, das therapeutische Band zu knüpfen oder zu reparieren, oder die eine regressive Form der Abhängigkeit befördern, statt kooperativ mit dem Patienten zusammenzuarbeiten, werden vermutlich eher einen schädlichen Einfluss auf ihre Patienten haben. Therapeuten andererseits, die sich in Situationen unbewusster Übertragung aktiv einbringen, laufen Gefahr, die prekären Regressionszustände von Patienten unterschwellig auszubeuten.

Ein letzter Punkt ist die Bedeutung der verschiedenen Prozessbeobachterperspektiven im Supervisionsprozess. Werden Tonbandaufnahmen von Therapiesitzungen als Grundlage der Supervision verwendet, hat man den Vorteil, die Beobachterperspektive des Supervisors, der als unabhängiger Beobachter gelten kann, mit der des Therapeuten vergleichen zu können, der teilnehmender Beobachter ist. Verlassen sich Supervisoren einzig auf die Fallnotizen und die Ereignisbeschreibung des Therapeuten, bleibt ihr Verständnis beschränkt auf die Therapeutenperspektive, die nicht notwendigerweise schlechter oder besser als andere Beobachterperspektiven ist, sich jedoch definitiv von ihnen unterscheidet und häufig von ihnen abweicht. Beispielsweise sind aus Therapeutenperspektive die deutlichsten Indikatoren eines zu erwartenden positiven Ergebnisses die Eignung des *Patienten* für die Behandlung, dessen persönliches Engagement, die Bereitschaft zur Kooperation und zur Offenheit, das Nichtvorhandensein von Widerstand oder Abwehr sowie schließlich ein positives Beitragen zum therapeutischen Band. Aus der unabhängigen, auf Audio- oder Videoaufnahmen gestützten Perspektive eines Supervisors sind die stärksten Indikatoren eines zu erwartenden positiven Ergebnisses die Befähigung des *Therapeuten*, seine Sicherheit oder Glaubwürdigkeit, der erfahrene Einsatz von Deutungen, die Fokussierung der Intervention auf die wichtigsten Probleme des Patienten und schließlich das Engagement für eine Beziehung gegenseitiger Verstärkung und Anerkennung mit dem Patienten – und zugleich die Eignung des *Patienten* für die Behandlung, dessen Bereitschaft zur Kooperation, seine Offenheit, die emotionale Beteiligung sowie das Erleben positiver Folgen während der Sitzungen.

Das wären die Ratschläge, die meiner Meinung nach die gesammelten Ergebnisse der Psychotherapieforschung den Praktikern psychoanalytischer Therapie bieten.

Aus dem Englischen übersetzt von Thomas Atzert, Offenbach am Main.

Literatur

Bergin, A. E. & Lambert, M. J. (1978): The evaluation of therapeutic outcomes. In: Garfield, S. L. & Bergin, A. E. (Hg.): Handbook of psychotherapy and behavior change. 2. Aufl. New York (Wiley), S. 139–189.

Breuer, J. & Freud, S. (1893): Über den psychischen Mechanismus hysterischer Phänomene. Vorläufige Mitteilung. In: Freud, S.: GW I, S. 81–98. Engl. Ausg.: Breuer, J. & Freud, S. (1893/1955): On the psychical mechanism of hysterical phenomena: Preliminary communication. In: Strachey, J. (Hg.): The standard edition of the complete psychological works of Sigmund Freud, Bd II. London (Hogarth Press), S. 3–17.

Fonagy, P. & Kächele, H. (2009): Psychoanalysis and other long term dynamic psychotherapies. In: Gelder, M. G.; Lopez-Ibor, J. J. & Andreasen, N. (Hg.): New Oxford textbook of psychiatry, Bd. 2. 2. Aufl. Oxford (Oxford University Press). Im Druck.

Frank, J. D. & Frank, J. B. (1991): Persuasion and healing: A comparative study of psychotherapy. Baltimore, MD (Johns Hopkins University Press).

Freud, S. (1904): Die Freudsche psychoanalytische Methode. GW V, S. 3–10. Engl. Ausg.: Freud, S. (1904/1953): Freud's psycho-analytic procedure. In: Strachey, J. (Hg.): The standard edition of the complete psychological works of Sigmund Freud, Bd. VII. London (Hogarth Press), S. 249–254.

Freud, S. (1912a): Ratschläge für den Arzt bei der psychoanalytischen Behandlung. GW VIII, S. 376–387. Engl. Ausg.: Freud, S. (1912a/1958): Recommendations to physicians practising psycho-analysis. In: Strachey, J. (Hg.): The standard edition of the complete psychological works of Sigmund Freud, Bd. XII. London (Hogarth Press), S. 111–120.

Freud, S. (1912b): Zur Dynamik der Übertragung. GW VIII, S. 364–374. Engl. Ausg.: Freud, S. (1912b/1958): The dynamics of transference. In: Strachey, J. (Hg.): The standard edition of the complete psychological works of Sigmund Freud, Bd. XII. London (Hogarth Press), S. 99–108.

Freud, S. (1913): Zur Einleitung der Behandlung. GW VIII, S. 454–478. Engl. Ausg.: Freud, S. (1913/1958): On beginning the treatment. In: Strachey, J. (Hg.): The standard edition of the complete psychological works of Sigmund Freud, Bd. XII. London (Hogarth Press), S. 121–144.

Freud, S. (1923): »Psychoanalyse« und »Libidotheorie«. GW XIII, S. 211–233. Engl. Ausg.: Freud, S. (1922/1955): Psycho-analysis, in: Strachey, J. (Hg.): The standard edition of the complete psychological works of Sigmund Freud, Bd. XVIII. London (Hogarth Press), S. 235–254.

Freud, S. (1937): Konstruktionen in der Analyse. GW XVI, S. 43–56. Engl. Ausg.: Freud, S. (1939): Constructions in analysis, in: Strachey, J. (Hg.): The standard edition of the complete psychological works of Sigmund Freud, Bd. XXIII. London (Hogarth Press), S. 257–269.

Henry, W. T.; Schacht, T. E. & Strupp, H. H. (1990): Patient and therapist introject, interpersonal process, and differential psychotherapy outcome. J Consult Clin Psychol 58(6), 768–774.

Howard, K. I.; Kopta, M.; Krause, M. S. & Orlinsky, D. E. (1986): The dose-effect relationship in psychotherapy. Am Psychol 41(2), 149–164.

Lambert, M. J. & Ogles, B. (2004): The efficacy and effectiveness of psychotherapy.

In: Lambert, M. (Hg.): Bergin and Garfield's Handbook of psychotherapy and behavior change. 5. Aufl. New York (Wiley), S. 139–193.

Leichsenring, F. & Rabung, S. (2008): Effectiveness of long-term psychodynamic psychotherapy: A meta-analysis. JAMA 300(13), 1551–1565.

Luborsky, L. (1953): Intraindividual repetitive measurements (P technique) in understanding psychotherapeutic change. In: Mowrer, O. H. (Hg.): Psychotherapy theory and research. New York (Ronald Press), S. 389–413.

Luborsky, L. (1964): A psychoanalytic research on momentary forgetting during free association. Bull Philadelphia Assn Psychoanal 14, 119–137.

Luborsky, L.; Crits-Christoph, P.; Mintz, J. & Auerbach, A. (1988): Who will benefit from psychotherapy? Predicting therapeutic outcomes. New York (Basic Books).

Luborsky, L. & Spence, D. P. (1978): Quantitative research on psychoanalytic therapy. In: Bergin, A. E. & Garfield, S. L. (Hg.): Handbook of psychotherapy and behavior change. 1. Aufl. New York (Wiley), S. 408–438.

Menninger, K. A. & Holzman, P. S. (1958): Theorie der psychoanalytischen Technik. Übers. v. I. John. Stuttgart, Bad Cannstatt (frommann-holzboog), 1977. Orig.: Theory of psychoanalytic technique. New York (Basic Books).

Norcross, J. C. (Hg.) (2002): Psychotherapy relationships that work: Therapist contributions and responsiveness to patients, Washington, DC (American Psychological Association).

Orlinsky, D. E. (1994): »Learning from many masters«. Ansätze zu einer wissenschaftlichen Integration psychotherapeutischer Behandlungsmethoden. Psychotherapeut 39(1), 2–9.

Orlinsky, D. E.; Grawe, K. & Parks, B. K. (1994): Process and outcome in psychotherapy: Noch einmal. In: Bergin, A. E. & Garfield, S. L. (Hg.): Handbook of psychotherapy and behavior change. 4. Aufl. New York (Wiley).

Orlinsky, D. E. & Howard, K. I. (1986): Process and outcome in psychotherapy. In: Garfield, S. L. & Bergin, A. E. (Hg.): Handbook of psychotherapy and behavior change. 3. Aufl. New York (Wiley), S. 311–381.

Orlinsky, D. E. & Rønnestad, M. H. (2005): How psychotherapists develop: A study of therapeutic work and professional growth. Washington, DC (American Psychological Association).

Orlinsky, D. E. & Rønnestad, M. H. & Willutzki, U. (2004): Fifty years of psychotherapy process-outcome research: Continuity and change. In: Lambert, M. (Hg.): Bergin and Garfield's Handbook of psychotherapy and behavior change. 5. Aufl. New York (Wiley), S. 307–389.

Puschner, B.; Kraft, S.; Kächele, H. & Kordy, H. (2007): Course of improvement over 2 years in psychoanalytic and psychodynamic outpatient psychotherapy. Psychol Psychother 80(1), 51–68.

Rogers, C. R. & Dymond, R. F. (1954): Psychotherapy and personality change, Chicago (University of Chicago Press).

Strupp, H. H. (1955): The effect of the psychotherapist's personal analysis upon his techniques. J Consult Psychol 19(3), 197–204.

Strupp, H. H. (1960): Psychotherapists in action. New York (Grune and Stratton).

Strupp, H. H. & Luborsky, L. (Hg.) (1962): Research in psychotherapy, Bd. 2. Washington, DC (American Psychological Association).

Winnicott, D. W. (1965): Reifungsprozesse und fördernde Umwelt. Übers. v. G. Theusner-Stampa. München (Kindler), 1976. Orig.: The maturational process and the facilitating environment. New York (International Universities Press).

Teil II

Psychoanalyse und ihre Nachbarn

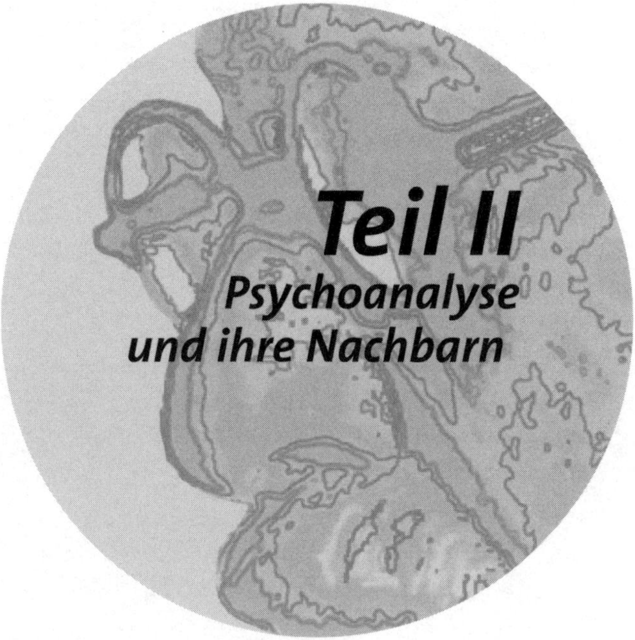

Psychoanalyse und psychoanalytische Therapie aus Sicht der Hirnforschung

Gerhard Roth

> »Es ist ein unerschütterliches Resultat der Forschung, daß die seelische Tätigkeit an die Funktion des Gehirns gebunden ist wie an kein anderes Organ. [...] Aber alle Versuche, [...] eine Lokalisation der seelischen Vorgänge zu erraten, alle Bemühungen, die Vorstellungen in Nervenzellen aufgespeichert zu denken und die Erregungen auf Nervenfasern wandern zu lassen, sind gründlich gescheitert. [...] Es klafft hier eine Lücke, deren Ausfüllung derzeit nicht möglich ist, auch nicht zu den Aufgaben der Psychologie gehört. Unsere psychische Topik hat vorläufig nichts mit der Anatomie zu tun; sie bezieht sich auf Regionen des seelischen Apparates, wo immer sie im Körper gelegen sein mögen, und nicht auf anatomische Örtlichkeiten« (Freud, *Das Unbewußte*, 1915).

Für viele Hirnforscher und experimentell-empirisch arbeitende Psychologen war und ist die Lehre Sigmund Freuds und die Psychoanalyse der Inbegriff unwissenschaftlichen Denkens und Tuns, von der Lehre C.G. Jungs ganz zu schweigen; und umgekehrt war für die Psychoanalytiker die Hirnforschung – sofern diese sich überhaupt mit Fragen des Psychischen befasste – der Ausbund eines verfehlten Reduktionismus, der alles Seelische auf das »Feuern« von Nervenzellen und die Ausschüttung von Neurotransmittern herabwürdigen will.

Dieses Spannungsverhältnis ist nicht selbstverständlich. Zum einen war der junge Freud ein talentierter Neurobiologe, und es war für ihn selbstverständlich, dass seine im Entstehen begriffene Lehre vom Psychischen und seinen Erkrankungen eine neurobiologische Grundlage benötigte. Um 1896 schrieb Freud seinen *Entwurf einer Psychologie.* Diese Schrift stellte den Versuch dar, eine Theorie des »seelischen Apparates« auf der Grundlage der soeben etablierten Neuronentheorie zu entwickeln. Die empirische Basis für das Unternehmen war damals allerdings sehr schmal. Das ahnte wohl auch Freud, und er brach das ganze Projekt ab. Das führte unter anderem dazu, dass er das oben genannte Manuskript nicht veröffentlichte und auch später davon nichts wissen wollte. Es wurde erst 1950 posthum veröffentlicht.

Was blieb, war ein ambivalentes Verhältnis Freuds zur Hirnforschung: einerseits die Hoffnung, es könne sich irgendwann doch einmal eine neurobiologische Fundierung der Psychoanalyse ergeben, andererseits der heroische, ja teilweise bewusste Verzicht auf ein solches Ziel. Die Nachfolger Freuds wandten sich immer weiter von der Idee ab, das Psychische im Gehirn zu »verorten« und der Psychotherapie und insbesondere der Psychoanalyse eine exakte empirische Grundlage zu verschaffen. Erst in den vergangenen zehn Jahren haben sich Vertreter beider »Lager« einander angenähert und in fruchtbarer Weise eine Zusammenarbeit begonnen. Die Bedingungen für eine solche Zusammenarbeit bedürfen aber einer sorgfältigen Diskussion. Der vorliegende Aufsatz versteht sich als ein Schritt in diese Richtung. Ich werde mich dabei mit folgenden Themen befassen:

- Dem Aufbau des Psychischen im Gehirn
- Der Wirkung frühkindlicher Erfahrungen auf Psyche und Gehirn
- Wie und wo im Gehirn wirkt eine psychoanalytische Therapie?

Der Aufbau des Psychischen im Gehirn

An der Entstehung psychischer Zustände ist im Prinzip das gesamte Gehirn beteiligt, im engeren Sinne ist jedoch das limbische System und seine Wechselwirkung mit den kognitiven Zentren des Gehirns als Träger des Psychischen anzusehen. Es lassen sich idealtypisch vier Ebenen unterscheiden, auf denen psychisch-emotionale und kognitive Prozesse stattfinden und entlang der drei Achsen *bewusst-unbewusst*, *emotional-rational* und *individuell-sozial* wirksam sind.

Die unterste Ebene ist die *vegetativ-affektive Ebene*. Sie wird von der limbisch-vegetativen Grundachse des Gehirns repräsentiert, die Anteile der septalen Region, die präoptisch-hypothalamische Region, die zentrale Amygdala, das zentrale Höhlengrau und vegetativ-viszerale Zentren des Hirnstamms (Mittelhirn, Brücke, verlängertes Mark) umfasst. Diese Areale sichern über die Kontrolle des Stoffwechselhaushalts, des Kreislaufs, der Temperaturregulation, des Verdauungs- und Hormonsystems, der Nahrungs- und Flüssigkeitsaufnahme, des Wachens und Schlafens *unsere biologische Existenz*. Ebenso werden durch diese Ebene unsere *elementaren affektiven Verhaltensweisen und Empfindungen* wie Angriffs- und Verteidigungsverhalten, Flucht und Erstarren, Aggressivität, Wut und Sexualverhalten gesteuert. Diese Antriebe und Affektzustände sind in ihrer Art weitgehend genetisch bedingt – wir teilen sie mit vielen Tieren – und durch Erfahrung und willentliche Kontrolle nur wenig beeinflussbar. Insbesondere laufen sie völlig unbewusst ab; bewusst werden sie nur über Erregungen, die von hier in die bewusstseinsfähige Großhirnrinde dringen.

In ihrer individuellen Ausformung legen die Eigenschaften dieser Zentren das »Temperament« fest, mit dem die Personen »auf die Welt kommen«, d.h. ob eine Person neugierig-draufgängerisch oder vorsichtig ist, kommunikativ oder wortkarg, mutig oder ängstlich usw. In Begriffen der Lehre Freuds ist dies die *tiefe Ebene des Es*, auf der weitgehend genetisch bestimmte, überindividuelle und individuelle Triebstrukturen vereint sind. Diese Ebene bildet sich im Gehirn bereits in den ersten Schwangerschaftswochen aus. Hier finden sich auch angeborene Mechanismen der Interaktion des späteren Säuglings mit seiner Mutter (insbesondere für das Bindungsverhalten) und seiner sonstigen nahen Umwelt. Weiter unten werde ich darauf zurückkommen.

Die zweite, darüber angeordnete Ebene ist die der *emotionalen Konditionierung und des individuellen emotionalen Lernens*. Hieran sind die corticale, mediale und basolaterale Amygdala, das mesolimbische System (Nucleus accumbens und ventrales tegmentales Areal) beteiligt. Die basolaterale Amygdala ist der Ort der erfahrungsgeleiteten, d.h. auf Konditionierung beruhenden Verknüpfung emotional relevanter, überwiegend negativer oder überraschender Ereignisse mit den angeborenen Grundgefühlen der Furcht, Angst, Abwehr und Überraschung. Die mediale und corticale Amygdala verarbeitet Geruchs- und Geschmackspräferenzen sowie soziale Geruchssignale, Pheromone genannt, die bei den höchst individuellen Sympathien und Antipathien eine wichtige Rolle spielen. Diese Präferenzen sind teils genetisch bestimmt, teils erfahrungs- bzw. prägungsabhängig.

Interaktionspartner und gleichzeitig »Gegenspieler« der Amygdala ist das *mesolimbische System*. Es dominiert bei der Registrierung und Verarbeitung natürlicher Belohnungsereignisse und stellt zum einen das zerebrale Belohnungssystem (über die Ausschüttung der endogenen Opiate – der hirneigenen Belohnungsstoffe) dar. Zum anderen ist es das *grundlegende Motivationssystem*, das über die Ausschüttung des Neuromodulators Dopamin Belohnungen »in Aussicht stellt«. Die Aktivität dopaminerger Neurone im Nucleus accumbens hängt von der *Belohnungsvorhersagbarkeit* ab.

Diese mittlere limbische Ebene entsteht etwas später als die untere Ebene, aber auch bereits vor der Geburt und entwickelt sich stark in der ersten Zeit nach der Geburt. Auf ihr formen sich die *unbewussten Anteile des Selbst*, und zwar aufgrund frühkindlicher Erfahrungen, insbesondere früher Bindungserfahrungen. Hierbei entstehen in rekursiver Weise die Grundstrukturen des Verhältnisses zu uns selbst (Selbstbild) und zu den Mitmenschen (Empathiefähigkeit) und die Grundkategorien dessen, was aus »infantiler« Weise gut und schlecht ist. Diese Grundstrukturen und -kategorien sind zwar Ergebnis (unbewusster) Lernprozesse, sie verfestigen sich aber zunehmend und werden somit zum »Engels- oder Teufelskreis« im Sinne von M. Papoušek, das heißt, Erfahrungen werden selektiv zur Bestätigung von Vorerwartungen und Voreinstellungen gemacht.

Auf dieser mittleren limbischen Ebene wird festgelegt, was wir aufzusuchen bzw. zu wiederholen haben, weil es mit Bedürfnisbefriedigung und Lust verbunden ist, und was wir zu vermeiden haben, weil es mit Bedürfnissteigerung, Schmerz und Unlust verbunden ist. Sie ist damit die für das Psychische entscheidende Ebene, und zwar sowohl hinsichtlich einer normalen als auch einer krankhaften Entwicklung, zumindest was Neurosen und Suchtkrankheiten betrifft – Psychosen sind wegen ihrer starken genetischen Komponenten wohl eher auf der untersten limbischen Ebene anzusiedeln. Diese Ebene findet keine klare Entsprechung in Freuds Theorie des »seelischen Apparates«, genauso wenig wie Freud die frühkindlichen, völlig unbewussten Erfahrungen besonders thematisiert hat. Sie ist aber diejenige *strukturelle Ebene*, an der Psychotherapie vornehmlich ansetzen muss, wie ich noch ausführen werde.

Die dritte Ebene ist die der *bewussten, überwiegend sozial vermittelten Emotionen*. Sie umfasst die limbischen Anteile der Großhirnrinde. Hierzu gehören der insuläre, vordere cinguläre und der orbitofrontale Cortex, die ihrerseits teils parallel, teils hierarchisch miteinander interagieren. Der insuläre Cortex ist Verarbeitungsort des affektiven Körpergefühls einschließlich der affektiven Schmerzempfindung und der affektiv-emotionalen Eingeweidewahrnehmung (»Bauchgefühl«). Der vordere cinguläre Cortex hat mit seinem unteren Teil mit Risikowahrnehmung und -bewertung und mit der affektiven Tönung von Schmerzempfindungen zu tun, insbesondere mit Schmerzerwartung. Der über den Augenhöhlen (Orbita) liegende orbitofrontale Cortex ist in gewissem Sinne der »höchste« limbische Cortex. Läsionen im orbitofrontalen und ventromedialen Cortex führen zum Verlust der Fähigkeit, den sozial-kommunikativen Kontext, z.B. die Bedeutung von Szenendarstellungen oder die Mimik von Gesichtern, zu erfassen. Diese Patienten sind unfähig, negative oder positive Konsequenzen ihrer Handlungen vorauszusehen, wenngleich unmittelbare Belohnung oder Bestrafung von Aktionen ihr weiteres Handeln beeinflussen können. Der orbitofrontale Cortex ist Sitz von Netzwerken, die Regeln moralischen und ethischen Verhaltens repräsentieren, also diejenigen Verhaltensweisen, die geeignet sind, uns die Unterstützung und Wertschätzung unserer Mitmenschen im engeren Sinne und der Gesellschaft im weiteren Sinne zu erhalten. Er ist derjenige Hirnteil, der die längste Reifezeit benötigt und erst im Alter von 16–20 Jahren einigermaßen »ausgereift« ist.

Der orbitofrontale Cortex hat eine wichtige zügelnde Funktion gegenüber der unteren, affektiven limbischen Ebene (sofern möglich) und gegenüber den egoistisch-infantilen Antrieben aus den Zentren der mittleren limbischen Ebene, d.h. der Amygdala und des mesolimbischen Systems, und zwar auf der Grundlage sozial vermittelter Erfahrung. Hier bilden sich die *bewussten Anteile des Selbst und des affektiv-emotionalen, auch sozial vermittelten Ich* aus, und zugleich formen sich hier Elemente von Moral und Ethik, die Freud als Über-Ich bezeichnet. Diese Ebene ist die der bewussten, vornehmlich sprachlichen Interaktion, wie sie für die Psychoanalyse typisch ist. Sie ist als *psychodynamische Ebene* der Ort der von Freud beschriebenen psychischen Konflikte.

Zu dieser dritten limbischen Ebene gehört auch das, was Freud das Vorbewusste genannt hat. Es enthält das, was einmal bewusst war und ins Unbewusste, genauer ins Vorbewusste, abgesunken ist. Dieses Vorbewusste ist weitgehend identisch mit dem sogenannten deklarativen Langzeitgedächtnis, das nach heutigem Wissen in der assoziativen Großhirnrinde lokalisiert ist. Ob und wie etwas bewusst wird, hängt von Vorgängen in der Großhirnrinde selbst oder auf der mittleren limbischen Ebene ab. Direkt werden die Prozesse der Bewusstwerdung und des Absinkens ins Vorbewusste vom Hippocampus gesteuert; dieser steht seinerseits unter direkter Kontrolle der Amygdala, des Septum und des mesolimbischen Systems. Auf diese Weise können frühkindliche Erfahrungen das Bewusstwerden, Absinken oder *Verdrängen* beeinflussen.

Diesen drei limbischen Ebenen steht die *kognitiv-sprachliche Ebene* gegenüber, die in der Großhirnrinde im engeren Sinne, dem Isocortex, angesiedelt ist. Hier finden sich exekutive, d. h. handlungsvorbereitende Areale, insbesondere der dorsolaterale präfrontale Cortex. Im linken Stirnhirn befindet sich auch das Brocasche Sprachareal, das die neuronale Grundlage der menschlichen syntaktisch-grammatikalischen Sprache ist. Der dorsolaterale präfrontale Cortex ist »Sitz« von Intelligenz und Verstand; er hat mit der zeitlich-räumlichen Strukturierung von Sinneswahrnehmungen zu tun, mit planvollem und kontextgerechtem Handeln und Sprechen und mit der Entwicklung von Zielvorstellungen. Läsionen führen zu Defiziten in der Intelligenz und im Problemlöseverhalten, insbesondere zur Unfähigkeit, die sachliche Relevanz externer Ereignisse einzuschätzen, aber auch zu schweren Beeinträchtigungen des Arbeitsgedächtnisses.

Diese Ebene ist die des *kognitiv-rationalen Ich* und des *Realitätsprinzips* im Sinne Freuds. Zum einen wird hier geprüft, was »Sache« ist, und zum anderen geht es um Problemlösen und zweckrationale Handlungsplanung. Schließlich ist es die Ebene der Darstellung und *Rechtfertigung* des bewussten Ich vor sich selbst und vor den anderen. Diese Ebene hat keine direkten Verbindungen zur Handlungssteuerung; sie ist aus biologisch sinnvollen Gründen hiervon abgekoppelt: Hier sollen nämlich Handlungsplanungen, Selbstdarstellungen und kommunikative Akte ablaufen können, ohne dass sie *unmittelbar* in Handlungen übergehen oder mit der Realität übereinstimmen müssen. Entsprechend führt das Einwirken auf diese Ebene, zum Beispiel als Appell an Vernunft und Einsicht, zu keinerlei Verhaltensänderung.

Störungen in der psychosozialen Entwicklung und ihre neuronalen Korrelate

Die Forschung der vergangenen Jahre hat einen engen Zusammenhang zwischen neurobiologischer und psychosozialer Entwicklung aufgezeigt, insbesondere was die Entwicklung von Persönlichkeitsstörungen und Formen antisozialen Verhaltens anbelangt. Einige Studien sehen solche Zusammenhänge schon in der Schwangerschaft.

Bezüglich eines Zusammenhangs mit antisozialem Verhalten wird die Rolle von Serotonin (5-HT) diskutiert. Serotonin gehört zu den vornehmlich hemmenden Neurotransmittern, seine Wirkung ist jedoch »modulatorisch«, das heißt, Serotonin beeinflusst – ebenso wie Dopamin, Noradrenalin und Acetylcholin – im Gehirn die Wirkung der »schnellen« Neurotransmitter Glutamat, Glycin und Gamma-Aminobuttersäure (GABA). Insofern besteht die primäre Funktion des Serotonin-Systems sowohl in der Begrenzung als auch in der Stabilisierung des Informationsflusses, sodass ein Organismus in der Lage ist, auf veränderte Umweltbedingungen mit kontrolliertem kognitivem und emotionalem Verhalten zu antworten. Allgemein hat Serotonin eine beruhigende und »entwarnende« Wirkung auf die Psyche. Entsprechend kann ein Defekt in diesem System ein Gefühl des Bedrohtseins hervorrufen und als Folge zu einer unkontrollierten und exzessiven Verhaltensweise führen, die sich in Form von übersteigerter Depression, Angstzuständen, Aggression, Selbstmord oder Alkoholismus äußert. Im

Erwachsenenalter findet sich bei Männern ein signifikanter *negativer* Zusammenhang zwischen Gewalttätigkeit bzw. Gewaltbereitschaft und Serotonin-Spiegel. Ein niedriger Serotoninspiegel geht somit mit erhöhter Neigung zu Depression und Angstzuständen und beim männlichen Geschlecht oft mit einer erhöhten Aggressivität einher.

Die Funktionsweise des Serotonin-Systems wird durch verschiedene Faktoren bestimmt. Ein wichtiger Faktor ist die genetische Ausstattung einer Person: Für zahlreiche Komponenten des serotonergen Systems werden unterschiedliche Genvarianten (sogenannte Polymorphismen) beschrieben, die in Abhängigkeit von sozialen Umweltfaktoren eine Prädisposition für antisoziales und gewalttätiges Verhalten darstellen können. Für erhöhte Aggressivität scheint insbesondere ein Polymorphismus des sogenannten Tryptophan-Hydroxylase-Gens, das für die Serotonin-Synthese notwendig ist, sowie des Serotonin-Transporters (5-HTT) eine wichtige Rolle zu spielen.

Von besonderer Bedeutung ist die Tatsache, dass Defizite im Serotonin-Haushalt nicht nur genetisch bedingt, sondern auch die *Folge negativer Umwelteinflüsse* sein können. Vorgeburtliche Störungen des Serotonin-Haushalts, zum Beispiel aufgrund eines chronischen mütterlichen Stresses oder Drogenkonsums während der Schwangerschaft, können schwere Entwicklungsstörungen hervorrufen. Der spätere Serotoninspiegel wird ebenso von schädlichen frühkindlichen Umwelteinflüssen wie Vernachlässigung, Gewalt und Missbrauch beeinflusst.

Des Weiteren liegen Untersuchungen über den Zusammenhang zwischen antisozialem Verhalten bei Kindern und deren *Cortisol*-Spiegel vor. Die Cortisol-Ausschüttung stellt eine neurohormonale Reaktion des Organismus auf Stress dar. Die Ergebnisse der vorliegenden Untersuchungen verweisen einerseits auf einen Zusammenhang zwischen erhöhtem externalisierendem Verhalten und relativ niedrigen Ruhe-Cortisolwerten, andererseits auf eine erhöhte, durch Stress verursachte Cortisol-Ausschüttung. Die Datenlage zum vergleichsweise niedrigeren Ruhe-Cortisolspiegel bei aggressiven Kindern im Vergleich zu nicht-aggressiven ist allerdings nicht eindeutig. Dagegen zeigen sich in verschiedenen Untersuchungen hohe Cortisol-Antworten auf Stress bei

Kindern mit unsicherer Bindung, frühkindlicher Misshandlung und mütterlicher sozial-emotionaler Nichtverfügbarkeit.

Die Ergebnisse der beispielhaft angeführten Untersuchungen zeigen, dass sich frühkindliche Interaktionen in neurophysiologischen Entwicklungsmerkmalen der Kinder niederschlagen können. Dabei weisen die vorhandenen Daten vor allem auf eine Störung des Testosteron-, Serotonin- und Cortisol-Haushalts hin. Dies lässt vermuten, dass der für Erwachsene charakteristische enge Zusammenhang zwischen neurophysiologischen Störungen einerseits und Depression, Angststörungen und antisozialem Verhalten andererseits bereits im Kindesalter angelegt ist.

Was geschieht in der Psychotherapie?

Allgemein kann man davon ausgehen, dass psychische Erkrankungen mit dem Entstehen bestimmter »falscher« Entwicklungen auf der unteren limbischen Ebene oder »fehlerhafter« Verknüpfungen auf der mittleren limbischen Ebene, d. h. in Netzwerken in der Amygdala und anderen limbischen Zentren, einhergehen, beispielsweise aufgrund traumatischer Erlebnisse oder defizitärer Bindungserfahrungen und natürlich auch aufgrund rein endogener Ursachen (z. B. im Serotonin- oder Cortisolsystem). Ebenso kann es auf der oberen limbischen Ebene aufgrund späterer kindlicher oder pubertärer Erfahrungen zu Fehlfunktionen, etwa einer zu schwach ausgebildeten Kontrollfunktion des frontalen Cortex, kommen. Diese Defizite führen dann zu einer Über- oder Unteraktivität bei bestimmten Reizsituationen (z. B. bei der Einschätzung möglicher Gefahren) oder internen Emotions- und Motivationszuständen und einer Störung des sensiblen Gleichgewichts zwischen den subcorticalen und corticalen limbischen und kognitiven Zentren.

Das oben dargestellte Modell der vier Ebenen des Psychischen im Gehirn charakterisiert die Rahmenbedingungen psychotherapeutischer Behandlung. Gezielte Veränderungen der Psyche auf der unteren, unbewussten limbischen Ebene durch Psychotherapie sind sehr schwer bis unmöglich. Änderungen des Temperaments geschehen langsam und überwiegend aus internen Gründen (z. B. wenn Menschen mit zunehmendem Alter ruhiger werden). Veränderungen auf der mittleren, unbewussten limbischen Ebene, d. h. *psychostrukturelle Veränderungen*, sind nur durch starke *konditionierende* emotionale Beeinflussungen möglich. Und *psychodynamische Veränderungen* auf der bewussten limbischen Ebene können sprachlich-kommunikativ wirksam werden, sofern diese Signale emotional wirken. Eine rein rational-kognitive Einflussnahme (der Appell an die Einsicht) bleibt generell wirkungslos.

Man kann sich aus neurowissenschaftlicher Sicht drei Weisen vorstellen, wie Psychotherapie abläuft. Die erste Art besteht in einer Stärkung der Ebene des bewussten Ich, und zwar in der Weise, dass der Einfluss des cingulären und orbitofrontalen Cortex auf die Amygdala und damit die Impulskontrolle verstärkt wird. Eine solche Maßnahme korrigiert allerdings nicht die »falsch verdrahteten« Netzwerke im limbischen System, sondern mildert höchstens deren negative Auswirkungen auf das Verhalten. Die Ursachen der psychischen Störungen sind lediglich übertüncht, und in ungünstigen Situationen treten die früheren Symptome wieder auf, so als habe nie eine Besserung stattgefunden. Die zweite Art könnte im Auflösen der »verknoteten« limbischen Netzwerke bestehen und damit im Beseitigen des Übels an der Wurzel. Manche Emotions-Neurobiologen wie Joseph LeDoux und Michael Fanselow bezweifeln aber, dass amygdaläre Netzwerke überhaupt umlernen können, wenn sie erst einmal in einer bestimmten Weise geprägt wurden. Sie gehen davon aus, dass die Amygdala »nie vergisst«. Die dritte Art könnte, wie zum Beispiel LeDoux annimmt, darin bestehen, dass im Laufe einer Therapie aufgrund andersartiger, d. h. positiver emotionaler Erfahrungen in der Amygdala »Ersatzschaltungen« anlegt werden, die die negativen Schaltungen einkapseln und an ihnen vorbei einen eigenen Zugang zur Handlungssteuerung erlangen.

Die Hanse-Neuro-Psychoanalyse-Studie (HNPS)

Es liegen bisher nur wenige Studien zur Frage vor, was wo und wie im Gehirn eines Patienten während einer erfolgreichen oder auch einer erfolglosen Psychotherapie abläuft, und die vorliegenden Ergebnisse sind nicht konsistent. Die bisherige Datenlage krankt an ganz unterschiedlichen Defiziten, unter anderem an großen Unterschieden in der Methodik (Positronen-Emissions-Tomographie – PET, funktionelle Magnetresonanztomographie – fMRI, Elektroenzephalographie – EEG u.a.), mangelnder Auflösung der bildgebenden Verfahren, einer zu groben neuroanatomischen Zuordnungen der Befunde, einer unklaren Diagnostik, Nichtbeachtung von Komorbiditäten und Psychopharmaka-Effekten, unterschiedlichen Therapieverfahren, zu kleinen Stichproben und zum Teil an fehlenden Kontrollgruppen. Untersuchungen zur Wirkung einer psychoanalytischen Therapie liegen bis auf die im Folgenden beschriebene HNPS bisher nicht vor.

In dieser im Jahre 2007 an der Universität Bremen und am Hanse-Wissenschaftskolleg (HWK) Delmenhorst begonnenen Studie, in der Psychiater, Psychologen, Neuropsychologen und Neurobiologen eng zusammenarbeiteten, wurde an 20 depressiven Patienten der Effekt einer rund zweijährigen psychoanalytischen Behandlung mithilfe des EEG und fMRI untersucht und mit 20 Kontrollpersonen verglichen. Bei den Patienten wurde der Schweregrad der Depression mithilfe des Beck Depression Inventory (BDI) und der Heidelberg Structural Change Scale (HSCS) bestimmt. Ausgedehnte Interviews mithilfe der Operationalisierten Psycho-dynamischen Diagnostik (OPD) wurden geführt, die zur Identifikation von vier »Kernsätzen« führten, die das psychische Betroffensein der Patienten und der Kontrollgruppen am besten ausdrücken. EEG- und fMRI-Messungen wurden dreimal, und zwar zu Beginn der Therapie, nach 7–10 Monaten und nach 15–20 Monaten durchgeführt. Im EEG- und fMRI-Experiment lasen die Patienten bzw. Versuchspersonen vier Sätze, die sich auf drei unterschiedliche Situationen bezogen, nämlich Entspannungssätze, Sätze zu stresshaften Verkehrssituationen und OPD-generierte, individuelle Sätze. Diese Sätze wurden 30 Minuten lang präsentiert.

Zum ersten Messzeitpunkt (T1), also vor Beginn der Therapie, ergaben sich folgende fMRI-Befunde: Bei den OPD-Sätzen zeigten die

Patienten in der Regel in limbischen und parietalen Zentren eine höhere Aktivität als die Kontrollpersonen. Diese Erhöhung war besonders deutlich im insulären Cortex und in der Amygdala (Schmerz- und Furcht/Angstwahrnehmung) und im Caudato-Putamen (Verhaltensrelevanz). Hingegen traten keine Unterschiede im dorsolateralen präfrontalen Cortex (kognitive Verarbeitung) auf. Bei den EEG-Daten zeigten Kontrollpersonen im Bereich des anterioren cingulären Cortex im oberen Alpha-Band bei OPD-Sätzen eine erhöhte corticale Aktivität (vermutlich aufgrund der höheren emotionalen Erregung), Patienten zeigen dagegen bei OPD-Sätzen eine verringerte Aktivität. Dies könnte auf eine verringerte limbisch-corticale Kontrolle bei der Verarbeitung psychisch belastender Sätze hindeuten.

Zum zweiten Messpunkt (T2), also nach 7–10 Monaten Psychotherapie der Patienten, wurden die Reaktionen auf OPD-Sätze kontrolliert, um einen Gewöhnungseffekt zu kontrollieren. Während die Kontrollpersonen in T1 und T2 die Sätze gleich relevant und gleich aufregend beurteilten, verminderte sich in T2 bei Patienten beides. Patienten schienen »unempfindlicher« gegenüber dem Reizmaterial geworden zu sein. Dies stimmt überein mit der Tatsache, dass die depressive Symptomatik, gemessen mit dem BDI, binnen 7–10 Monaten von 25 auf 15 deutlich unter den negativen Schwellenwert von 18 fiel. Die HSCS (positives Maximum 7) zeigte ebenfalls eine signifikante Verbesserung von 2,8 auf 3,5, blieb jedoch unter dem Schwellenwert von 4. Die Deutung dieser Befunde lautet: Symptomatisch geht es den Patienten also nach 7 Monaten deutlich besser, eine tiefergreifende Besserung hat sich aber noch nicht ergeben.

Die fMRI-Daten zu T2 zeigen, dass die anfängliche Übererregung limbischer Hirnzentren bei Patienten während Präsentation der OPD-Sätze signifikant zurückgeht, besonders in den genannten Zentren (Amygdala). Insofern scheint sich auf einer oberflächlichen Ebene die Aktivität des Gehirns besonders auf der mittleren limbischen Ebene zu normalisieren. Es steht jedoch zu vermuten, dass sich bei T2 eine tiefgreifende Veränderung noch nicht vollzogen hat. Eine genauere Deutung der Befunde ist jedoch erst bei der ab Herbst 2009 laufenden Auswertung der T3-Daten möglich.

Abschlussbemerkung

Die vorliegenden Befunde bestätigen die Hypothese, dass psychische Erkrankungen mit einer Störung corticaler und subcorticaler limbischer Zentren, besonders des orbitofrontalen und anterioren cingulären Cortex, der Amygdala und des mesolimbischen Systems und der Interaktion dieser Zentren, einhergehen. Bei einer erfolgreichen Psychotherapie scheinen sich solche Störungen zurückzubilden. Das populäre Modell der rein kognitiven Kontrolle wird durch unsere Befunde wie auch die anderer Studien *nicht* gestützt, da in keiner einzigen Studie eine Erhöhung einer zuvor verringerten Aktivität im dorsolateralen präfrontalen Cortex zu beobachten war. In unserer Studie zeigte sich vor und während der Psychotherapie keinerlei signifikante Veränderung dieses kognitiven Hirnareals. Therapeutische Effekte beruhen wohl immer auf Veränderungen der limbisch-emotionalen Zentren.

Literatur

Adolphs, R.; Tranel, D. & Damasio, A. R. (1998): The human amygdala in social judgement. Nature 393(6684), 470–474.

Anderson, M. C.; Ochsner, K. N.; Kuhl, B.; Cooper, J.; Robertson, E.; Gabrieli S. W.; Glover, G. H. & Gabrieli, J. D. E. (2004): Neural systems underlying the suppression of unwanted memory. Science 303(5655), 232–235.

Buchheim, A.; Kächele, H.; Cierpka, M.; Münte, T. F.; Kessler, H.; Wiswede, D.; Taubner, S.; Bruns, G. & Roth, G. (2008): Neurobiologische Veränderungsprozesse bei psychoanalytischen Behandlungen von depressiven Patienten. Nervenheilkunde 27(5), 441–445.

Dolan, R. J. (2000): Functional neuroimaging on the human amygdala during emotional processing and learning. In: Aggleton, J. P. (Hg.): The Amygdala. A functional analysis. 2. Aufl. New York, Oxford (Oxford University Press), S. 631–653.

Ellenberger, H. F. (1996): Die Entdeckung des Unbewussten. 2. Aufl. Zürich, Bern (Diogenes/Huber).

Hariri, A. R.; Mattay, V. S.; Tessitore, A.; Kolachana, B.; Fera, F.; Goldman, D.; Egan, M. F. & Weinberger, D. R. (2002): Serotonin transporter genetic variation and the response of the human amygdala. Science 297(5580), 400–403.

Hariri, A. R.; Mattay, V. S.; Tessitore, A.; Kolachana, B.; Fera, F. & Weinberger, D. R. (2003): Neocortical modulation of the amygdala response to fearful stimuli. Biol Psychiatry 53(6), 494–501.

Herpertz, S. C.; Dietrich, T. M.; Wenning, B.; Krings, T.; Erberich, S. G.; Willmes, K.; Thron, A. & Sass, H. (2001): Evidence of abnormal amygdala functioning in borderline personality disorder: a functional MRI study. Biol Psychiatry 50(4), 292–298.

Kandel, E. R. (1999): Biology and the future of psychoanalysis: A new intellectual framework for psychiatry revisited. Am J Psychiatry 156(4), 505–524.
LeDoux, J. (1998): Das Netz der Gefühle. Wie Emotionen entstehen. München, Wien (Hanser).
LeDoux, J. (2000): Emotion circuits in the brain. Ann Rev Neurosci 23, 155–184.
LeDoux, J. (2003): The emotional brain, fear, and the amygdala. Cell Mol Neurobiol; 23(4–5), 727–738.
Ochsner, K. N.; Bunge, S. A.; Gross, J. J. & Gabrieli, J. D. E. (2002): Rethinking feelings: an fMRI study of the cognitive regulation of emotion. J Cogn Neurosci 14(8), 1215–1229.
Roth, G. & Dicke, U. (2005): Funktionelle Neuroanatomie des limbischen Systems. In: Förstl, H.; Hautzinger, M. & Roth, G. (Hg): Neurobiologie psychischer Störungen. Berlin, Heidelberg, New York (Springer), S. 1–77.
Winston, J. S.; Stranger, B. A.; O'Doherty, J. & Dolan, R. J. (2002): Automatic and intentional brain responses during evaluation of trustworthiness of faces. Nature Neurosci 5(3), 277–292.
Zald, D. H. (2003): The human amygdala and the emotional evaluation of sensory stimuli. Brain Res Rev 41(1), 88–123.

Blüten in fremden Gärten – Psychoanalyse und ihre Nachbarn

Michael B. Buchholz

Einführung – Über nachbarschaftliche Verhältnisse

Nachbar. – Das Wort leitet sich etymologisch aus den beiden Bestandteilen »Bauer« und »nahe« her. Der Soziologe Ferdinand Tönnies widmete der Nachbarschaft eine eigene Studie als einer Gemeinschaft des Ortes. »Wir wollen gute Nachbarn sein« – mit dieser Formel begeisterte Willy Brandt in den 70er Jahren für seine Ostpolitik. »Auf gute Nachbarschaft«, begrüßen sich Neuhinzugezogene. Das psychoanalytisch geschulte Ohr erkennt an der Beteuerung mit solchen Formeln untergründig andere Kräfte. Jan Philipp Reemtsma (2004) erinnert daran, dass selbst Nachbarschaften, die über zwei oder drei Generationen bestanden hatten, im zerfallenden Jugoslawien oder in Ruanda keineswegs vor entsetzlichen Gewalttätigkeiten schützte. Nachbarschaft ist »Gewaltressource«.

Unter wissenschaftlichen Nachbarn geht's sublimer zu. Nicht Brillanten oder Bares, sondern Ideen werden geklaut. Überrascht bin ich schon, wenn ich ohne weitere Verweise in verhaltenstherapeutischen Lehrbüchern Hinweise auf den »Umgang mit Übertragung und Widerstand« (z.B. Emmelkamp et al. 2007, S. 65) finde. Es gibt dort auch Kapitel über Fragetechniken: »Hypothetisieren und zirkuläres Fragen«. Angeeignet werden Innovationen aus der Mailänder Gruppe um Mara Selvini, einer Schülerin von Gaetano Benedetti. Ferenczi bereits schrieb: »Eine spezielle Aufgabe des Vereins wäre es, die wissenschaftliche Freibeuterei, deren Opfer die Psychoanalyse heute ist, zu entlarven«.

Identitätswahrung – das war damals Schutzstrategie gegen Freibeuter auf akademischen Meeren. Umgekehrt gibt es durchaus Beispiele auch dafür, wie fremde Ideen von der psychoanalytischen Community eingemeindet wurden – meist unter andrem Namen getarnt. Befruchtung tut not – auf allen Seiten.

Im wissenschaftlichen Feld kann die Devise nur sein, sich zu freuen. Bestohlen werden heißt hier, dass man etwas hat, was anderen brauchbar fehlte. Gute Ideen treiben aus – sogar in fremden Gärten. Fruchtbare Blüten mehren sich durch den Wind der Weiterverbreitung. Der Franzose René Char hat es so gesagt: »Der Geist der Burg, das ist die Fallbrücke«; man ist in der Burg, um daraus hervorzukommen und Brücken über Abgründe zu nutzen und sie zu begehen.[1]

Selbstanalyse und Universität

Psychoanalytische Ideen sind so sehr verbreitet, dass man fürchten muss, die Psychoanalyse scheitere an ihrem Erfolg. Das gilt nicht nur für ihre Vokabeln wie das Unbewusste, die Verdrängung oder die Rede von menschlichen Abgründen. Das sind Worte im Munde jedes Talkshowgastes. Auch wissenschaftliche Strategien der Psychoanalyse tauchen bei Nachbarn auf. Im Jahre 1992 erscheint in der Übersetzung von Bernd Schwibs, dem heutigen Chefredakteur der *Psyche*, ein Band, in welchem Pierre Bourdieu[2] *Rede und Antwort* steht. Zur Erläuterung seines Werdegangs erfahren wir von Bourdieu:

> »Es war mein Entschluß, Ihnen meinen Werdegang aus diesem Blickwinkel zu erzählen, d.h. zu versuchen, Bausteine einer soziologischen Analyse der Entwicklung meiner Arbeiten an die Hand zu geben. Daß ich es getan habe, liegt wohl ebenfalls daran, daß diese Art Selbstanalyse zu den Voraussetzungen der Entwicklung meines Denkens gehört« (Bourdieu 1992, S. 39).

1 Das jedenfalls war auch die Absicht eines frühen Aufsatzes von Holzman und Aronson (1992) über die wissenschaftlichen Nachbarschaften der Psychoanalyse.
2 Im Gespräch mit Axel Honneth, Herrmann Kocyba und Bernd Schwibs.

Keineswegs nur zufällig spricht er von Selbstanalyse, sondern erweitert diesen Gedanken:

> »Es lassen sich Instrumente entwickeln, mit denen man sich, zumindest partiell, dem Relativen entziehen kann. Und eines der wichtigsten ist sicher die *Selbstanalyse*, verstanden als Erkenntnis nicht bloß des spezifischen Standpunktes, den der Wissenschaftler einnimmt, sondern auch der historischen Bedingungen seiner Erkenntnismittel. Die Untersuchung von Struktur und Geschichte der Universität stellt in diesem Sinne eine der fruchtbarsten Explorationen in den Kontinenten des Unbewußten dar« (ebd., S. 46).

Das zu analysierende Selbst ist hier nicht individuell, sondern geistesgeschichtlich zu verstehen. Auch Universitäten können so als Kontinente des Unbewussten ausgewiesen werden. Versuchen wir, dort einzutreten. Da Universitäten in rechtlichen, ökonomischen und alltäglichen Nachbarschaften gelegen sind, haben sie Eingänge nicht nur durchs Haupttor der Wissenschaftstheorie. Und nicht nur einen Ausgang. So schrieb der Wissenschaftstheoretiker Stephen Toulmin, dem wir eine schöne Studie über das Freud'sche Wien verdanken:

> »Die Wissenschaft hat nicht *ein* Ziel, sondern viele [...]. Es ist deshalb ein fruchtloses Unterfangen, nach einer einzigen ›wissenschaftlichen Methode‹ für alle Zwecke Ausschau zu halten: Das Wachstum und die Entwicklung wissenschaftlicher Ideen hängen nicht nur von einer Methode ab und werden immer eines breiten Spektrums verschiedener Untersuchungsweisen bedürfen« (Toulmin 1961, S. 19).

Also nicht nur repräsentative Haupt-, sondern auch begehbare Nebeneingänge. Ich wähle einige davon aus.

Grundsätzlich multiple Zugänge

Vielfach ist die Psychoanalyse als »Wissenschaft zwischen den Wissenschaften« positioniert worden. Ich fasse dieses »Zwischen« nur als vorübergehende Ortsbestimmung auf. Der Vergleich mit der Pädagogik ist erhellend. Herbart formulierte in seinen Vorlesungen über Pädagogik von 1802:

> »Nun schiebt sich aber bei jedem noch so guten Theoretiker, wenn er die Theorie ausübt und nur mit den vorkommenden Fällen [...] verfährt, zwischen die Theorie und die Praxis ganz unwillkürlich ein Mittelglied ein, ein gewisser Takt nämlich, eine schnelle Beurteilung und Entscheidung, die nicht wie der Schlendrian ewig gleichförmig verfährt, aber auch nicht, wie eine vollkommen durchgeführte Theorie wenigstens sollte, sich rühmen darf, bei strenger Konsequenz und in völliger Besonnenheit an die Regel zugleich die wahren Forderungen des individuellen Falles ganz und gerade zu treffen« (Herbart 1802/1982, S. 126).

Zwischen Theorie und Praxis schiebt sich etwas, für das es in der Wissenschaft kaum eine Entsprechung gibt. Herbart nennt als Beispiel den Takt. In pädagogischen Situationen kommt es nicht allein auf Wahrheit einer Theorie an, sondern mehr auf das *Wie*: Wie wird eine Situation gehandhabt? Wie wird sie durch die Handhabung überhaupt erst definiert?

Herbart trifft Unterscheidungen, die anders sind, als was wir kennen. Natürlich, qualitative Forschungen und klinische Sensibilität (Buchholz/Streeck 1999; Buchholz 2000a, 2000b) haben große Nähe zueinander; die Unterscheidungen zwischen klinischer Forschung und Konzeptforschung, die wir seit Sandler, Dreher und Drews (1991) treffen und die in wertvollen Arbeiten durch Leuzinger-Bohleber und Fischmann (2006) erheblich weiter differenziert worden sind (Wallerstein 2009), haben ihre Berechtigung. Doch das sind Unterscheidungen innerhalb der Universität. Sie sind in der Polarität von »Theorie« und »Praxis« aufgespannt, sie markieren wichtige Punkte. Aber Herbart will auf etwas anderes hinaus:

> „Es gibt also – und das ist mein Schluß – es gibt *eine Vorbereitung auf die Kunst durch die Wissenschaft*, eine Vorbereitung des Verstandes und des Herzens *vor* Antretung des Geschäfts, vermöge welcher die Erfahrung, die wir nur in der *Betreibung* des Geschäfts selbst erlangen können, allererst belehrend für uns wird. Im *Handeln* nur lernt man die Kunst, erlangt man Takt, Fertigkeit, Gewandtheit, Geschicklichkeit; aber selbst im Handeln lernt die Kunst nur *der*, welcher vorher im Denken die Wis-

> senschaft gelernt, sie sich zu eigen gemacht, sich durch sie gestimmt und die künftigen Eindrücke, welche die Erfahrung auf ihn machen sollte, vorbestimmt hatte« (Herbart 1802/1982, S. 127).

Wissenschaftliche Ausbildung bleibt Voraussetzung für die Kunst von Takt, Gewandtheit und Geschicklichkeit. Diese lernt man nicht durch ein Manual. Was darüber hinaus klinisch gemeint ist, soll ein Beispiel illustrieren: Der Kognitionswissenschaftler und Psychologe Merlin Donald sollte als junger Kliniker ein Beobachtungsinstrument entwickeln, mit dem man genau festhalten könne, wann Patienten nach einem Schlaganfall ihr Bewusstsein wieder erlangen. Es erwies sich jedoch als unmöglich, eine Liste mit Beobachtungskriterien aufzustellen oder experimentanalog vorzugehen, weil man solche Patienten auf keinen Fall beunruhigen darf. Es erwies sich als beste Strategie,

> »auf den guten alten klinischen Sachverstand zurückzugreifen. […] Die methodischen Notwendigkeiten hatten uns zu dem Eingeständnis gezwungen, dass das Urteil der Kliniker unseren experimentellen Paradigmen vier entscheidende Punkte voraus hatte: Geschwindigkeit, Flexibilität, Feingefühl und Nuanciertheit« (Donald 2008, S. 66f.).

Und etwas später schreibt er:

> »[V]ersierte Kliniker sind im Stande, sämtliche Indizien mühelos und simultan zu erfassen. Sie erkennen die Anzeichen dafür, dass der Patient zu Bewusstsein kommt, auf der Stelle, so schwach und indirekt sie auch sein mögen. Sie sind nicht die einzigen, die das können. Auch Angehörige des Patienten haben dafür ein feines Gespür« (ebd., S. 68).

Das gibt es auch in anderen Bereichen. Wer dieses Können erlernen will, ist beinah genötigt, die Universität zu verlassen, um professionelles Handeln und therapeutisches Behandeln mit Herz und akademisch vorbereitetem Verstand zu betreiben. Universitäten können so oder so vorbereiten, und das vorbereitende Denken und das Sich-zueigen-Machen der Wissenschaft wollen wir mit Herbart auf keinen Fall gering schätzen. Aber auch nicht mit professionellem Können verwechseln.

Warum manche die Universität verlassen, formulierte Max Weber in seinem berühmten Aufsatz über *Wissenschaft als Beruf*:

> »Die Gedankengebilde der Wissenschaft sind ein hinterweltliches Reich von künstlichen Abstraktionen, die mit ihren dürren Händen Blut und Saft des wirklichen Lebens einzufangen trachten, ohne es doch je zu erhaschen« (Weber 1919/1973, S. 491).

Fragt man nach dem Motiv, die Universität zu verlassen, dann würde Weber antworten: wegen »Blut und Saft«; sublimer: wegen der Praxis. Fragt man nach der Richtung, scheint Herbart der Vorstellung zu folgen, dass ein guter Pädagoge die Universität *übersteigt*, sie also gleichsam nach oben verlässt. Diese räumliche Metaphorik würde jedoch nur zu falschen Überheblichkeiten verleiten. Ich möchte lieber vorschlagen, dass man die Universität verlässt, um Nachbarschaft zu ihr zu gründen, nämlich eine Profession. Das ist bei Lehrern so, bei Ärzten, bei Coaches, Praktikern aller Art, Spin Doctors, Rechtsanwälten usw. Sie alle betreiben keine Forschung, sondern »wissenschaftlich basiertes« Handeln und Behandeln, nachdem sie »vorher im Denken die Wissenschaft gelernt« haben. Professionen geben sich bestimmte Kodifizierungen und bilden berufsrechtliche Zusammenschlüsse, und unsere Gesellschaft, das sollte man bei einem 60-jährigen Jubiläum nicht vergessen zu sagen, ist dabei in höchster professioneller Kompetenz von einem Anwalt, Holger Schildt, begleitet und sachkundig rechtlich beraten worden. Er ist Beispiel für Professionalität – nach profunder wissenschaftlicher Ausbildung.

Die Bildung von Professionen wiederum kann durch Wissenschaft beobachtet werden, es gibt eine eigene Sektion Professionsforschung in der Deutschen Gesellschaft für Soziologie. Lange Zeit dachte man, man wüsste alles über Professionen, wenn man nur weiß, wie sie sich vereinsförmig organisieren und gegen andere Umwelten abschließen. Aber seit mehreren Jahren (Schön 1983) ist klar, dass das nicht genug ist. Professionen zeichnen sich durch besondere Art ihres Tuns aus. Wenn wir uns dafür interessieren, wie wir durch die Universität beobachtet werden, betreiben wir gleichsam ein Stück Selbstanalyse.

In der Ausbildung nicht nur zu Medizinern, sondern zu Ärzten, ist dies Problem der besonderen professionellen Handlungsformen erkannt worden. Manche (Bucher/Strauss 1972; Bollinger/Hohl 1981; Schlüter/Strohschneider 2009; Wiesing 1995) meinen, es gäbe zwar eine Mediziner-, nicht aber eine Ärzteschwemme, weil ein guter Arzt weit mehr berücksichtigen muss als nur medizinische Technologie, nämlich ethische, juristische, seelische und ökonomische Determinanten ärztlichen Handelns, und dazu brauche es so etwas Altmodisches wie Bildung, um professionelles ärztliches Handeln zu gewährleisten. *Experten* sind für technische Problemlösungen in Ausschnitten zuständig. *Professionen* aber arbeiten immer in einem multisensitiven Umweltbezug, weil sie nur so für das Ganze einer Person (Buchholz 1999) zuständig werden können, also nicht *nur* für deren Körper, *nur* für deren Rechtsprobleme, *nur* für die Seele oder *nur* für finanzielle Engpässe.

In München ebenso wie in der Harvard Medical School hat man deshalb begonnen, Wahlpflichtseminare wie »Leben im Angesicht des Todes« anzubieten, wobei erstmalig auch Nicht-Mediziner Lehraufgaben übernehmen. Ziel ist, Studierende nicht Technologie, sondern Empathie zu lehren. Das ist Grundtugend.

Professionen liegen somit nicht »zwischen« anderen Wissenschaften, sondern sind deren Nachbarn. Professionelles Können bedarf der wissenschaftlichen Vorbereitung, und neuerdings hat die Psychoanalyse unter dem Stichwort der Kompetenz dazu gute Arbeiten, etwa die von Kahl-Popp (2007) oder von Herbert Will (2006). Als »Takt, Fertigkeit, Gewandtheit, Geschicklichkeit« (Herbart) braucht es *Bildung*. Das ist ein altmodisches Wort, das sich gegen die Zersplitterung in verschiedene »Kompetenzbereiche« sperrt und deshalb ein wichtiges Gegengewicht in der Kompetenzdiskussion bildet.

In genau diesem Sinne fordert Paul Denis (2008, S. 47) aus Frankreich in der Zusammenarbeit mit dem großen Projekt von David Tuckett (2008), dass Analytiker nun nicht bessere Forscher werden sollten, sondern er zieht einen Schluss, den ich in der deutschen Debatte so bisher nicht gefunden habe. Wer als Psychoanalytiker einen Fall präsentiere, so meint Denis, gehe ein bestimmtes Risiko ein:

> »The psychoanalysts who take part in this adventure – for adventure it is – reveal not only a clinical case, but also their way of proceeding; that is to say, their personality and, so to speak, their professional symptomatology« (Denis 2008, S. 48).

Zu einer solchen professionellen Symptomatologie gehört, dass Theorie unsere Wahrnehmung klinischer Fakten so überdeterminiert, dass wir oft nicht einig werden, was relevante klinische Fakten sind. Wir haben dann Winnicott'sche, Kohut'sche, kleinianische oder Bion'sche oder Ogden'sche Fakten, und jeder sieht, was er sieht, und sieht nicht, was er nicht sieht. Tuckett hat unsere Schwierigkeit, sich auch nur auf eine Definition der »klinischen Fakten« einigen zu können, seit 1993 mehrfach und zu Recht beklagt. Wir bekommen solche wichtigen Dinge wie Takt, menschliche Klugheit, rhetorische Formulierungskunst oder soziale Geschicklichkeit bislang wenig in den professionellen Blick. Es ist, als hätten wir diese für die therapeutische Praxis so elementaren Dinge ausgelagert. Im Feld der wissenschaftlichen Auseinandersetzung regieren nur Theorien und Fakten. Ich will das an einem Beispiel illustrieren.

Freud sitzt im Eisenbahnabteil, als ihm im Gespräch eine Fehlleistung passiert, worüber er in der *Psychopathologie des Alltagslebens* (1904) berichtet hat. Ihm fällt der Name des italienischen Freskenmalers Signorelli nicht ein. Er kommt nur auf die Ersatzbildungen Botticelli und Boltraffio. Er weiß, dass diese nicht stimmen, und kann sich seine Fehlleistung erst erklären, nachdem der Mitreisende ihm mitgeteilt hat, dass der gesuchte Freskenmaler eben Signorelli ist. Jetzt kann er seinen Assoziationen folgen, und darüber können wir in der *Psychopathologie des Alltagslebens* einiges lesen. Ich will den Blick auf das lenken, was Freud nicht sieht.

Stützt der Mitreisende nicht Freud? Bietet er ihm nicht die einfallsreiche Hand? Freud hat eine Theorie, die ihre Wirkungen entfaltet. Er sucht unbewussten Sinn in seinen Assoziationen und klärt sich auf diesem Wege manches auf; aus der Sicht seiner Theorie der Verdrängung wird eine andere Dimension des Unbewussten gerade verfehlt. Aus der Sicht des Mitreisenden zieht Freud sich aus dem Gespräch zurück, der Mitreisende könnte sich fragen, »wo« er jetzt gerade ist, während er seinen Einfällen folgt? Das gemeinsame Gespräch ist unterbrochen, der »kommunikative Tanz« geht nicht weiter. Der Mitreisende könnte Fragen haben von der Art, warum Freud sich so martert, was denn dabei sei, einen von diesen einander so ähnlichen italienischen Namen zu vergessen – und Freud würde antworten müssen, dass er die strenge Theorie des psychischen Determinismus beweisen möchte. Er ist, unter der Last dieses Beweiszwangs, tatsächlich für den Moment aus dem Gespräch ausgestiegen. Übrigens hat sich auch Didier Anzieu (1990) schon sehr darüber gewundert, warum Freud sich so martere, etwa wenn er der unschuldigen Lust, wie Anzieu schreibt, nachspürt, die er empfinde, wenn er mit dem Urinstrahl einen »Kotbatzen« von den Wänden des Klobeckens entferne. Freud spürt den Verästelungen der prägenitalen Sexualität nach, aber er kann dabei die ungemeine Strenge, die dem anhaftet, nicht sehen und auch nicht die große Isolation, solange er aus dem Gespräch aussteigt. Um das dann doch zu sehen, nutzt Freud andere Momente, und das erhellt, warum seine Lehre von manchen als widersprüchlich empfunden wird: Sie wechselt den Standpunkt, um den blinden Flecken *einer und nur einer Theorie* nicht ausgeliefert zu sein. Freud beschreibt die Arbeit des Psychoanalytikers metaphorisch als »Spiegel«, dann wieder als »Chirurgie«. Kaum etwas Widersprüchlicheres kann man sich denken. Der Spiegel reflektiert die Oberfläche, der Chirurg öffnet und dringt ein; der Spiegel bleibt passiv, der Chirurg holt aktiv etwas heraus; der Spiegel heilt durch homöopathische Rezeptivität, der Chirurg durch Verletzung. Das alles beschreibt widersprüchlich und dennoch anschaulich, was wir tun, und wird komplexer, wenn wir hinzunehmen, dass es uns auch als Archäologen, Dämonenbekämpfer oder als Bergführer in der Liste der Freud'schen Metaphoriken gibt. Manche klugen Köpfe, wie Niklas Luhmann (1988), haben diese Wendigkeit des Freud'schen Denkens gerade als die zentrale Innovation des abendländischen Denkens gepriesen, gegen welche sich eine universitär beschränkte Erkenntnistheorie geradezu abschotten musste. Haynal (1995) erinnert daran, wie sehr sich Freud in verschiedenen Phasen seiner Entwicklung auf Biologie und Neurologie, dann mehr und mehr auf Anthropologie und Linguistik bezog – in ungefähr dieser Reihenfolge. Es entstanden so innerhalb der Psychoanalyse mehrere Traditionen. Sie bildeten Gegensätze wie die von Neurowissenschaften versus Hermeneutik oder quantitativer versus qualitativer Forschung. Die Folge ist babylonische Sprachverwirrung.

Aber es gibt bislang keine Theorie, die uns sagen würde, wann wir das eine und wann das andere zu tun hätten in der Psychotherapie. Wann sind wir Chirurgen und wann Spiegel? Wann Bildhauer und wann Bergführer? Wann bekämpfen wir Dämonen und wann rufen wir sie?

Das nicht ultimativ ausformulieren zu können, zeigt ein Moment professionellen Tuns, das wir mit solchen Nachbarn wie z.B. Lehrern (Oevermann 1996), Ärzten (Schachtner 1999), Anwälten (Hoerning 2003), politischen spin doctors (Tänzler 2003), Kriminalbeamten (Spence 1993), guten Programmierern und manch anderen (Musgrave 1993) teilen. Diese Professionellen arbeiten nicht als Wissenschaftler, sondern mit individueller Spürnase. Auf der Basis von Wissenschaft. Sie wechseln Paradigmen wendig und merken es oft nicht einmal, und das muss von der Universität aus als wilder Eklektizismus wahrgenommen werden. Während es die Bedingung für professionelles Handeln ist. Psychoanalytische Praxis liegt nicht »zwischen« den Wissenschaften, sondern hat Wissenschaft als Nachbarschaft.

Professionelle Praxis in der Nachbarschaft der Universität, so kann man also sagen, ist nicht nur »Anwendung von Theorie«. Freud war sich dieses Problems sehr scharfsinnig bewusst, wie ein Brief an Ferenczi vom 4. Januar 1928 zeigt:

> »Meine seinerzeit gegebenen Ratschläge zur Technik waren wesentlich negativ. Ich hielt es für das Wichtigste herauszuheben, was man nicht tun soll, die der Analyse widerstrebenden Versuchungen aufzuzeigen. Fast alles, was man positiv tun soll, habe ich dem von Ihnen eingeführten ›Takt‹ überlassen. Dabei erzielte ich aber, daß die Gehorsamen die Elastizität dieser Abmachungen nicht bemerkten und sich ihnen, als ob es Tabuverordnungen wären, unterwarfen. Das müßte einmal revidiert werden, allerdings ohne die Verpflichtungen aufzuheben« (Freud/Ferenczi 2003, Brief vom 4.1.1928).

Was wir in der Wissenschaft ablehnen müssen, nämlich unscharfe, elastische Konzepte, ist genau das, was wir in der Profession brauchen. Beides zu verwechseln, lässt Tabuverordnungen entstehen, erzeugt theoretischen Rigorismus, trägt zu der von Tuckett beklagten

Situation nur bei. Professionelle reden deshalb in vielen Zungen. Das professionelle Pfingsten, so könnte man sagen, ist die Antwort auf die babylonische Sprachverwirrung.[3] Was uns aber in der Profession fehlt, ist der wissenschaftliche Brauch der gelegentlichen theoretischen Flurbereinigung, also Arbeiten, die Begriffs- und Theorievergleiche durchführen und damit die Möglichkeit bieten, erledigte Themen und widerlegte Behauptungen ad acta legen zu können.

Über den hier angesprochenen Takt gibt es eine ältere Arbeit von Poland (1975) und eine über Takt in der Kinderbehandlung von Sledge (1989), in Deutschland eine schöne Arbeit von Gattig (1996), einige hier und da verstreute Bemerkungen, etwa bei Kohut (1971), und sonst – recht wenig! Eine wissenschaftliche Beschäftigung mit therapeutischem Takt könnte sich also aus einem solchen nachbarschaftlichen Gespräch durchaus ergeben und Fragen sondieren, welche wohltuenden Wirkungen Takt hat und welche sein Fehlen. Wenn es gelänge, unser diesbezügliches Tun sichtbar zu machen, würde vielleicht der Eine oder Andere verstehen, warum uns manchmal etwas gelingt, das wir als »implizites Beziehungswissen« oder als »Empathie« bezeichnen. Wir brauchen mehr Wissen über die therapeutische Konversation (Peräkylä et al. 2008).

Therapie ist Dialog, nicht medizinische Dosis

Psychoanalyse hat also Wissenschaft in ihrer Nachbarschaft (Stein 1979). Das ist so, auch wenn wir natürlich Persönlichkeiten haben,

3 George Steiner (1981) – also weder der Anthroposoph Rudolf Steiner, noch einer der beiden Psychoanalytiker Ricardo oder John, sondern der Philosoph und Philologe von Weltrang – betitelte sein Hauptwerk *Nach Babel*. Darin macht er klar, dass in Babylon nicht eine Strafe Gottes für die Sünde des menschlichen Hochmuts hereinbrach, sondern die Vielsprachigkeit ein Geschenk Gottes gewesen sei, weil wir durch die unendliche Vielheit von Sprachen erst die unterschiedlichsten Bedeutungen erfassen und verstehen könnten und mit dem Erlernen einer anderen Sprache auch immer in eine andere, eine neue Welt eintreten. Und er macht weiter klar, dass dem Streben nach Einheitlichkeit (der Begriffe) eine falsche Vorstellung von der Evolution des Wissens zugrunde liegt. Es ist, um einen Vergleich zu gebrauchen, als wolle man sagen, dass »Baum« nur die Linde, nicht aber auch Buche, Eiche, Tanne, Kiefer usw. bezeichne. Wissensevolution basiert auf Variation und Selektion, und diese brauchen, um operieren zu können, Vielfalt und Vielheit. Babylon ist ein Segen.

die beides – exzellente Kliniker und hervorragende Forscher zu sein – in Personalunion verbinden. Dennoch schält sich ein neuer Typus des Psychotherapieforschers heraus, der im Grundberuf nicht mehr Psychotherapeut, sondern Mathematiker oder Informatiker oder Linguist ist – und sich also in der Nachbarschaft zur Profession ansiedelt.

Das ist so, weil praktische Psychoanalyse im besten Sinne Profession ist. Nämlich wissenschaftlich basiert, auf der Basis von Wissenschaft, in ihrer Ausübung aber autonom und professionsinternen Ethiken verpflichtet, zugleich empirischer Überprüfung zugänglich und fähig. Sie sollte aber wegen dieser Nachbarschaft nicht mit empirischer Forschung verwechselt werden. Gehen wir nun ein paar Schritte auf die nächste Nachbarschaft, die Psychotherapieforschung, zu.

Ich finde interessant, wenn solche Problemstellungen jüngst innerhalb der Forschungswelt aufgeworfen wurden. Marvin Goldfried (2000), damals Präsident der SPR[4], begrüßte das neue Jahrtausend in seiner »presidential adress« mit der deprimierten Feststellung, die Psychotherapieforschung sei »infant science«. Der jetzt scheidende Präsident der SPR, Jacques Barber (2009), stellte eine Liste von sechs Behauptungen auf, die »Zentrale Beziehungskonflikte« der Psychotherapieforschung ausmachen. Das ist eine geistreiche Anspielung auf die Ermittlung von Zentralen Beziehungskonflikten. Der Gedanke von »Zentralen Konflikten« wird auf die Forschung selbst angewandt. Das sind die folgenden drei Paare von antagonistischen Behauptungen:

1. a) Die therapeutische *Beziehung* hat eine kausale Rolle für das Behandlungsergebnis
   b) Therapeutische *Techniken* erklären das Behandlungsergebnis
2. a) Die Person des *Therapeuten* bestimmt das Ergebnis
   b) Das Behandlungsergebnis ist vom *Patienten* abhängig
3. a) RCTs (Randomized Controlled Trials) erbringen *wertvolle* Informationen und Daten
   b) RCTs sind für die Praxis *wertlos*

4 SPR: Society of Psychotherapy Research

Für seine Gegensatzpaare teilt Barber die jeweilige empirische Evidenz mit. Das Irritierende ist, dass es für jede dieser Positionen eine erhebliche Menge an empirischer Evidenz gibt. Immer ist auch das Gegenteil unter Berufung auf empirische Befunde belegbar! Ziehen wir im Vergleich dazu die Arbeiten von Gerhard Schneider (2007, 2008) über das aporetische Prinzip in der psychoanalytischen Behandlungspraxis heran, dann kann man kaum mehr als staunen. Denn auch Schneider beschreibt solche Gegensatzpaare wie etwa die Dimension des Fokalen und des Afokalen als eine Linie, auf der wir uns in der therapeutischen Praxis beständig bewegen. Mal arbeiten wir fokal, mal afokal; mal zählt die Technik, mal die Person; mit manchen Patienten kommt man weiter als mit anderen. Im Grunde ähnliche Verarbeitungen von Erfahrungen bei Profession und empirischer Forschung. Just so kommt auch Barber in der Frage, ob Technik oder Person zähle, zu dem Schluss, manchmal seien es die »unbeabsichtigten Interventionen« (Barber 2009, S. 6f.), die für einen Effekt verantwortlich sind.

Eben weil das so ist, kann eine Deutung manchmal ein kleines Wunder wirken, manchmal wirkungslos verpuffen, und sei sie noch so »richtig«. Ein gebrummtes »hm« kann manchmal wie eine Deutung wirken und war doch keine. Menschliche Welten lassen sich nicht determinieren. Das könnte die gemeinsame Einsicht aus diesem Gespräch zwischen Profession und Forschung sein.

Interessant, dass es für solche Parallelführungen noch weitere Beispiele gibt. Lew Aron (1996) betitelte sein Buch *A Meeting of Minds* und beschrieb einen wichtigen Aspekt der relationalen Psychoanalyse, dass Patient und Analytiker sich gleichsam in einem Geiste begegnen. Ein kürzlich erschienenes Buch über eine Tagung zur Mentalisierungstheorie (Jurist et al. 2008) gibt sich den Titel *Mind to Mind* und trägt neue Befunde aus Säuglingsforschung, Neurowissenschaft und Psychoanalyse zusammen. Die Herausgeber müssen die Nähe gespürt haben, denn sie haben Vertreter der relationalen Psychoanalyse um Beiträge gebeten. Hier also gibt es ein Gespräch zwischen empirischer Forschung und Profession. Der gemeinsame Befund, zu untersuchen, wie eine solche Begegnung »in einem Geiste« möglich wird, könnte damit verbunden werden, dass die Psychotherapieforschung ihre eigenen Befunde ernst nimmt. Wampold (2001) hatte in seiner großen Übersichtsarbeit ja nicht so sehr gezeigt, dass alle Therapien etwas bewirken. Er hatte vor allem ein medizinisches Modell der Psychotherapie von einem dialogischen Modell unterschieden und gezeigt, dass das dialogische Modell die empirischen Befunde viel besser zu integrieren vermag. Für die Profession heißt dieser Befund (neben vielen anderen), dass wir auf Worte wie »Intervention« in Fallbesprechungen ebenso verzichten sollten wie auf Äußerungen, die beginnen mit »Ich hätte folgendes gemacht/gesagt ...«. Tuckett et al. (2008) nannten das die Haltung der »Supervision« in Fallseminaren. Und er hat sie als wenig hilfreich beschrieben. Freud hatte an Charcot dessen Fähigkeit zu »sehen« bewundert, und das ist ein antiker Gebrauch des Wortes »Theorie«: Sie hilft, etwas zu sehen. Wenn ein Analytiker also eine Theorie im Kopf hat, dann ist die Frage, ob sie wahr oder falsch ist, eine zulässige *universitäre* Thematisierung. Im *professionellen* Kontext müssen wir aber aufmerksam werden für etwas anderes: Theorie ordnet (Buchholz 2006, S. 83; Buchholz 2009). Sie bringt Ordnung in ein Material, sie organisiert es. Es kommt darauf an, eine Theorie *auf ihre Folgen hin* im individuellen Fall zu betrachten, denn wohl jedes Material kann immer auch ganz anders organisiert werden. Tuckett schrieb:

> »Für einen einigermaßen intelligenten Psychoanalytiker ist es nicht sonderlich schwierig, das Fallmaterial eines Kollegen umzuinterpretieren – vor allem wenn er sich nicht damit abgeben muß, in der nächsten und übernächsten und überübernächsten Sitzung weiter an diesem Material zu arbeiten« (Tuckett 2007, S. 1050).

Wir müssen uns dafür öffnen, in welcher Weise *wir* Organisatoren dessen sind, was wir in Sitzungen zu hören bekommen. Auch über die Sitzungen hinaus. Etwa in der Wirkung von diagnostischen Aussagen. Ein meines Erachtens eindrucksvolles Beispiel:

Henretty, Levitt und Mathews (2008) haben untersucht, wie Patienten »Traurigkeit« erleben – nämlich unter dem Einfluss eines diffus verbreiteten Wissens aus diagnostischen Manualen über »Depressionen«. In einem geistig-kulturellen Milieu, wo gute Laune zu haben und zu verbreiten als erste Bürgerpflicht gilt, ist Traurigkeit unvermeidlich eine

»Störung«, und das wird dann in den entsprechenden diagnostischen Manualen bestätigt, wenn etwa im DSM (Horwitz/Wakefield 2007; Lane 2007) eine Trauer länger als zwei Monate nach dem Tod eines Angehörigen als »Störung« definiert wird. Die Psycho-Professionen haben eine noch wenig reflektierte Verantwortung für das, was sie als »normal« definieren. Deshalb wagen die amerikanischen Autorinnen eine radikale Schlussfolgerung, deren Reichweite Resonanzen in unseren professionellen Systemen auslösen sollte:

> »It seems that we cannot overlook the possibility that the field of psychology has played a role in the pathologizing of sadness in clinical practice and everyday life« (Horwitz/Wakefield 2007, S. 253).

Die Pathologisierung der Traurigkeit und ebenso der Schüchternheit (unter psychologischer Mitarbeit allzu rigider Normvorstellungen, die unglückliche Entfernung von der Auffassung der Traurigkeit als einer *sinnhaften* Reaktion auf Lebensumstände und Kontexte und damit der Verlust des Räsonnements über die existenzielle Dimension der Frage »Wer bin ich?«) wirkt sich wie ein Tabu aus, dessen Aufhebung wohl verlangt werden darf. Es ist in meinen Augen gut, wenn Psychoanalyse solche Wissenschaft in ihrer Nachbarschaft hat.

Von den Neurowissenschaften zur Kultur

Gehen wir nun durch eine weitere Tür in die Universität, dort wo neurowissenschaftlich geforscht bzw. das Verhältnis zwischen Psychoanalyse und Neurowissenschaften zu bestimmen versucht wird. Ein die gesamte Psychologie weit über die Psychoanalyse hinaus direkt berührendes Beispiel ist die von den Neurowissenschaften angestoßene Diskussion um die Willensfreiheit. Seit Oskar Vogt, einflussreicher Neurologe seiner Zeit, als er Lenins Gehirn sezierte, schon im Jahre 1912 forderte, die Hirnforschung habe jenen Mittelpunkt zu bilden, »um den sich alle anderen Wissenschaften zu gruppieren haben« (zit. nach Oeser 2002, S. 226), ist ein Kampf entbrannt, der an Schärfe nichts zu wünschen übrig lässt. Überall entstehen neue Bindestrich-Wissenschaften: Neuro-Theologie, Neuro-Ökonomie, Neuro-Pädagogik und längst auch Neuro-Psychoanalyse. Einige der Neurowissenschaftler allerdings, wie Nils Birbaumer (2002), sprechen sich vehement und in hoher Aggressivität gegen die Verbindung mit der Psychoanalyse aus, der sie vorwerfen, »parasitäre Pseudowissenschaft« zu sein, und behaupten, die Psychoanalyse habe nur überlebt, weil ein verrückter österreichischer Gefreiter ihr ermöglicht habe, sich in einen Opferstatus zu definieren. Willkommensgrüße allein schlagen der Psychoanalyse nicht entgegen. Aber es ist natürlich ungemein erfreulich, wenn einige Entdeckungen der Psychoanalyse neurowissenschaftlich fundiert, gleichsam nachbestätigt werden. Das ist mit anderen Themen übrigens nicht anders. Iacoboni (2008), hochrangiger Neurowissenschaftler aus Los Angeles, teilt mit, wie sehr sich Rizzolatti, Entdecker der Spiegelneuronen, für den französischen Phänomenologen Merleau-Ponty interessiere, weil der so viel seiner eigenen Ergebnisse vorweggenommen habe! Auch die Forschungen von Theodor Lipps, jenem Breslauer und Münchner Psychologieprofessor, in dem Freud einen akademischen Vertreter seiner eigenen Auffassung sah, hätten manche neurowissenschaftlichen Befunde hinsichtlich Einfühlung und Empathie vorweggenommen. Wenn wir an dieser Stelle einen Blick in eines der einflussreichsten Bücher zur Wissenschaftstheorie werfen, in den *Logischen Aufbau der Welt* von 1928, verfasst von Rudolf Carnap, dann können wir übrigens finden (§167), dass dieser Begründer des sogenannten Wiener Kreises bereits damals im Zusammenhang mit der philosophischen Erkundung des »Fremdpsychischen« die Idee formulierte, es müsse so etwas sie »Hirnspiegel« geben, die ein Verstehen des anderen ermöglichen. Carnap schwebte damals eine mehr technische Idee vor. Heute wissen wir, dass die Natur uns mit eben solchen Spiegelneuronen ausstattet, wenn nur genügend gute Mutterpflege dazukommt.

Wenn Philosophen etwas formulieren konnten, ohne den Laboraufwand der Neurowissenschaften zu betreiben, dann lohnt es sich, einen Augenblick genauer hinzusehen. David Premack (2004) hat darauf hingewiesen, dass sich beim Menschen wenigstens sechs Symbolsysteme voneinander unterscheiden lassen. Der genetische Code und die gesprochene Sprache sind evolutionär entstanden; geschriebene Sprache aber und die arabischen Zahlen, die musikalische Notation und die sogenannten Labonotation für Beschreibungen von Choreographien sind klar menschliche, nicht evolutionär gemachte Erfindungen. Sie gehören zur Kultur. Auf dieser Linie verschiebt sich Freuds Erkenntnisinteresse.

Eine Wissenschaftshistorikerin, Patricia Kitcher, legte 1992 eine Arbeit mit dem schönen Titel *Freud's Dream* vor. Sie zeichnet darin genau nach, wie Freud von naturwissenschaftlichen Konzeptualisierungen seiner Erfahrungen – etwa vom Reflexbogenmodell – mehr und mehr Abstand nahm und sich einem kulturwissenschaftlichen Denken näherte, etwa in der Betonung menschlicher Dreiecksbeziehungen nach dem Vorbild der griechischen Antike im Ödipuskomplex, bei der Wendung der Angsttheorie als einem quasi-chemischen Prozess hin zu einer Signaltheorie der Angst oder auch bei seiner Betonung, dass Symptome Sinn haben, den zu entziffern Hauptaufgabe der psychoanalytischen Kur wird. Seine Wendung zum Witz, seine Sexualtheorie, die Traumdeutung ebenso wie die Psychopathologie des Alltagslebens werden in der klaren Absicht geschrieben, die gleichen »Mechanismen« des Seelischen bei Neurotikern und Normalen zu erkennen. Insofern ist also ein neurowissenschaftlicher Materialismus gegen den kulturtheoretischen Freud nicht auszuspielen; der Spannungsbogen seiner Theorieentwicklung umfasst beides. Was auf diesem Wege entsteht, ist eine Konzeption des Seelischen vom Materialismus bis zu höchsten kulturellen Phänomenen. Das nennt Merlin Donald (1990, 2008) anerkennend ein »Hybrid«. Gemeint ist damit ein »Mischwesen« aus materialer Basis *und* kultureller Konfiguration. Bewusstsein kann nicht *allein* aus neuronaler Substanz erklärt werden; wer das vertritt, wird von Merlin Donald als *hardliner* bezeichnet. Donald selbst hat viele Jahre in der kognitiven Neuroscience gearbeitet. Eine Auffassung, wonach das materielle Substrat gleichsam umstandslos in Bewusstsein übersetzt würde, wonach aus neuronalen Verschaltungen unmittelbar »Gedanken« oder »Sprache« abzuleiten wären, lehnt er ab. Gewiss, wem bestimmte Teile seines Gehirns beschädigt sind, der kann bestimmte Leistungen nicht erbringen – obwohl die neuronale Plastizität erheblich unterschätzt wurde. Sie kann weit mehr, als man bislang vermutet hatte (Ansermet/Magistretti 2005), aber sie bedarf dazu vielfacher Umweltförderungen. Das Gehirn ist, wie Thomas

Fuchs (2008) formulierte, ein »Beziehungsorgan«. Aus Unbehagen am Reduktionismus hat sich auch, vergleichsweise rasch, ein eigener Zweig der »social neuroscience« (Cacioppo et al. 1993, 2006, 2008; Hüther 2005) ausdifferenziert. Iacoboni (2008, S. 134, 162, 217) referiert jene Forschungen, die belegen, wie viel Umweltanregungen das System der Spiegelneuronen braucht, um sich überhaupt anatomisch entwickeln zu können! Ein Reduktionismus, der ausschließlich »bottom-up«, von unten nach oben, von Materie zum Geist die Dinge erklären wollte, rangiert sich selbst ins Abseits. Dies umso mehr, als Michael Tomasello, Direktor des Leipziger Max-Planck-Instituts für evolutionäre Anthropologie, *The Origins of Human Communication* (2008) damit erklärt, dass Menschen die besondere Fähigkeit zur Kooperation haben, die weit über die Fähigkeiten unserer Primatenvorfahren hinausgeht. Sprechen entwickle sich aus deiktischen und ikonischen Gesten. Mittels deiktischer Gesten können auch Primaten auf etwas hinweisen, gehäuft meist aber nur dann, wenn sie in humaner Umgebung aufgewachsen sind. Ikonische Gesten sind kleine Pantomimen. Man kann sich etwa vorstellen, dass ein des Italienischen Unkundiger in Mailand einen besonderen Käse kaufen möchte, dessen Vokabel er vergessen hat und nun über einer auf den Tisch gezeichneten Rundform einer Pizza zwischen Daumen und zwei Fingern eine Streubewegung macht, die den italienischen Verkäufer sofort verstehen lässt: »Ah! Parmigiano!« Imaginäre Gehalte werden mit ikonischen Gesten kommuniziert und das wird verstanden, hieraus entsteht Sprache.

Einzelheiten brauchen hier nicht zu interessieren, es wird erkennbar, dass Kooperation und Kommunikation Vorgänge sind, die nicht material auf Hirnfunktionen reduziert werden können. Das wichtige Wort ist *reduzieren*. Auch Tomasello scheint einer Hybridposition zuzuneigen, wenn er zusammenfassend schreibt:

> »Our conclusion is thus that although many aspects of human linguistic competence have indeed evolved biologically, specific grammatical principles and constructions have not« (Tomasello 2008, S. 313).

Die biologische Evolution setzt sich als »kulturelle Vererbung« (Tomasello 2002) fort. Mit einem solchen Stichwort von der *kulturellen* Vererbung, ich wiederhole es, könnte sich der Freud'sche Lamarckismus bestätigt sehen. Die Sphären des Kulturellen, des Kommunikativen und – in anderer Terminologie – der Beziehung sind gegenüber individuellen Hirnfunktionen in einer gewissen Autonomie.

Neben einen Bottom-up-Prozess muss damit ein Top-down-Prozess (Gergely und Unoka 2008) angenommen werden. Also Beeinflussungsmöglichkeit durch Sprechen, durch Kommunikation, durch Kultivierung. Hier könnte neurowissenschaftlicher Reduktionismus und entwicklungspsychologische Forschung ins kontroverse Gespräch gebracht werden. Gergely/Unoka (2008, S. 66) schreiben, dass primäre Emotionen zwar angenommen werden müssen, aber introspektiv erst durch Repräsentation zweiter Ordnung zugänglich werden. Sie entstammt den kulturellen Nah-Umwelten, vor allem aus der Interaktion mit einer Mutter, die ihr eigenes Ausdrucksverhalten so markieren kann, dass das Baby daran ablesen kann, welche Gefühle es selbst hat. Es gibt Freude oder Wut, aber erst aus markierter Spiegelung erfährt das Baby, dass es sich genau darum und nicht um etwas anderes handelt. Die erste Natur ist uns nur durch die zweite zugänglich. Die zweite aber ist immer Konversation oder Protokonversation, und sie bietet die Möglichkeit, innere Selbstzustände introspektiv differenzieren und Mentalisierung entwickeln zu können. Mentalisierung ist eine »top-down cognitive control over its emotional self-states in the service of affective self-regulation« (Gergely/Unoka 2008, S. 73).

Das wäre doch zentrales Medium psychoanalytischen Operierens! Hier geschieht doch alles, vor allem die Affektregulierung, durch verbale und nonverbale Konversation mit dem Ziel einer mentalisierten Affektivität, wie Elliot L. Jurist das nennt (Jurist et al. 2008). Nie finden direkte, materiale Eingriffe in Gehirne statt.

Hier könnte die Psychoanalyse ihren Teil für eine Kooperation mit Neurowissenschaften einbringen. Denn es ist originärer Bestandteil psychoanalytischer Denktradition, anzunehmen, dass Menschen sich Gehörtes vorstellen und darauf mit körperlicher Resonanz antworten. Das paradigmatische Beispiel dürfte sein, wie Freud beschreibt, dass manche Menschen sich die symbolische »Ohrfeige« wörtlich vorstellen und dann tatsächlich erröten. Hier haben wir es mit einem

Top-down-Prozess zu tun; Kommunikation verändert körperliche Resonanz, und das kann durch Mitbeteiligung neuronaler Vorgänge geklärt werden.

Es wird niemanden wundern, wenn mir auffällt, welche enorme Macht dabei die Metaphern haben. Dazu gibt es eine nette Geschichte.

Der spätere Neurologe Carl L. Schleich fühlte sich zu Kunst und Musik hingezogen, aber der augenärztliche Vater bestand darauf, dass er Medizin studiere. Carl litt um 1890 sehr, in seinen Memoiren allerdings präsentierte er sich als »Gehirningenieur«. An einem Abend des Jahres 1890 ist der Pianist Przybyszewski im Hause, und während der spielt, findet Carl die Lösung für sein Problem der Glia-Zellen: »Alle meine schönen Bilder fielen mir ein«, die er aus seiner bei Virchow verbrachten Zeit erinnerte. Und dann:

> »Plötzlich sprang ich hoch. Stanislaus! rief ich. Mensch! die Neuroglia ist ein Klaviersaitendämpfer. Ein elektrisches Sordino, ein Registerschaltapparat, ein Hemmungsregulator! Blitz! Himmel! Kreuzmillionen fis-Moll noch einmal! Bruder, sag es noch einmal. Er ist verrückt geworden. Aber es ist eine Erleuchtung« (Dierig 1999, S. 68).

Wenn Freuds Ansicht stimmt, dass wir Seelisches nur mit figurativen Sprechformen und Metaphern beschreiben können, dann wäre das Interessante am nachbarschaftlichen Gespräch, wie Neurowissenschaften neue Bildgebungen zur Verfügung stellen, um zu verstehen, was jenseits eigener Möglichkeiten liegt. Insbesondere Bennett und Hacker (2003, 2006) und dem Philosophen Peter Janich (2009) war ja aufgefallen, wie sehr in diesem Gespräch traditionelle Begriffe neurowissenschaftlich ersetzt werden. Es scheint dann nicht mehr die Person (Fuchs 2008), die denkt oder entscheidet, sondern immer »das Gehirn«. Diese international renommierten Autoren, der eine Philosoph, der andere Neurowissenschaftler, monieren eine solche Rhetorik in allem Ernst als schwer irrtümlich und fügen in einem 500-seitigen Buch viele Nachweise darüber zusammen, sodass man daran nicht vorbeigehen kann. Wir müssen Metaphern nutzen; es bleibt kaum anderes übrig. Aber wir könnten aufmerksam untersuchen, was uns diese Metaphern eröffnen. Und was sie verschließen.

Abb. 1: René Magritte, Le pont de l'Héraclite (Heraklits Brücke), *1935*
© VG Bild-Kunst, Bonn 2010

Wenn wir solcherart Metaphernanalyse im nachbarschaftlichen Gespräch selbst betreiben, dann ist das auch Selbstreflexion, die als Spiegelbild einer Brücke fungiert, die über einen Abgrund führt, der nicht überschritten werden kann. *Heraklits Brücke* von Magritte (1935) versucht zu sagen, dass uns ein »Weitergehen« über die Abgründe der Leib-Seele-Dichotomie nicht unbedingt konkret, sondern nur metaphorisch möglich sein könnte. Wir sehen dann in der Spiegelung, in der metaphorischen Reflexion, wie es weitergehen könnte. Und es hilft dabei, die Reflexion wörtlich zu nehmen, also als Metapher. Das überwindet die Gegensätze. »Ceci n'est pas une pipe.« Manche Brücken kann man nicht wirklich begehen, man kann sie sich nur – denken.

Kulturwissenschaftliche Anschlüsse

So komme ich zum nächsten Eingang in universitäre Nachbarschaft. Die Reflexion über Gedankenbrücken ist von einer anderen Seite her beschritten worden. Jan Assmann (2004, 2005, 2006, 2007) hat überzeugend gezeigt, wie die Freud'sche Annahme einer Vererbung von erworbenem Wissen unproblematisch wird, wenn wir sie uns weniger biologisch, sondern kulturell-symbolisch vorstellen. Wir hätten hier also eine weitere Gedankenbrücke. Die Weitergabe zwischen den Generationen basiert auf kultureller Symbolik, zu der Literaturwissenschaftler und Psychoanalytiker gemeinsam beigetragen haben. Die Kulturwissenschaftlerin Christina von Braun (2005) entschlüsselte Zusammenhänge zwischen der historischen Kastrationsdrohung und der Entstehung der Schrift; Kastration wurde im Alten Ägypten denen angedroht, die ihre Steuern nicht zahlen wollten. Freud hätte gar nicht bis zu einer fiktiven Ur-Gesellschaft zurückgehen müssen, aber seine Intuition war wohl richtig. Der Germanist Peter von Matt (1998) zeigt uns eine Interpretation des Goethe-Gedichts *Sah ein Knab ein Röslein stehen*, das dieses als verschlüsselte Vergewaltigungsszene zwingend macht. Ohne psychoanalytische Deutungskunst wäre das nicht möglich gewesen. Reimut Reiche (1995) hatte recht, als er vermutete, dass solche Deutungskünste von unseren Nachbarn mittlerweile sehr souverän gehandhabt werden. Peter von Matt (2007) macht auch auf eine Dimension der Realität, die Intrige nämlich, aufmerksam, die weit über das Freud'sche Realitätsprinzip hinausgeht, das ja noch sehr materialistisch verfasst ist. Ich jedenfalls kenne keine originär psychoanalytische Arbeit über Intrigen und weiß doch, dass das ein Realitätsaspekt ist, der erheblichen Kummer machen kann. Da zeigt uns das Gespräch mit akademischen Nachbarn einen deutlichen blinden Fleck.

Interessant ist die Verbindung zwischen der Idee einer »kulturellen Vererbung«, wie sie der Biologe Tomasello angesprochen hat und dem »kulturellen Gedächtnis«, wie es das Ehepaar Assmann entwickelt hat. Sie gehören zu den Autoren, die die Leistung der Psychoanalyse für die Erinnerungspolitik auf höchst sensible Weise würdigen. Erinnern oder Vergessen – das war über Jahrhunderte hinweg die scheinbar einzige Alternative. Sie hatte durchaus hygienische und befriedende Dimensionen. In Verträgen zwischen friedenschließenden Völkern taucht nach den Schlachten immer wieder die Formel auf, dass man sich gegenseitig »vergessen und vergeben« wolle. Wo vergessen werden konnte, musste nicht zu Rache und Vergeltung aufgerufen werden. Das diente dem Erhalt des Friedens.

Gleichsam unter Freuds Anleitung rekonstruiert der Aachener Politikwissenschaftler Helmut König (2008), wie sich die Einsicht mühsam entfaltete, dass das nach den Entsetzlichkeiten des 20. Jahrhunderts nicht mehr geht. Wenn bislang Vergeben an Vergessen geknüpft war, so ging das seit den massenhaften Grausamkeiten des Ersten, schlimmer aber noch seit denen des Zweiten Weltkriegs mit der industrialisierten Menschenvernichtung nicht mehr – unmöglich, das zu vergessen. Die Definition von Max Weber, Nationen seien »Erinnerungsgemeinschaften« musste freilich in Deutschland zunächst der Erfahrung einer Verdrängungsgemeinschaft in der Adenauerzeit weichen. Hier hatte die Psychoanalyse ihre große Aufklärungsaufgabe.

Wir haben einen Dreischritt zu beachten: Ein *sichtbares* Geschehen wandelt sich in ein *unsichtbares Vorstellungsbild*. Die spätere Erinnerung kann nur noch auf dies Vorstellungsbild zugreifen und verwandelt es in das *Erinnerungsbild* (König 2008, S. 28). Nach dieser Formel rekonstruiert Assmann (2000) die Erinnerung des jüdischen Volkes an Moses, so lassen sich Verarbeitungen von historischen Traumata begreifen. Das ist Freuds Formel für psychische Verarbeitung. Perioden der Umwandlung *zwischen* Ereignis – Vorstellungsbild – Erinnerungsbild hatte Freud als Latenzzeiten bestimmt und so das bekannte Schema der Verarbeitung von Traumata bestimmt. Vergessen ist damit nicht Auslöschen, sondern von Freud als aktive Verdrängung bezeichnet worden. Es setzt dem Erinnern aktiv Widerstände entgegen. Es entstehen neue Differenzierungslinien: Gegenstück des Vergessens ist nicht Erinnern, sondern Wiederholung, solange nicht erinnert werden kann; Einsicht ist nicht allein Registratur dessen, was geschah, als vielmehr ein Prozess des Trauerns; Trauern ist nicht nur Abschied, sondern zugleich Exploration eines verlorenen Territoriums (Cavell 2006b, S. 57). So wird transparent, dass Einsicht ohne Katharsis nicht zu haben ist. Einsicht meint, etwas zu verstehen, was man vorher nicht verstanden hat, also das Hineinwachsen in eine neue Position zu sich selbst, die man vorher noch nie eingenommen hatte – und das bedeutet Trauer, weil etwas verlassen und zugleich erkundet werden muss.

So wird klarer, was am Effektivitätsdenken der *Psychotherapieforschungskonkurrenzdebattenkultur* so ungemein schräg ist. Es wird so getan, als ginge es um Steigerung von Einsicht sensu *Wissen* – aber daraus resultiert nicht automatisch höhere Gesundheit, dann würde Teilnahme am Matheunterricht gesund machen durch Wissenssteigerung.

Einsicht hingegen muss als *Trauer* verstanden werden – und das verbraucht Zeit: weil ein anderes als nur das verfügend-repräsentationale Wissen entwickelt werden muss. Auch dafür brauchen wir, was Herbart mit »Takt« meinte.

Der Politikwissenschaftler Helmut König arbeitet prägnant die Leistung Freuds heraus, der über die jahrtausendealte Kontroverse von »Vergessen *oder* Erinnern« hinausgeht und mit dem Konzept der Verdrängung einen Punkt der Anschauung gewinnt, von dem aus es nun heißen kann »Erinnern *und* Vergessen« und, mit kurativer Wirkung, sogar gesteigert: »Erinnern, *um zu* vergessen.« Um vergessen zu können, ohne der Wiederholung erneut leichtes Spiel zu machen, sondern um Vergebung zu erlangen. Vergebung, die zum Vergessen frei macht, kann nur von Kollektiven erschaffen werden.

Was hier unter dem Stichwort der Gedächtnispolitik verhandelt wird, hat nicht viel gemeinsam mit dem, was man in den Neurowissenschaften unter Gedächtnis versteht. Das kulturwissenschaftliche Gedächtnis befindet sich nicht im Gehirn, sondern in kulturellen Materialisierungen, in Schrifttum und Architektur, in Bildern und Monumenten – der Zusammenbruch des Kölner Stadtarchivs (am 3. März 2009) ist schlagender Beweis. Das Gedächtnis ist auch in sprachlichen Wendungen, deren Bedeutung nicht mehr gewusst wird. Da ich Sohn eines KZ-Häftlings bin, erinnere ich mich an meine tiefe Verwunderung, als ich zur Zeit meines Abiturs 1967 von einem Klassenkameraden hörte, er habe »gelernt bis zur Vergasung«. Ich glaube, er hat dabei nur an seine verqualmte Studierbude gedacht. Ich hörte etwas anderes und habe viel später verstanden, dass solche Wendungen eine Art eigenständiges Leben in der gesellschaftlichen Kommunikation führen. Das nimmt ihnen freilich nichts an Wirkmächtigkeit. Von solchen Wendungen ist die Luft über unseren Köpfen gleichsam rappelvoll. Man muss sich nur an die Gesprächsformate erinnern, die ein Ereignis wie Winnenden im

Frühjahr 2009 nach sich zog, um zu merken: Hier gibt es Deutungsschemata, die von fast allen fraglos geteilt werden. Journalisten fragen nach den Gefühlen der Betroffenen, und junge wie ältere Leute erbringen den erstaunlichen Beweis, dass sie vollkommen interviewfähig geworden sind im Reden über Gefühle bei extremsten Situationen. Sie beherrschen die Diktion. Welche Lektion dabei zu lernen wäre, bleibt offen.

Mir will scheinen, dass es sehr viele von uns noch nicht hinreichend verstandene Top-down-Vorgänge gibt, in denen sich das gesellschaftliche Gespräch gleichsam bis in unsere Praxen hinein sedimentiert. Es formatiert Prozesse der Selbstverständigung und Selbstdeutung bis in die Gestaltung neurotischer Symptombildungen hinein. Ich kann mich des Eindrucks nicht erwehren, nach vielen Behandlungen von Anorektikerinnen, dass Magersucht *auch* die Bedeutung hat, uns zeigen zu wollen, dass Menschen nicht nur von Trieben beherrscht werden. Sie widerlegen uns oder versuchen es doch.

Auch die uns so selbstverständlich scheinende Idee, verschiedene therapeutische Methoden miteinander zu vergleichen, etwa Verhaltenstherapie und Psychoanalyse, ist von einer unbewussten Übernahme pharmakologischen Denkens (Stiles/Shapiro 1989) her gedacht. Dort werden verschiedene Medikamente mit Placebos verglichen, aber in der gesamten Psychotherapie wissen wir genau genommen überhaupt nicht, was tatsächlich geschieht. Wenn nichts anderes geschieht als – nach der Freud'schen Formel – ein »Austausch von Worten« (inklusive des Nonverbalen, natürlich), dann sollten wir viel mehr auf kleine lokale Studien setzen. Die könnten von unseren Instituten ausgehen und interessante regionale Anregungen nach sich ziehen.

Eine kulturwissenschaftliche Psychotherapieforschung könnte den Gegensatz von quantitativer und qualitativer Forschung überbrücken: Wenn überall Gegenstandsangemessenheit gefordert wird, wird Vorwissen über den Gegenstand vorausgesetzt, aber wie könnte das expliziert werden ohne Kultur? Ohne Inanspruchnahme von Sprache und Verständigung?

Die Psychoanalyse als Profession kann Wissenschaft ihrerseits beobachten, aber sie kann bei der bloßen Beobachtung nicht stehenbleiben, weil sie es nicht mit Theorien und Fakten allein, sondern mit lebendigen und leidenden Menschen zu tun hat. Was sie jedoch immer hat und braucht: Wissenschaft in ihrer Nachbarschaft.

Literatur

Ansermet, F. & Magistretti, P. (2005): Die Individualität des Gehirns. Frankfurt/M. (Suhrkamp).

Anzieu, D. (1990): Freuds Selbstanalyse, Band 1: 1895–1898. München, Wien (Verlag Internationale Psychoanalyse).

Aron, L. (1996): A Meeting of Minds – Mutuality in Psychoanalysis. Hillsdale, NJ (The Analytic Press).

Assmann, J. (2000): Das kulturelle Gedächtnis. Schrift, Erinnerung und politische Identität in frühen Hochkulturen. München (C.H. Beck).

Assmann, J. (2004): Sigmund Freud und das kulturelle Gedächtnis. Psyche – Z Psychoanal 58(1), 1–15.

Assmann, J. (2005): Das kulturelle Gedächtnis und das Unbewusste. In: Buchholz, M. B. & Gödde, G. (Hg.): Das Unbewusste, Band II: Das Unbewusste in aktuellen Diskursen. Anschlüsse. Gießen (Psychosozial-Verlag), S. 368–392.

Assmann, J. (2006): Archäologie und Psychoanalyse. Zum Einfluß Freuds auf die Kultur- und Religionswissenschaft. Psyche – Z Psychoanal 60(9–10), S. 1040–1053.

Assmann, J. (2007): Sigmund Freud als Kulturtheoretiker. Archäologie und Psychoanalyse. In: Hegener, W.; Hinze, E.; Katz-Eringa, H.; Lockot, R. & Motz, U. (Hg.): Erinnern und Entdecken. Zur Aktualität Sigmund Freuds. Gießen (Psychosozial-Verlag), S. 55–77.

Barber, J. (2009): Toward a Working Through of some core conflicts in psychotherapy research. Psychother Res 19(1), 1–12.

Bennett, M. R. & Hacker, P. M. S. (2003): Philosophical Foundations of Neuroscience. Malden, Oxford (Blackwell Publishing).

Bennett, M. R. & Hacker, P. M. S. (2006): Philosophie und Neurowissenschaft. In: Sturma, D. (Hg.): Philosophie und Neurowissenschaften. Frankfurt/M. (Suhrkamp), S. 20–42.

Birbaumer, N. (2002): Die Psychoanalyse als parasitäre Neurowissenschaft: Kognitive Neurowissenschaft, rette uns! Erwägen, Wissen, Ethik (EWE) 13(4), 522–523.

Bollinger, H. & Hohl, J. (1981): Auf dem Weg von der Profession zum Beruf. Zur Deprofessionalisierung des Ärzte-Standes. Soziale Welt, 32(4), 440–464.

Bourdieu, P. (1992): Rede und Antwort. Frankfurt/M. (Suhrkamp).

Braun, C. v. (2005): Alphabet und Kastration. In: Buchholz, M. B. & Gödde, G. (Hg.): Das Unbwusste, Band II: Das Unbewusste in aktuellen Diskursen. Anschlüsse. Gießen (Psychosozial-Verlag), S. 393–415.

Bucher, R. & Strauss, A. (1972): Wandlungsprozesse in Professionen. In: Luckmann, T. & Sprondel, W. M. (Hg.): Berufssoziologie. Köln (Kiepenheuer & Witsch), S. 182–197.

Buchholz, M. B. (1999): Psychotherapie als Profession. Gießen (Psychosozial-Verlag).

Buchholz, M. B. (2000a): Diagnose – oder Verständigung in Beziehungen? Psychother Soz 2, 172–202.

Buchholz, M. B. (2000b): Effizienz oder Qualität? Was in Zukunft gesichert werden soll. Forum der Psychoanalyse 16, 59–80.

Buchholz, M. B. (2000c): Qualitative Psychotherapieforschung – Probleme und Chancen. In: Straub, J.; Kochinka, A. & Werbik, H. (Hg.): Psychologie in der Praxis. Anwendungs- und Berufsfelder einer modernen Wissenschaft. München (dtv).

Buchholz, M. B. (2006): Psycho-News II – Neue Briefe zur empirischen Erweiterung der Psychoanalyse. Gießen (Psychosozial-Verlag).

Buchholz, M. B. (2009): Und wie ist Ihre Diagnose, Herr Doktor?. In: Hesse, D. & Duncker, H. (Hg.): Psychoanalyse und Forensik. Festschrift für Martin Schott. Lengerich, Berlin (Pabst-Publishers), S. 69–95.

Buchholz, M. B. & Streeck, U. (1999): Qualitative Forschung und professionelle Psychotherapie. Psychother Soz 1(1), 4–30.

Cacioppo, J. T. & Patrick, W. (2008): Loneliness. Human nature and the Need for Social Connection. New York, London (W. W. Norton & Co.).

Cacioppo, J. T.; Visser, P. S. & Pickett, C. L. (Hg.) (2006): Social Neuroscience. People thiking about thinking people. Cambridge/Mass, London (MIT-Press).

Cacioppo, J. T.; Klein, D. J.; Berntson, G. B. & Hatfield, E. (1993): The Psychophysiology of Emotion. In: Lewis, M. & Haviland, J. M. (Hg.): Handbook of Emotions. New York, London (Guilford Press), S. 173–192

Carnap, R. (1928): Der logische Aufbau der Welt (Nachdruck). Frankfurt/M., Berlin, Wien (Campus), 1979.

Cavell, M. (2006a): Subjektivität, Intersubjektivität und die Frage der Realität in der Psychoanalyse. In: Altmeyer, M. & Thomä, H. (Hg.): Die vernetzte Seele. Die intersubjektive Wende in der Psychoanalyse. Stuttgart (Klett-Cotta), S. 178–200.

Cavell, M. (2006b): Becoming a Subject. Reflections in Philosophy and Psychoanalysis Oxford (Clarendon Press).

Denis, P. (2008): In Praise of Empiricism. In: Tuckett, D.; Basile, R.; Birksted-Breen, D.; Böhm, T.; Denis, P.; Ferro, A.; Hinz, H.; Jernstedt, J.; Mariotti, P. & Schubert, J. (Hg.): Psychoanalysis Comparable & Incomparable. The Evolution of a Method to Describe and Compare Psychoanalytic Approaches. London, New York (Routledge), S. 38–50.

Dierig, S. (1999): Hirngespinste am Klavier. Über »chopinisierte« Nervenseiten im Berliner Fin de Siècle. In: Hagner, M. (Hg.): Ecce Cortex – Beiträge zur Geschichte des modernen Gehirns. Göttingen (Wallstein-Verlag), S. 26–50.

Donald, M. (2008): Triumph des Bewusstseins. Die Evolution des menschlichen Geistes. Stuttgart (Klett-Cotta).

Emmelkamp, P. M. G.; Vedel, E. & Kamphuis, J. H. (2007): Behaviour Therapy. In: Freeman, C. & Power, M. (Hg.): Handbook of Evidence-Based Psychotherapies. A Guide for Research and Practice. San Francisco, Chichester, Weinheim (John Wiley), S. 61–83.

Freud, S. (1904): Psychopathologie des Alltagslebens. GW IV.

Freud, S. & Ferenczi, S. (2003): Briefwechsel. Herausgegeben von Ernst Falzeder und Eva Brabant. Band III/2. Wien et al. (Böhlau).

Fuchs, T. (2008): Das Gehirn – ein Beziehungsorgan. Eine phänomenologisch-ökologische Konzeption. Stuttgart (Kohlhammer).

Gattig, E. (1996): Zur Psychoanalyse des Taktgefühls. Ein Beitrag zur Metapsychologie der psychoanalytischen Behandlungstechnik. In: Henseler, H. (Hg.): »Da hat mich die Psychoanalyse verschluckt«. In memoriam Wolfgang Loch. Tübingen (Attempto), S. 74–91.

Gergely, G. & Unoka, Z. (2008): Attachment and Mentalization in Humans. The Development of the Affective Self. In: Jurist, E. E.; Slade, A. & Bergner, S. (Hg.): Mind to Mind. Infant Research, Neuroscience and Psychoanalysis. New York (Other Press), S. 50–88.
Goldfried, M. R. (2000): Consensus in Psychotherapy Research and Practice: Where Have All the Findings Gone? Psychother Res 10(1), 1–16.
Haynal, A. (1995): Psychoanalytische Erkenntnis. Stuttgart, Berlin, Köln (Kohlhammer).
Henretty, J. R.; Levitt, H. M. & Mathews, S. S. (2008): Clients' experiences of moments of sadness in psychotherapy: a grounded theory analysis. Psychother Res 18(3), 243–256.
Herbart, J. F. (1802/1982): Die ersten Vorlesungen über Pädagogik. In: Herbart, J. F. (Hg.): Kleinere pädaogische Schriften. Hrsg. v. Walter Asmus. 2. Aufl. Stuttgart (Klett-Cotta), S. 121–131.
Hoerning, E. M. (2003): Ärztinnen und Ärzte in der DDR. In: Mieg, H. & Pfadenhauer, M. (Hg.): Professionelle Leistung – Professional Performance. Konstanz (UVK Verlagsgesellschaft), S. 111–145.
Holzman, P. S. & Aronson, G. (1992): Psychoanalysis and its neighboring sciences: Paradigms and opportunities. J Am Psychoanal Assoc 40(1), 63–88.
Horvitz, A. V. & Wakefield, J. C. (2007): The Loss of Sadness. How Psychiatry Transformed Normal Sorrow Into Depressive Disorder. Oxford, New York (Oxford University Press).
Hüther, G. (2005): Die vergebliche Suche der Hirnforscher nach der Region im menschlichen Gehirn, in der Bewusstsein entsteht. In: Buchholz, M. B. & Gödde, G. (Hg.): Das Unbewusste, Band II: Das Unbewußte in aktuellen Diskursen. Anschlüsse. Gießen (Psychosozial-Verlag), S. 704–719
Iacoboni, M. (2008): Mirroring People. The New Science of How We Connect with Others. New York (Farrar, Straus and Giroux).
Janich, P. (2009): »Kein neues Menschenbild«. Zur Sprache der Hirnforschung Frankfurt/M. (Suhrkamp).
Jurist, E. E.; Slade, A. & Bergner, S. (Hg.) (2008): Mind to Mind. Infant Research, Neuroscience and Psychoanalysis. New York (Other Press).
Kahl-Popp, J. (2007): Lernen und Lehren psychotherapeutischer Kompetenz am Beispiel der psychoanalytischen Ausbildung. Würzburg (Ergon-Verlag).
Kitcher, P. (1992): Freud's Dream. A Complete Interdisciplinary Science of Mind. Cambridge, London (A Bradford Book, The MIT Press).
Kohut, H. (1971): Introspektion, Empathie und Psychoanalyse. Psyche – Z Psychoanal 25(11), 831–855.
König, H. (2008): Politik und Gedächtnis. Weilerswist (Velbrück).
Lane, C. (2007): Shyness – How Normal Behavior Became a Sickness. New Haven, London (Yale University Press).
Leuzinger-Bohleber, M. & Fischmann, T. (2006): What is conceptual research in psychoanalysis? Int J Psychoanal 87(5), 1355–1386.
Luhmann, N. (1988): Neuere Entwicklungen in der Systemtheorie. Merkur 42(470), 292–300.
Matt, P. v. (1998): Die verdächtige Pracht. München, Wien (Hanser).
Matt, P. v. (2007): Die Intrige. Theorie und Praxis der Hinterlist. München, Wien (Hanser).
Musgrave, A. (1993): Alltagswissen, Wissenschaft und Skeptizismus: Eine historische Einführung in die Erkenntnistheorie. Tübingen (Mohr Siebeck).

Oeser, E. (2002): Geschichte der Hirnforschung. Von der Antike bis zur Gegenwart, Darmstadt (Wissenschaftliche Buchgesellschaft).
Oevermann, U. (1996): Theoretische Skizze einer revidierten Theorie professionalisierten Handelns. In: Combe, A. & Helsper, W. (Hg.): Pädagogische Professionelität. Untersuchungen zum Typus pädagogischen Handelns. Frankfurt/M. (Suhrkamp), S. 70–182.
Peräkylä, A. (2008): Conversation analysis and psychoanalysis: Interpretation, affect, and intersubjectivity. In: Peräkylä, A.; Antaki, C.; Vehviläinen, S. & Leudar, I. (Hg.): Conversation Analysis and Psychotherapy. Cambridge, New York (Cambridge University Press), S. 100–120.
Poland, W. S. (1975): Tact as a psychoanalytic function. Int J Psychoanal 56(2), 155–162.
Premack, D. (2004): Is Language the Key to Human Intelligence? Science 303(5656), 318–320.
Reemtsma, J. P. (2004): Nachbarschaft als Gewaltressource. Mittelweg 36 13(5), 103–120.
Reiche, R. (1995): Von innen nach außen? Sackgassen im Diskurs über Psychoanalyse und Gesellschaft. Psyche – Z Psychoanal 49(3), 227–258.
Sandler, J.; Dreher, A. U. & Drews, S. (1991): An apporach to conceptual research in psychoanalysis illustrated by a consideration of psychic trauma. Int R Psycho-Anal 18, 133–141.
Schachtner, C. (1999): Ärztliche Praxis. Die gestaltende Kraft der Metapher. Frankfurt/M. (Suhrkamp).
Schlüter, A. & Strohschneider, P. (Hg.) (2009): Bildung? Bildung! 26 Thesen zur Bildung als Herausforderung im 21. Jahrhundert. Berlin (Berlin-Verlag).
Schneider, G. (2007): Ein »unmöglicher Beruf« (Freud) – das aporetische Prinzip in der Reflexion der psychoanalytischen Behandlungstechnik. Psyche – Z Psychoanal 61(7), 657–685.
Schneider, G. (2008): Alles schon (unerkannt) bekannt? Die Aporie als Unbekanntes in Anna Elisabeth Landis' Dialektik-These. Eine Replik. Psyche – Z Psychoanal 62(5), 501–505.
Schön, D. A. (1983): The Reflective Practitioner. How Professionals think in Action. New York (Basic Books).
Sledge, W. (1989): The Psychoanalyst's Use of Tact. Psychoanal Study Child 44, 137–148.
Spence, D. P. (1993): Die Sherlock-Holmes-Tradition: die narrative Metapher. In: Buchholz, M. B. (Hg.): Metaphernanalyse. Göttingen (Vandenhoeck & Ruprecht).
Stein, H. (1979): Psychoanalytische Selbstpsychologie und die Philosophie des Selbst. Meisenheim am Glan (Anton Hain).
Stiles, W. B. & Shapiro, D. A. (1989): Abuse of the Drug Metaphor in Psychotherapy Process-Outcome Research. Clinical Psycholoy Review 9(4), 521–543.
Tänzler, D. (2003): Politdesign als professionalisierte Performanz. Zur Rolle von spin doctors bei der Politikinszenierung. In: Mieg, H. & Pfadenhauer, M. (Hg.): Professionelle Leistung – Professional Performance. Konstanz (UVK Verlagsgesellschaft), S. 227–246.
Tomasello, M. (2002): Die kulturelle Entwicklung des menschlichen Denkens. Zur Evolution der Kognition. Frankfurt/M. (Suhrkamp).
Tomasello, M. (2008): Origins of Human Communication. Cambridge, London (MIT-Press).

Toulmin, S. (1961): Voraussicht und Verstehen. Ein Versuch über die Ziele der Wissenschaft. Frankfurt/M. (Suhrkamp).

Tuckett, D. (1993): Some thoughts on the presentation and discussion of the clinical material of psychoanalysis. Int J Psychoanal 74(6), 1175–1189.

Tuckett, D. (2007): Wie können Fälle in der Psychoanalyse verglichen und diskutiert werden? Implikationen für künftige Standards der klinischen Arbeit. Psyche – Z Psychoanal 61(9–10), 1042–1071.

Tuckett, D.; Basile, R.; Birksted-Breen, D.; Böhm, T.; Denis, P.; Ferro, A.; Hinz, H.; Jernstedt, J.; Mariotti, P. & Schubert, J. (Hg.) (2008): Psychoanalysis Comparable & Incomparable. The Evolution of a Method to Describe and Compare Psychoanalytic Approaches. London, New York (Routledge).

Wallerstein, R. S.: What kind of research in psychoanalytic science? Int J Psychoanal 90(1), 109–133.

Wampold, B. E. (2001): The Great Psychotherapy Debate – Models, Methods and Findings. Mahwah/NJ, London (Lawrence Earlbaum).

Weber, M. (1919/1973): Wissenschaft als Beruf. In: Weber, M.: Gesammelte Aufsätze zur Wissenschaftslehre. Tübingen (Mohr).

Wiesing, U. (1995): Kunst oder Wissenschaft? Konzeptionen der Medizin in der deutschen Romantik. Stuttgart (frommann-holzboog).

Will, H. (2006): Psychoanalytische Kompetenzen. Standards und Ziele für die psychoanalytische Ausbildung und Praxis. Stuttgart (Kohlhammer).

Traum und Trauma

Der Freud'sche Primärprozess als Kulturstifter[1]

Christoph Türcke

Verwickelte Sachverhalte auf ihren einfachsten Nenner zu bringen, ist große Kunst. Kaum einer hat sie so beherrscht wie Freud. Wo er allerdings auf einfachste Träume zu sprechen kommt, macht er es sich gelegentlich eine Spur *zu* einfach.

> »Da ist z. B. ein Traum, den ich mir beliebig oft, gleichsam experimentell, erzeugen kann. Wenn ich am Abend Sardellen, Oliven oder sonst stark gesalzene Speisen nehme, bekomme ich in der Nacht Durst, der mich weckt. Dem Erwachen geht aber ein Traum voraus, der jedesmal den gleichen Inhalt hat, nämlich daß ich trinke. Ich schlürfe Wasser in vollen Zügen, es schmeckt mir so köstlich, wie nur ein kühler Trunk schmecken kann, wenn man verschmachtet ist, und dann erwache ich und muß wirklich trinken« (Freud 1972, S. 142).

Eigentlich ist Schlafen ja etwas Sturzlangweiliges. Ein Organismus möchte das gewöhnlich erst, wenn ihn das Interessante, das Reizvolle, nämlich die Reizverarbeitung zu sehr anstrengt. Doch die Reizverarbeitung lässt sich nicht einfach abschalten. Sie bildet sich im Schlaf weit zurück, aber sie verschwindet nicht. Deswegen gibt es Träume. Sie sind Rückstände des Wachzustands im Schlaf – und ein Tribut des Schlafenden an den Wachzustand. Wer heftig träumt, schläft schlecht. Daraus war gefolgert worden: Träume stören den Schlaf. Freuds große Entdeckung war, dass es sich genau umgekehrt verhält: Träume machen sich geltend, sobald dem Schlaf vorzeitiger Abbruch droht, also bevor

1 Dieser Text fasst das erste Kapitel meines Buches *Philosophie des Traums* (2008) knapp zusammen.

das Nervensystem sich genügend erholt hat. »Der Traum ist der *Wächter* des Schlafes, nicht sein Störer« (ebd., S. 240).

Freuds eigener Dursttraum ist ein Musterbeispiel dafür. Sein Schlaf wird von Durst gestört. Der Traum vom Trinken ist der Versuch, die Störung loszuwerden. Erst nachdem er misslungen ist, wacht der Träumer auf und geht etwas trinken. Zunächst einmal sind es elementare körperliche Bedürfnisse, die einen Organismus zum Traum treiben. Komplexere Träume, ja eine ganze Traumkultur kann es erst geben, wenn der Traum als Phänomen schon da ist, und ohne physische Regungen, die zu ihm hindrängen, gäbe es ihn nicht. Nicht von ungefähr gewinnt Freud an seinem simplen Dursttraum eine seiner grundlegendsten Definitionen des Traums: »Wenn es mir gelingt, meinen Durst durch den Traum, daß ich trinke, zu beschwichtigen, brauche ich nicht aufzuwachen, um ihn zu befriedigen. Es ist also ein Bequemlichkeitstraum« (ebd., S. 142). Später fügt er hinzu: »In gewissem Sinne sind alle Träume – Bequemlichkeitsträume« (ebd., S. 240). Das ist sehr physiologisch gedacht. Eine Frage allerdings stellt Freud nicht: Wie ist es denn überhaupt möglich, dass ein Organismus sich diese Art von Bequemlichkeit verschafft? Wie kann etwa Durst im Schlaf zu der Vorstellung führen, man trinke etwas?

Das funktioniert nur über Wiederholung. Der Organismus muss zahllose Male Durst empfunden und daraufhin getrunken haben. Und er muss zwischen beidem – Durst und Trinken – eine feste Assoziation ausgebildet haben. Anders gesagt: Er muss die Wiederholung festgehalten, seinem Gedächtnis eingefügt haben. Gedächtnis allerdings ist eine der ungeheuerlichsten Errungenschaften der Natur. Es hat kein eigenes Organ im Gehirn, ist kein Behälter oder Speicher, in den man Inhalte hineintut, sondern eine elementare Nervenleistung, bei der viele einzelne Hirnteile und -regionen zusammenwirken. Auch Tiere haben Gedächtnis. Nicht nur, dass hoch organisierte Säugetiere deutliche Anzeichen dafür geben, dass sie bestimmte Umgebungen und Personen wiedererkennen. Das gesamte Verhaltensrepertoire, über das ein Tier verfügt, ist bereits eine Gedächtnisleistung. Die Neurobiologen nennen das prozedurales Gedächtnis. Es hat sich durch Wiederholung eingespielt: dadurch, dass zwischen den Milliarden von Nervenzellen, aus denen ein Gehirn besteht, sich bestimmte Übertragungswege von Erregung immer wieder hergestellt haben, bis sie zu routinierten, gleichsam eingefahrenen »Bahnen« wurden. Das Entscheidende bei dieser Bahnung geschieht freilich an den feinen Enden der Nervenzellen, dort, wo die elektrische Energie dank komplexer neurochemischer Übertragungsprozesse von der einen Nervenzelle zur andern überspringt. Diese Übersprungshandlung macht, dass die Reizableitung ihren Weg durchs Gehirn fortsetzt. Und darin besteht ja die elementare Nervenfunktion: Reize von Neuron zu Neuron überspringen zu lassen und sie so abzuleiten, dass der Organismus nicht von ihnen gequält wird. Die einzelnen Nervenzellen wissen davon rein gar nichts. Es gibt unter ihnen auch keine organisierenden Oberneuronen, keine intelligenten Drahtzieher. Sie sind allesamt nichts als mehr oder weniger gute Reizableiter; und wie aus deren Tätigkeit eine hochkomplexe Ordnung entstehen kann, grenzt selbst für Neurobiologen an ein Wunder.

Auch Freuds Dursttraum ist nur möglich, wenn die Assoziation von Durst und Trinken zu einem so festen Gedächtnisbestandteil geworden ist, dass sie sogar im Schlaf stattfindet. Der Durst ist real. Aber nun reagiert der Organismus mit imaginärer Löschung. Was er oft genug tatsächlich getan hat, tut er bloß noch durch ein Bild des Getanen. Das ist für ihn entschieden bequemer. Er erlebt das Trinken, ohne dass er aufstehen muss. Die imaginäre Durstlöschung geschieht um der Ruhe willen, damit er weiterschlafen kann, und macht damit die Elementarfunktion von Gedächtnis klar: Es ist primär ein Beruhigungsmittel. Die imaginäre Stillung des Reizes kann zwar die reale nicht dauerhaft ersetzen; irgendwann erwacht der Durstige dann doch. Aber dass sie es überhaupt eine Zeitlang vermag, zeigt: Der traumfähige Organismus ist einer, für den imaginäre Stillung eines Bedürfnisses nicht nur *fake* ist, sondern auch Stillung durch Imagination.

Damit hat er den Schritt vom prozeduralen zu einem repräsentativen Gedächtnis getan, oder, anders gesagt, von der Wiederholung zur Wieder-Holung. Primär heißt Wiederholung, früher Getanes und Erlebtes noch einmal zu tun und zu erleben. Aber sie kann auch so stattfinden, dass Vergangenes wiedergeholt wird. Natürlich nicht unmittelbar, denn das Vergangene ist unwiderruflich dahin, wohl aber mittelbar, durch seine bildliche, akustische, sprachliche Vergegenwärtigung. Das derart Wiedergeholte ist zwar stets nur in imaginärer, imaginierter Gestalt da, aber allein über diese Imagination wissen wir von Vergangenem, nur so ist Geschichte präsent. Als bloß vergangene wäre sie lediglich spurlos verschwunden, nicht einmal benennbar, in gewisser Hinsicht nicht einmal Vergangenheit. Der Traum ist auf der Grenze von Wiederholen und Wieder-Holen, von Physischem und Imaginärem. Einerseits wiederholt er: Ich erlebe mich als jemand, der – wie schon so oft – aufsteht und trinken geht. Andrerseits holt er lediglich wieder: Ich träume ja bloß, dass ich aufstehe und trinke. Einerseits ist die Triebstillung bloß imaginär. Andrerseits verläuft sie, als vollzöge sie sich real. Sie geschieht halluzinatorisch.

Der Zustand der Halluzination ist uns nur noch als pathologisches Phänomen geläufig: als Sinnestäuschung im Wachzustand, etwa als Hören von Stimmen und Sehen von Gestalten, die sich in der Umgebung des Betroffenen sonst niemandem mitteilen. Aber selbst Halluzinationen sind unmöglich ohne Gedächtnis. Erst wo sich durch zahllose Wiederholungen feste, abrufbare Verhaltens- und Wahrnehmungsweisen eingespielt haben, können sie in imaginäre Verhaltens- und Wahrnehmungsweisen übersetzt, sozusagen »eingebildet« werden. »Einbildung« wird heute fast nur noch im Sinne von Fiktion gebraucht. »Das bildest du dir ein«, heißt so viel wie: »Das ist in Wirklichkeit gar nicht so.« Früher verstand man unter Einbildungskraft das Vermögen, sich von etwas, was von außen einwirkt, innerlich ein Bild zu machen.

Die Entwicklung der Kraft zur Einbildung, will sagen zur Halluzination, ist in der Naturgeschichte der Nerven ein epochaler Vorgang, über den man sich viel zu wenig wundert. Hier beginnt das Gedächtnis, spezifisch menschlich zu werden. Die Halluzination, die wir nur noch als pathologischen Störenfried des Wachbewusstseins erleben, ist offenbar einmal dessen Elementarform gewesen. Bewusstsein *war* Halluzination. Wir Heutigen hingegen können Halluzinationen nicht wahrnehmen ohne ihre Kollision mit einem realitätsverarbeitenden Wachbewusstsein. Auch die manifest Schizophrenen können nicht anders. Sie leiden ja gerade unter dem Hin und Her zwischen Zwangsvorstellungen und einem Wachbewusstsein, das dagegen nicht aufkommt. Dass es Zeiten gegeben hat, wo noch kein Wachbewusstsein war, wohl aber Halluzination, ja wo die Halluzination den mentalen Allgemeinzustand des Homo sapiens ausmachte: das wäre schwer plausibel zu machen, gäbe es nicht einen Halluzinationsrückstand, den wir alle erleben: den Traum. Gegen das entwickelte Wachbewusstsein hat die Halluzination gewöhnlich keine Chance. Im Schlaf hingegen regt sie sich. Der Traum ist zwar nur ihr Rückstand, das, was unter nachlassender Wachheit von ihr hochkommt und zugelassen wird, nicht 1:1 ihr authentischer menschheitsgeschichtlicher Urzustand; aber er lässt erraten, was Halluzinationen ursprünglich waren: Schutzmaßnahmen. Die Reize der Außenwelt verlieren etwas von ihrer peinigenden Zudringlichkeit, wenn es gelingt, sie in Einbildung zu übersetzen. Einbildung ist Verschiebung nach innen. Aus Wahrnehmungen und Handlungen filtert sie einen Bildextrakt heraus, allerdings einen, in dem sich vieles, was in der Außenwelt räumlich und zeitlich auseinanderliegt, ineinanderschiebt und zusammendrängt. Die Verschiebung nach innen ist zugleich Verdichtung.

Damit sind zwei Schlüsselbegriffe von Freuds Traumdeutung gefallen: Verschiebung und Verdichtung. Die sogenannte Traumarbeit besteht hauptsächlich aus ihnen. Und Träumen *ist* für Freud Arbeit. Man träumt nicht einfach aus Vergnügen, sondern um etwas loszuwerden. Allerdings assoziiert Freud seinen Dursttraum noch nicht ernstlich mit Arbeit. Hier liegt ja anscheinend alles offen zutage, es geht wie geschmiert, man kann den Traum experimentell erzeugen. Dass die Menschheit erst einmal nervliche Schwerstarbeit hat leisten müssen, bis sie zu solch einfachen Träumen fähig wurde, kommt ihm nicht in den Sinn. Dabei kann man nur darüber staunen, was für ein Kunststück der Dursttraum ist. Ein Mensch schafft es eine ganze Weile, sich trotz Durst seinen Schlaf zu erhalten, indem er imaginiert, was er sonst täte: aufstehen und Wasser trinken gehen. Er verschiebt dieses Tun in ein inneres Erleben, und er erlebt nicht genau dasselbe, wie wenn er tatsächlich aufstünde. In der Imagination rutschen die einzelnen Handlungsphasen – sich zur Seite drehen, die Bettdecke wegschieben, die Füße auf den Boden gleiten lassen etc. – ineinander, der Ablauf verdichtet sich zu einem mehr oder weniger deutlichen »Wasser trinken gehen«.

Ohne Verschiebung und Verdichtung käme der simple Dursttraum nicht zustande. Freud bemerkt gar nicht, wie beide darin ineinander fallen. Dieser Traum ist für ihn bloß banal. Interessant werden ihm Träume erst, wo sie komplex werden, Wünsche nicht mehr direkt, sondern nur noch verstohlen und auf Umwegen äußern, wo der Inhalt des Traums zu einer Fassade wird, hinter der etwas Verborgenes drängt und plagt. Erst bei solchen Träumen fallen Freud Verdichtung und Verschiebung auf, sozusagen als die beiden Helfershelfer, die dem verborgen und verboten Drängenden die Tarnkappen und Verkleidungen schneidern, worin es unbemerkt ein wenig aus sich herausgehen und sich Luft verschaffen kann. Hier erst identifiziert Freud Verdichtung und Verschiebung als die Protagonisten dessen, was er den seelischen Primärprozess nennt und für seine wichtigste Entdeckung erachtet hat. Und doch versteht er unter Traumarbeit immer nur die Arbeit, die *im* Traum stattfindet. Traumarbeit jedoch ist zunächst einmal die Arbeit, die *zum* Traum führt. Damit Verschiebung und Verdichtung im Traum stattfinden können, müssen sie ihm schon Pate gestanden haben. Um als Übersetzungskräfte im Traum zu wirken, müssen sie zuvor zum Traum übergesetzt haben. Ihre Leistung ist weit grundlegender, »primärer« als Freud denkt.

Um an sie heranzukommen, hilft die Grundthese der *Traumdeutung*: »Der Traum ist eine Wunscherfüllung« (Freud 1972, S. 141). Beim Dursttraum ist das offensichtlich. Der Träumer erlebt den Durst als gestillt. Noch krasser sind manifeste Sexualträume, wo ein Orgasmus erlebt wird, gelegentlich sogar physisch. Eine Vielzahl einfacher, unverschlüsselter Träume kann man in diesem Sinne als Wunscherfüllung identifizieren. Was aber ist mit all den Träumen, die von unangenehmen Gefühlen begleitet sind: Angst, Peinlichkeit, Hilflosigkeit? Hier, sagt Freud, kommt die Traumzensur ins Spiel. Bei Kindern ist sie noch kaum ausgebildet. Aber die kindlichen Wünsche sind in einem hohen Maße kulturunverträgliche Wünsche, Wünsche des Betastens und Schmeckens von Exkrementen, inzestuöse Wünsche der Inbesitznahme von Mutter und Vater, die das Kind verboten bekommt und sich mit der Zeit selbst verbietet, und zwar so gründlich, dass das Verbot selbst im Schlaf nicht einfach aufhört. Es lockert sich lediglich so weit, dass die verbotenen Wünsche ein wenig Bewegungsfreiheit bekommen. Aber gewöhnlich versagt es ihnen die direkte Umsetzung in Halluzinationen.

Traumgestalt annehmen können sie zumeist nur in getarnter Form, nach allen Regeln der Kunst von Verdichtung und Verschiebung – und oft von heftigen Angst- und Schamgefühlen begleitet. Je mehr Angst mit einem Trauminhalt verbunden ist, desto verbotener, argwöhnt Freud, ist der Wunsch, der sich darin ausdrückt, desto mehr hat der Wunsch nötig, sich zu tarnen, zu verleugnen, zu bestrafen, desto höher der Preis, den er für seine halluzinatorische Erfüllung zahlt. Insofern ist Traumangst geradezu ein Kronzeuge für die These vom Traum als Wunscherfüllung.

So Freuds Position bis zum Ersten Weltkrieg. Dann machte er Bekanntschaft mit den Träumen von Kriegstraumatisierten. Und das brachte seine ganze Traumtheorie ins Wanken. Sollten denn Leute, die Nacht für Nacht zitternd und schweißgebadet aus Träumen erwachen, in denen sie die Explosionen und zerfetzten Leichen von der Front noch einmal halluzinieren, lediglich mit Selbstbestrafung für ihre verbotenen erotischen Regungen beschäftigt sein? Das konnte Freud nicht ernstlich vertreten. Also musste er einräumen, dass es neben der Traumangst, die eine Verschlüsselung libidinöser Wünsche darstellt, noch eine andere Art von Traumangst gibt, und zwar eine ganz unverschlüsselte Todesangst.

In *Jenseits des Lustprinzips* hat er den ersten großen Versuch unternommen, diese Angst zu verstehen. Sie reagiert nicht auf verbotene innere Regungen, sondern auf gewaltsam von außen einbrechenden Schock. Und indem Freud das Verhältnis von Schock und Angst analysiert, wird er wieder ganz der Neurologe, als der er seine ärztliche Laufbahn begonnen hat. Angst, sagt er, ist nicht nur nicht dasselbe wie Schock oder Schreck, sondern »an der Angst ist etwas, was gegen den Schreck und also auch gegen die Schreckneurose schützt« (Freud 1973, S. 223). Schreck trifft unvorbereitet. Er überschwemmt das Nervensystem mit unerträglicher Überdosis an Reizen, die es unfähig ist abzuleiten. Angst hingegen erwartet eine Gefahr, ist auf sie vorbereitet und damit eine Elementarform von Gedächtnis, nämlich Erinnerung an erlebte Pein. Das möchte ich nicht noch einmal erleben, ist ihr Tenor. Angst mobilisiert die nervlichen Bahnen, die sich beim Versuch, erlebte Pein abzuarbeiten, gleichsam eingezeichnet haben. Angst zeichnet sie gewissermaßen nach.

Sie versucht drohender neuer Pein mit einem besseren Auffangsystem zu begegnen. Schreck ist deswegen so furchtbar, weil hier die schützende Angst ausgefallen ist. Es stand kein Auffangsystem für die Überdosis schockhafter Reize in Bereitschaft. Und wo die Vorbereitung nicht stattgefunden hat, da hilft sich das Nervensystem mit Nachbereitung. So erklärt sich Freud die Träume der Kriegs- und Unfalltraumatisierten. Sie »suchen die Reizbewältigung unter Angstentwicklung nachzuholen« (ebd., S. 241). Anders gesagt: Sie suchen durch ständige halluzinatorische Wiederholung der Schocksituation nachträglich ein Auffang- und Abfuhrsystem dafür anzulegen.

An diesen Träumen gibt es allerdings nicht viel zu deuten. Da ist kein latenter Traumgedanke, der sich in einem manifesten Trauminhalt sowohl ausdrückt als auch versteckt. Da ist kein verbotener Wunsch, den man durch gezielte Befragung enttarnen könnte. Trauminhalt und Traumgedanke fallen in eins, alles liegt offen zutage. Wie der Dursttraum ist auch der Schrecktraum eine eindimensionale, platte Primitivform des Traums, keine intellektuelle Herausforderung für den Psychoanalytiker. Wohl aber ein Angriff auf die These, dass der Traum stets Wunscherfüllung sei – jedenfalls wenn Wunsch so viel heißt wie erotisch. Und das ist eine Gleichsetzung, die Freud gelegentlich zwar dementiert, die sich in seinem Werk aber spätestens seit den Hysteriestudien durch alle Entwicklungsphasen hindurch wie ein Orgelpunkt durchgehalten hat. Immer ist unterstellt, dass das Wünschen sich in Mustern aus frühester Kindheit vollzieht und stets eine infantile, erotische Tiefendimension hat. Wünschen ist Vereinigungsstreben. So ist selbst noch der Todestrieb erotisch konzipiert: als Einswerden mit dem Ursprung, nämlich als Streben nach Rückkehr in den leblosen Urzustand, gewissermaßen in den Schoß von Mutter Erde.

Erscheint aber alles Wünschen als erotisch grundiert, dann trübt sich der Blick dafür, dass die Träume der Kriegstraumatisierten selbstverständlich auch Wunscherfüllungen sind. Was treibt dazu, wieder und wieder den Kriegsschrecken zu halluzinieren? Natürlich der inständige Wunsch, ihn loszuwerden. Und ständig wiederholter Schrecken verliert auf die Dauer ja tatsächlich seine Schrecklichkeit. Man beginnt, sich an ihn zu gewöhnen. Er bekommt eine gewisse Vertrautheit. Der Drang, der hier zur Wiederholung treibt, ist, wie Freud in einer denkwürdigen, später nie wieder aufgenommenen Formulierung sagt, »ursprünglicher, elementarer, triebhafter als das von ihm zur Seite geschobene Lustprinzip« (ebd., S. 233). Dessen »Vorzeit« (ebd., S. 242) tut sich auf. Hätte Freud diese »triebhaftere« Wunschdimension, diese »Vorzeit« an sich herangelassen, wäre seine These, aller Traum sei Wunscherfüllung, keinen Moment in Gefahr gewesen. Seine eigenen Überlegungen zu Schreck und nachträglicher Angstentwicklung sind es ja gerade, die die Kriegs- und Unfallträume als verzweifelte Selbstheilungsversuche verstehen lehren. Der Wunsch, der sie treibt, ist der nach Ruhe und Frieden. Indem die fortgesetzte Wiederholung des Schrecklichen den Schrecken allmählich gewöhnlich, erträglich, vertraut macht, macht sie sein eigenes Gegenteil aus ihm. Sie betreibt seine Umkehrung.

Natürlich bedürfen Kriegstraumatisierte therapeutischer Hilfe, um von ihren Alpträumen loszukommen. Dennoch sind Alpträume bereits eine vergleichsweise hohe kulturelle Errungenschaft. Traumatischer Wiederholungszwang, der sich im Traum ausagiert, ist bereits ein halluzinatorisch gewordener, sublimierter, abgefederter Wiederholungszwang. Es wäre nie zu ihm gekommen, wenn er nicht ungleich rohere Vorformen gehabt hätte. Wer zu den Wurzeln der seelischen Primärprozesse vordringen will, muss »Vorzeit« wörtlicher nehmen als Freud und erst einmal die ungeheuer lange, dunkle Zeit bedenken, die der traumatische Wiederholungszwang durchlaufen haben muss, *bevor* er fähig wurde, Traumgestalt anzunehmen.

Dass Lebewesen traumatisiert werden, heißt noch längst nicht, dass sie auch traumatischen Wiederholungszwang ausbilden. Der ist selbst ja schon ein Kunstgriff: Gegen etwas, was zutiefst getroffen hat, nachträglich einen Schutz aufbauen, nachträglich davor fliehen. Wiederholungszwang ist nachträgliche Flucht, Flucht nach innen, Elementarform des Insichgehens. Das dürfte zunächst reflexartig verlaufen sein, als rohes und diffuses Echo auf den Naturschrecken, auf Unwetter, Erdbeben, Überfälle wilder Tiere. Wieder lärmen, wo Lärm schockhaft einbrach, wieder über etwas herfallen, wo ein Überfall erlitten wurde etc. Ob es Zehntausende oder Hunderttausende von Jahren gedauert hat, bis dieses Wiedertun geregelte Formen angenommen hat, wissen wir nicht.

Wir treffen immer schon auf die geregelten Formen selbst. Denn eines lässt sich mit Sicherheit sagen: Wo immer wir archäologisch auf Spuren früher Menschheit stoßen, stoßen wir auf Rückstände, Beigaben der Opferdarbringung. Opferkult gehört zur Primärschicht menschlicher Kultur. Opfer bestehen im Teuersten, was man hat. Man schlachtet nächste Angehörige: Menschen und kostbare Tiere. So etwas tut man nur unter äußerstem Druck, von dem man sich – koste es, was es wolle – zu entlasten sucht.

Nur, was ist am Opfer entlastend? Es wiederholt doch Grauen und Leiden; es tut doch dasjenige, wovon es entlasten will. Es ist der Widersinn schlechthin – schier unbegreiflich, es sei denn, man erkennt darin die Logik des traumatischen Wiederholungszwangs. Und in der Tat: Er ist es, der im kollektiven Opfervollzug eine soziale Form gewonnen hat. Um vom Naturschrecken nicht dahingerafft zu werden, rafft die Horde etwas vom Teuersten dahin, was sie hat. Sie übt, sie spielt Verfahrensweisen ein, nach denen sie von den lebendigen Wesen, an denen sie am meisten hängt, einige auswählt und gemeinsam umbringt und schlachtet. So spielt sie den Naturschrecken herunter, indem sie ihn selbst veranstaltet, in eigene Regie nimmt, nach jenen festen Regeln, die den Inbegriff des Rituals ausmachen. Ritual und Opferritual sind anfangs identisch. Alle Rituale sind Abkömmlinge des Opferrituals.

Zum Ritual gehört der bestimmte Ort, der abgegrenzte Raum, wo es ungestört ablaufen kann – wie später das Experiment. Das muss ein befriedeter Raum sein. Die Horde muss einmütig in ihn eintreten und dort rituell den Naturschrecken zelebrieren. Der zelebrierte Schrecken ist freilich nicht mehr Naturschrecken pur, sondern gestalteter Schrecken. In der Natur ist er dezentral und regellos. Hier wilde Tiere, dort Unwetter, Überschwemmung, Erdbeben, Feuersbrunst. Im Ritual hingegen wird er zentralisiert und geregelt, das heißt von den verschiedenen Orten seines sporadischen Auftretens verschoben an einen besonderen Ort und dort zum Schrecken schlechthin, zum heiligen Schrecken verdichtet.

Verschiebung und Verdichtung sind weit »primärer«, als Freud dachte. Sie konstituieren nicht erst den Traum, sondern bereits den rituellen Raum. Und dort, wo dieser Raum entsteht, zeigt sich erst, wie sie zusammengehören. Sie hängen nämlich in einem Dritten zusammen: der

Umkehrung. Freud spricht oft von Umkehrung. Er veranschlagt sie hoch: als etwas ganz Primäres im Seelenleben. Aber er gewinnt keine Klarheit über ihren Status im Kontext der anderen Primärprozesse. Mal erachtet er sie als eigenen Mechanismus neben Verdichtung und Verschiebung, mal als bloße Variante der Verschiebung. Er bleibt unschlüssig. Er mag sie nicht an ihrem Ursprung erfassen, dem traumatischen Wiederholungszwang. Der traumatische Wiederholungszwang ist die Umkehrung *par excellence*, nämlich Umkehrung des Schreckens in sein Gegenteil durch Wiederholung. Verdichtung und Verschiebung sind Funktionen dieser Umkehrung. Durch Verdichtung in eine repräsentative Form wird der Schrecken überhaupt erst greifbar. Durch Verschiebung in einen rituellen, störungsfreien Raum wird er berechenbar. Verdichtung und Verschiebung sind die beiden elementaren Umkehrungsmaßnahmen, die den Schrecken fassbar machen.

»Gefasst« wird er zunächst freilich auf eine aus heutiger Sicht vollkommen absurde Weise. Kein Erdbeben, Unwetter oder wildes Tier ist im Geringsten beeindruckt, wenn Hominiden in einem eingefriedeten Raum ihresgleichen rituell schlachten. Nur sie selbst sind davon berührt. Dennoch beginnt mit der Anlage des rituellen Raums nichts Geringeres als der große Prozess der Verinnerlichung. »Die Geschichte der Zivilisation ist die Geschichte der Introversion des Opfers«, heißt es in der *Dialektik der Aufklärung* (Horkheimer/Adorno 1969, S. 62). Aber das Opfer ist selbst schon Introversion: das Hineinziehen, Hineinverdichten des Schreckens in einen Schonraum. Der Schrecken wurde in diesen Raum hineingebildet – ihm eingebildet. Hier treffen wir auf die Urleistung der Einbildungskraft: die Verwandlung des Schreckens in sein Bild. Das ist zunächst ein äußeres Bild, ein ebenso bewegtes wie bewegendes. Es läuft in wahrnehmbarer Gestalt an identifizierbarem Ort als grauenerregendes Ritual ab. Der rituelle Raum ist der erste Raum der Einbildung, aber noch kein eingebildeter Raum. Doch nur wo ein Raum der Einbildung schon existiert, kann sich ein eingebildeter Raum eröffnen. Nur wo äußere Bilder schon ablaufen, können innere davon abgezogen werden.

Zu ihrer großen Expedition nach innen, zur Eröffnung und Erkundung eines eingebildeten Raums ist die werdende Menschheit allerdings nicht minder getrieben worden als zur Ritualbildung. Weil man den Schrecken nicht aushalten konnte, war er wiederholt worden, und die Wiederholung gerann dabei allmählich zu fester ritueller Form. Aber diese Form war ja selbst schrecklich. Man bedenke: Ein Angehöriger wird nach rituellen Regeln ausgewählt, ergriffen, ins Zentrum des eingefriedeten Raums geschleift und dort geschlachtet. Dessen wird keiner froh, der daran teilnimmt, und jeder kann der nächste sein, den es trifft. Das lässt sich nicht aushalten. Und der verzweifelte Drang nach einem Ausweg hat der rituellen Schlachtung, die zunächst kaum mehr gewesen sein dürfte als ein schubartig wiederkehrender Wiederholungsreflex, allmählich eine Ausrichtung gegeben. Es wurde eine intentionale Handlung daraus, die sich auf einen Fluchtpunkt, einen Adressaten hin entwirft, der die Schlachtung gutheißt, indem er sie verlangt. Freilich gibt es einen solchen Adressaten in der Natur nicht. Er muss halluziniert werden, und der Durchbruch zu dieser Halluzination, ein unendlich mühseliger kollektiver Prozess mit unzähligen Anläufen und Wiederholungen, ist der Durchbruch vom rituellen Raum der Einbildung zum eingebildeten Raum: zur Sphäre des Mentalen.

Wie dieser Durchbruch zustande kam, wird sich schwerlich je ganz aufhellen lassen. Und dennoch darf als sicher gelten, dass er nur dank einer Introversion des Primärprozesses stattfinden konnte. Durch sie wurden aus Hominiden überhaupt erst definitiv Menschen: Lebewesen mit einem mentalen Innenraum. Wie der traumatische Wiederholungszwang einst den Naturschrecken in einen rituellen Raum hinein verschoben und verdichtet hatte, so verschob und verdichtete sich das darin stattfindende Tötungsritual selbst noch einmal nach innen: zum Adressaten seiner selbst – einer unräumlichen, unförmigen Schreckgestalt, kaum weniger grauenhaft als das Ritual selbst. Natürlich wissen wir nicht, wie sie erlebt wurde. Am nächsten kommt ihr vielleicht das Wort Spuk. Spukgestalten sind Gestalten, die eigentlich noch so recht keine Gestalt haben. Rudolf Otto (1963, S. 149) nannte die altarabischen Wüstengötter »wandelnde Demonstrativ-Pronomina«. So ähnlich wird man sie sich vorstellen müssen. Jedenfalls konnte sich der mentale Raum nicht öffnen, ohne von einem schrecklichen Adressaten erfüllt zu sein, der über dem Ritual als dessen Hüter zu schweben schien und suggerierte, die Schlachtung geschehe um seinetwillen, um ihn zu besänftigen. Damit hörte sie nicht auf, grausig zu sein, aber sie fiel allen Beteiligten leichter. Sie bekam ein Wozu, eine Rechtfertigung, einen Sinn – und wuchs nun überhaupt erst über die bloß reflexhafte Wiederholung hinaus zur Darbringung, zum Opfer.

Freud traf ins Schwarze, als er das Träumen »primitive Denktätigkeit« (Freud 1972, S. 539) nannte. Aber diese Tätigkeit begann noch weit primitiver. Der erste Inhalt des mentalen Raums ist der Adressat des Rituals. Er ist gleichermaßen der Keim der Gottheit wie allen Denkens und der Grund dafür, dass all unsere Halluzinationen, Imaginationen, Vorstellungen und Begriffe das Ritual nie ganz loswerden. Optische, akustische und logische Regelbildung ist stets sublimierte Ritualbildung. In Gang aber kam sie beim Versuch, vom Ritual und seinem blutrünstigen Adressaten loszukommen. Seine Halluzination war ein Ausweg, aber dennoch ein Alpdruck. Es galt, Distanz zu diesem Alpdruck zu gewinnen, die Halluzination des Ritualadressaten durch andere, weniger zudringliche Halluzinationen abzufedern, zu repräsentieren, zu ersetzen – und im Laufe der Zeit durch weniger Zudringliches als Halluzinationen: Imaginationen, Vorstellungen. Die archaische Halluzination konnte es nicht bei sich aushalten. Ihre Denktätigkeit war ein ständiger Fluchtversuch vor sich selbst: sowohl eine Arbeit *der* Halluzination wie eine Arbeit *an* der Halluzination. Zahllose Male haben sich Halluzinationen an den Widerständen der Natur wundstoßen müssen, um sich allmählich zu distanzierteren, realitätstüchtigeren inneren Repräsentationen äußerer Natur läutern zu können. Was wir Vorstellungen, Gedanken nennen, sind menschheitsgeschichtlich gesehen allesamt Selbstkorrekturen von Halluzinationen. Die Halluzination ist nicht nur ein denkwürdiges Umkehrungsprodukt, nämlich das nach innen gestülpte, bis zur Unräumlichkeit verdichtete Ritual. Sie hat sich ihrerseits auf ihrer Flucht als fähig zur Umkehrung erwiesen. Wachbewusstsein ist in seiner altsteinzeitlichen Entstehungsphase nichts als umgekehrte, gegen sich selbst gewendete Halluzination. Es ist aus ihr hervorgegangen, ist ihr Spross, der sie allmählich überflügelt, überblendet, überwältigt, herabdrückt, verstümmelt, zensiert hat wie einst der Titan Zeus seinen Vater Kronos, sodass die Halluzination, die einmal der fortgeschrittenste Posten des

Geistigen gewesen war, zu einem archaischen Rückstand herunterkam, der bloß noch die Rolle eines Störenfrieds spielte, wenn die straffen Zügel der »olympischen« Ordnung, will sagen, des Wachbewusstseins und seiner Zensur, sich lockerten.

Der Aufgang des Wachbewusstseins und der Niedergang der Halluzination sind zwei Seiten desselben Umkehrungsprozesses. Es gibt kein besseres Wort für ihn als »Urverdrängung«. Was Freud so nennt, ist lediglich ein später Spezialfall davon. Da geht es nur noch um die Art, wie ein hochkultiviertes Wachbewusstsein bestimmte sozial schlecht verträgliche Reize in einen unbewussten Zustand verbannt. Hier hingegen geht es um den Prozess, der das sogenannte Unbewusste überhaupt erst entstehen ließ. Es ist nichts anderes als der besiegte, aber dennoch nicht überwundene halluzinatorische Untergrund, der unterhalb des Wachbewusstseins weiterrumort. Nur Wesen, die zu Bewusstsein gelangt sind, haben auch ein Unbewusstes, und nur um den Preis der Herabdrückung einer halluzinatorischen Gärungsmasse zum Unbewussten konnten sie zu wachem Bewusstsein gelangen. Die wahre Urverdrängung ist die Gewinnung des Bewusstseins. Sie erst hat den mentalen Raum mehrdimensional gemacht. Sein Untergrund, der Raum der entthronten Halluzination, ist auch der Raum, aus dem die Träume aufsteigen.

Der Traum wiederum wird genauso primitiv begonnen haben wie einst die wache Halluzination, aus nichts bestehend als einem manifesten Trauminhalt, der anfangs kaum viel angenehmer gewesen sein dürfte als die wache Halluzination selbst. Träume sind zunächst Schreckträume – ganz so, wie das älteste erhaltene Epos der Menschheit sie in seiner ältesten Schicht erinnert. Dort nehmen Gilgameschs Träume von dem Ungeheuer Humbaba ebenso viel Raum ein wie sein Kampf gegen dies Ungeheuer. So etwas wie die Löschung eines mäßigen mitteleuropäischen Dursts halluzinieren: Das ist im Vergleich dazu schon ein sublimes Traumerleben – Resultat einer bereits temperierten Traumkultur. Und wenn sich der Traum schließlich in einen manifesten Inhalt und latente Motive dahinter differenziert, dann ist auch er ins Stadium der Mehrdimensionalität gelangt wie zuvor der mentale Raum insgesamt, dann hat auch er eine Wendung gegen sich selbst vollzogen wie einst die Halluzination. Das ist menschheitsgeschichtlich gesehen schon ein Spätstadium des Traums. Da sind die Standards des Wachbewusstseins bis in den Schlafzustand vorgedrungen und haben dort ihren Vorposten errichtet: die Traumzensur. Deren Strenge bewirkt, dass sich sogar Träume in sich verkriechen und ihre treibenden Kräfte, die sogenannten latenten Traummotive oder -gedanken, nicht einmal mehr an die Oberfläche des Traumerlebens kommen.

Wenn Träumen tatsächlich »primitive Denktätigkeit« ist, wie Freud sagt, dann sind die primären Funktionen, die er als »Werkmeister« des Traums entdeckt hat, auch die Werkmeister des Denkens, ja der gesamten Kultur. Was Philosophen Synthesis nennen, erweist sich als die Verdichtung diffuser Wahrnehmungen zu haltbaren Eindrücken. Was in der Philosophie Abstraktion heißt, entpuppt sich als Verschiebung äußerer Ereignisse in innere Vorstellungen. Und Reflexion, ganz wörtlich genommen, nämlich als Zurückbiegung, offenbart sich als Deckwort für Umkehrung. Diese Freud'schen Begriffe haben einen großen Vorteil. Sie erschließen die physiologische Dimension des Denkens. Sie beschreiben nicht nur, was Synthesis, Abstraktion und Reflexion tun. Sie erhellen, was sie ursprünglich *sind*: Fluchtbewegungen, Schutzmaßnahmen. Der mentale Raum ist als Schonraum entstanden, Ritualisierung als Bewältigung traumatischer Erfahrung. Denken ist kein bloßes Zeichenspiel auf der Basis immer schon existierender Sprachstrukturen. Es ist hervorgegangen aus der größten energetischen Umkehrungsleistung, die je eine Spezies vollbracht hat.

Seine Wurzel ist der traumatische Wiederholungszwang. Wird der aber als primärer Kulturstifter kenntlich, dann lässt sich auch die Rolle erahnen, die ein anderer Wiederholungszwang weltweit zu spielen beginnt: das Trommelfeuer aufmerksamkeitsheischender Impulse, das eine globale audiovisuelle Maschinerie aufs menschliche Sensorium unablässig abschießt. Diese Maschinerie läuft rund um die Uhr, aber sie muss keine Erregung abbauen, sie wiederholt keine Bewegungsabläufe, die sich zu Ritualen und Gewohnheiten sedimentieren könnten. Sie läuft erregungslos ab und schickt sich an, die große Umkehrung, die der traumatische Wiederholungszwang einst vollzogen hat, noch einmal umzukehren. Bis in die Neuzeit hinein lief die menschliche

Wiederholungslogik auf Deeskalierung, Sedimentierung, Beruhigung hinaus. Nun hat eine Wiederholung eingesetzt, die die bisherige Wiederholungsgeschichte rückwärts geht. Ihre deritualisierende, desedimentierende Dauerwirkung beginnt den mentalen Boden der Kultur, der sich seit der Altsteinzeit allmählich gesetzt hatte, wieder aufzurühren. Ein Aufruhr ganz neuer Art ist im Kommen. Sein Vorbote ist das Aufmerksamkeitsdefizitsyndrom. Es ist keine bloß individuelle Krankheit, sondern die Galionsfigur einer ganzen Aufmerksamkeitsdefizitkultur. Nur deshalb ist die Rückbesinnung auf den mentalen Primärprozess so dringlich geworden. Dieser Prozess versteht sich nicht mehr von selbst, denn er ist vital bedroht – durch die dekomponierende Tiefenwirkung der höchsten technischen Errungenschaften. Die Extreme berühren sich: Altsteinzeit und Hochtechnologie. Und dabei kann es, wenn nicht gegengesteuert wird, schon bald zu einer Implosion kommen, gegen die die laufenden Deregulierungsprozesse ein Kinderspiel sind.

Literatur

Freud, S. (1972): Die Traumdeutung. Studienausgabe, Bd. II.
Freud, S. (1973): Jenseits des Lustprinzips. Studienausgabe, Bd. III.
Horkheimer, M. & Adorno, Th. W. (1969): Dialektik der Aufklärung. Frankfurt/M. (Fischer).
Otto, R. (1963): Das Heilige. München (C.H. Beck).
Türcke, Ch. (2008): Philosphie des Traums. München (C.H. Beck).

Kunstgenuss

Eine Analyse

Hartmut Kraft

Eine Einführung ins Thema mit Zeitfaktor

»Kunstgenuss« wird uns allerorten versprochen. Ateliers, Galerien und Museen wetteifern um unsere Gunst, vom boomenden Markt der opulent bebilderten und oft schweren Kunstbücher ganz zu schweigen. Ein weit gespanntes Thema also.

Selbst wenn ich mich auf die bildende Kunst beschränke und Literatur (vgl. z.B. Schönau/Pfeiffer 2003) und Musik (Kohut 1977, S. 195–217) beiseite lasse, werde ich das Thema »Kunstgenuss« nicht erschöpfend behandeln können. Ich hoffe jedoch, einige grundsätzliche Überlegungen und konkrete Beispiele vorstellen zu können – besser gesagt: ein konkretes Beispiel. Ich werde mich in meinen Ausführungen nur auf ein einziges Bild beziehen, zudem auf ein Bild, das eher unbekannt sein dürfte (s. Abb. 1).

Es handelt sich um eine Einzelfallanalyse, die ich mit allgemeinen Überlegungen zum Kunstgenuss verbinden werde. Im Wechselschritt wird es zwischen Bild und Theorie hin- und hergehen. Die Frage, warum ich gerade dieses Bild ausgewählt habe, werde ich zum Abschluss meines Beitrags beantworten.

Meine Auseinandersetzung mit dem Bild und mein Genuss daran sind zunächst subjektiv. Sie sind so subjektiv, wie es Aussagen über Kunst zwangsläufig immer sind. Wir beschreiben nie isoliert ein Objekt, sondern stets unsere Beziehung zu einem Objekt, sei es ein Mensch, ein Bild, ein Sachverhalt (vgl. Kraft 2008b, S. 9–11). Im Widerschein der Deutung zeigt sich der Deutende ebenso so deutlich wie das gedeutete Objekt (vgl. hierzu auch Batchen 2009). Darauf werde ich noch zurückkommen.

Aus der Sphäre der ausschließlich subjektiven Äußerungen können meine Mitteilungen jedoch sehr wohl herausgehoben werden, indem sie immer wieder an Elementen des Bildes belegt werden. Theoretisch gesprochen: Es geht um den Weg von der »narzisstischen Beziehung« der ersten Faszination zur »reifen Objektbeziehung« mit dem Bild als Partner eines langen und geduldigen Dialogs. Inwiefern die von mir aufgezeigte Beziehungsanalyse für den Betrachter und Leser nachzuvollziehen ist oder nicht, ihn zu ergänzenden oder ganz anderen Schlüssen führen wird, gehört zu den höchst unterschiedlichen Facetten des Kunstgenusses und der wissenschaftlichen Auseinandersetzung.

Die Vorgehensweise, in diesem Beitrag nur ein einziges Bild vor Augen zu führen, mag vielleicht ungewöhnlich erscheinen. Sie hat ihren Grund nicht nur darin, dass wir es als Psychoanalytiker gewohnt sind, uns 50–60 Minuten mit nur einer Person – hier nun mit nur einem Bild – zu beschäftigen. Natürlich handelt es sich um ein uns vertrautes Zeitmaß. Wichtiger aber ist: Schauen braucht Zeit! Ein geduldiges Hinsehen, ein ruhiges Wahrnehmen, ein Nachsinnen gehören zu den Grundlagen des Kunstgenusses (vgl. hierzu Schneider 1999c, S. 225). Die durchschnittliche Verweildauer von Besuchern in deutschen Museen liegt allerdings lediglich bei drei Sekunden pro Bild (Schäfer 2006, S. 56). Wir schlendern durch Galerien und Museen, lassen Bilder an uns vorbeirauschen und lassen uns nur selten auf ein einzelnes Werk ein. Die Werke beinhalten jedoch oft die Lebenserfahrung eines Künstlerlebens, sind über Wochen, Monate oder Jahre entstanden, basieren oft auf jahrzehntelanger Auseinandersetzung mit der Geschichte und den Themen der Malerei sowie mit aktuellen Themen. Was wir uns also beim Besuch eines Museums gönnen, ist im Allgemeinen lediglich als ein »diffuser Kunstgenuss« zu bezeichnen, der dem Zappen beim Fernsehen nicht unähnlich ist und mit Genuss nur sehr eingeschränkt zu tun hat.

Künstler reagieren verständlicherweise oft sehr gekränkt und ablehnend auf dieses oberflächliche Schauen. Der mit Texten und Bildern arbeitende Künstler Thomas Huber (geb. 1955) hat diesen Sachverhalt in einer imaginierten Gesprächsszene zwischen Künstler und Betrachter eindrucksvoll auf den Punkt gebracht:

»›Nein, Sie können das Bild nicht sehen. Auf keinen Fall können Sie das Bild sehen.‹

›Warum kann ich das Bild nicht sehen?‹

›Sie würden es so schnell anschauen. Das würde mich bekümmern. Sie würden das Bild, für dessen Herstellung ich so lange gebraucht habe, so schnell anschauen. Sie würden mit einem Blick erfassen, wofür ich fast ein Leben gebraucht habe, ja ein Leben. Sie würden mein Leben so weggucken, so ganz schnell weggucken. Das wäre mir unerträglich. Nein, Sie können das Bild nicht sehen.‹« (Huber 2008, S. 35)

Der Einladung, sich auf das hier infrage stehende Bild einzulassen, sollen einige theoretische Überlegungen vorangestellt werden.

Das Bild, seine Lebensgeschichte und Aktualsituation

»Die Psychoanalyse im Pluralismus der Wissenschaften« – so lautet das Tagungsthema der 60. Jahrestagung der DGPT. Ich möchte deshalb einige Anmerkungen zum »Untersuchungsgegenstand Bild« machen. Für Kunsthistoriker gehören derartige Aspekte zum beruflichen Alltag, nicht aber für Psychoanalytiker. Es geht

- um die materielle Lebensgeschichte des Bildes,
- die immaterielle Lebensgeschichte des Bildes, nämlich seine Provenienz,
- und um die Aktualsituation des Bildes, seine Präsentation.

Alle diese Faktoren nehmen Einfluss auf unseren Kunstgenuss.

Ich beginne mit einigen allgemeinen Überlegungen zum Bild: Wie sicher ist überhaupt der »Untersuchungsgegenstand Bild« (vgl. hierzu z.B. Belting et al. 1996, S. 47–145)? Können wir uns auf das verlassen, was uns vor Augen liegt? Selbst wenn ein Kunstwerk den Lauf der Zeit überstanden hat, so entspricht es doch lediglich einer Phantasie, wenn beispielsweise Heinz Kohut generell behauptet,

> »daß ein Kunstwerk, wenn es einmal vom Künstler vollendet ist […] sacro-sanct geworden ist und im Prinzip von niemandem mehr verändert werden kann, was immer seine Unvollkommenheiten und die denkbaren Verbesserungen auch sein mögen« (Kohut 1973, S. 349).

Kohut wiederholt hier die Hoffnungen und für den kreativen Prozess notwendigen Größenphantasien lebender Künstler. Die Auseinandersetzungen der Kunsthistoriker und vor allem der Gemälderestauratoren mit beschnittenen, teilweise übermalten oder später ergänzten Bildern erzählt von einem oft rüden Umgang mit Kunstwerken. Diese materielle Lebensgeschichte eines Bildes hat erheblichen Einfluss auf unseren Kunstgenuss. Dementsprechend erhöht es unsere Wertschätzung, wenn wir ein altes Gemälde vor uns haben, dessen Unversehrtheit über Jahrhunderte von Kunsthistorikern und Restauratoren nachgewiesen werden kann.

Bevor wir uns hier und heute mit einem Kunstwerk beschäftigen, hat es also eine Lebensgeschichte, die ihre Spuren mehr oder weniger deutlich auf dem Bild hinterlassen und seinen ursprünglichen Eindruck möglicherweise verändert hat. Dies ist für Psychoanalytiker natürlich keine Neuigkeit, in Bezug auf Menschen eher eine Selbstverständlichkeit. Aber wir können diesen Aspekt leicht übersehen, wenn wir uns auf Kunstwerke konzentrieren. Hier gilt es, das Wissen und die Erfahrungen der Kunsthistoriker und Restauratoren zu befragen.

Neben den materiellen Veränderungen ist hinsichtlich der Lebensgeschichte schließlich auch eine weitere Frage zu stellen, nämlich die nach der Provenienz, der Herkunft des Bildes. Dies gilt vor allem, wenn sich unter den Vorbesitzern bekannte Persönlichkeiten befunden haben sollten, etwa Heinz Berggruen oder Yves Saint Laurent. Unter Kunstkennern und Kunstsammlern wie auch unter Laien erhöht es den Kunstgenuss, von der illustren Vorgeschichte eines Bildes zu erfahren. Allerdings kann dem Wissen um die Provenienz auch eine ganz andere, geradezu entgegengesetzte Wirkung zukommen. Gerade in Deutschland haben wir gelernt, auf die Provenienz zu achten, da es bei vielen Bildern in unseren Museen und im Kunsthandel um die Frage geht, ob sie während der Zeit des Nationalsozialismus unrechtmäßig jüdischen Sammlern abgepresst wurden. Unsere Wahrnehmung und Wertschätzung eines Bildes wird unweigerlich von derartigem Wissen um die Lebensgeschichte des Bildes beeinflusst. Im Extremfall kann die Vorgeschichte eines Bildes sogar zur Ursache werden, das Kunstwerk der Öffentlichkeit vorzuenthalten. So wurde zumindest bis zum Jahre 2000 das Gemälde *Venus und Amor* von Paris Bordone (1500–1571) in die Depots der Bayerischen Staatsgemäldesammlung verbannt. Es gehörte zu den Lieblingsbildern von Adolf Hitler. Das 1936 von Hitler erworbene Bild hing bis zum Kriegsende auf dem Obersalzberg (*FAZ* vom 5. Juli 2000, S. 49).

Nicht zu vernachlässigen ist schließlich auch die Aktualsituation, die aktuelle Präsentationsform eines Bildes: Wie ist das Bild gerahmt, wie ausgeleuchtet, vor allem aber: Wo wird es präsentiert? Die Ausstellung des Bildes in einer anerkannten Galerie oder in einem berühmten Museum verleiht einem Bild eine andere »Aura« als das zufällige Zusammentreffen auf dem Dachboden bei einer Wohnungsauflösung. Das »Kunstwerk an sich« können wir gar nicht wahrnehmen; Kunstgenuss ist eben immer an den Kontext der Präsentation gebunden und wird entscheidend von diesem Kontext beeinflusst. Ganz in diesem Sinne wird dem Museum als Erfahrungsraum auch von kunstwissenschaftlicher Seite Aufmerksamkeit gewidmet. 2009 erschien Klonks Buch zur Geschichte der Museumsraumgestaltung. Für eine längere Kunstbetrachtung ist es zum Beispiel mitentscheidend, ob Sitzmöbel vorhanden und wie bequem sie sind. So darf die Präsentation eines Gemäldes als Schwarz-weiß-Kopie in einem Tagungsband allenfalls als mittelprächtig gelten, dafür aber sitzen die Betrachter auf ihren heimischen Sitzmöbeln wohl besser als auf den zumeist harten Holzbänken in den meisten deutschen Kunstmuseen.

Erste Annäherung an das Bild

Das Bild (Abb. 1) nimmt uns mit in den verschneiten Hof eines Klosters. Der Kreuzgang und die Mauern begrenzen unseren Blick. Es ist kalt, sogar das Wasser des Wasserspeiers auf der rechten Bildseite ist gefroren. Schwer lastet der Schnee auf den Ästen zweier Tannen in der linken Bildhälfte, alle Vorsprünge und Gesimse sind mit einer Schneeschicht bedeckt.

Abb. 1: Carl Friedrich Lessing, Klosterhof im Schnee, *1829*

Das Licht, das auf diese Szenerie fällt, ist gedämpft. Entweder bedecken Schneewolken den Himmel, oder aber wir befinden uns zur Zeit der Morgen- oder Abenddämmerung. Das wissen wir nicht und werden es auch nie erfahren. Eine hervorstechende Besonderheit dieses Bildes, das ja eine Situation im Freien darstellt, besteht darin, dass der Himmel selbst nicht sichtbar ist. Bei meinem ersten Kontakt mit dem Bild hat mich diese Feststellung außerordentlich verblüfft: eine Szene im Freien, bei der der Blick auf den Himmel verwehrt wird!

Und welcher Platz nun wird uns als Betrachtern vom Bild zugewiesen? Stehen wir an einer Brüstung des Kreuzgangs, wie sie hinten im Bild gemalt ist? Mitnichten, wir stehen mit unseren Füßen im Schnee in der Kälte. Einen wahrlich unkomfortablen Standpunkt könnte man das nennen. Wenn wir unser Gefühl befragen, so dürfte Unbehagen und der Wunsch, diesen Platz zu verlassen, ganz im Vordergrund stehen. Hier friert es uns.

Wenn Sie so empfinden, so befinden Sie sich in schönster Übereinstimmung mit Johann Wolfgang von Goethe:

»[…] hier führt uns der Maler in eine Winterlandschaft, in welcher ihm Eis und Schnee noch nicht genug zu sein scheint; er überbietet, oder wir können sagen, er überwintert den Winter noch durch die widerwärtigsten Zugaben. Da sehen Sie: einen in warmen Tagen uns mit kühlem Labetrunk versorgenden Brunnen, aus dessen Löwen- oder Drachenrachen das festgefrorene Wasser wie eine Zunge von Eis heraushängt, fest an den Boden angefroren. Dann weiter: dunkle Tannen, deren Zweige unter der Last des Schnees brechen […]. Das sind ja lauter Negationen des Lebens und der freundlichen Gewohnheit des Daseins, um mich meiner eignen Worte zu bedienen« (zit. nach Lorck 1936, S. 205; vgl. auch Jenderko 1980, S. 40).

So charakterisiert der alte Geheimrat Goethe (1749–1832) im Jahre 1825 einen Entwurf zu diesem Gemälde, den der junge Künstler ihm gesandt hatte. An anderer Stelle des von Friedrich Förster aufgezeichneten Gesprächs sagt Goethe über dasselbe Bild:

»Erstens also zugegeben, dass es einen Winter gibt – eigentlich soll es gar keinen geben! – So lob ich mir doch die holländischen Winterlandschaften; da wird Schlittschuh gelaufen, die Schlote rauchen, da ist Leben und Bewegung; aber hier ist nichts als Tode, oder Erstorbenheit […]. Ich friere nicht gern draußen, warum soll ich mich dann in der Stube erkälten und dazu noch vor einem Kunstwerke« (zit. nach Sitt 2000, S. 48).

Der seinerzeit 75-jährige Goethe war also voller Ablehnung gegenüber diesem *Klosterhof im Schnee*. Dies mag bedingt sein durch seine am Klassizismus geschulte Kunstauffassung, sein Alter mit zunehmender Empfindlichkeit gegen Kälte – oder auch durch eine Aussage des Bildes, die sich auf den ersten Blick noch nicht erschließt.

Aber es gab zu jener Zeit auch andere Stimmen. So schrieb zum Beispiel der junge, gerade 18-jährige Landschaftsmaler und Radierer Johann Caspar Scheuren (1810–1887) im Juni 1829 in sein Tagebuch:

»Ich sah hier auf einmal die Natur in höherer Auffassung voll Tiefe, wie sie in mir schlummerte im Busen und durch diese Anschauung zu

> vollem Erwachen [kam ...]. Nun der Klosterhof – Tod und Erstarrung. Am frühen Morgen, wo der Glockenstrang noch voll dickem Schnee, die Tannen darunter niedergebeugt, der Brunnen voll Eis, tot und erstarrt, gehen geisterhaft verhüllte Nonnen zum Katafalk, der mitten in der Kapelle von düsterem Licht umgeben steht, und wo vorn am Altar eine Nonne im Gebet und Trauer versunken. Das waren die Bilder, die mein bewusstloses Leben zur Erkenntnis, zum Aufwachen brachten und eine Richtung in meinem Inneren trafen, die mir die Natur vorgezeichnet und die ich jetzt noch weder verläugnen noch aufzugeben vermag. Poesie – Stimmung – Romantik« (zit. nach Sitt 2000, S. 51).

Mit derart widersprüchlichen Reaktionen begann der Lebensweg dieses Bildes *Klosterhof im Schnee*. Ich möchte jetzt nachtragen, wer sein Maler war und welchen weiteren Weg dieses Bild genommen hat. Das hier gezeigte Gemälde hängt im Wallraf-Richartz-Museum in Köln. Es stammt von dem Landschafts- und Historienmaler Carl Friedrich Lessing, einem Vertreter der Düsseldorfer Malerschule und Großneffen des Dichters und Dramatikers Gotthold Ephraim Lessing (1729–1781). Er lebte von 1808 bis 1880. Der junge Lessing gilt uns heute als typischer Vertreter der Spätromantik. Den Entwurf zum Bild fertigte er 1825, also im Alter von 17 Jahren an, zwei Versionen des Gemäldes entstanden um 1829/1830, also im jugendlichen Alter von nur 21 oder 22 Jahren.

Das Bild hat die Maße 61 x 75 cm und trägt den beschreibenden Titel *Klosterhof im Schnee*. Bereits 1835, also nur 5–6 Jahre nach Fertigstellung, wurde das Bild vom Wallraf-Richartz-Museum angekauft. Es gehört sowohl zu den häufig publizierten Bildern des Museums wie auch des Künstlers (Jenderko 1980; Sitt 2000). Wir haben es hier also mit einem bedeutenden Gemälde des 19. Jahrhunderts zu tun, das in seinem künstlerischen Rang schon sehr früh erkannt worden ist.

Über Restaurierungen oder Übermalungen dieses Werkes ist nichts bekannt. Die materielle Lebensgeschichte des Bildes ist unauffällig und auch seine immaterielle, seine Provenienz, ist nicht aufregend.

Wie die Zitate von Goethe und Scheuren gezeigt haben, liegen Welten zwischen den möglichen Sichtweisen auf dieses Bild *Klosterhof im Schnee*. Das gesamte Werk von Carl Friedrich Lessing wurde zu seinen Lebzeiten ebenso geschätzt wie kritisch bis abfällig beurteilt.

Die Ablehnung der Historienmalerei des 19. Jahrhunderts, wie sie im 20. Jahrhundert üblich wurde, tat ein Übriges dazu, das Werk dieses einst gefeierten Künstlers in den Hintergrund treten zu lassen. Erst in den letzten Jahren ist eine Neubewertung, eine neue Beziehung zu seinen Werken zu beobachten (siehe z. B. Sitt 2000). Wir beginnen diese Kunstwerke – ansatzweise – wieder wertzuschätzen und zu genießen. Wenden wir uns deshalb vorübergehend vom Bild ab und dem Zweiten im Bunde, dem Betrachter des Bildes zu.

Der Betrachter, seine Lebensgeschichte und Aktualsituation

Bevor wir als Betrachter unseren Blick auf ein Kunstwerk richten, hat unsere Lebensgeschichte uns geprägt, sodass wir bestimmte Stile und Malweisen als besonders anziehend, andere eher belanglos finden. Neben frühen psychischen Erfahrungen sind hier aber auch soziologische und sozialpsychologische Themen angesprochen (vgl. hierzu N. Schneider 1996; Schuster 2000; Spickernagel 1996). Diese Einflüsse sind weder infrage zu stellen noch reichen sie im Einzelfall zu einem Verständnis individueller Vorlieben und Reaktionsweisen aus.

Um ein Bild in seiner Bedeutung für uns zu verstehen, tun wir gut daran, das Kunstwerk auf uns wirken zu lassen, uns Zeit zu geben – erheblich mehr als die drei Sekunden, die ein durchschnittlicher Museumsbesucher pro Bild erübrigt. Es ist meines Erachtens durchaus stimmig, bei einer Bildbetrachtung an die Situation eines Erstinterviews zu denken und von Übertragung und Gegenübertragung zu sprechen. Folgende Fragen können wir uns stellen:

- In welche Betrachterposition versetzt uns das Bild?
- Wie präsentiert es sich uns?
- Was zeigt es uns vordergründig, was entdecken wir erst bei genauerem Hinsehen?
- Was müssen wir uns dazudenken, auf welche Spuren setzt uns das Bild?

Und im Gegenzug:

- Wie reagieren wir auf diese (Übertragungs-)Angebote? Was wird dadurch in uns ausgelöst?
- Mit welchen Gefühlen, Phantasien, Assoziationen, mit welcher Gegenübertragung also, antworten wir?
- Und sind wir überhaupt bereit, die Rolle zu übernehmen, die der Künstler uns vermittelt, die das Bild uns andient (Sandler/Sandler 1999, S. 72–82)?

Was nun zuerst kommt – das Angebot des Bildes oder die vorgefasste Sichtweise und Stimmung des Betrachters (was ist Henne, was ist Ei) – bleibt im Einzelfall zu klären (vgl. hierzu auch Greve 1996, S. 137f.). Am ehesten ist von einer immer wieder wechselseitigen Beeinflussung, von kreisförmig ablaufenden Prozessen auszugehen, die wir als mehrfache zirkuläre Selbst-Objekt-Passagen bezeichnen können (Kraft 2008b, S. 7).

Konzentrieren wir uns nun auf den Blick des Psychoanalytikers auf ein Bild. Als Psychoanalytiker stellen wir eine eigene Gruppe von Kunstbetrachtern dar, die einige Eigentümlichkeiten aufweist.

Zunächst sind Psychoanalytiker von Berufs wegen keine geübten Bildbetrachter. Sofern wir das klassische Setting bevorzugen, verbringen wir acht bis neun Stunden unseres beruflichen Alltags in unserem Sessel hinter der Couch, sehen auf den immer gleichen Ausschnitt unseres Behandlungszimmers und auf die Haarscheitel unserer Patienten. Das schult nicht gerade unser Auge! Gleichzeitig fokussieren wir in unserer tagtäglichen Arbeit unsere Aufmerksamkeit auf Aspekte der Lebensgeschichte, sodass viele von uns schneller einen Zugang zu Künstlerbiografien finden als zu einer Auseinandersetzung mit Kunstwerken. Jedenfalls überwiegt in einer historischen Betrachtung die Anzahl der psychoanalytischen Biografien bei Weitem jede andere Auseinandersetzung mit Kunst, auch wenn hier inzwischen ein deutlicher Wandel eingetreten ist (vgl. z.B. Greve 1996; G. Schneider 1999a; Kraft 2008a).

Dabei sind Psychoanalytiker doch sehr wohl gut gerüstet für eine Auseinandersetzung mit Kunstwerken! Wir nehmen uns Zeit, wir sind bereit, uns langfristig auf ein Gegenüber einzulassen. Wir sind auch bereit, die Wirkung des anderen auf uns wahrzunehmen und unsere gefühlsmäßige Reaktion, unsere Assoziationen und Phantasien als Gegenübertragung für die Arbeit zu nutzen. Diese Art der Annäherung sollte uns aber nicht dazu verführen, jedes Kunstwerk lediglich wie einen manifesten Traum zu betrachten (vgl. hierzu Reiche 1999; kritisch dagegen Gehrig 2009, S. 69). Dies impliziert zu sehr, der Künstler wisse selbst nicht, was er tue. Das Gegenteil ist der Fall: Sehr oft können wir als Betrachter kaum ermessen, wie viel bewusste Gedankenarbeit in die Erarbeitung eines Bildes eingeflossen ist! Dies zeigt sich unter anderem ja auch an unserem Bild, dessen Vorstudie der Künstler an den alten Goethe zur Begutachtung – zur bewussten, kritischen Auseinandersetzung also – geschickt hatte. Der Anteil der bewussten Reflexion bei der Erarbeitung eines Bildes wird meines Erachtens von Psychoanalytikern deutlich unterschätzt – worauf die bereits erwähnte hypothetische Gleichsetzung eines Bildes mit einem manifesten Traum verweist.

Vor diesem Hintergrund darf es nun auffallen, wie selten Psychoanalytiker von ihrer Gegenübertragung im Bezug auf Kunstwerke berichten, ja wie selten sie sich auf eine subtile Beziehungsanalyse von Betrachter und Kunstwerk einlassen (zu den Ausnahmen siehe z.B. Greve 1996; Reiche 1999; G. Schneider 1999a). Eigentlich müsste dies doch eine Domäne der Psychoanalytiker sein – ganz im Gegensatz, besser in Ergänzung zu den Arbeiten der Kunsthistoriker, welche eine Mitteilung ihrer Stimmungen, Gefühle, ihrer Gegenübertragung kaum je vornehmen, diese als unwissenschaftlich ablehnen und häufig fürchten wie der Teufel das Weihwasser. Psychoanalytiker wiederum könnten von den Kunstwissenschaftlern die lange und geduldige Auseinandersetzung mit einem Bild lernen und sich daran erinnern, dass auch die Psychoanalyse zunächst eine Wahrnehmungskunst und dann erst eine Deutungskunst ist (vgl. Buchholz 2009). Psychoanalytiker können in Zusammenarbeit mit Kunsthistorikern entdecken, dass auch Bilder ihre oft spannenden, aufschlussreichen Lebensgeschichten haben, die von begeistertem Aufbruch, unerwarteten Schwierigkeiten, Brüchen in der Rezeptionsgeschichte und ggf. aktueller neuer Wertschätzung berichten.

Die psychoanalytische Beschreibung einer solchen Lebensgeschichte eines Bildes wäre ein lohnendes Unterfangen.

Neben der Lebensgeschichte des Betrachters spielt auch seine Aktualsituation eine wichtige Rolle für die Bildwahrnehmung und den Bildgenuss: Was interessiert uns aktuell? Wozu sind wir durch eine zufällige oder geplante Lektüre angeregt worden? Welches Bild wird uns während der Führung in einem Museum – oder in einem Aufsatz – ausführlich vorgestellt?

Dyaden zu dritt: Das Kunstwerk, der Betrachter und der Künstler

Zu dieser Dyade, dieser »Zweiheit« oder »Zwei-Einheit« von Kunstwerk und Betrachter, die wir hier in den Vordergrund gerückt haben, tritt selbstverständlich der schon genannte Dritte hinzu: der Künstler. So entstehen Dyaden zu dritt (Kraft 2008b, S. 3–11) (Abb. 2).

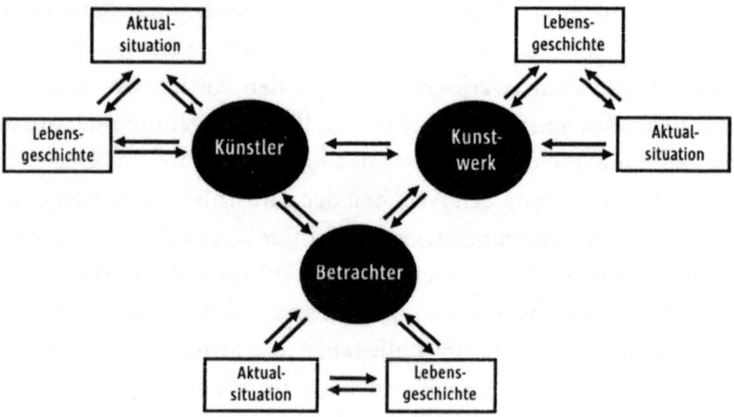

Abb. 2: Dyaden zu dritt (Kraft 2008b, S. 10)

Nicht nur der Künstler hat den zukünftigen Betrachter bei der Erarbeitung seines Bildes im Kopf, auch der Betrachter denkt an den Künstler und schaut ein Bild anders an als beispielsweise eine von der Natur schön gestaltete Steinplatte. Bevor wir unsere Aufmerksamkeit auf unbewusste Themen des Künstlers richten, gilt es nachzuforschen – bei Kunsthistorikern nachzufragen und nachzulesen –, wie Künstler ganz bewusst reflektierend mit der Herstellung von Bildern umgehen: die Komposition, die Auswahl der Farben, der Bildausschnitt, die Maltechnik, das Rollenangebot an den Betrachter, einen bestimmten Blickwinkel einzunehmen – all das und vieles mehr wird im Hinblick auf Vorläufer, Vorbilder und Konkurrenten bewusst reflektiert und oft sehr ausführlich in Künstlerkreisen diskutiert. Hier geht es um bewusste Ich-Funktionen und geschulte künstlerische Fähigkeiten.

Trotz dieser Anerkennung der bewussten Anteile der Bilderarbeitung gilt für Psychoanalytiker unbestritten die Annahme, dass über das Bewusste hinaus auch unbewusste Themen in ein Kunstwerk einfließen. Ich finde es eine hilfreiche Vorstellung, das Kunstwerk dabei als eine Art Container zu verstehen. Es handelt sich um einen Container, der viele bewusste und zusätzlich auch unbewusste Anteile des Künstlers aufgenommen hat. Ich habe die Vorstellung des Kunstwerkes als einer Art von Container auch bei Gerhard Schneider (1999b, S. 23f.; Schneider 2009) gefunden, der von einem »Quasi-Container« spricht. Bezüglich tiefgreifender emotionaler Erfahrungen und bedrängender Affekte besteht eine enge Verbindung zum Container-Contained-Modell von Bion (1990). Es macht aber Sinn, das Bild als Container (oder »Quasi-Container«) nicht auf diese zunächst unbewussten Aspekte einzuschränken. In seiner Arbeit »Der Moses des Michelangelo« beschreibt Freud (1914) übrigens selbst bereits dieses Containermodell, ohne es aber schon mit diesem prägnanten Begriff belegt zu haben:

> »Was uns so mächtig packt, kann nach meiner Auffassung doch nur die Absicht des Künstlers sein, insofern es ihm gelungen ist, sie in dem Werke auszudrücken und von uns erfassen zu lassen. Ich weiß, daß es sich um kein bloß verstandesmäßiges Erfassen handeln kann; es soll die Affektlage, die psychische Konstellation, welche beim Künstler die Triebkraft zur Schöpfung abgab, bei uns wieder hervorgerufen werden« (Freud 1914, S. 173).

Am ehesten mit Muße und Ruhe lässt sich empfinden, was ein Künstler in sein Bild als Container hineingelegt hat. Der Maler Mark Rothko (1903–1970) hat dies einmal sehr überzeugend formuliert:

> »Ich bin nur daran interessiert, grundlegende menschliche Emotionen auszudrücken, Tragödie, Ekstase, Schicksal usw. – und die Tatsache, dass viele Leute zusammenbrechen und weinen, wenn sie mit meinen Bildern konfrontiert werden, zeigt, dass ich diese grundlegenden Emotionen mitteile [...]. Leute, die vor meinen Bildern weinen, haben die gleiche religiöse Erfahrung, die ich hatte, als ich sie malte. Und wenn sie, wie sie sagen, nur von ihren Farbbeziehungen angesprochen werden, verpassen sie das Wesentliche« (zit. nach Evertz 2002, S. 52).

Ein weiteres Zitat verdeutlicht diesen Sachverhalt. Von Caspar David Friedrich (1774–1840), einem der bewunderten Vorläufer unseres hier diskutierten Malers Carl Friedrich Lessing, existiert der schöne Ausspruch: »Der Maler soll nicht bloß malen, was er vor sich sieht, sondern auch, was er in sich sieht. Sieht er aber nichts in sich, so unterlasse er auch zu malen, was er vor sich sieht« (so steht es in der bronzenen Grundplatte des Denkmals für C.D. Friedrich auf der Brühl'schen Terrasse in Dresden; vgl. Kraft 2008b, S. 5f.).

Unser Kunstgenuss ist davon abhängig, wie sehr wir uns auf die Stimmungen, Emotionen und inneren Themen einlassen können und wollen, welche der Künstler – sowohl bewusst als auch unbewusst – in sein Bild als eine Art von Container hineingelegt hat. Es gibt nicht den passiv teilnehmenden Betrachter, sondern stets nur den aktiv strukturierenden Betrachter. Wir erleben und beschreiben also nie »das Bild an sich« oder »den Künstler an sich«, sondern immer die Beziehungen zwischen den drei Protagonisten Künstler, Bild und Betrachter. Und diese Protagonisten sind zudem keine feststehenden Größen, sondern ändern sich je nach Lebensgeschichte und Aktualsituation (vgl. Kraft 2008b, S. 9–11).

Zweite Annäherung an das Bild

Während wir uns zunächst mit unserem Standpunkt im Bild, mit Eis, Schnee und winterlicher Kälte beschäftigt haben, wollen wir uns jetzt den weiter hinten im Bildraum gelegenen Ereignissen zuwenden.

Schwarz vermummte Gestalten schreiten durch den Kreuzgang. Ob es sich um Nonnen oder Mönche handelt, ist nicht zu entscheiden. Die erste Person trägt ein hochaufragendes Kreuz, es scheint sich um eine Prozession zu handeln. Die Personen schreiten von rechts nach links, unserer Blickrichtung entgegen. Eine derartige Bewegungsrichtung wird in unserer Kultur mit einer Bewegung hin zur Vergangenheit oder auch zum Unbewussten assoziiert. Das Ziel dieser Bewegung ist klar zu erkennen. Die Pforte einer Kapelle steht weit offen, ein warmes Licht erhellt den Raum nur spärlich. Vor allem das Altargemälde ist gut ausgeleuchtet. Vor dem Altar erkennen wir schemenhaft einen Katafalk, also ein schwarz verhängtes Gestell, auf dem ein Sarg während einer Trauerfeierlichkeit ruht. Rechts neben dem Katafalk, der sich exakt im Schnittpunkt der Diagonale dieses Bildes befindet, sehen wir die Silhouette einer Nonne oder eines Paters. Die von uns beobachtete Prozession begibt sich also zu einer Trauerfeier. Wie in der toten, kalten, winterlichen Natur draußen geht es auch drinnen, in der Kapelle um den Tod. Ein Mensch ist gestorben und die Natur ist abgestorben. Innen und außen sind im Gleichklang. All das zusammen kann uns melancholisch oder traurig-nachdenklich stimmen, wenn wir dieses Bild betrachten. Das war es wohl, was den alten Geheimrat Goethe so aversiv auf dieses Bild reagieren ließ. Wir haben hier ein Bild des Absterbens, des Todes vor uns, zugleich eine Schilderung des religiösen Umgangs mit dieser Grenz- und Übergangssituation des Lebens.

Wenn wir eigene Trauer, eigene Auseinandersetzungen mit Abschied in einem Kunstwerk formuliert finden, dann kann die gelungene Formulierung im Kunstwerk, diese Externalisierung unserer Gefühle, uns wohl tun: Was in uns schmerzt, das sehen wir außerhalb von uns, vor uns in einer gut gestalteten Form. Allein das schon stellt eine Entlastung für die eigenen schmerzlichen Gefühle dar. Je nach Stimmung des Betrachters kann somit auch ein trauriges, winterliches Bild zu einem Kunstgenuss führen, indem es die Verankerung der Stimmungslage und Gedanken ermöglicht.

Es kann sich aber auch um eine Entlastung von abgewehrten aggressiven Impulsen handeln. Gerade die Befriedigung aggressiver Wünsche bis hin zu geheimen, verbotenen Todeswünschen ist zu diskutieren. Wir werden auf diesen Aspekt zurückkommen.

Aber dieses Bild beinhaltet mehr! Dieses Bild zeigt nicht nur eine religiöse Szene, es eröffnet – aus meiner Sicht – grundlegende Überlegungen auch zu unserem Beruf als Psychoanalytiker. Gleich bei der ersten Begegnung mit diesem Bild stellten wir ja fest, dass auffälligerweise der Himmel nicht dargestellt ist. Eine solche Komposition, eine Situation im Freien ohne Blick auf den Himmel, kann kein Zufall sein. Es handelt sich um eine sehr bewusste formale, künstlerische Entscheidung. Der Betrachter steht wie ein Trauernder mit leicht gesenktem Blick, mit den Füßen im Schnee, ohne Ausblick auf den Himmel. Unsere Blickrichtung ist auf die Kapelle gerichtet, und hier, im Schnittpunkt der Diagonalen, auf den Katafalk. Direkt über bzw. hinter diesem Sarg erhebt sich jedoch das Altargemälde mit einem leuchtend blau und klar gemalten Himmel. Das ist meines Erachtens ein entscheidendes Detail in diesem Bild. Die künstlerische, von Menschenhand geschaffene Vorstellung von einem Himmel als Bild im Bild ersetzt in diesem Gemälde die Darstellung des realen Himmels.

Diese subtile Bildregie erinnert mich an so manche unbewusste Inszenierung unserer Patienten, die das Wichtigste verschweigen, vergessen, verdrängen – oder es lediglich in einer Nebenbemerkung mitteilen. Hier im Bild sehe ich darin den bewussten Kunstgriff des Malers. Etwas Wichtiges fehlt auf diesem Bild – oder ist nur ganz klein, geradezu winzig dargestellt: Der reale Himmel ist nicht gemalt, der strahlend blaue Himmel wird ganz klein als Bild im Bild zitiert. Die Auslassung und die Verkleinerung sind die uns wegweisenden Mitteilungen in diesem Bild, das vordergründig dem Absterben und dem Tod gewidmet ist. Wir haben es hier nicht nur mit einer religiösen Thematik zu tun, sondern auch mit einer, die uns aus unserem psychotherapeutischen Alltag vertraut ist, ja geradezu im Zentrum unseres Berufes steht. Aus dem Bereich von Kommunikationspsychologie und Konstruktivismus kennen wir den Ausspruch, dass wir nicht an der Wirklichkeit leiden, sondern an unserer Ansicht von der Wirklichkeit (vgl. hierzu z.B. Watzlawick 1986, S. 36–41). Winter, Kälte und Tod mögen unsere Wirklichkeit auf diesem Bild oder in unserem Leben sein – aber wie wir damit umgehen, ist eine davon unabhängig zu beantwortende Frage. Der gemalte, luftig-blaue Himmel über dem Sarg, das Altarbild also, ist Teil einer Auferstehungstheologie, eines »Stirb und werde!«. Und gerade dieses »Stirb und werde!« stammt nun wieder von keinem Geringeren als Goethe. In seinem Gedicht »Selige Sehnsucht« in *West-östlicher Divan* (1820/1968) sagt Goethe:

> Und solang du das nicht hast,
> Dieses: Stirb und werde!
> Bist du nur ein trüber Gast
> Auf der dunklen Erde.

Das Gemälde *Klosterhof im Schnee* ist thematisch also nicht nur auf Absterben und Tod ausgerichtet, sondern verweist auf die Macht und Kraft unserer Vorstellungen, die wir entwickeln können, um diese Todes- und Umbruchsituation zu überwinden. Dies ist ein zentrales Thema der Religionen, aber auch ein Thema für Psychotherapie und Psychoanalyse. Es geht in dieser Sichtweise also um die ewig wichtige Bewältigung von Wandlungs- und Wendekrisen (Gennep 1986; Kraft 1995, 2008c).

Es gibt nun mehrere Hinweise auf diesem Bild, welche diese Sichtweise belegen. Das Bild führt uns offensichtlich an den Tiefpunkt einer solchen Wandlungskrise, in die Zeit der »Marge«, wie sie der französische Ethnologe van Gennep (1986) in seinem dreischrittigen Modell für Wandlungskrisen (»Séparation«, »Marge«, »Aggrégation«) benannt hat. Es ist die Zeit der Todeserlebnisse, der Ängste und Verunsicherung, die Zeit des Absterbens, des Winters. Hier sind aggressive Impulse angesprochen, die allerdings nicht als selbst gesteuert und selbst verantwortet erlebt werden, sondern als gegen die eigene Person gerichtet. So wird in Imaginationen und Träumen während dieser schmerzlichen Phase gar nicht selten von Zerstückelungserlebnissen berichtet, also von passiv erlittenen aggressiven Akten (vgl. Kraft 1995, 2008c).

Die Bewegung der Prozession spricht für den Gang nach innen, zum Unbewussten. In Wandlungskrisen wird gern von einem Rückzug in eine Höhle gesprochen, die sowohl als Grab als auch als Uterus verstanden werden kann, als Ort des Absterbens der alten und Keimzelle der neuen Identität. Im Bild handelt es sich um die Kapelle, einen Ort der Kontemplation. Hier kommt es zur Wandlung. Ganz klein, geradezu winzig leuchtet an zentraler Stelle, gleich neben dem Sarg, das neue Licht, der neue, andere Himmel.

Auf dem Weg zum Neubeginn, zur Wandlung müssen in allen Kulturen Schwellen überwunden werden. Die Prozession hat nur eine kleine Schwelle zu überwinden, dem Betrachter hingegen werden gleich vier Stufen ins Bild geschoben. Leicht macht es uns der Maler wirklich nicht.

Einige Details, auf die ich noch nicht zu sprechen gekommen bin, bilden den Schlussstein dieser Argumentation. Wenn es sich um die Darstellung einer Wandlung handelt, wenn es um das Aufzeigen eines neuen Weges, eines Neuanfangs geht, wenn es sich um das schon genannte »Stirb und werde!« handelt, reicht dann der gemalte Himmel am Altar der Kapelle aus, um den Neuanfang aufzuzeigen? Vielleicht ja – aber wir müssen uns nicht damit begnügen. An der höchsten Stelle des Bildes, an seinem oberen Rand, befindet sich eine verschneite Mariendarstellung mit dem Jesuskind auf dem Arm! Da haben wir nun das Geburtsthema, das Werden, den Neubeginn. Nach dem Absterben der Natur und der Trauerfeierlichkeit in der Kapelle finden wir das Hoffnungsthema, den Hinweis auf das neue Leben, ein Konzept also, um realen Tod und reale Krisen gedanklich-emotional zu überwinden. Hinzu tritt die Tatsache, dass wir es hier mit einem offensichtlich funktionierenden Kloster zu tun haben, mit einem lebendigen Ort. Das ist angesichts der Verliebtheit der Romantiker in Ruinen, vor allem auch Klosterruinen, durchaus keine Selbstverständlichkeit.

Primärer und sekundärer Kunstgenuss

Beim Kunstgenuss wird primär keine intellektuelle Erkenntnisfunktion bedient, sondern es geht um Empfindungsqualitäten. Schon Sigmund Freud hat dazu gesagt: »Der Wert all dieses Schönen und Vollkommenen wird nur durch seine Bedeutung für unser Empfindungsleben bestimmt« (Freud 1916, S. 359). Ein Kunstbetrachter sagt eben nicht, er habe dieses oder jenes Bild verstanden, er spricht auch nicht davon, etwas logisch gut nachvollziehen zu können. Wir sprechen stattdessen davon, dass uns ein Bild gefällt, uns anspricht, uns berührt, uns aufregt, abstößt oder kalt lässt. Diese und andere Empfindungen erleben wir im Kunstwerk als gestaltetes, in Form gefasstes Erleben. In Kunstwerken sind Erfahrungen, Konflikte und Stimmungen artikuliert. Es geht um die Verankerung dieser Qualitäten im Bild als einer Art von Container. Diese Verankerung im Bild wird vom Künstler gestaltet – und der Kunstbetrachter greift sie auf, sofern er dieser Verankerung bedarf: Der Traurige sucht Verständnis, Spiegelung, ggf. auch den Ausweg aus seiner Trauer; der Zornige sucht den gelungenen Zornesausdruck, ggf. auch die befriedigende Darstellung der Beherrschung seines Zornaffekts, so wie es Freud (1914) in seiner Studie zum Moses des Michelangelo vorgeführt hat. Dabei hat Freud sein ganz persönliches Zornesmotiv allerdings nicht preisgegeben: seinen großen Zorn auf C.G. Jung wegen dessen Abwendung von der psychoanalytischen Bewegung im Jahre 1912. Das Niederkämpfen seines Zorns nennt Freud in dieser Studie »die höchste psychische Leistung, die einem Menschen möglich ist, […] das Niederringen der eigenen Leidenschaft zugunsten und im Auftrage einer Bestimmung, der man sich geweiht hat« (Freud 1914, S. 198; vgl. hierzu z.B. Grubrich-Simitis 2004; Kraft 2008a, S. 20ff.; G. Schneider 1999, S. 22–23; Spector 1973, S. 65ff., 75ff.). In der Beherrschung des Zorns als »höchste psychische Leistung, die einem Menschen möglich ist«, sah Freud sich selbst in der Mosesstatue wie in einem Spiegel. Hier konnte er seine starken Affekte einschließlich deren Beherrschung in einem großen Kunstwerk verankern.

Die Widerspiegelung und Verankerung der eigenen Affektlage im Kunstwerk spricht nicht für einen ungebremsten Subjektivismus, sondern ist geradezu die Grundlage unseres Interesses und unseres Genusses an einem Kunstwerk. In diesem Sinne spreche ich von einem primären Kunstgenuss. Primärer Kunstgenuss entsteht, wenn der Betrachter entsprechend seiner Lebensgeschichte und seiner Aktualsituation seine Konflikte, Themen und Stimmungen im Bild verankern kann. Dann bin ich begeistert von einem, von diesem Bild, dann sagt es mir etwas, dann spricht es mich an. Die Motive dieses primären Kunstgenusses dürften oft nicht oder nur zum Teil bewusst sein – und wenn sie bewusst sind, so stellt sich natürlich die Frage, wann sie bewusst werden und ob man sie mitteilen möchte.

Vom primären Kunstgenuss zu unterscheiden ist der sekundäre Kunstgenuss, der sich im Unterschied zum Ersteren auf der bewussten Ebene abspielt. Hier sind die Ich-Funktionen und das Wissen des Betrachters ebenso gefragt wie zum Teil stark narzisstische Aspekte. Das Wissen um Kunstepochen, individuelle Stile, Symbole, Künstler und vieles andere mehr bereichert unseren Kunstgenuss. Manches, was wir spontan, aber noch undeutlich empfinden, können wir über dieses Wissen klären. Und es ist eine eigene Art von Freude und Genuss, sich die Bedeutungsmöglichkeiten eines Bildes zu erarbeiten, sie in Worte zu fassen. Dabei ist das Wissen um den von Künstlern bewusst genutzten Symbolgehalt von Nadelbäumen oder Winterszenen ebenso hilfreich wie die Einordnung eines Bildes in eine kunsthistorische Epoche, im vorliegenden Falle die der Spätromantik in Deutschland mit ihren Vorlieben für das Geheimnis- und Gefühlvolle, für Friedhöfe, Klöster, vor allem Klosterruinen und vieles andere mehr. Das alles ist zeittypisch!

Zum sekundären Kunstgenuss gehören weiterhin das Wissen um die Provenienz eines Bildes, seine Lebens-, letztlich also auch seine Bedeutungsgeschichte. Letzteres kann stark narzisstisch aufgeladen sein oder werden, wenn es um die Berühmtheit eines Künstlers, seinen Marktpreis, das Prestige einer Sammlung oder Galerie geht.

Dritte Annäherung an das Bild

Zum Abschluss unserer Bildbetrachtung kehre ich in den Vordergrund zurück. Hier stehen bildbeherrschend zwei Nadelbäume ganz eng beieinander. Der immergrüne Nadelbaum ist unter anderem ein Sinnbild der Unsterblichkeit. Auch im tiefsten Winter, wenn alle Laubbäume ihre Blätter abgeworfen haben, behält er sein grünes Nadelkleid. Das

Entscheidende bei diesen beiden Bäumen scheint mir aber zu sein, dass sie so zerrupft sind. Wären sie intakt, so würden ihre grünen Zweige uns den Blick in die Kapelle komplett verstellen. Nur weil so viele Äste abgebrochen sind, geben die Bäume den Blick frei auf die Kapelle mit dem uns interessierenden Altargemälde und auf die Madonna mit dem Jesuskind. Erst die Zerstörung ihrer ursprünglichen Form ermöglicht den Durchblick, den Neubeginn! Soweit auch hier wieder das Thema der Wandlungskrise, die durch die Zerstörung des Alten hindurchführt.

Ich muss gestehen, dass meine Auseinandersetzung mit den beiden Bäumen im Vordergrund jüngeren Datums ist. In meiner Beschäftigung mit diesem Bild habe ich für die beiden großen, unübersehbaren Nadelbäume im Vordergrund lange Zeit keine Deutung gefunden, habe ihre Bedeutung übersehen. Das ins Auge springende aggressive Moment – zumindest in seiner vollen Wucht – habe ich offensichtlich für längere Zeit in der Verdrängung halten müssen. Dabei geht es doch ganz augenscheinlich um das Zerrupfte, ja Zerstörte dieser beiden Bäume. Ihre unteren Zweige, nahe den Wurzeln, sind weit ausladend, wirken kräftig und gesund. Bald aber schon sehen wir darüber die beiden nackten, auseinanderstrebenden Stämme mit wenig Grün und einigen verdorrten Zweigen. Was ist hier passiert? Welche Ereignisse haben in einem abgeschiedenen – und vermutlich windstillen – Klosterhof zu diesem Kahlschlag geführt?

Nachtrag und Zusammenfassung

Wie angekündigt, möchte ich abschließend mitteilen, warum ich dieses Bild für eine Einzelfallstudie ausgewählt habe. Die Entscheidung hat – wie zu erwarten – eine Vorgeschichte.

Ende der 80er, Anfang der 90er Jahre steckte ich selber in einer Wandlungskrise. Einerseits reagierte ich darauf mit wissenschaftlicher Beschäftigung, indem ich zum Thema »Wandlungskrisen« forschte und publizierte (Kraft 1995, 2008c). Gleichzeitig wünschte ich mir aber auch eine weniger intellektuelle, stärker gefühlsbetonte Verarbeitung meiner Erlebnisse. So entstand die Idee, einen Roman zu schreiben. Auch wenn um das Jahr 1997 die Ereignisse schon einige Jahre zurücklagen, bestand der Wunsch nach Gestaltung, Bearbeitung und somit Verarbeitung weiter fort. Der Titel des geplanten Romans war schnell gefunden: *Ankunft Kafka 9.12h.* Kafka war im Roman eine junge Dame mit berühmten Nachnamen. Und der Protagonist meiner Geschichte stand auf dem Kölner Hauptbahnhof, um die Dame seiner Sehnsucht in Empfang zu nehmen. Eine Geschichte wie in *Warten auf Godot*: Die junge Dame würde niemals kommen und mir als Autor die Möglichkeit eröffnen zur Beschreibung von Sehnsucht, Enttäuschung und immer neuer Hoffnung.

Ich entschloss mich, konkrete Studien auf dem Kölner Hauptbahnhof zu betreiben, setzte mich morgens gegen 9.00 Uhr auf den Bahnsteig und erwartete den Zug aus Prag. Nachdem Frau Kafka auch mit diesem Zug wieder einmal nicht gekommen war, entschloss ich mich, bis zur Ankunft des nächsten Zuges in etwa zwei Stunden ins nahe gelegene Wallraf-Richartz-Museum zu gehen. Ich schlenderte umher und ließ mich, ohne es geplant zu haben, vor dem Bild *Klosterhof im Schnee* auf einer dort stehenden Bank nieder. Wie gut, dass es gerade dort eine Sitzbank gab! Auf dieser Bank blieb ich sitzen, gute 50 bis 60 Minuten.

Mit zunehmender Faszination habe ich seinerzeit dieses Bild betrachtet. Zuvor hatte ich es nie bewusst wahrgenommen. Den Künstler kannte ich dem Namen nach, hatte aber von seiner Biografie, seinem Werk und der Spätromantik, der dieses Bild zuzuordnen ist, keine wesentlichen Kenntnisse. Lange Zeit ist es mir eine Frage geblieben, warum ich mich gerade vor dieses Bild gesetzt und dort ein für mich großartiges Kunsterlebnis, einen primären Kunstgenuss, gehabt habe. Ohne Hintergrundwissen erschien das Bild bei geduldigem Schauen sich mir zu öffnen. Heute denke ich, dass es die Themen meiner auch nach Jahren noch zu verarbeitenden Lebenssituation waren, die sich sowohl in der Romanidee als auch in diesem Bild wiederfinden lassen. Zurückblickend finde ich in meiner Auseinandersetzung mit dem Bild drei Schritte:

- In einem *ersten Schritt* ging es für mich um die Möglichkeit, schmerzliche, depressive Affekte im Bild zu verankern, sie also außerhalb meiner selbst in einer beeindruckenden künstlerischen Gestaltung wiederzufinden. Die Kälte, das Eisige, die Ausweglosigkeit und die Trauerfeierlichkeiten in diesem Bild liefern genug Anhalt für diese Sicht- und Erlebnisweise.

➢ Im *zweiten Schritt*, der sich mir schon in den ersten 50 bis 60 Minuten eröffnete und von mir später weiter ausgearbeitet wurde, ging es um die Entdeckung des Auswegs aus dieser Krise, um die Wandlungsmöglichkeit. Zentral war dabei die erstaunte Wahrnehmung der fehlenden Darstellung des realen Himmels bei gleichzeitiger Präsentation des Himmels als »Bild im Bild«. Die Todesthematik war wiederum präsent, nun aber als ein Phänomen des Übergangs, des »Stirb und werde!«.

➢ Der *dritte Schritt* in der Auseinandersetzung mit diesem Bild ließ einige Jahre auf sich warten. Es war das Unerledigte, noch nicht genügend ins Bewusstsein Gehobene, was mich an diesem Bild festhalten ließ. Im Bild waren – wie ich mit Verzögerung feststellte – meine aggressiven, nicht genügend bewussten Affekte gebunden, so wie es bei einer schmerzlichen Trennung oder bei Tod möglich ist. Gerade aber zu diesen starken Affekten fand ich erst spät Zugang – entsprechend spät fand ich sie im Bild verankert. Aber sie waren immer da, standen unübersehbar und doch verborgen als zwei zerzauste Bäume im Vordergrund. Wie in einem Container uneinsehbar verborgen, bewahrten sie für mich die aggressive Thematik der Trennung zweier Liebender auf: Aus einem gemeinsamen Grün emporwachsend trennen sich zwei Stämme voneinander, werden kahl, recken hilflos ihre kahlen Zweige in den kalten Himmel.

Ist der Container erst einmal geöffnet, erscheint es unverständlich und fast unglaubwürdig, so lange die Trennungs- und Todesthematik mit allen Aspekten der Aggression bis hin zu Todeswünschen als das im Vordergrund Dargestellte übersehen zu haben. Aber es war immer da und vollgepackt mit meinen Affekten! Bion schreibt dazu: »Behälter und Gehalt können mit Emotionen verbunden oder mit Emotionen durchdrungen sein. In diesem Fall ändern sie sich in einer Art, die üblicherweise mit Wachstum

> beschrieben wird« (Bion 1990, S. 146). Und Wachstum, so möchte ich anfügen, braucht Zeit, braucht das Öffnen des Containers zu einer Zeit, in welcher wir die darin enthaltenen Emotionen aushalten und verarbeiten können. Das kann dauern.

Ich hoffe, ich habe vermitteln können, auf welchen Wegen das Bild *Klosterhof im Schnee* von Carl Friedrich Lessing für mich zu einem bedeutenden Bild geworden ist. Ich hoffe ebenfalls, dass es mir gelungen ist, meine zunächst ganz persönlich motivierte Sichtweise an Elementen des Bildes zu belegen und nachvollziehbar zu machen. Trotzdem ist und bleibt jeder primäre Kunstgenuss subjektiv. Die Beziehung der Leser zu diesem Bild mag auch nach jetzt, am Ende meines Beitrags, eine andere sein und bleiben, vielleicht ist man aber auch angeregt worden zu ganz neuen, eigenen Sichtweisen.

Natürlich habe ich mich im Verlauf meiner Überlegungen auch gefragt, ob meine aus der Gegenübertragung erschlossenen Bildthemen auch diejenigen des Künstlers waren. Ging es bei dem jungen Carl Friedrich Lessing in den Jahren von 1825 bis 1829/1830 um schmerzliche Trennung, um eine Wandlungskrise? Ich weiß es nicht. Ich kann es mir vorstellen – aber es ist nicht entscheidend für meine Auseinandersetzung mit seinem Bild und für meinen primären Kunstgenuss. Im Rahmen von Nachforschungen in der Biografie des Künstlers auf derartige lebensgeschichtliche Zusammenhänge zu stoßen, würde den sekundären Kunstgenuss erhöhen und die auf den Künstler und den kreativen Prozess gerichtete analytische Neugier befriedigen – aber ich habe keine entsprechenden Daten gefunden.

Eine letzte persönliche Anmerkung sei mir gestattet: Der Roman *Ankunft Kafka 9.12h*, der den Anlass zum Besuch des Museums und zur Auseinandersetzung mit diesem Bild geliefert hat, wurde nie geschrieben. Die Schilderung des ersehnten Zusammentreffens mit einer Frau im Roman hat sich, so können wir als Psychoanalytiker vermuten, auf das glückliche Zusammentreffen mit einem bedeutsamen anderen, dem Bild, verschoben. Und meine spätere Frau kam auch nicht mit dem Zug aus Prag – sondern aus Hannover.

Literatur

Batchen, G. (2009): Van Goghs Schuhe. Ein Streitgespräch. Leipzig (E.A. Seemann).

Belting, H. et al. (Hg.) (1996): Kunstgeschichte – Eine Einführung. 5. Aufl. Berlin (Dietrich Reimer Verlag).

Bion, W. R. (1990): Lernen durch Erfahrung. Frankfurt/M. (Suhrkamp).

Buchholz, M. B. (2009): Das Kino in der Psychoanalyse. Psycho-News-Letter Nr. 74, DGPT.

Evertz, K. (2002): Kunstanalyse – Überlegungen zu einer entwicklungspsychologisch und psychoanalytisch begründeten Rezeptionsebene in der Kunstwissenschaft. In: Evertz, K. & Janus, L. (Hg): Kunstanalyse. Heidelberg (Mattes), S. 45–112.

Freud, S. (1908): Der Dichter und das Phantasieren. GW VII, S. 213–223.

Freud, S. (1914): Der Moses des Michelangelo. GW X, S. 172–201.

Freud, S. (1916): Vergänglichkeit. GW X, S. 358–361.

Gehrig, G. (2009): Bild. In: Gehrig, G. & Pfarr, U. (Hg.): Handbuch psychoanalytischer Begriffe für die Kunstwissenschaft. Gießen (Psychosozial-Verlag), S. 61–73.

Gennep, A. van (1986): Übergangsriten. Frankfurt/M. (Campus). Französische Erstausgabe 1909.

Goethe, J. W. v. (1820/1968): West-östlicher Divan. Zitiert nach: Bibliothek deutscher Klassiker. Goethe, Bd. 2. Berlin, Weimar (Aufbau-Verlag).

Greve, G. (1996): Der Betrachter im Bild. Zu Adolph Menzels Gemälde »Das Balkonzimmer«. In: Greve, G. (Hg.): Kunstbefragung. Dreißig Jahre psychoanalytische Werkinterpretation. Tübingen (edition diskord), S. 135 – 153.

Grubrich-Simitis, I. (2004): Michelangelos Moses und Freuds »Wagstück«. Eine Collage. Frankfurt/M. (Fischer).

Huber, Th. (2008): rauten traurig. Gemälde. Katalog zur Ausstellung im Museum Marta, Herford u.a. Bielefeld (Verlag Kerber).

Jenderko, I. (1980): Carl Friedrich Lessing »Klosterhof im Schnee«. In: Zur Kunst des 19. Jahrhunderts. 24 Bildwerke im Wallraf-Richartz-Museum. Hrsg. vom Wallraf-Richartz-Museum. Köln 1980, S. 40–43.

Kemp, W. (1996): Kunstwerk und Betrachter: Der rezeptionsanalytische Ansatz. In: Belting, H. et al. (Hg.): Kunstgeschichte – Eine Einführung. 5. Aufl. Berlin (Dietrich Reimer Verlag), S. 241–258.

Klonk, Ch. (2009): Spaces of Experience – Art Gallery Interiors from 1800 to 2000. London (Yale University Press).

Kohut, H. (1973): Narzißmus. Eine Theorie der psychoanalytischen Behandlung narzisstischer Persönlichkeitsstörungen. Frankfurt/M. (Suhrkamp).

Kohut, H. (1977): Introspektion, Empathie und Psychoanalyse. Frankfurt/M. (Suhrkamp).

Kraft, H. (1995):Initiation in Schamanismus, Kunst, Religion und Psychoanalyse. München (Diederichs).

Kraft, H. (1999): Größenphantasie und Kreativität. Köln (Salon Verlag).

Kraft, H. (Hg.) (2008a): Psychoanalyse, Kunst und Kreativität. Die Entwicklung der analytischen Kunstpsychologie seit Freud. 3. Aufl. Berlin (Medizinisch wissenschaftliche Verlagsgesellschaft).

Kraft, H. (2008b): Dyaden zu dritt: Die (analytisch-)kunstpsychologischen Ansätze. In: Kraft, H. (Hg.): Psychoanalyse, Kunst und Kreativität. Die Entwicklung der analytischen Kunstpsychologie seit Freud. 3. Aufl. Berlin (Medizinisch wissenschaftliche Verlagsgesellschaft), S. 3–11.

Kraft, H. (2008c): PlusHeilung – Die Chance der großen Krisen. Stuttgart, Freiburg (Verlag Kreuz).

Lorck, C. v. (1936): Goethe und Lessings »Klosterhof im Schnee«. In: Förster, O. H. & Hupp, H. W. (Hg.): Westdeutsches Jahrbuch für Kunstgeschichte und Wallraf-Richartz-Jahrbuch, Band IX. Frankfurt/M. (Prestel), S. 205–222.

Reiche, R. (1999): Mutterseelenallein von Reinhard Mucha – eine Formanalyse. In: Schneider, G. (Hg.): Psychoanalyse + Bildende Kunst. Tübingen (edition diskord), S. 337–366.

Sandler, J. & Sandler, A.-M. (1999): Innere Objektbeziehungen: Entstehung und Struktur. Stuttgart (Klett-Cotta).

Schäfer, H. (2006): Besucherforschung und Psychologie. In: Schuster, M. & Ameln-Haffke, H. (Hg.): Museumspsychologie. Erleben im Kunstmuseum. Göttingen et al. (Hogrefe), S. 49–60.

Schneider, G. (Hg.) (1999a): Psychoanalyse + Bildende Kunst. Tübingen (edition diskord).

Schneider, G. (1999b): Zum psychoanalytisches Verstehen bildender Kunst-Fragmente einer Annäherung. In: Schneider, G. (Hg.): Psychoanalyse + Bildende Kunst. Tübingen (edition diskord), S. 11–31.

Schneider, G. (1999c): Das Schwarze Quadrat auf weißem Grund von Kasimir Malewitsch – ein identitätstheoretisch fundierter psychoanalytischer Zugang zum Suprematismus. in: Schneider, G. (Hg.): Psychoanalyse + Bildende Kunst. Tübingen (edition diskord), S. 223–247.

Schneider, G. (2009): Container-Contained. In: Gehrig, G. & Pfarr, U. (Hg.): Handbuch psychoanalytischer Begriffe für die Kunstwissenschaft. Gießen (Psychosozial-Verlag), S. 85–93.

Schneider, N. (1996): Kunst und Gesellschaft: Der sozialgeschichtliche Ansatz. In: Belting, H. et al. (Hg.): Kunstgeschichte – Eine Einführung. 5. Aufl. Berlin (Dietrich Reimer Verlag), S. 306–335.

Schönau, W. & Pfeiffer, J. (2003): Einführung in die psychoanalytische Literaturwissenschaft. Stuttgart (Metzler).

Schuster, M. (2000): Kunstpsychologie. Kreativität – Bildkommunikation – Schönheit. Hohengehren (Schneider Verlag).

Schuster, M. & Ameln-Haffke, H. (Hg.) (2006): Museumspsychologie. Erleben im Kunstmuseum. Göttingen et al. (Hogrefe).

Sitt, M. (Hg.) (2000): Carl Friedrich Lessing. Romantiker und Rebell. Bremen (Donat Verlag).

Spector. J. (1973): Freud und die Ästhetik. Psychoanalyse, Literatur und Kunst. München (Kindler).

Spickernagel, E. (1996): Geschichte und Geschlecht: Der feministische Ansatz. In: Belting, H. et al. (Hg.): Kunstgeschichte – Eine Einführung. 5. Aufl. Berlin (Dietrich Reimer Verlag), S. 336–356.

Watzlawick, P. (1986): Die Möglichkeit des Anderssein – Zur Technik der therapeutischen Kommunikation. 3. Aufl. Bern, Stuttgart, Wien (Huber).

Teil III
60 JahrePsychoanalyse in Deutschland

Institutionalisierungsprobleme der Psychoanalyse oder: Wird die »autoerotische Periode des Vereinslebens« durch die »Objektliebe« abgelöst?

Johann August Schülein

Sándor Ferenczis Vision

Im Folgenden möchte ich versuchen, einige Probleme der Institutionalisierung der Psychoanalyse aus soziologischer Sicht zu diskutieren. Es geht also um die soziale Balance der Psychoanalyse (und nicht um ihre Praxis und Theorien selbst) – um es etwas pathetisch auszudrücken: um das Schicksal einer Institution, die versucht, eine spezifische Art von Reflexion auf Dauer zu stellen.

Da das Schicksal der Psychoanalyse eine ganze Reihe von Denk-Würdigkeiten mit sich gebracht hat, gibt es inzwischen auch schon eine ebenso lange Geschichte nicht nur der externen, sondern auch der internen Kritik ihrer Entwicklung und ihres Zustands. Viele prominente Vertreter der Zunft haben immer wieder – im Ton mehr oder weniger heftig – Mängellisten erstellt und Desiderate für die Zukunft erstellt – so viele, dass dies ein Thema für sich wäre.[1]

Ich beschränke mich deshalb darauf, einen frühen Kommentator zu Wort kommen zu lassen. Auf dem II. Psychoanalytischen Kongress, 1910 in Nürnberg, hielt Sándor Ferenczi einen Vortrag mit dem Titel »Zur Organisation der psychoanalytischen Bewegung«, in dem er anregte, »daß sich die wissenschaftlichen Arbeiter der Psychoanalyse zu einer ›Internationalen Vereinigung‹ zusammenschließen« mögen (Ferenczi 1910, S. 48). Der Vortrag beginnt so: »Die Psychoanalyse ist

1 Eine Übersicht bietet Cremerius (1995); zuletzt dazu Poland (2009).

zwar eine noch junge Wissenschaft, ihre Geschichte aber schon reich genug an Ereignissen, die es der Mühe wert erscheinen lassen, für einen Augenblick in der Arbeit innezuhalten, die bisherigen Ergebnisse zu überblicken, Erfolge und Mißerfolge abzuwägen« (ebd.). Dies sei nötig, um »unzweckmäßige Arbeitsweisen« durch »zweckmäßige Methoden« zu ersetzen und »wissenschaftspolitische Probleme« lösen zu können (ebd.). – Die bisherige Geschichte der Psychoanalyse sei ein ständiger Kampf, sogar ein Krieg gewesen: »So wurden wir, sehr gegen unseren Wunsch, in einen Krieg verwickelt« (ebd.). Dabei habe es bisher zwei Phasen gegeben. »Die erste, ich möchte sagen, heroische Periode der Psychoanalyse, waren die ersten zehn Jahre, in welchen Freud ganz allein den Angriffen begegnen mußte, die man von allen Seiten und mit allen erdenklichen Mitteln gegen die Psychoanalyse richtete« (ebd., S. 49). In dieser »heroische Phase« sei der Krieg eigentlich eine einseitige Sache gewesen, denn Freud habe sich um die Angriffe nicht viel gekümmert und »im Schatten der Verkanntheit [...] ruhig arbeiten können« (ebd.).

Die »zweite Periode« begann damit, dass Freud Mitstreiter fand, und führte zu einer Veränderung der Strategie:

> »[N]eue Arbeiter [strömten] auf das von Freud erschlossene wissenschaftliche Gebiet, und ähnlich den Pionieren der Neuen Welt führten und führen sie einen Guerillakrieg. Ohne einheitliche Lenkung, ohne taktische Zusammenarbeit kämpft und arbeitet jeder auf dem von ihm eroberten Stück Land. Nach Gutdünken besetzt jeder den Teil des riesigen Gebietes, der ihm gefällt, und wählt die ihm zusagende Art der Arbeit, des Angriffs und der Verteidigung« (ebd., S. 50).

Diese Nicht-Organisation passte zu den Umständen:

> »Unermeßlich waren die Vorteile dieses Guerillakrieges, solange es nur darum zu tun war, gegen den übermächtigen Gegner Zeit zu gewinnen und die neugeborenen Ideen davor zu schützen, im Keime erstickt zu werden. Die freie, durch keine Rücksicht auf andere gehemmte Bewegung erleichtert jedem die Anpassung an die gerade gegebenen Verhältnisse, an das Maß des Verständnisses, an die Stärke des Widerstandes. Auch daß jede Autorität, jede Bevormundung, jede Disziplin fehlte, steigerte nur die Selbständigkeit, die bei solcher Vorpostenarbeit unentbehrlich ist« (ebd.).

Diese Guerillataktik hatte jedoch auch Nachteile: »Der vollständige Mangel jeder Führung brachte es mit sich, daß bei einzelnen das spezielle wissenschaftliche und persönliche Interesse zum Schaden der Gesamtinteressen, ich möchte sagen, der ›zentralen Ideen‹ überhand nahm« (ebd., S. 51). Daher seien ein »gewisses Maß an gegenseitiger Kontrolle« und die »Respektierung gewisser Kampfregeln« sinnvoll (ebd.). Schon deswegen, weil, wie sich Ferenczi ausdrückt, »Irregularität« und »undisziplinierte Schwärmerei« abschreckend wirke und nicht jeder potenzielle Anhänger an Guerillatätigkeit interessiert sei. Außerdem könne so die »Massenwirkung« der Psychoanalyse nicht nachhaltig gefördert werden. Seine Folgerung: »Ich wage die Behauptung, daß unsere Arbeit durch […] Organisation mehr gewinnen als verlieren würde« (ebd., S. 52). Und das, obwohl die »Auswüchse des Vereinslebens« bekannt sind: »Ich […] weiß, daß in den meisten politischen, geselligen und wissenschaftlichen Vereinen infantiler Größenwahn, Eitelkeit, Anbetung leerer Formalitäten, blinder Gehorsam oder persönlicher Egoismus herrschen« (ebd.). Dies erklärt Ferenczi mit der ödipalen Struktur von Organisationen:

> »Die Vereine wiederholen in ihrem Wesen und ihrem Aufbau die Züge des Familienlebens. Der Präsident ist der Vater, dessen Aussprüche unwiderlegbar, dessen Autorität unverletzbar sind; die anderen Funktionäre sind die älteren Geschwister, die die jüngeren hochmütig behandeln und dem Vater zwar schmeicheln, aber ihn im ersten geeigneten Moment von seinem Thron stürzen wollen, um sich an seine Stelle zu setzen. Die große Masse der Mitglieder, soweit sie nicht willenlos dem Führer folgt, gibt bald diesem, bald jenem Aufwiegler Gehör, verfolgt mit Haß und Neid die Erfolge der Älteren und möchte sie aus der Gnade des Vaters ausstechen« (ebd.).

Die Psychoanalyse befähige jedoch dazu, die ödipale Dynamik einzudämmen:

> »Gerade psychoanalytisch geschulte Mitglieder wären am besten dazu berufen, einen Verein zu gründen, der die größtmögliche persönliche Freiheit mit den Vorteilen der Familienorganisation verbindet. Dieser Verband wäre eine Familie, in der dem Vater keine dogmatische Autorität zukommt, sondern gerade so viel, als er durch seine Fähigkeiten und

> Arbeiten wirklich verdient; seine Aussprüche würden nicht blind wie göttliche Offenbarungen befolgt, sondern wie alles andere Gegenstand einer eingehenden Kritik; und er selbst nähme diese Kritik nicht mit der lächerlichen Überhebung des Pater familias auf, sondern würdigte sie entsprechender Beachtung. Auch die in diesem Verband vereinigten jüngeren und älteren Geschwister würden ohne kindische Empfindlichkeit und Rachsucht ertragen, daß man ihnen die Wahrheit ins Gesicht sagt, so bitter und ernüchternd sie auch sei. Daß man auch bestebt wäre, die Wahrheit zu sagen, ohne überflüssigen Schmerz zu verursachen, versteht sich bei dem heutigen Stand der Kultur und im zweiten Jahrhundert der Anästhesie von selbst. [... Wenn] die wirklichen Fähigkeiten anerkannt werden und auf die Empfindlichkeit der Eingebildeten keine Rücksicht genommen wird, dort wird es wohl unmöglich sein, daß einer, der zwar ein feines Gefühl für Einzelheiten hat, aber in abstrakten Dingen unbegabt ist, sich in den Kopf setzt, die Wissenschaft theoretisch zu reformieren; ein anderer wird sein Bestreben, die eigenen, vielleicht wertvollen, aber recht subjektiven Bestrebungen, alle andere Erfahrungen außer acht lassend, zur Grundlage der ganzen Wissenschaft machen zu wollen, unterdrücken; der dritte wird zur Kenntnis nehmen, daß die überflüssige Aggressivität seiner Schriften nur den Widerstand steigert, ohne der Sache zu dienen; den vierten wird der freie Meinungsaustausch überzeugen, daß es töricht ist, auf etwas neues sofort mit seinem Besserwissenwollen zu reagieren. [...] Die *autoerotische* Periode des Vereinslebens würde allmählich durch die fortgeschrittene der *Objektliebe* abgelöst, die nicht mehr im Kitzel der geistigen erogenen Zonen (Eitelkeit, Ehrgeiz), sondern in den Objekten der Beobachtung selbst Befriedigung sucht und findet« (ebd., S. 53f.).

Ferenczi schlug also vor, eine »nach diesen Prinzipien arbeitende psychoanalytische Vereinigung« zu gründen, die »günstige innere Bedingungen« auch dazu nutzt, »sich nach außen Achtung zu verschaffen« (ebd.). – Trotz dieses im Wortsinn vielversprechenden Entwurfs soll sein Vortrag, so zumindest E. Jones (1984, Bd. 2, S. 90), einen »Sturm des Protests« entfacht haben. Dies dürfte auch dazu beigetragen haben, dass Ferenczis Vortrag nur kurz im Zentralblatt erwähnt und erst 1927 im ersten Band der »Bausteine« vollständig veröffentlicht wurde.[2] –

2 Es sind vielleicht nicht nur Ferenczis – von Freud gebilligte – inhaltliche Vorschläge gewesen (etwa die Konzipierung der IPV als eher elitäre, autoritative Organisation und die Betreuung der »Züricher« mit der Leitung), die heftige Turbulenzen auslösten. Dazu beigetragen hat vermutlich auch, dass er in der Charakterisierung des »wissenschaftlichen Betriebs« und der »Typen, die [...] auch unter uns auftauchen« sich recht drastisch ausdrückte und dabei wunde Punkte traf (und trifft).

Was ist aus seinen Ideen geworden? Immerhin gibt es die IPV, und die Psychoanalyse hat sich seit Ferenczis Vortrag institutionell erheblich weiterentwickelt. Aber in Bezug auf die Fragen der innerer Reife und äußerer Anerkennung muss Ferenczis Diagnose weiterentwickelt werden.[3] Seine Form des »Innehaltens« nutzt nur einige der Möglichkeiten einer institutionstheoretischen Sicht und mündet in eine – aus heutiger Sicht etwas altbacken wirkende – Analogie aus dem Repertoire der frühen Psychoanalyse (verbunden mit einer zeittypischen Idealisierung von Hierarchie)[4]. Nicht dass der Vergleich von Organisation und Familie gänzlich unsinnig wäre, aber bei Ferenczi wird daraus eine reduktionistische Gleichsetzung (vgl. dazu ausführlich Buchinger 1993). Sein Vortrag enthält jedoch (neben scharfen Beobachtungen) auch Sichtweisen, an die eine sozialwissenschaftliche Perspektive anknüpfen kann:

- Ferenczi zeigt, dass sich »Bewegungen« *entwickeln* und sich in dieser Entwicklung die Art der zu bewältigenden Aufgaben, die Typologie des Personals und die Form der Organisation ändern (müssen).
- Ferenczi beschreibt die Entwicklung zugleich als eine Auseinandersetzung um eine angemessene *Positionierung in einem Umfeld*, welches externe Kriterien zur Beurteilung verwendet, und spricht damit die System-Umwelt-Interaktion an.
- Er analysiert das *Innenleben von Organisationen* als Prozess, in dem die sozialen Rahmenbedingungen dem Verhalten der Akteure Raum und Sinn geben und die Struktur der Organisation von der Dynamik des Themas bestimmt wird.
- Er weist darauf hin, dass Institutionen – abhängig von den Rahmenbedingungen und ihrer internen Dynamik – auf *unterschiedlichen Niveaus* operieren können (die er entwicklungspsychologisch formuliert).
- Ferenczi sieht, dass ein Verständnis von Prozessen dieser Art ein

3 Heutige Interpreten bescheinigen Ferenczi Naivität und Wunschdenken (vgl. dazu die Texte in Wiesse 1992).

4 Es entbehrt nicht einer leisen Ironie, dass ausgerechnet der Freigeist Ferenczi (allerdings noch zu einem relativ frühen Zeitpunkt) die Einrichtung eines »Zentralkomitees« mit extremer Machtfülle forderte – quasi eine Art von übermächtiger Vaterimago.

Unterbrechen des laufenden Betriebs und ein Umstellen auf eine *quer dazu liegende Sichtweise* voraussetzt.

Ich versuche im Folgenden, diese Perspektiven institutionstheoretisch zu systematisieren, um sie dann mit den Besonderheiten der Psychoanalyse (und mit einigen der Themen, die in der Literatur immer wieder diskutiert werden) in Verbindung zu bringen.

Institutionstheoretische Perspektiven

Aus sozialwissenschaftlicher Sicht entwickeln sich Institutionen – das ist der abstrakte Begriff für dauerhafte, strukturierte Formen von thematisch fokussierter sozialer Praxis – aus dem Zusammenspiel von *Bedarf* (inklusive Veränderungsdruck) und *Entwicklungsmöglichkeiten* innerhalb eines bestimmten Kontextes. Der Blick auf materielle, kognitive und soziale Ressourcen, von denen eine Institution lebt (und mit deren Formatierungen sie sich auseinandersetzen muss), und die Funktionen, die sie übernimmt und übernehmen muss, sind so etwas wie der Generalbass jeder Institutionsanalyse. Es geht außerdem um die Problemlagen, die Institutionen importieren, und die, die sie selbst erzeugen. Und es geht um die Ko-Evolution von Institutionen und ihrem Kontext. Im Spannungsfeld von Bedingungen und Möglichkeiten entwickeln sich Innovationen, die Institutionen werden können – nicht nach einem rationalen Plan und gradlinig, sondern nach der Opportunität der Bedingungen und geprägt von zeitspezifischen Widersprüchen und Konflikten – und der Konkurrenz mit potenziellen Alternativen.

Anfangs ist fraglich, ob ein Institutionalisierungsprozess überhaupt in Gang kommen kann. Proto-Institutionen »kämpfen« daher, wie Ferenzci dies beschrieb, mit den Widrigkeiten der Umwelt und ihren eigenen Problemen darum, auf dem Weg zu bleiben. Man kann, wie Ferenczi dies tut, diesen Prozess in Phasen unterteilen, wobei diese Phasen gekennzeichnet sind von bestimmten Problemkonstellationen. Was Ferenczi die »heroische« Phase nennt, ist die *Pionierphase* von

Institutionalisierung, in der in jeder Hinsicht Vorläufigkeit, Labilität und Improvisation dominieren. Zunächst stehen nur einfache Modi der Themenbearbeitung und der Selbstorganisation zur Verfügung. Die Pionierphase ist eine Zeit für Akteure, die in bestehenden Verhältnissen nicht vollständig gebunden und daher offen für Grenzüberschreitung sind. Dieser Typus des Pioniers hat (dafür) keine »Fachausbildung«, ist eher Einzelkämpfer mit einer gewissen Exzentrik und arbeitet in einem wenig elaborierten Kontext. Das Thema ist naturgemäß nur in Umrissen erkennbar und nur punktuell ausgearbeitet; es ist überpointiert und unterliegt schnellen, oft sprunghaften Veränderungen; die Formen der Praxis sind noch schwankend, unsicher. Da formale Strukturen noch unterentwickelt sind, dominieren informelle Strukturen (z.B. persönliche Beziehungen), und die prekäre Situation wird abgesichert mit idealisierenden Selbst- und Fremdeinschätzungen und deren Derivaten (wie Sendungsbewusstsein, hochgesteckte Ziele, massive Abgrenzung gegen die profane Umwelt usw.)

In dieser Phase leben Institutionen sozusagen von der Hand in den Mund, leben von den persönlichen Investitionen der Pioniere und bewegen sich auf dünnem Eis. Entsprechend erratisch ist oft ihre Frühgeschichte. Wenn Institutionen diese Phase überstehen und sich erfolgreich im Kontext etablieren, ändern sich innere wie äußere Verhältnisse. Aus der Pionierphase wird eine Phase der *Expansion* nach außen und der *Konsolidierung* nach innen. Dabei wird eine Institution – unter Umständen ambivalent – attraktiv, weil sie noch den Status des Neuen (und noch nicht den des Normalen) hat. Dadurch zieht sie unter Umständen eine ganze Reihe von Sekundärinteressen auf sich. Sie wird zum Thema von Auseinandersetzungen, provoziert den Status quo und verspricht neue Möglichkeiten. Das kann so etwas wie Goldgräberstimmung auslösen. Dadurch stoßen in der Expansions- und Konsolidierungsphase zu einer sozialen Bewegung aus allen Richtungen dynamische Akteure, aber auch Abenteurer aller Art.

Gleichzeitig kommt es – in einer parallelen, aber auch gegensätzlichen Entwicklung – zu Strukturbildungseffekten. Das betrifft zunächst die *Praxis*: Es entwickeln sich schon durch Wiederholungen im Laufe der Zeit typische Muster, die gegenüber möglichen Alternativen durch Gebrauch und Akzeptanz an Bedeutung gewinnen. Es verdichten sich die Aktivitäten, das Praxis-Paradigma expandiert. Mithilfe konsolidierter Paradigmen lassen sich neue Zuständigkeitsbereiche im Einklang mit den Kernbereichen gewinnen, während sich zugleich ein stabiler Kern herausbildet. Dies gilt auch für die *soziale Struktur*: Die improvisierten, beziehungsgebundenen Formen der Integration werden ersetzt durch geordnete Formen der Kommunikation, formalisierte Beziehungen. Und es kommt zu einem Generationswechsel: die schillernden »Pioniere« werden ersetzt durch einen organisationskompatibleren, stärker disziplinierten Typus mit mehr Organisationskompetenz und -bedürfnissen. Max Weber bezeichnete diese Entwicklung mit dem Stichwort »Veralltäglichung des Charismas«.

Diese Phase mündet in einen Prozess der *Normalisierung*. Das bedeutet vor allem, dass die Institution einerseits in den Kontext stabil integriert ist, dass sie andererseits im »Normalbetrieb« läuft. Der institutionelle Prozess ist klar definiert und abgegrenzt, funktioniert auf der Basis von elaborierter Organisation und Routine. Es gibt also eine gültige Themendefinition, eine standardisierte Sozialstruktur (von der Kleiderordnung bis zur Machtverteilung) und eine mehr oder weniger gültige kognitive Ordnung (d.h. geteilte Interpretationen und Legitimationen). Schließlich stabilisiert sich die Beziehung zur Umwelt – was auch heißen kann, dass prekäre und problematische Beziehungen faktisch gelten und als Orientierung genutzt werden. In einer solchen Welt haben Pioniere kaum Platz, für Abenteurer ist sie nicht attraktiv. Sie werden abgelöst durch den Typus des Mitglieds mit einer Normalbiografie, mit geregelter Ausbildung und sicherem Status.

Normalzustand heißt also:

- ➢ Es gibt ein eingespieltes *Verhältnis zur Umwelt*, also einen stabilen Sozialstatus, einen geregelten Austausch und eine funktionale Einordnung (inkl. der damit verbundenen Probleme).
- ➢ Es gibt einen stabilen *produktiven Prozess*, das heißt, die Leistungen (inkl. der latenten Funktionen) sind in Praxisregeln gefasst und routiniert.
- ➢ Es gibt einen *reproduktiven Prozess*, der die Aufrechterhaltung der Institution besorgt, indem Mitglieder ausgewählt und sozialisiert,

Interaktionsprozesse reguliert, Entscheidungsmodi festgelegt werden, kurz die Innenwelt hergestellt und erhalten wird.

- Daraus ergibt sich insgesamt ein Profil, welches neben den manifesten auch latente Sinnzusammenhänge (auch das, was sich im »Untergrund«, im Hintergrund und unabhängig von den offiziellen Intentionen abspielt) einschließt.

Kein Normalzustand ist von endloser Dauer. Institutionen und ihr Umfeld entwickeln sich ständig weiter, sodass der Normalzustand eigentlich ein ständiger Prozess der Adaptation und Assimilation ist. Gleichzeitig schwankt Normalität immer um ein bestimmtes Funktionsniveau. Es wird bestimmt von den typischerweise vorhandenen Möglichkeiten und hängt nicht zuletzt von den mitgeschleppten und importierten Problemen und Konflikten ab. Bei Sonnensschein können die Tugenden, aber auch die Laster aufblühen. Krisenhafte Zuspitzungen können erhebliche Turbulenzen verursachen – und Institutionen ein Stück weit auf ein niedrigeres Funktionsniveau regredieren lassen. Fehlinvestitionen, Fehlbesetzungen und -konstruktionen können für Verhärtungen und Einschränkungen sorgen. Der Normalfall der Normalität ist eher ein gemischtes Profil von Stärken und Schwächen. Der Normalbetrieb kann sich so verhärten, dass man von Ultrastabilität sprechen möchte. Das macht ein Stück weit resistent gegen externe und interne Impulse zur Veränderung. Aber damit ist das Risiko der Unbeweglichkeit und Sklerotisierung eng verbunden. Institutionen können daher auch daran scheitern, dass sie mit bestimmten Strukturen zu viel Erfolg haben und dadurch notwendige Weiterentwicklungen verpassen.

Themenspezifität

Betrachtet man Ferenczis Überlegungen vor diesem Hintergrund, so lässt sich zunächst feststellen, dass er sozusagen den Forschritt zur institutionellen Normalität eingefordert hat und dabei davon ausging, dass die psychoanalytische Kompetenz der Mitglieder dazu führt, dass ein rein rationales Funktionsniveau erreicht werden kann (also davon, dass institutionelle Perfektion möglich ist und mit rein psychologischen – psychoanalytischen – Mitteln erreichbar ist) und dass die feindliche Umwelt sich aufklären und disziplinieren lässt. Beides hat sich als problematisch erwiesen. Um dies genauer zu klären, muss noch ein weiterer wichtiger Aspekt mit einbezogen werden: Institutionalisierung hängt wesentlich von ihrem *Thema* ab – die soziale Form wird bestimmt von den Eigenschaften des Gegenstandes und die soziale Formatierung wirkt zurück auf den Umgang mit dem Thema. Logisch lassen sich dabei zwei Typen von Themen unterscheiden:[5]

- *Instrumentelle Praxis* erreicht vorgegebene Zwecke mit vorgegebenen Mitteln in den kausallogisch geordneten Zusammenhängen einer eindeutig geordneten Wirklichkeit.
- *Reflexive Praxis* thematisiert Zwecke und Mittel in einer sich ändernden Welt und entwickelt sie und ihren Möglichkeitshorizont ständig weiter.

Instrumentelle Praxis kann technisiert und ökonomisiert werden. Wenn man einen Brief schreibt, sind das Hinschreiben der Buchstaben, das Verpacken, das Verschicken usw. Routinen, die nach einem technisch begründeten Muster ablaufen, um ein sachliches Ziel mit kalkulierten Mitteln zu erreichen. Dagegen ist das Formulieren eines Briefes ein reflexiver Vorgang: Man reagiert auf eine (interpretierte) soziale Situation und verändert sie aktiv, wobei Reaktion und Effekt vom Zusammenspiel der situativen Bedingungen abhängen – von der Tagesform des Verfassers, seinen Selbst- und Fremdbildern, seinen strategischen Überlegungen, von Normen, Phantasien usw. Und wie der Adressat darauf reagiert, hängt wiederum von dessen Situation und Befindlichkeit ab. Kurz: Es handelt sich um einen zwar logischen, aber nicht berechenbaren, einen eigendynamischen, immer verschiedenen und verschieden vernetzten oder autopoietischen (sich selbst

5 Diese Unterscheidung ist natürlich idealisiert; reale Institutionen haben ein Mischprofil. Auch Institutionen mit vorrangig instrumentellen Themen (wie Fabriken) brauchen reflexive Praxis und Selbststeuerungseinrichtungen; auch Organisationen mit hochgradig reflexiver Thematik (wie Politik oder Pädagogik) sind auf bestimmte technische Mittel und Routinen angewiesen.

entwickelnden) Prozess. Jede reflexive Praxis ist daher Teil eines laufenden Prozesses und eine Einmischung in dessen Entwicklung, die ihm eine sonst nicht zustande kommende Wendung gibt. *Alle* Formen institutionalisierter Reflexion weisen bestimmte Problemlagen auf:

- Ihr Gegenstand überfordert herkömmliche Theorien und Methoden. Ein komplexes, immer verschiedenes, sich ständig bewegendes Thema lässt sich nur begrenzt mit den Mitteln algorithmischer Reduktion erfassen. Daher nutzen hier keine Formeln; man braucht Begriffe, deren Wirklichkeitsbezug strukturell riskant bleibt: Sind sie zu genau festgelegt, verlieren sie ihre Flexibilität und Anschlussfähigkeit; sind sie zu wenig genau, bleiben sie indifferent. Zudem lässt sich autopoietische Realität prinzipiell nicht in *einer* Perspektive erfassen und abbilden, sodass es sie im Plural gibt, wobei jede Perspektive für sich und damit das Paradigma insgesamt instabil, also eine Dauerbaustelle bleibt.
- Reflexive *Praxis* ist *immer* voraussetzungsvoll, störanfällig und riskant. Das soll nicht heißen, dass das Gegenteil nicht riskant wäre, aber jede Intervention in einen autopoietischen Prozess bleibt unkalkulierbar: Weder sind die Bedingungen vollständig kontrollierbar noch ist zur Gänze antizipierbar, wie sich das Geschehen weiterentwickelt. Entsprechend kann ihr Theorie nur begrenzt helfen. Reflexion bleibt daher das, was Polanyi als *personengebundene* Praxis bezeichnet hat – eine Leistung, die vor Ort, mit Risiko und »von Hand«, also ohne Auslagerung zentraler Leistungen in technische Routinen betrieben werden muss und ständiger Neuadjustierungen bedarf. Ein Abhaken »erledigter« Themen gibt es ebenso wenig wie eine Aggregation von Errungenschaften in seinem sicheren und stets verfügbaren Fundus von Routinen. Entsprechend ist der Kompetenzerwerb ein schwer formatierbarer nicht-linearer Lernprozess.
- Reflexive Praxis mischt sich ein, engagiert sich gegen und für bestimmte Entwicklungen. Das ist unvermeidlich ein *normativer* Vorgang, der eine ganze Reihe von Folgeproblemen mit sich bringt. Von der Umwelt (und speziell von anderen möglichen Perspektiven und Interessen) wird eine solche Einmischung mit einer gewissen

Zwangsläufigkeit als irritierend bzw. als gefährlich angesehen – als Bedrohung des Status quo. Das provoziert Ausgrenzung und Gegenwehr. Entsprechend schwierig ist es, Anerkennung und Ressourcen zu gewinnen; entsprechend kompliziert und aufgeladen ist der Sozialstatus; entsprechend heftig sind die Attacken auf Theorie und Praxis. Aber auch intern sind die verfügbaren Mittel der Reflexion heikel, weil Reflexion die üblichen Formen und Grenzen der persönlichen Identität und des Sozialstatus überschreitet und dadurch »Normalkontakte« destabilisiert.

➢ Das berührt *Problemlagen der sozialen Institutionalisierung*: Die Grenzen der Institution bleiben unscharf und sind schwer kontrollierbar; produktiver und reproduktiver Prozess bleiben eng verbunden; Funktionen und Personen sind schwer zu trennen; die üblichen Mittel formaler Organisation (Arbeitsteilung, Hierarchisierung etc.) bleiben heikel. Statt eine verlässliche Normalität zu erreichen, bleibt die Institution daher *ständig im Pionierstadium*. Ohne Halt in einer sicheren Praxis und ohne die Möglichkeit, neutrale Organisationsformen hervorzubringen, bleibt es bei der Entwicklung einer *»phantom normalcy«* (Goffman 1967), einer Art Simulierung von Normalität, die gerade deshalb besonders gefährdet ist.[6]

➢ Dies alles belastet den institutionellen Prozess – nichts funktioniert problemlos. Das hat auch zur Folge, dass Institutionen dieses Typs chronische Legitimationsprobleme haben. Von außen müssen sie aus den genannten Gründen immer mit unqualifizierten Einmischungen und einem prekären Sozialstatus rechnen. Aber auch intern kann ihr prekäres Gleichgewicht zu Recht problematisiert werden – es gibt immer etwas, was nicht stimmt und nicht passt; es gibt immer andere Sichtweisen und Bewältigungsstrategien. Daraus kann ein Dauerdisput entstehen, der ohne klare Kriterien der Entscheidung darüber, was das bessere Argument, die bessere Strategie, die beste Politik ist, leicht eskaliert. Die institutionelle Balance steht unter Dauerstress.

6 Entsprechend entwickeln sich sekundäre Formen der Stabilisierung und präformale Modalitäten (Personenbindungen) bleiben erhalten.

Das besondere Problemprofil institutionalisierter Reflexion besteht daher in ihrer exponierten und fragilen sachlichen wie sozialen Identität. Wo instrumentelle Praxis sachlich wie sozial bis zum erreichbaren Perfektionsgrad reifen kann, also die anfänglichen Problemlagen definitiv hinter sich lässt, bleibt reflexive Praxis *dauerhaft* mit ihrer inneren und äußeren Balance beschäftigt und *chronisch instabil.*[7] Institutionelle Entwicklung führt gerade nicht zur Entlastung, sondern erhört noch die Ansprüche. Jeder Versuch, dem gerecht zu werden, ist seinerseits riskant. Das kann den Effekt haben, dass eine Mischung aus *Problemausdruck* und ebenso *problematischer Problembewältigung* die institutionelle Normalität belastet und den institutionellen Prozess ins Schlingern bringt.

Zur Problemlage der Psychoanalyse

Für die Psychoanalyse gilt diese Problemlage in besonderem Maße. Sie behandelt Themen, die auch in liberalisierten Gesellschaften tabuisiert bleiben, weil sie Status und Selbstdefinition von Personen tangieren. Sie arbeitet mit Methoden, die, bezogen auf die soziale Interaktionsordnung, nicht nur prinzipiell kritisch sind, sondern auch als normverletzend intrusiv und asymmetrisch gelten müssen und deren Einsatz hoch voraussetzungsvoll und riskant bleibt; und sie entwickelt dazu Vorstellungen, die zwangsläufig spekulativ und exzentrisch sind. Unbewusstes bewusst zu machen, ist per se eine Paradoxie im wörtlichen Sinn: außerhalb der Doxa. Es liegt nahe, Geschichte und Situation der Psychoanalyse im Zusammenhang mit dieser Überlast zu sehen: Einige der immer wieder inkriminierten Phänomene erscheinen dann als Ausdruck spezifischer Entwicklungs- und Balanceprobleme.

Ein Beispiel ist der Umgang mit der paradigmatischen Komplexität. Ferenczi konnte in seinem Referat noch ohne Weiteres davon ausgehen, dass es die eine Psychoanalyse gäbe, die sich einfach im Verlauf der Zeit immer weiter entwickeln würde und sich nach nach dem Muster der

7 Max Weber hat in diesem Zusammenhang davon gesprochen, dass bestimmten Wissenschaften »ewige Jugend« beschieden sei – sie würden nie erwachsen im Sinne definitiver Problemlösungen (Weber 1965).

platonischen Eliteherrschaft sinnvoll steuern ließe. Tatsächlich war sie jedoch von Anfang an umstritten. Vor allem in der Pionierphase führte dies zu den bekannten Prozessen der Dissidenz und Ausgrenzung. Darin zeigt sich die geringe Integrationskraft, das heißt, die vorhandenen Mittel reichen nicht, um erratische Variationen zu disziplinieren, und die Variationsmöglichkeiten überschreiten die Tragfähigkeit der Institution. Die vielen Abspaltungen sind, so gesehen, eine Form der Vermeidung unverdaulicher Heterogenität.

Auf Dauer war dieser Modus mit der Produktivität und des psychoanalytischen Paradigmas nicht kompatibel. Der Horizont ihrer Möglichkeiten musste *intern* erhalten bleiben. Ein Schritt in diese Richtung stellt die Entwicklung einer nicht mehr automatisch exkludierenden Dogmatik dar. Dogmatik ist sowohl eine kontrafaktische Überschätzung von Einheit als auch die indirekte Anerkennung, dass es Alternativen gibt. Sie verengt jedoch den legitimen Spielraum für Variationen und hat interne Disziplinierung zur Folge. Insofern vereinfacht sie die Orientierung und ist ein »Heilmittel« für die Bedrohung durch unverarbeitbare Differenzen. Dogmatik führt jedoch nur an der Oberfläche zur Integration, während sie intern zur Verleugnung von Differenzen zwingt. Das führt zu einem Problemstau, bedingt durch ein zunehmendes Auseinanderklaffen zwischen offizieller Themendefinition und realer Praxis – die Lösungsstrategie ist entsprechend »kostenintensiv«.[8] – Die psychoanalytische Literatur[9] spiegelt das Ringen um Einheit und Differenz. Hartmann unternahm

8 Bleibt es auf Dauer dabei, ist eine produktive Weiterentwicklung kaum möglich – die Institution verknöchert.

9 Eine besondere Funktion hat in diesem Zusammenhang die Idealisierung des Werkes von Freud. Die *Gesammelten Werke* sind großartige Dokumente, die völlig neue Perspektiven eröffnet haben. Aber sie sind Pionierarbeiten: unabgeschlossen, voller unterschiedlicher Ansätze und aus heutiger Sicht in vieler Hinsicht zeitgebunden. Ganz allgemein dient die Idealisierung von Texten – die explizite und implizite Behauptung, Freud (oder Klein oder Bion) habe bereits alles gesagt, was es zu sagen gibt – als Mittel, einen festen Halt zu gewinnen. Dies ist ein Stück weit notwendig (s. o.), für die Entwicklung von Theorie und Praxis aber ein Problem, weil damit die notwendigen Weiterentwicklungen behindert und ein ungezwungener Umgang mit dem Ererbten erschwert wird. Oder, wie Whitehead sich ausdrückte: »A science which hesitates to forget its founder is lost.« Das ist natürlich überpointiert, aber dem Sinn nach richtig: Idealisierung, die durch ihre latente Funktion rigide wird, beeinträchtigt Verbesserung und Weiterentwicklung.

1927 noch einen systematischen Versuch einer dogmatischen Auslegung Freuds.[10] Rapaports (1959) umfassende Studie über die Struktur psychoanalytischer Theorie zeigt bereits, dass das psychoanalytische Paradigma nur abstrakt als Einheit definierbar ist. Heute ist theoretische Vielfalt eine (wenn auch manchmal mühsam) gelebte Praxis.

In institutionstheoretischer Perspektive ist der Schritt von der Dogmatik zur Multiparadigmatik ein Zeichen von Reifung; er verweist auf ein höheres Maß an interner Differenzierung und Integrationsfähigkeit. Aber damit sind die strukturellen Probleme nicht gelöst – auch hier erhöht ein Reifungsschritt das Anspruchsniveau. Mit zunehmender Fähigkeit, intern Pluralität zu verkraften, stellt sich erst recht die Frage der Stabilität und Grenzziehung – nunmehr ohne die Möglichkeit, sie durch Ausgrenzung oder offizielle Dogmatik zu lösen. Die Problematik der Stabilisierung von Identität verlagert sich gewissermaßen nach innen. Eine typische Reaktion darauf ist Schulenbildung: Es bilden sich vergleichsweise feste und relativ geschlossene Sub-Paradigmen, die intern eine hohe Homogenität besitzen und damit Eindeutigkeit und Stabilität bieten. Das Problem der Mehrdeutigkeit wird durch Schulenbildung formatiert und dadurch entschärft, aber das hat seinen Preis: Die damit verbundenen Auseinandersetzungen und Komplikationen sind bekannt.[11] Wo die wechselseitige Abgrenzung massive Formen annimmt, werden die eigenen Sichtweise zwangsläufig über- und die fremden unterbewertet, was die notwendige Entwicklung eines Common Ground zusätzlich erschwert. – Ein ähnliches Bild zeigt der Umgang mit Theorie. Auch hier ließ die Entwicklung die Problemlage in mancher Hinsicht erst richtig deutlich werden. Freud war wie Ferenczi der festen Überzeugung, die Psychoanalyse sei eine ganz normale Wissenschaft, und es sei nur eine Frage der Zeit, bis sie die entsprechende Anerken-

10 Sie steht zwangsläufig im Gegensatz zur enormen Kreativität von Freuds Schriften und kontrastiert seltsam mit deren Idealisierung.

11 Da Schulen jedoch exklusive Geltung in Anspruch nehmen (müssen), kommt es zwangsläufig zu Konfrontationen, die leicht eskalieren; zu wechselseitiger Bekämpfung und Abwertung, was wiederum den internen Steuerungsprozess und die Vertretung nach außen belastet. Die institutionell notwendige Macht- und Entscheidungsstruktur wird leicht das Opfer von lähmenden Kämpfen und Kompromissen, oder sie wird für schulspezifische Politik und die Durchsetzung von Partikularinteressen genutzt.

nung fände. Dies ist bekanntlich ausgeblieben.[12] Daraufhin hat sich psychoanalytische Forschung zunächst weitgehend hinter die eigenen Mauern zurückgezogen und darauf verzichtet, sich mit dem Geschehen außerhalb auseinanderzusetzen und dort Anerkennung zu finden.

Leisten konnte und kann sie sich das, weil sie im Wesentlichen von der Berufspraxis ihrer Mitglieder lebt und in finanzieller Hinsicht vom Verteilungsmodus des Wissenschaftssystems relativ unabhängig ist. Dadurch blieb das, was an Forschung betrieben wurde, auf Therapie zentriert und unterentwickelt. Dies gilt auch für methodologische Vorstellungen. Sie beschränkten sich lange Zeit auf das sogenannte »Junktim von Heilen und Forschen« als einzigartige Methode. In der Tat war und ist die Verbindung mit Reflexion der Eckstein jeder qualifizierten Therapie, und der spezifische Modus psychoanalytischer Reflexion ist als einziger methodisch kontrollierter Zugang zu unbewussten Sinnzusammenhängen eine besondere, außerordentlich produktive Form der Erkenntnis. Das Junktim, eine Leitvorstellung aus der Frühphase der Psychoanalyse, muss heute allerdings differenzierter gesehen werden. Schon bei Freud werden Therapie und Theorie als unterschiedliche Arten von Praxis deutlich. Durch die inzwischen erreichte Entwicklung *sowohl* der Praxis *als auch* der Theorie ist erkennbar, dass Therapie – als praktische Reflexion besonderer Konfigurationen – nicht identisch ist mit Wissenschaft und Wissenschaft – als Reflexion von Praxisfeldern mit spezifischen Methoden – nicht identisch ist mit Therapie. Therapie braucht ihre *eigene Form der Anwendung von Theorie*; Wissenschaft muss die Befunde der Therapie für ihre Zwecke neu formatieren.[13] – Auch die These von der Einzigartigkeit der Methode stimmt nur begrenzt. *Alle* Methoden, die reflexive Theorien verwenden, sind in gewisser Weise einzigartig, in anderer Hinsicht jedoch vergleichbar. Das Problem, mit

12 Der frühe Freud hat sich mit der fortschrittsoptimistischen Vorstellung, auf Dauer sei Erkenntnis stärker als jeder Widerstand, geholfen. In späteren Jahren – als er diese Hoffnung nicht mehr hatte und das ursprüngliche Modell nicht mehr weiterhalf – kippte sein Denken in Pessimismus (vgl. Schülein 2007).

13 Die Entwicklung von Vorstellungen über die Besonderheiten des Einzelfalls mithilfe allgemeiner Konzepte, also die Erforschung des Einzelfalls, ist nicht identisch mit der systematischen Überprüfung und Interpretation empirischer Vielfalt und theoretischer Modelle.

einem sensiblen Gegenstandsbezug zurechtkommen zu müssen, teilt die Psychoanalyse daher mit anderen Interpretationsmethoden.[14]

Diese Themen werden inzwischen intensiv diskutiert.[15] Dennoch überwiegt der Eindruck, dass in vielen Bereichen die Beschäftigung mit entsprechenden Fragen nicht sonderlich beliebt ist und dass Psychoanalytiker beispielsweise Fragen nach erkenntnistheoretischen Grundlagen lieber aus ihrem eigenen Repertoire heraus und auf der Basis relativ selektiver Zugriffe auf einschlägige Diskurse selbst beantworten. Entsprechend schmort der erkenntnistheoretische Diskurs der Psychoanalyse häufig zu sehr im eigenen Saft. Viele Texte dieser Art sind entsprechend binnenzentriert; sie wirken von außen betrachtet zwangsläufig unprofessionell – und werden dann von Experten nicht ernst genommen, auch wenn sie ernste Probleme ernsthaft behandeln. Dies führt dann auch dazu, dass man auf externe Herausforderungen, wie etwa die Arbeiten von Adolf Grünbaum oder auch die Attacken von Grawe et al., manchmal hilflos reagiert. Der wissenschaftspolitischen Selbstreferenz entspricht innenpolitisch die immer noch und immer wieder zu hörende und zu lesende Forderung, die Psychoanalyse könne und müsse ihre Probleme nur mit eigenen Mitteln lösen. So ähnlich hatte ja bereits Ferenczi gedacht, als er davon ausging, Psychoanalytiker seien aufgrund ihrer Kompetenzen besonders geeignet, eine Organisation auf die Beine zu stellen, die alle Kinderkrankheiten überwinden könne. – Diese Vorstellung basiert auf der Annahme, es gäbe *ein* Rezept für alle Probleme und man sei in dessen Besitz. Dies ist jedoch gerade nicht die Umstellung auf eine »querliegende« Sichtweise sensu Ferenczi; eher schon eine besondere Variante von »Autoerotik«; in jedem Fall jedoch ein Ausdruck von Unterschätzung – sowohl der Komplexität der Welt als auch dessen, was andere Formen von Theorie und Praxis können und wozu sie gebraucht werden. – Die ausschließliche Konzentration auf

14 Zumindest in seiner emphatischen Form hat das Beharren auf dem Junktim und der Einzigartigkeit vermutlich unter anderem auch die Funktion, den Legitimitätsdruck zu reduzieren – Forschung ergibt sich sozusagen automatisch, und ein Sonderstatus ist angenehm (und schaltet Konkurrenz aus).

15 Das zeigen die Beiträge in diesem Band. Zur Differenz zwischen Therapie und Forschung siehe z.B. Moser (1991); zur Einheitlichkeit und Sonderstellung der Methode z.B. Luyten et al. (2006). Eine nähere Diskussion findet sich in Schülein (1999).

Eigenmittel wird besonders brisant, wenn sie flankiert ist von der – meist implizit verneinenden und mit Emphase gestellten Frage: »Ist das noch Psychoanalyse?« Die Frage selbst ist sinnvoll und notwendig. Aber sie wird zum Problem, wenn sie der Diskriminierung und Ausgrenzung zum Abbruch des Diskurses dient. [16]

Im Verhältnis zur Wissenschaft, in der Beschränkung auf Eigenmittel und der binären Spaltung in Psychoanalyse/Nicht-Psychoanalyse zeigt sich eine generelle Strategie der Bewältigung von Problemlagen: Die *Einschränkung des Kontakts und des Austauschs* mit der Umwelt. Diese Form von institutioneller Selbstgenügsamkeit bietet eine gewisse Autonomie und Sicherheit, was die institutionelle Balance fördert. Aber der Verzicht auf die Nutzung der Möglichkeiten externer Formen reflexiver Praxis behindert den produktiven wie den reproduktiven Prozess und führt zu »Isolationsschäden«. Denn durch den fehlenden Austausch bleiben die Kontaktfähigkeit und die Möglichkeiten der Außendarstellung unterentwickelt. Das trägt wiederum zu dem nach wie vor verzerrten Bild der Psychoanalyse in der Öffentlichkeit bei. Dass daran Projektionen massiv beteiligt sind, steht außer Frage. Aber darauf lässt sich der zwiespältige soziale Status der Psychoanalyse nicht reduzieren. Ohne über empirische Daten zu verfügen – es würde sich lohnen, hier genauer hinzusehen[17] –

16 Wohin der Versuch, alles mit Eigenmitteln lösen zu wollen, führen kann, zeigt sich auch in der Tendenz, Diagnosen in Auseinandersetzungen einzusetzen. Tatsächlich hört man zumindest hinter vorgehaltener Hand häufig, der jeweilige Gegner sei »gestört« oder gar »schwer gestört«. Solche Etikettierungen sind (unabhängig davon, ob sie stimmen oder nicht) heikel und belasten die unvermeidlichen politischen Auseinandersetzungen, die durch Argumente ad hominem eine Schlagseite in Richtung psychodynamisch aufgeladener, feindseliger Konfrontationen bekommen. Persönliche Entwertung wird selbstverständlich überall betrieben, bekommt aber in der Hand von Experten eine besondere professionelle Qualität. Reflexive Kompetenzen generell, aber insbesondere die der Psychoanalyse, wirken außerhalb ihres professionellen Kontextes – also auch in politischen Auseinandersetzungen – als Machtmittel. Mikrosoziologisch gesehen wird damit eine Position eingenommen, die für sich in Anspruch nimmt, das Alter Ego zu qualifizieren (bzw. zu disqualifizieren). Damit wird im Alltag soziale Überlegenheit (unabhängig vom Sachargument) behauptet. Gerade diese soziale Schlagkraft verführt zum Missbrauch von Interpretationskompetenzen, die, wenn sie nicht kontrolliert werden, Dialoge schnell entgleisen lassen.

17 Die große Studie von Moscovici stammt aus dem Jahr 1961. Eine entsprechende deutschsprachige Untersuchung fehlt bisher völlig.

ist mein Eindruck, dass die Psychoanalyse von außen häufig als distanzierend und unnahbar, als herablassend bis arrogant, als von sich überzeugt und ängstlich zugleich wahrgenommen wird. Zieht man davon die projektiven Anteile ab, so bleibt vermutlich, dass die Verbindung von berechtigtem Werkzeugstolz, von Kontaktproblemen nach außen und vielleicht auch der Diskrepanz zwischen Ansprüchen und deren Einlösung zu einer Art der Selbstdarstellung führt, die für die externe Öffentlichkeit schwer verdaulich und nur begrenzt anschlussfähig ist.

Insgesamt wirkt die Psychoanalyse institutionell eher unterstrukturiert und wenig dynamisch. Sie orientiert sich hauptsächlich am Modell eines Vereins. Die klassische Mitgliederstruktur eines Vereins ist bei höherem Entwicklungstempo und bei schwierigen Themen ein Problem. Die Reibungsverluste eines in gewisser Weise von Mehrheiten und Stimmungen, also vom Moment abhängigen Entscheidungsprozesses können enorm sein und reichen von lähmenden Debatten bis hin zu Fehden, die den ganzen Betrieb lahmlegen. Inhaltlich sind die Mitglieder eines Vereins zwangsläufig überfordert, wenn sie für immer weiter auseinanderstrebende Themen und Möglichkeiten gleich zuständig sein sollen – vor allem, wenn vieles davon ehrenamtlich betrieben wird. – Das gibt dem Ganzen manchmal den Charme, aber auch die Tristesse des Amateurhaften.

Psychoanalyse leidet also, so lässt sich feststellen, in besonderem Maß unter den Folgeproblemen ihres Themas. Wo sie Stresssymptome zeigt, ist das nicht einfach der Ausdruck von Versagen oder Bösartigkeit.[18] Dahinter steht, dass die Probleme eine strukturelle Überforderung darstellen. Selbst unter idealen Bedingungen lassen sich nicht *alle* Anforderungen – genügend Einheit, genügend Differenzierung, genügend Stabilität, genügend Flexibilität usw. – *zugleich* und *gleich gut* optimie-

18 Manche Kritik – etwa der beliebte Vergleich der »psychoanalytischen Bürokratie« mit einer Kirche oder einer »verendeten Institution« – ist inhaltlich diskutierbar, wird aber vom negativen Affekt dominiert. Man kann dem entnehmen, wie groß die Frustration über den Ist-Zustand der Psychoanalyse ist. Aber starke Affekte lösen nicht nur Gegenaffekte aus, sie trüben meist auch den Blick auf die Bedingung der Möglichkeit des Kritisierten, also auch auf die Problemlast der Psychoanalyse. Das führt häufig dazu, dass die Kritik idealistisch wird.

ren. Eine völlige Ablösung der »Autoerotik« durch die »Objektliebe« ist daher ein sinnvolles Ziel,[19] aber nicht erreichbar.[20]

Die Psychoanalyse muss also – ähnlich wie vergleichbare Institutionen – mit Risiken leben und um ihre Balance ringen. Sie bleibt dabei kritisierbar und braucht diese Kritik, um in Bewegung zu bleiben. Was sie bisher erreicht hat, kann sich eigentlich sehen lassen. Man merkt: Hier ist eine starke Population von Tausenden mehrfach Qualifizierter, akademisch Gebildeter mit hohem Einsatz bei der Sache. Es gibt jedoch immer Möglichkeiten, das Bearbeitungsniveau noch zu verbessern. Wie oben dargestellt, lässt sich institutionelle Evolution einfach steuern, aber aus institutionstheoretischer Sicht böten sich unter anderem strategische Umstellungen der Außen-, Innen- und Wissenschaftspolitik an:

➢ In früheren Phasen profitierte die Psychoanalyse davon, dass sie als Novität Aufmerksamkeit auf sich zog, und auch davon, dass sie extrem polarisierte. Beides führte automatisch zu einer Art von öffentlicher Anerkennung. Der Novitätsbonus ist heute verbraucht; die Öffentlichkeit hat sich von einer »Statusöffentlichkeit« (in der segmentierte Expertengruppen über Status entscheiden) in Richtung auf die eines allgemeinen Publikums weiterentwickelt. Das heißt, wenn die Psychoanalyse den nötigen und ihr zustehenden Respekt erreichen will, muss sie sich aktiv darum kümmern. Einfach zu hoffen, Anerkennung käme von selbst, wenn man gute Arbeit macht, reicht dazu sicher nicht: Man muss aktiv um Status kämpfen; man muss dafür sorgen, dass die Öffentlichkeit richtig informiert ist. Dass Psychoanalyse unbekannter ist denn je, liegt auch daran, dass sie nicht passend präsentiert wird. Auch dazu reichen Eigenmittel nicht aus. Es bedarf vielmehr einer Art von kompetenter Außenpolitik. Das bedeutet, dass man bereit und

---

19 Es ist ein sinnvolles Ziel, weil, wie Ferenczis Beschreibungen zeigen, dominante »Autoerotik« die Bemühungen, das Ziel der Institution zu erreichen, sabotiert. Allerdings funktionieren Institutionen gänzlich ohne »Autoerotik« auch nicht. Ein gewisses Maß an narzisstischer Befriedigung ist Grundlage jeder Motivation und daher Voraussetzung von produktiven Leistungen in Institutionen.

20 Ihre Behandlung auf einem niedrigen Funktionsniveau ist gerade in frühen Entwicklungsphasen die einzige Möglichkeit und in späteren nicht ohne Weiteres vermeidbar. Daher müssen Institutionen imstande sein, überschießenden Narzissmus zu containen.

fähig sein muss, die damit verbundenen schwierigen Balanceakte zwischen Aufrechterhaltung der eigenen Identität und Anpassung an externe Gegebenheiten auszuhalten.

- Zu den relevanten Öffentlichkeiten gehört auch die wissenschaftliche Öffentlichkeit. Wenn die Psychoanalyse als Allgemeine Psychologie an Boden gewinnen will, sind auch hier Adaptationen nötig. Um Kontakt mit dem Wissenschaftssystem zu halten, muss man sich nicht nur methodisch und theoretisch auskennen, man muss auch imstande sein, eigene Erkenntnisse auf kontrollierte Weise in andere Referenzsysteme zu transformieren und externe mit den eigenen in Kontakt zu bringen. Das verlangt besondere Kompetenzen: eine eigene Wissenschaftsstrategie auf der Höhe der Zeit, die in entsprechenden Formen erarbeitet und professionell gepflegt wird.
- Dafür geeignet wären Substrukturen, die die Intentionen besser unterstützen.[21] Dazu gehören auch professionelle Formen der Organisation und der funktionalen Differenzierung. Im Bereich von Forschung, Weiterbildung und Beratung gibt es dafür bereits ermutigende Beispiele. Es werden aber noch viel mehr Akademien, Stiftungen, Forschungsinstitute, Universitäten gebraucht. In vielen Ausbildungen und fast allen Formen von Praxis fehlt die Auseinandersetzung mit Psychodynamik, was dazu führt, dass sie blind agiert wird. Der objektive Bedarf an psychoanalytischer Aufklärung ist deshalb da (oder er aktiviert werden kann, ist eine andere Frage). Dazu wäre es vermutlich sinnvoll, zumindest in den Bereichen innere Führung und Vertretung nach außen den Schritt vom (eher passiven) Vereinsmodell mit nebenamtlichen Tätigkeiten zur professionellen Organisation mit hauptamtlicher Tätigkeit zu unternehmen, nicht zuletzt auch, um die für eine offensive Politik erforderlichen Fachkompetenzen wie Marketing, Öffentlichkeitsarbeit etc. adaptieren zu können.

21 Weiter oben wurde auf die Organisationsaversität reflexiver Praxis verwiesen. Gerade deshalb ist es jedoch notwendig, einen optimierten Rahmen zu haben, der möglichst viel ermöglicht, ohne zu viel zu beeinträchtigen. Dazu kann ein kompatibles Maß an Arbeitsteilung ebenso beitragen wie gesteuerte Außenkontakte.

Vielleicht ist es erst einmal einfacher, in der bestehenden Nische zu bleiben und sich auf das Kerngeschäft zu beschränken. Es scheint, dass die Psychoanalyse in dieser Nische zumindest mittelfristig gut überleben kann. Eine stärkere Nutzung ihres Potenzials würde dagegen die *aktive* Entwicklung der erforderlichen Bedingungen und Fähigkeiten – Diskursfähigkeit, das Durchhalten von Strategien und das Aushalten von Widersprüchen – voraussetzen, also einen mühsamen und nicht unproblematischen Professionalisierungsschub. Aber der Aufwand lohnte sich – nicht nur für die Psychoanalyse selbst, sondern auch für ihre Nachbarwissenschaften, die auf solche Leistungen angewiesen sind und für den Anteil an allgemeiner Aufklärung, den nur sie leisten kann.

Literatur

Buchinger, K. (1993): Zur Organisation psychoanalytischer Institutionen: Psychoanalyse geht nicht ohne, Psychoanalyse geht nicht mit. Oder doch? Psyche – Z Psychoanal 47(1), 31–70.

Cremerius, J. (Hg) (1995): Die Zukunft der Psychoanalyse. Frankfurt/M. (Suhrkamp).

Ferenczi, S. (1910): Zur Organisation der psychoanalytischen Bewegung. In: Ferenczi, S.: Schriften zur Psychoanalyse I. Gießen (Psychosozial-Verlag), 2004.

Goffman, E. (1967): Stigma. Über Techniken der Bewältigung beschädigter Identität. Frankfurt/M. (Suhrkamp).

Hartmann, H. (1927): Grundlagen der Psychoanalyse. Stuttgart (Klett), 1972.

Jones, E. (1984): Sigmund Freud. Leben und Werk, Bd. 1–3. München (dtv). Englisches Original 1953, deutsche Übersetzung 1962.

Moscovici, S. (1961): La psychanalyse. Son image et son public. Paris (PUF).

Moser, U. (1991): Vom Umgang mit Labyrinthen. Praxis und Forschung in der Psychoanalyse – eine Bilanz. Psyche – Z Psychoanal 45(4), 315–335.

Luyten, P. et al. (2006): Minding the gap between positivism and hermeneutics in psychoanalytic research. J Am Psychoanal Assoc 54(2), 571–610.

Poland, W. S. (2009): Probleme des kollegialen Lernens in der Psychoanalyse: Narzissmus und Neugier. Psyche – Z Psychoanal 63(4; Supplement), 3–24.

Rapaport, D. (1959): Die Struktur der psychoanalytischen Theorie. Stuttgart (Klett) 1973.

Schülein, J. A.(1999): Die Logik der Psychoanalyse. Eine erkenntnistheoretische Studie, Gießen (Psychosozial-Verlag).

Schülein, J. A. (2007): Pessimistischer Optimismus. Über Freuds Gesellschaftsbild, Göttingen (Vandenhoek & Ruprecht).

Weber, M. (1908): Methodologische Schriften. Frankfurt/M. (Fischer), 1968

Wiesse, J. (Hg.) (1992): Chaos und Regel. Die Psychoanalyse in ihren Institutionen. Göttingen (Vandenhoeck & Ruprecht).

Die DGPT – 60 Jahre erfolgreiches Krisenmanagement[1]

Jürgen Körner

Die erste Heimat des Kandidaten ist das eigene Institut, in persönlichen Beziehungen erlernt er die Psychoanalyse als Kunst und die Psychoanalyse als Beruf. Von Anfang an bewegt er sich also in zwei Kontexten: Psychoanalyse als Heilkunst und Psychoanalyse als Profession. Das wirft Konflikte auf.

Zur *Heilkunst* gehört, der Wahrheit verpflichtet zu sein, den Patienten nicht zu verwenden und sich nicht unbemerkt verwenden zu lassen, die eigene, unbewusste Mitwirkung in der Beziehung für das szenische Verstehen zu nutzen, »aufklären, das heißt bewusst machen«, sagte Freud, und nicht erziehen.

Zum *Beruf* gehört, eine Diagnostik in Anlehnung an international gebräuchliche Klassifikationssysteme anzuwenden, bei der die Psychodynamik weggekürzt wurde, Indikationen zu stellen, Qualitätssicherung zu betreiben (und auf Kongressen Fortbildungspunkte zu sammeln), die Psychoanalyse als Kassenleistung zu nutzen (mit ihren Möglichkeiten und ihren Begrenzungen), die Gebührenordnung als Segen und Fluch, aber auch die Monopolstellung und den Titelschutz (z.B. als Psychologischer Psychotherapeut) in Anspruch zu nehmen.

Dieser berufliche Kontext ist vielen Analytikern oft lästig, er erscheint ihnen gar »unanalytisch«. Beispielsweise diskutierten die Analytiker in den 70er Jahren des 20. Jahrhunderts intensiv den Einfluss des Gutach-

1 Diesen Beitrag widme ich Holger Schildt, dem Anwalt der Realität in der psychoanalytischen Bewegung und dem Anwalt der Psychoanalyse in der gesellschaftlichen Realität um die DGPT herum.

ters im Antragsverfahren. Ist er der Dritte, Unbekannte, der jenseits aller Projektionen reale Macht ausübt und die Dauer der gemeinsamen Arbeit bestimmt? Diese Besorgnis ist nachvollziehbar, aber ist dieser Gutachter einflussreicher als etwa die Ehefrau des Analysanden, die laut darüber nachdenkt, wann denn wieder ein Urlaub finanziell möglich sein wird? In beiden Fällen unterliegt der Analytiker Einflüssen, die er einbeziehen muss.

Häufig tauchte die Frage auf, ob sich analytisches Denken mit berufspolitischem Denken vereinbaren lässt. Kann ein erfolgreicher Berufspolitiker auch ein guter Analytiker sein? Und kann ein Hochschulprofessor oder ein empirisch arbeitender Wissenschaftler ein guter Analytiker sein?

Die DGPT war und ist der Ort, an dem Analytiker Berufspolitik betreiben, manche von ihnen tun das sogar lustvoll, das ist vielen anderen verdächtig.

Psychoanalytiker bewerten die Ergebnisse der DGPT-Bemühungen, analytisches Denken und berufspolitisches Denken in einen Dialog zu bringen, höchst unterschiedlich: Für die einen ist Psychoanalyse verlustfrei umgefüllt worden in das kassenärztliche Versorgungssystem, sie fühlen sich dort ausreichend wohl und materiell gesichert. Für die anderen bietet die DGPT eine Art Reizschutz gegen die äußere Wirklichkeit, die man zwar nicht (mehr) verleugnen kann, von der man sich aber doch fernhalten möchte, um den Traum vom reinen Gold der Psychoanalyse, der tendenzlosen, frei von externen Einflüssen bleibenden analytischen Beziehung weiterzuträumen. Für die einen ist die analytische Psychotherapie als Kassenleistung das ersehnte Ziel des professionellen Analytikers, für die anderen ist sie eine Minder-Variante der eigentlichen Psychoanalyse, die aber aus Versorgungsgründen angeboten werden muss.

Beide Auffassungen sind höchst einseitig. Zwar ist die DGPT tatsächlich der gesellschaftlichen Realität zugewandt, aber sie hat den Analytikern die berufspolitischen Kontexte nicht eingebrockt, sondern sie hat entscheidend daran mitgewirkt, den in gewisser Weise »antiquierten« Beruf in eine moderne Profession zu verwandeln. Sie hat dabei die Konflikte, die jeder einzelne Analytiker mit der sozialpolitischen Realität hat, in sich – und die Analytiker in ihr – ausgetragen. Diese Arbeit, die man unter die Überschrift »Professionalisierung« stellen kann, war unvermeidlich, und die dabei ebenfalls unvermeidlichen schweren Konflikte wurden innerhalb der DGPT auf höchst produktive Weise gelöst – dafür können die Analytiker, die vielleicht aus den Fachgesellschaften oder freien Instituten heraus sprechen, sehr dankbar sein.

Tatsächlich trennte sich die Schar der Psychoanalytiker nicht wirklich in die Guten (Analytiker) und Schlechten (Berufspolitiker), sondern es waren in überaus zahlreichen Fällen dieselben Analytiker, die als Behandler mit ihren Patienten kunstvoll arbeiteten und zugleich in ihren Instituten und Fachgesellschaften und in der DGPT fachpolitisch und berufspolitisch sehr erfolgreich tätig waren. Und es war überaus sinnvoll, dass sich die DGPT nicht nur als Dach-, sondern immer auch als Fachverband verstand und auf ihren Tagungen eben nicht nur Berufspolitik, sondern auch psychoanalytische Wissenschaft betrieb.

Drei Beispiele

Drei Beispiele sollen zeigen, wie die DGPT ihre Aufgabe der Professionalisierung, der Vermittlung der Anforderungen einer modernen Gesellschaft einerseits und der psychoanalytischen Idee andererseits, löste, unvermeidlich über schwere Konflikte hinweg:

1. Die Einbindung der Psychoanalyse in das Kassenärztliche Versorgungssystem: Was und für wen ist Psychoanalyse da?
2. Die Laienfrage und das Psychotherapeutengesetz: Wer darf analysieren?
3. Die Ethik-Leitlinien: Wie muss man analysieren, und was darf man nicht tun?

Diese Beispiele sollen illustrieren, wie mühsam es war, das Analysieren in einen Beruf zu verwandeln – das war ungleich schwieriger als die Professionalisierung vergleichbarer Berufe, wie der des Lehrers, des Arztes oder des Juristen. Weitere Beispiele wären denkbar, so zum Beispiel die Leistung der DGPT in der Förderung des Dialoges zwischen den Fachgesellschaften. Insbesondere die Deutsche Psychoanalytische Gesellschaft und die Deutsche Psychoanalytische Vereinigung hatten ja bis in die 90er Jahre des vergangenen Jahrhunderts ein spannungsreiches Verhältnis zueinander, und es gab kaum offizielle Kontakte zwischen ihnen. Aber in den Gremien der DGPT arbeitete man überwiegend konstruktiv miteinander und probte gewissermaßen die spätere Annäherung, die in das vertrauensvolle Verhältnis der Gegenwart mündete. Auch die Überwindung der Spaltung Deutschlands in die Analytiker des Westens und die Psychotherapeuten der DDR war eine der großen Leistungen der DGPT. Zwar hatte es unmittelbar nach dem Mauerfall Versuche der DPG und der DPV gegeben, regionale Brückenkontakte herzustellen, und der DPG-Vorstand hatte eine Vereinbarung mit Ostberliner Kollegen über ein gemeinsames neues Ausbildungsinstitut im Ostteil der Stadt getroffen, doch verliefen diese Versuche im Sande – in einigen Fällen war das gegenseitige Misstrauen wohl noch zu groß, und im Falle der Institutsgründung in Ostberlin verweigerten die DPG-Analytiker des Westens eine derartige Zusammenarbeit mit Ostberliner Kolleginnen und Kollegen. Erst nachdem die DGPT diese einzelnen Aktionen aufnahm und ein überregionales Konzept der Förderung und Zusammenarbeit entwickelte, entspannte sich die Situation ganz allmählich, und es gelang, die Bemühungen »ostdeutscher« Analytiker anzuerkennen und ihnen – mit Unterstützung »westdeutscher« DGPT-Mitglieder – die Gründung eigener psychoanalytischer Institute zu ermöglichen.

Erstes Beispiel: Die Einbindung der psychoanalytischen Leistungen in das Kassenärztliche Versorgungssystem im Jahre 1967[2]

Dieser Prozess liegt lange zurück, aber Ende der 70er Jahre waren noch die Nachwehen der damaligen Konflikte zu spüren: Wie wirkt es sich

2 Das Erscheinungsjahr der ersten Psychotherapie-Richtlinien, die zunächst die Primärkassen, ab 1971 auch die Ersatzkassen einbezogen. Erst im Jahre 1980 kam die Verhaltenstherapie hinzu.

aus, wenn der Patient die Analyse nicht mehr selbst bezahlt, welche Probleme ergeben sich aus der Einschränkung der Stundenkontingente, welche Folgen hat es, wenn die zur Versorgung zugelassenen Verfahren in rechtlichen Kontexten definiert werden müssen? Die Analytiker schienen die Vorteile dieses Professionalisierungsschrittes noch nicht recht genießen zu können, dabei waren sie doch unübersehbar: Eine Gebührenordnung mit relativ festen Sätzen, die Anerkennung der Ausbildungsinstitute und ihrer privat organisierten Weiterbildungen, das sich abzeichnende Monopol für psychotherapeutische Leistungen und die Öffnung der Psychoanalyse für breite Schichten der Bevölkerung – ein sozialpolitisch hoch bedeutsamer Fortschritt.

An dieser Stelle ist es vielleicht sinnvoll, einen kleinen Exkurs über den allgemeinen Prozess der Professionalisierung einzuschieben. Alle Berufe haben die Entwicklung zu einer Profession – mehr oder weniger erfolgreich – durchlaufen. Es beginnt damit, dass eine Tätigkeit – wie z. B. die psychotherapeutische oder beraterische oder in einem modernen Beispiel die supervisorische – sich als gesellschaftlich nützlich und notwendig darstellt. In einem zweiten Schritt muss die Öffentlichkeit davon überzeugt werden, dass der neue Beruf eine spezifische Ausbildung voraussetzt, die (das ist der dritte Schritt) von den Fachgesellschaften (und nur von diesen) angeboten wird. Die Fachgesellschaften garantieren die Qualität der Ausbildungen, sie erwirken in der Folge Zulassungsbeschränkungen, ein Monopol für ihren neuen Beruf, schließlich Titelschutz und im idealen Falle eine Gebührenordnung, die den neuen Berufen ein vielleicht nicht besonders hohes, aber doch zuverlässig fließendes Einkommen garantiert. Klassische Beispiele für gelungene Professionalisierung sind die Berufe der Ärzte und der Juristen; auch Steuerberater sind erfolgreich professionalisiert. Als »semiprofessionell« gelten hingegen die Berufe des Sozialarbeiters und des Erziehers. Die Berufe des Supervisors, des Mediators und des Mutter-Säuglings-Beraters stehen noch ganz am Anfang des Professionalisierungsprozesses, und es ist nicht abzusehen, ob ihnen weitere Schritte der Verberuflichung gelingen werden.

Auch die Analytiker haben ihren Beruf sehr erfolgreich professionalisiert. Es scheint aber so, als durchschauten sie selbst nicht so ganz, welche Veränderungen die Verberuflichung mit sich bringt. So begrüßten sie die staatlich garantierte Gebührenordnung, das Monopol und den Titelschutz, um sich so vor der Konkurrenz in Sicherheit zu bringen. Aber sie glaubten, sie könnten ihre Verfügungsmacht über Inhalte und Ziele der psychoanalytischen Ausbildungen ganz in eigener, privater Kontrolle behalten. Das war sehr naiv und hat sich spätestens mit dem Psychotherapeutengesetz als folgenreicher Irrtum erwiesen.

Nun wirft die Professionalisierung des Psychoanalytikerberufes tatsächlich besonders schwerwiegende Probleme auf. Denn dieser Beruf muss sich nicht nur an gesellschaftliche Veränderungen anpassen, sondern sich auch in seinem Kern verändern: Er muss sich von einem »wertrationalen« in einen »zweckrationalen« Beruf verwandeln.

Wie die ärztliche oder die richterliche Tätigkeit in früheren Zeiten, so war auch die Tätigkeit des Analytikers in den ersten Jahrzehnten der analytischen Bewegung wertrational bestimmt, das heißt, die Analytiker ließen sich in ihrem Handeln weniger von Verfahrensregeln oder einem »Wirtschaftlichkeitsgebot«, sondern sehr weitgehend von Wertmaßstäben, einer Ethik – im Falle des Psychoanalytikers würde man von einer Haltung sprechen – leiten. Im Zuge der Professionalisierung nun wurden diese wertrationalen Berufe in zweckrationale Berufe verwandelt, das heißt, nunmehr ging es darum, zweckvoll zu handeln, definierte Ziele zu erreichen, und zwar mit möglichst sparsamen Mitteln. Die Effizienzerwartung wurde zum Windkanal, in dem heute alle sozialen Berufe stehen und in dem sie ihre Standfestigkeit behaupten müssen.

Es ist kein Zufall, dass die große Studie über die Wirksamkeit psychoanalytisch-therapeutischer Leistungen von Annemarie Dührssen (1962) das Tor zu einem bedeutenden Professionalisierungsschritt öffnete, aber seither sehen sich Analytiker eben auch der Frage ausgesetzt, ob die Dosis ihrer Interventionen (Stundenzahl) mit der Wirkung (messbare Veränderung) in vernünftigem Zusammenhang steht.

Das Problem für Psychoanalytiker liegt nun darin, dass die Verwandlung ihres Berufes von einer wertrationalen in eine zweckrationale Profession alles andere als einfach ist. Für den Analytiker, der eine »tendenzlose« Psychoanalyse verfolgt, muss seine Arbeit in bestimmtem Sinne ziellos (Dreyer 2006) sein, sie darf sich nicht auf operationalisierbare Ziele hin einengen. Die Zweckrationalität psychoanalytischen Handelns zu akzeptieren, hieße aber, einen Teil des Kontextes, in dem wir uns mit unseren Patienten bewegen, von der Analyse auszuschließen. Nach außen hin müssen wir uns legitimieren, aber in der analytischen Beziehung möchten wir frei sein vom Legitimationsdruck.

Es war die Aufgabe der DGPT, die Analytiker mit diesen Einschränkungen zu versöhnen, das ging »nicht ohne gepflegtes Streiten«, wie Regine Lockot (2007) schreibt. Sie berichtet, wie Mitscherlich schon sehr früh die Notwendigkeit der Professionalisierung erkannte und seinem Vorstand vorschlug, einen Justiziar einzustellen. Es wurde Hellmut Becker für die Jahre 1954–1963. Becker (1978) erinnert sich, dass er sich einer persönlichen Analyse unterziehen sollte, was er aber ablehnte. Mitscherlich habe daraufhin einen entsprechend geänderten Vorstandsbeschluss herbeigeführt mit dem Hinweis, es käme ja vor allem auf die »Effektivität« des Justiziars an (zit. nach Lockot 2007).

Zweites Beispiel: Die Laienfrage und das Psychotherapeutengesetz

Professionstheoretisch war die Einführung des Psychotherapeutengesetzes im Jahre 1999 ein logischer und vermutlich notwendiger Schritt: Die Monopolstellung der Psychologischen Psychotherapeuten neben den Ärzten, das Ausbildungsmonopol der Institute/Gesellschaften, der Titelschutz und die Gebührenordnungen erschienen den Psychoanalytikern trotz ihrer Bedenken doch als wünschenswerte Ziele. Wie immer gehen solche Professionalisierungsschritte einher mit gravierenden Nachteilen, in diesem Fall der Verengung des Berufszuganges und der Verarmung der Methodenvielfalt.

Die Verarmung der Methodenvielfalt liegt darin, dass berufsrechtlich und sozialrechtlich nur drei therapeutische Verfahren zugelassen wurden: analytische Psychotherapie, tiefenpsychologisch fundierte Psychotherapie und Verhaltenstherapie. Alle andern wurden dauerhaft ausgeschlossen: Die Gestalttherapie, die systemische Familientherapie, das Psychodrama und die Gesprächspsychotherapie werden als psychotherapeutische Verfahren nicht mehr angeboten werden können, und es ist zu befürchten, dass sie auch als Ausbildungsinhalte verschwinden werden. Außerdem ist schwer vorstellbar, wie neue psychotherapeutische Verfahren entstehen können, wenn ihre Anwendung schon den Nachweis ihrer Wirksamkeit voraussetzt.

Auch die Verengung des Berufszuganges ist unübersehbar: Durften zuvor Absolventen sehr unterschiedlicher sozialwissenschaftlicher Studiengänge – Theologen, Soziologen, Erziehungswissenschaftler – die psychoanalytische Ausbildung beginnen, wurde der Zugang nun auf Ärzte und Diplom-Psychologen begrenzt. Das zeichnete sich schon bei der Einbindung in das Kassensystem ab und wurde nun vollendet. Man könnte eine lange Liste von bedeutenden Psychoanalytikerinnen und Psychoanalytikern aufzählen, die uns fehlen würden, wenn diese Verengung schon 20 Jahre zuvor gegriffen hätte. Es ist zu hoffen, dass auf dem Umweg über die neugegründete psychoanalytische Universität in Berlin die »Laienanalyse« eine Zukunft haben wird.

In der DGPT hatte es lange Zeit ein scheinbar friedliches Nebeneinander von Ärzten, Psychologen und anderen Sozialwissenschaftlern gegeben. Aber schon mit der Einbindung der Psychoanalyse in das Kassenärztliche Versorgungssystem taten sich Fronten auf: Nur Ärzte durften Anträge stellen und abrechnen, sie *konnten* (aber mussten nicht) psychotherapeutische Leistungen an Nicht-Ärzte »delegieren«; diese mussten ihre Kassenanträge über den Arzt stellen und auch über ihn abrechnen. Viele Psychologen empfanden das als demütigend, und nach und nach wurde klarer, dass eine berufsrechtliche Regelung für Psychologische Psychoanalytiker geschaffen werden musste.

Tatsächlich aber war die Frage der Laien-Analyse schon seit Langem konflikthaft gewesen. Obgleich die Psychologen (»Nicht-Ärzte«) und diejenigen, die weder Psychologen, noch Ärzte waren, also die »Nicht-Nicht-Kollegen«, wie Christa Rohde-Dachser einmal formulierte, keineswegs eine kleine Minderheit waren, hatten sie – unausgesprochen – nicht das passive Wahlrecht für den Vorsitz der DGPT. Bis 1985 waren sowohl der Vorsitzende, als auch seine beiden Stellvertreter immer Ärzte gewesen. Um die Interessen der »Nicht-Ärzte« zu berücksichtigen, gab es seit 1978 ein *Referat Fachpsychologen* (Leiter war zunächst

Siegfried Langhans, 1984 bis 1985 Hans Volker Werthmann, danach Gerd Halbach). Aber zur Balance wurde im gleichen Jahr eine *Abteilung für Berufsfragen* dem geschäftsführenden Vorstand zugeordnet. Diese Abteilung sollte die ärztlichen Interessen vertreten, ihr erster Leiter war der überaus verdienstvolle Rudolf Haarstrick, danach Dieter Haupt und Klaus Nerenz.

1981 kam es auf der Mitgliederversammlung in Hamburg zu einem Eklat. Wulf-Volker Linder, ein Theologe (also ein »Nicht-Nicht«), wollte für den Vorsitz kandidieren. Helmut Bach überzeugte ihn, seine Kandidatur zurückzuziehen, und gewählt wurde der Arzt Carl Nedelmann. Das brachte die Psychologen auf; Norbert Trabold beantragte, das passive Wahlrecht für Psychologen in der Satzung zu verankern. Eilig wurde 1982 eine *Fachpsychologen-Kommission* zusammengestellt, die der nächsten Mitgliederversammlung die »Kronberger Erklärung« vorlegte, welche das passive Wahlrecht aller Mitglieder feststellte. Diese Erklärung wurde verabschiedet, und die Kommission hatte ihre Aufgabe eigentlich erfüllt. Aber sie setzte sich fest und arbeitete weiter mit zunächst sieben Mitgliedern: Böttcher, Brecht, Körner, Langhans, Meyer, Rohde-Dachser und Schlösser.[3]

Die Konflikte zwischen Ärzten und Nicht-Ärzten waren sehr spannungsreich, ausgestaltet mit starken wechselseitigen Zuschreibungen:

- Nicht-Ärzte können keine somatische Abklärung vornehmen und übersehen somatische Ursachen seelischer Erkrankungen; deswegen müssen Psychologische Psychotherapeuten bis heute einen ärztlichen Konsiliarbericht zu jedem Kassenantrag einholen.
- Ärzte denken somatisch und verstehen nicht die hermeneutische Methode der Psychoanalyse.

Freud wurde bemüht (»schließlich war er selbst ja Arzt und ein ausgezeichneter Neuro-Physiologe«), die Psychologen hingegen deklamierten seine Schrift *Die Frage der Laienanalyse*[4], daraus die berühmt ge-

3 All diese Informationen verdanke ich Holger Schildt und der DGPT-Geschäftsstelle.

4 Freud veröffentlichte den Text 1926, weil Theodor Reik, ein Nicht-Arzt, in Wien wegen Kurpfuscherei angeklagt worden war.

wordenen Sätze »Die Psychoanalyse [ist] kein Spezialfach der Medizin. Ich sehe nicht, wie man sich sträuben kann das anzuerkennen« (Freud 1926, S. 289), und »wir halten es nämlich gar nicht für wünschenswert, dass die Psychoanalyse von der Medizin verschluckt werde, und dann ihre endgiltige Ablagerung im Lehrbuch der Psychiatrie finde« (ebd., S. 283).

Die Psychologen traten wenig selbstbewusst auf, machten aber umso mehr Lärm. Die Stimmung wurde zuweilen feindselig, Spaltungsgedanken und Spaltungsdrohungen tauchten auf, und das sich ankündigende Psychotherapeutengesetz (der Gesetzentwurf stammte von 1993) schürte die Konflikte. Die DGPT fand in dieser schwierigen Lage eine Lösung, die den gegensätzlichen Interessen von Ärzten und Nicht-Ärzten entsprach, aber ein Auseinanderbrechen der DGPT verhinderte: die Sektionslösung von 1995[5], die den Ärzten und den Psychologen eine institutionelle Heimat gab. Es war sehr geschickt, dass diese Sektionen relativ wenig selbstständig wurden, das heißt, sie blieben unter dem Dach der DGPT und seines Vorstandes versammelt – etwa im Gegensatz zur Deutschen Arbeitsgemeinschaft für Gruppenpsychotherapie und Gruppendynamik, in der sich die Sektionen (Analytische Gruppenpsychotherapie, Psychodrama, Sozialtherapie etc.) sehr stark verselbstständigten und fachlich und berufspolitisch eigene Wege gingen.

Dann kam das Psychotherapeutengesetz im Jahre 1999, im Vorfeld tobten schwere Konflikte, Großgruppenphänomene prägten die Mitgliederversammlungen. Die Psychologen erkauften das Privileg des eigenen Berufsrechts mit dem von nun an gültigen Zutrittsverbot aller nichtpsychologischen Sozialwissenschaftler zur Psychoanalytischen Ausbildung. Das mag professionstheoretisch und vielleicht auch rechtlich unvermeidbar gewesen sein, trotzdem war es ein trauriger Augenblick zu sehen, wie wenig die Psychologen für die »Kollegen Nicht-Nicht« (Rohde-Dachser) gekämpft haben. Vielleicht war die Aufgabe der Laienanalyse aber auch der Preis dafür, dass wenigstens die Kinder- und Jugendlichenpsychotherapeuten in das Psychotherapeutengesetz mit aufgenommen wurden.

5 1994 in Lindau inhaltlich beschlossen, 1995 in Travemünde verabschiedet (Schildt, pers. Mitteilung).

Mit dem Psychotherapeutengesetz brachen neue fachliche Konflikte auf: Die Analytiker auch in der DGPT bemühten sich, zwischen der Analyse einerseits und der analytischen Psychotherapie andererseits zu unterscheiden und an den Instituten zunächst getrennte Ausbildungen nach dem Psychotherapeutengesetz und nach den eigenen Richtlinien der Fachgesellschaften zu betreiben. Eine Trennung in zwei separate Ausbildungen ließ sich natürlich nicht durchhalten, und so wurde die Formel gefunden, dass die analytische Ausbildung »die Ausbildung nach dem Psychotherapeutengesetz einschließt und über sie hinausgeht«. Es blieb bis heute bei getrennten Examina an den Instituten, aber die Angst, viele Kandidaten könnten nach dem PThG-Examen aufhören, erwies sich als unbegründet.

Im Zuge dieser berufspolitischen Veränderungen geriet auch die Frequenzfrage in der DGPT zum Streitfall. Die Deutsche Psychoanalytische Vereinigung hielt an der Hochfrequenz (vier Wochenstunden) fest, während die Deutsche Psychoanalytische Gesellschaft immer schon niedrigere Frequenzen praktiziert hatte, sowohl in den Lehranalysen als auch in den Behandlungen von Patienten. In diesem Konflikt ergriff die DGPT eine Vermittlerrolle, denn es galt, in den Verhandlungen mit der Kassenärztlichen Bundesvereinigung eine einheitliche Position vorzubringen. Heraus kam ein »fauler« Kompromiss, nämlich die abschnittsweise Genehmigung vierstündiger analytischer Psychotherapie.

Bezüglich der tiefenpsychologisch fundierten Psychotherapie (TfP) scheint es, als hätten die analytischen Ausbildungsinstitute regional längst damit begonnen, auch eigene Ausbildungsgänge in TfP anzubieten, aber auf eine gleichsam verschwiegene Weise, gewissermaßen inoffiziell, und manchmal einfach aus ökonomischen Gründen. Hier zögerte die DGPT und schlug sich lange mit der Frage herum, ob man den Absolventen der TfP-Ausbildung einen Platz innerhalb der Dachgesellschaft anbieten sollte.

Endlich rang sich die DGPT zu einer guten Lösung durch: Die affiliierte Mitgliedschaft für Absolventen der TfP-Ausbildung. Das ist eine kluge, wenn auch vielleicht etwas spät gefundene Lösung. Denn die tiefenpsychologisch fundierte Psychotherapie ist eine Variante der Psychoanalyse, die Psychoanalytiker sollten die Verantwortung für sie nicht aus der Hand geben und anderen überlassen. Psychoanalytiker können stolz darauf sein, dass ihre Methode auch in den Varianten der tiefenpsychologisch fundierten Psychotherapie so vielen Menschen wirksam helfen kann.

Drittes Beispiel: Die Ethik-Leitlinien

Dieses Beispiel ist besonders heikel, denn es verdeutlicht auf schmerzhafte Weise, welche Schwierigkeiten die Psychoanalytiker mit der Professionalisierung haben.

Professionstheoretisch betrachtet, sind Ethik-Leitlinien erforderlich, um gegenüber der Öffentlichkeit zu gewährleisten, dass die Angehörigen eines Berufsstandes ihren Klienten oder Patienten keinen Schaden zufügen. Das gilt vor allem dann, wenn die Ausbildung zu einem Beruf wie dem des Psychoanalytikers in privaten Händen liegt – abgesehen von der staatlichen Präsenz in der Abschlussprüfung zum Psychologischen Psychotherapeuten. In diesen Fällen müssen die Fachgesellschaften, die die Ausbildung an ihren Institutionen betreiben, garantieren können, dass in der Ausbildung die ethischen Standards zum Schutze der späteren Klienten/Patienten der Ausbildungsteilnehmer beachtet werden.

Insofern sind Ethik-Leitlinien also auch in der DGPT zu erwarten gewesen. Im Vergleich zu anderen Berufen – dem des Arztes oder dem des Rechtsanwaltes – kamen diese Leitlinien relativ spät, und sie wurden in der DGPT lange und heiß diskutiert. Der historische Hintergrund dieses Themas ist allgemein bekannt: In der Frühzeit der psychoanalytischen Bewegung schon gab es eine Reihe von Übergriffen männlicher Analytiker auf weibliche Patienten, die im Rückblick sehr irritieren können. Nicht nur die Häufigkeit dieser Vorkommnisse, sondern auch der bagatellisierende, wenn nicht gar zynische Umgang mit derartigen Missbrauchsfällen ist aus heutiger Sicht schwer verständlich. Man muss sich aber vor Augen halten, dass die Analytiker der ersten Generation um Sigmund Freud noch kein rechtes Verständnis für den Unterschied zwischen einer Realbeziehung und einer Übertragungsbeziehung hatten und die Verliebtheit einer Patientin mit einem – vielleicht allzu seltenen –

erotischen Angebot der Alltagswelt verwechselten. Freud war besorgt über diese Vorfälle, und das frühe Abstinenzkonzept, das ursprünglich für den Patienten erdacht worden war, entfaltete seine Wirkung als defensive Maßnahme (Körner/Rosin 1985) zum Schutze gegen das »Feuer« der Übertragung[6]. Auch der Umgang mit der Gegenübertragung war zunächst sehr defensiv. Sie sollte »niedergehalten« werden bis hin zu der berühmt-missverständlichen Formel von der Spiegel- und der Chirurgenhaltung (Freud 1912)

Seither haben die Psychoanalytiker ihr Verständnis von der Abstinenz und der Dynamik der Übertragungsbeziehung weiterentwickelt. Abstinent sein heißt nun, den Patienten nicht zur Befriedigung eigener Bedürfnisse zu verwenden, sich der Verwendung durch den Patienten gewahr zu werden und diese Verwendung – Übertragung ist nichts anderes als eine Verwendung des Analytikers – zu verstehen, zu deuten und durchzuarbeiten. Mit diesem modernen Verständnis (mit Bion auf den Punkt gebracht: »ohne Wunsch sein«) lässt sich zweifellos die Ethik des analytischen Handelns im Grunde sehr klar bestimmen. Verstöße gegen diese Ethik lassen sich mit Bezug auf die Abstinenzregel eindeutig identifizieren, auch wenn die Strenge der Auslegung im Laufe der Jahre schwanken kann.

In den 1980er Jahren wurde zum Beispiel sehr heftig über eine Fallgeschichte von Johannes Cremerius diskutiert, der beschrieb, wie er einem verzweifelten Patienten für einige Minuten die Hand hielt, um ihn zu beruhigen. Und in der Literatur der Psychoanalyse finden sich zahlreiche Beispiele für elastische Auslegungen der Abstinenzregel, wie im Beispiel des Purzelbaums jener Patientin von Michael Balint (1970, S. 65f.) oder wie Freuds sehr persönliche Beziehung zu Hilda Doolittle (1975). Vermutlich werden in den Diskussionen über solche Fallgeschichten die Abstinenzregel und ihre Handhabung vermittelt, und der Kandidat entwickelt durch solche Kasuistiken hindurch sein Verständnis von der Abstinenz.

Warum waren dann doch Ethik-Richtlinien notwendig – außer, dass

6 Freud (1974, S. 233) zitiert in einem Brief an Jung, in dem er auf dessen Beziehung zu Sabina Spielrein eingeht, Mephistopheles: »Bist mit dem Teufel du und du und willst dich vor der Flamme scheuen?« (Goethe, Faust I, 2585–2586, Artemins Ausgabe).

sie zu einem professionalisierten Beruf dazugehören? Sie waren und sind notwendig, weil jene Missbrauchsfälle aus der Frühzeit der analytischen Bewegung sich fortsetzten und fortsetzen bis in die heutige Zeit. In diesen Wiederholungen zeigt sich nun nicht nur die Schwäche einzelner Analytiker, sondern auch das grundsätzliche Problem, dass die Abstinenz eben nicht als Verhaltensregel funktioniert, sondern als eine Haltung immer wieder aufs Neue errungen und auch verteidigt werden muss. Das gilt für jeden Einzelnen, und das gilt auch für eine Fachgesellschaft.

Die Diskussion um die Ethik-Richtlinien war vielleicht nicht die lauteste, aber sie war die schwierigste von allen, die die DGPT in all den Jahren bestehen musste. Sie war emotional schwer erträglich auch deshalb, weil sie einem bunten Volk als Spielbühne dienen konnte: den Pharisäern und Eiferern, den Verfolgern und Anklägern, den juristischen Besserwissern, aber auch den Bagatellisierern, Verharmlosern und den Zynikern (»hat noch niemandem geschadet«). Und je mehr sich herausschälte, dass unter den eifrigsten Diskutanten auch jene waren, die sich objektiv schuldig gemacht hatten, desto deutlicher wurde, dass um die Abstinenzregel wirklich gerungen werden muss.

Die DGPT hat sich bemüht, ihre Lösung, die Formulierung der Ethik-Leitlinien, sowohl auf die besondere Methode der Psychoanalyse abzustellen als auch mit rechtlichen Bestimmungen auszugestalten analog den Ethik-Richtlinien anderer sozialer Berufe. Und das eben ist charakteristisch für die Zweigleisigkeit, die hier dargestellt werden sollte: eine Dachgesellschaft, die die psychoanalytische Idee mit den Anforderungen der sozialen Realität vermittelt.

Schluss

Die Vermittlung der psychoanalytischen Idee mit der äußeren Realität unter dem Einfluss des Professionalisierungsdrucks war die Aufgabe der DGPT über all die Jahre hinweg, und sie hat diese Aufgabe sehr gut gemeistert. Dabei bediente sie sich wechselnder personeller Konstellationen, sieht man einmal von der unübertrefflichen Kontinuität des Justiziars ab, der nach 30 Jahren seiner Tätigkeit für DGPT verabschiedet werden muss. Die Vorstände kamen und gingen, insgesamt zwölf verschiedene, manchmal kamen sie auch wieder und gingen wieder, aber dieser eine, der Jurist unter uns, blieb. Er hielt sich auf überaus geschickte Weise den Rücken frei, indem er nicht müde wurde zu wiederholen, dass er ja von Psychoanalyse gar nichts verstehe (was ihm nach all den Jahren allerdings kaum noch einer glaubte), aber so konnte er sich als Standbein behaupten gegenüber den Spielbeinen neben ihm, die mal so und mal so agierten. Gott sei Dank wurde nie die Idee verwirklicht, dass ein Justiziar selbst eine Lehranalyse machen müsse – das war eine verstiegene Idee, typisch für jene Zeit, in der Analytiker noch dachten, sie trügen den Schlüssel für das Verständnis der ganzen Welt in der Hand. Heute scheint es eher andersherum zu sein: Man sollte diskutieren, ob ein Analytiker nicht auch ein erstes juristisches Staatsexamen braucht, um sich in der modernen Welt zu behaupten.

Holger Schildt war ein Anwalt der Realität in der Psychoanalyse, aber eben auch ein sehr erfolgreicher Anwalt der Psychoanalyse in der beruflichen und sozialen Wirklichkeit um die DGPT herum.

Literatur

Balint, M. (1970): Therapeutische Aspekte der Regression. Die Theorie der Grundstörung. Stuttgart (Klett-Cotta).

Becker, H. (1978): Freiheit, Sozialismus, Psychoanalyse. Anmerkungen zu Begegnungen mit Alexander Mitscherlich von einem Nichtanalysierten. Merkur 32, 923–937.

Doolittle, H. (1975): Huldigung an Freud. Rückblick auf eine Analyse. Frankfurt/M., Berlin, Wien (Ullstein).

Dreyer, K.-A. (2006): Niederfrequente Psychoanalyse. Die Behandlung einer thrombotisch thrombozytopenischen Purpura. Psyche – Z Psychoanal 60(11), 1077–1104.

Dührssen, A. (1962): Katamnestische Ergebnisse bei 1004 Patienten nach analytischer Psychotherapie. Z Psychosom Med 8, 94–103.

Freud, S. (1912): Ratschläge für den Arzt bei der psychoanalytischen Behandlung. GW VIII, S. 376–387.

Freud, S. (1926): Die Frage der Laienanalyse. GW XIV, S. 207–286.

Freud, S. & Jung, C. G. (1974): Briefwechsel. Frankfurt/M. (Fischer).

Körner, J. & Rosin, U. (1985): Das Problem der Abstinenz in der Psychoanalyse. Forum der Psychoanalyse 1, 25–47.

Lockot, R. (2007): »... Im Wesentlichen aber nach außen zusammenhalten. Übrigens nicht nur nach außen.« In: Springer, A; Münch, K. & Munz, D. (Hg.): Psychoanalyse heute?! Gießen (Psychosozial Verlag), S. 15–48.

Autorinnen und Autoren

Michael B. Buchholz, Dipl.-Psych., Dr. phil., Dr. disc. pol., ist apl. Professor am Fachbereich Sozialwissenschaften der Universität Göttingen und Lehranalytiker (DGPT, DPG) am Göttinger Institut. 1990–1999 war er Leiter der Forschungsabteilung im Krankenhaus für Psychotherapie und Psychosomatik »Tiefenbrunn«, 2004–2006 Dekan für »Psychotherapiewissenschaft« an der Sigmund-Freud-Privatuniversität in Wien, außerdem Sprecher des Graduiertenkollegs »Qualitative Psychotherapieprozessforschung« an der Universität Hildesheim. Seine Arbeitsschwerpunkte sind Qualitative Forschung in der Psychotherapie, insbesondere Metaphern- und Konversationsanalyse. Michael Buchholz ist Autor zahlreicher Bücher und Aufsätze.
Kontakt: Prof. Dr. Michael B. Buchholz; E-Mail: buchholz.mbb@t-online.de

Peter Fonagy, geb. 1952, Dr. phil., Dipl.-Psych., ist Freud Memorial Professor of Psychoanalysis am University College, London. Er ist Forschungskoordinator am Anna Freud Centre, Hampstead/London, Leiter des Child and Family Program des Menninger Department of Psychiatry and Behavioral Sciences am Baylor College of Medicine, Houston, Texas, und darüber hinaus in Leitungsfunktionen in zahlreichen weiteren Forschungsprojekten tätig. Seine Arbeitsschwerpunkte sind Integration von Bindungsforschung und Psychoanalyse, mentalisierungsgestützte Behandlung von Borderline-Störungen, Prozess- und Ergebnisforschung.

Kontakt: Peter Fonagy, Research Department of Clinical, Educational and Health Psychology, University College London, Gower Street, London WC1E 6BT; E-Mail: p.fonagy@ucl.ac.uk

Horst Kächele, geb. 1944, Prof. Dr. med. Dr. phil., war 1977–1989 Leiter der Sektion Psychoanalytische Methodik an der Abteilung für Psychotherapie der Universität Ulm, 1988–2004 Leiter der Forschungsstelle Psychotherapie Stuttgart, 1990–2009 ärztlicher Direktor der Universitätsklinik Psychosomatische Medizin und Psychotherapie des Universitätsklinikums Ulm; derzeit ist er als Gastprofessor an der International Psychoanalytic University in Berlin tätig. Seine Arbeitsschwerpunkte liegen im Bereich psychoanalytische Prozess- und Ergebnisforschung, Psychoonkologie und klinische Bindungsforschung.
Kontakt: Dr. Dr. Horst Kächele, Sonnenweg 25, 89081 Ulm; E-Mail: horst.kaechele@uni-ulm.de; Internet: www.horstkaechele.de

Jürgen Körner, geb. 1943, Prof. Dr. disc. Pol., ist Präsident der International Psychoanalytic University Berlin. Seine Arbeitsschwerpunkte liegen in den Bereichen Theorie und Methode der Psychoanalyse, Psychoanalytische Pädagogik und Jugendliche Delinquenz.
Kontakt: Dr. Jürgen Körner, IPU, Stromstraße 3, 10555 Berlin; E-Mail:juergen.koerner@ipu-berlin.de,Homepage:www.ipu-berlin.de

Hartmut Kraft, geb. 1949, Dr. med., ist Nervenarzt, Psychoanalytiker, Lehranalytiker (DPG, DGPT), Autor, Kunstsammler und Ausstellungsmacher; er arbeitet im Grenzgebiet von Medizin, Psychoanalyse, Ethnologie und Kunstwissenschaft.
Kontakt: Dr. Hartmut Kraft, An der Ronne 196, 50859 Köln; E-Mail: dr.hartmut.kraft@gmx.de

Joachim Küchenhoff, geb. 1953, Prof. Dr. med., ist Arzt für Psychiatrie, Arzt für Psychotherapeutische Medizin, Psychoanalytiker (DPV, SGPsa, IPA), Professor für Psychiatrie und Psychotherapie und Chefarzt der Kantonalen Psychiatrischen Klinik Liestal. Seine wissenschaftlichen Schwerpunkte sind psychodynamische Diagnostik,

Psychotherapieforschung, Körpererleben, interdisziplinäre Forschung in Kulturwissenschaften und Psychoanalyse sowie psychoanalytische Theorie.
KONTAKT: Dr. Joachim Küchenhoff, Hohe Winde-Straße 112, CH 4059 Basel; E-Mail: Joachim.Kuechenhoff@unibas.ch

MARIANNE LEUZINGER-BOHLEBER, Prof. Dr., Psychoanalytikerin und Lehranalytikerin (DPV, SGPsa), ist seit 1988 an der Universität Kassel Professorin für Psychoanalytische Psychologie sowie Direktorin des Instituts für Psychoanalyse der Fachbereiche 01 und 04, seit 2002 Direktorin des Sigmund-Freud-Instituts (Frankfurt am Main), 2001–2009 Vorsitz des Research Subcommittees for Conceptual Research der Internationalen Psychoanalytischen Vereinigung (IPV/IPA), seit 2010 Leiterin der Forschungs- und Hochschulkommission der Deutschen Psychoanalytischen Vereinigung sowie Vice Chair des Research Boards der International Psychoanalytical Association; Visiting Professor am University College London, Mitglied der »Action Group« der »Society for Neuropsychoanalysis«; sie erhielt u.a. The Psychoanalytic Research Exceptional Contribution Award der IPA 2001; ihre Forschungsgebiete sind u.a. Klinische und Empirische Forschung in der Psychoanalyse und Psychoanalyse im interdisziplinären Dialog.
KONTAKT: Dr. Marianne Leuzinger-Bohleber; E-Mail: m.leuzinger-bohleber@sigmund-freud-institut.de

DAVID ORLINSKY, geb. 1936, PhD, ist Professor am Department of Comparative Human Development der Universität Chicago. Zu seinen Arbeits- und Forschungsschwerpunkten gehören der psychotherapeutische Prozess und seine Ergebnisse sowie die Entwicklung einer empirisch gestützten Theorie der Psychotherapie. Orlinsky ist Mitbegründer der International Society for Psychotherapy Research und wurde für seine Arbeit u.a. mit dem Distinguished Psychologist Award der American Psychological Association ausgezeichnet.
KONTAKT: Prof. David E. Orlinsky, Department of Comparative Human Development, University of Chicago, 5730 S. Woodlawn Ave.,

Chicago, IL 60637 USA; E-Mail: d-orlinsky@uchicago.edu; Homepage: http://humdev.uchicago.edu/people/faculty/orlinsky.shtml

GERHARD ROTH, geb. 1942, Prof. Dr. Dr., studierte Philosophie, Germanistik und Musikwissenschaft in Münster und Rom und promovierte in Philosophie, studierte Biologie in Münster und Berkeley/Kalifornien und promovierte in Zoologie. Seit 1976 ist Roth Professor für Verhaltensphysiologie an der Universität Bremen, bis 2008 war er Direktor am dortigen Institut für Hirnforschung, 1997–2008 Gründungsrektor des Hanse-Wissenschaftskollegs in Delmenhorst, seit 2003 ist er Präsident der Studienstiftung des deutschen Volkes. Unter den rund 200 Veröffentlichungen sind auch zehn Bücher auf den Gebieten kognitive und emotionale Neurowissenschaften, Persönlichkeitsforschung und Neurophilosophie.
KONTAKT: Dr. Dr. Gerhard Roth, Universität Bremen, Institut für Hirnforschung, 28334 Bremen. E-Mail: gerhard.roth@uni-bremen.de

JOHANN AUGUST SCHÜLEIN, geb. 1947, Dr. phil., studierte Soziologie, Philosophie und Psychoanalyse in Gießen und Frankfurt und ist o. Univ.-Prof. für Soziologie an der Wirtschaftsuniversität Wien; 1999–2003 war er Präsident der Sigmund Freud-Gesellschaft (Wien) und stv. Vorsitzender des wiss. Beirats des Sigmund-Freud-Instituts (Frankfurt am Main).
KONTAKT: Dr. Johann August Schülein; E-Mail: johann.schuelein@wu.ac.at

CHRISTOPH TÜRCKE, geb. 1948, Prof. Dr., ist Professor für Philosophie an der Hochschule für Grafik und Buchkunst, Leipzig, und Erster Preisträger des Sigmund-Freud-Kulturpreises; seine Arbeitsschwerpunkte sind Religions-, Gesellschafts- und Kulturtheorie.
KONTAKT: Dr. Christoph Türcke, Hochschule für Grafik und Buchkunst, Wächterstraße 11, 04107 Leipzig

Psychosozial-Verlag

Karin Bell, Kurt Höhfeld (Hg.)

Psychoanalyse im Wandel

2. Aufl. 1998 · 292 Seiten
Broschur
ISBN 978-3-93009-634-3

Eine lebendige Wissenschaft wie die Psychoanalyse hat zwei Feinde: Dogmatismus und Konformismus. Schon 1940 schrieb Walter Benjamin: »In jeder Epoche muß versucht werden, die Überlieferung von neuem dem Konformismus abzugewinnen, der im Begriff steht, sie zu überwältigen.« Das Buch vermittelt einen lebendigen Eindruck von den entstehenden Wechselwirkungen sowohl auf die psychoanalytische Theorie und Praxis als auch auf die psychoanalytischen Institutionen. Es gibt Anregungen zu Standortbestimmung, Konsensfindung und kritisch-kontroversen Auseinandersetzungen.

Ulrich Streeck (Hg.)

Das Fremde in der Psychoanalyse

Erkundungen über das »Andere« in Seele, Körper und Kultur

Neuaufl. 2000
338 Seiten
Broschur
ISBN
978-3-89806-035-6

Die psychoanalytische Theorie bildet den Rahmen für verschiedene Ansätze, das »Fremde« als Bestandteil der psychischen Wirklichkeit zu beschreiben und zu verstehen.

Ulrich Streeck, Karin Bell (Hg.)

Die Psychoanalyse schwerer psychischer Erkrankungen

Konzepte, Behandlungsmodelle, Erfahrungen

Neuaufl. 2002
366 Seiten
Broschur
ISBN
978-3-89806-097-4

International renommierte Autoren zeigen, wie weit sich die Arbeit von Psychoanalytikern von der früheren Beschränkung auf sogenannte leichte Störungen mittlerweile entfernt hat.

Walltorstr. 10 · 35390 Gießen · Tel. 0641-969978-18 · Fax 0641-969978-19
bestellung@psychosozial-verlag.de · www.psychosozial-verlag.de

Psychosozial-Verlag

Karin Bell, Kurt Höhfeld (Hg.)

Aggression und seelische Krankheit

2. Aufl. 2000 · 406 Seiten · Broschur
ISBN 978-3-89806-075-2

Die Beiträge nähern sich dem komplexen Thema Aggression auf unterschiedlichen, sich gegenseitig ergänzenden Wegen. Aggression aus ethnologischer Sicht, die Rolle der Aggression im Geschlechterverhältnis und die Bedeutung von Gewalt in den Medien sind ebenso Themen wie eine differenzierte Analyse des Umgangs mit der Aktualisierung von aggressiven Beziehungserfahrungen im therapeutischen Prozess. Weitere Themen sind u.a. Masochismus, Scham und Destruktivität, therapeutischer Umgang mit schwer traumatisierten und autoaggressiv agierenden Patienten und die Bedeutung der Aggression bei der Behandlung von Kindern und Jugendlichen, z.B. bei der Handhabung schwer erträglicher Gegenübertragungsverwicklungen.

Kurt Höhfeld, Anne-Marie Schlösser (Hg.)

Psychoanalyse der Liebe

2. Aufl. 2000 · 494 Seiten · Broschur
ISBN 978-3-89806-076-9

Zum einen geht es in diesem Buch um die Liebe als Gegenstand der Psychoanalyse. Was hat die Psychoanalyse zum Verständnis der Liebe beigetragen? Oder ist die Liebe, solange sie sich nicht in ihrem Scheitern als Symptom präsentiert, nicht bedeutsam für das psychoanalytische Interesse?

Die zweite Facette dieses Themas ist die Liebe in der Psychoanalyse, also die Übertragungsliebe in ihren vielfältigen und konfliktreichen Ausgestaltungen: Wie viel Liebe muss der Analytiker seinem Patienten entgegenbringen, um ihn behandeln zu können? Und andererseits: Wie viel Liebe zu seinem Patienten ist ihm erlaubt?

Walltorstr. 10 · 35390 Gießen · Tel. 0641-969978-18 · Fax 0641-969978-19
bestellung@psychosozial-verlag.de · www.psychosozial-verlag.de

Psychosozial-Verlag

Anne-Marie Schlösser, Kurt Höhfeld (Hg.)

Trauma und Konflikt

2. Aufl. 2000 · 526 Seiten · Broschur
ISBN 978-3-89806-077-6

Der Titel »Trauma und Konflikt« markiert nicht nur die »Geburt der Psychoanalyse« vor 100 Jahren, als Freud die Traumatheorie infrage stellte und die Bedeutung des unbewussten Konflikts erkannte. Die Dichotomie von Trauma und Konflikt ist immer noch Gegenstand kontroverser Diskussionen. Wie wirken sich realtraumatische Katastrophen wie Gewalt, Missbrauch, Vertreibung und existenzielle Bedrohung auf das Individuum aus? Mit welchen inneren Verformungen reagiert der Betroffene und welche nichtneurotischen Möglichkeiten der Bewältigung gibt es? Wie stellen sich die erlittenen seelischen Verwundungen in psychoanalytischen Behandlungen dar? Kann ein Trauma überhaupt jemals bewältigt werden?

Anne-Marie Schlösser, Kurt Höhfeld (Hg.)

Trennungen

1999 · 395 Seiten · Gebunden
ISBN 978-3-932133-70-1

»Spannend wird dieses Buch für Leute, die neugierig sind zu erfahren, wie die Psychoanalyse mit solchen Fällen [Trennungen] umgeht: Was macht eigentlich der Psychoanalytiker anders als etwa der Verhaltenspsychologe, der 20 Therapiestunden für ausreichend hält, statt seine Klienten für manchmal vier Jahre, viermal wöchentlich auf die Couch zu bitten? […] Wer schon einmal die Kühlerhaube seines Autos aufgemacht hat und unbedingt wissen wollte, wie so ein Motor funktioniert, der hat ein kleines Stück von der Faszination erlebt, die darin bestehen kann, das ungleich schwierigere Rätsel Mensch zu lösen.«

Waltraud Worthmann-von Rode, SWR2 Buch-Tipp, 14.01.2000

Walltorstr. 10 · 35390 Gießen · Tel. 0641-969978-18 · Fax 0641-969978-19
bestellung@psychosozial-verlag.de · www.psychosozial-verlag.de

Psychosozial-Verlag

Anne-Marie Schlösser, Kurt Höhfeld (Hg.)

Psychoanalyse als Beruf

2000 · 461 Seiten · Gebunden
ISBN 978-3-89806-021-9

Analytiker sehen sich heute mehr denn je ganz spezifischen Anforderungen und Belastungen ausgesetzt und von einer skeptischen Öffentlichkeit mit wachsender Aufmerksamkeit beobachtet. Wir haben die Psychoanalyse zu einem Beruf gemacht und sie – genauer: die analytische Psychotherapie – im Vertragsarztrecht verankert, wir betreiben Berufspolitik, und wir fördern die Anwendung der Psychoanalyse in vielen Bereichen. Was bleibt von der Psychoanalyse, wenn sie sich von der Realität verschiedener Kontexte berühren lässt? In welcher Weise nimmt z.B. das vertragsärztliche Versorgungssystem Einfluss auf die Psychoanalyse?

Anne-Marie Schlösser, Alf Gerlach (Hg.)

Kreativität und Scheitern

2001 · 530 Seiten · Gebunden
ISBN 978-3-89806-102-5

Das Thema »Kreativität und Scheitern« wird in diesem Sammelband in drei Richtungen entfaltet: Es geht um anthropologische Aspekte, um Kreativität und Scheitern in der psychoanalytischen Praxis und um psychoanalytische Überlegungen zum künstlerischen Prozess anhand vielfältiger Beispiele aus der Literatur, der bildenden Kunst, dem Film und der Musik. Welchen Platz hat die Kreativität des Einzelnen im analytischen Prozess? Warum scheitern manche Analysen und wie reagieren die beiden Beteiligten darauf? Der Traum als Quelle kreativer Lösungen stellt einen weiteren Schwerpunkt dieser Beiträge dar. Als Beispiel für Kreativität in der Forschung werden erste Ergebnisse der Praxisstudie der DGPT vorgestellt.

Walltorstr. 10 · 35390 Gießen · Tel. 0641-969978-18 · Fax 0641-969978-19
bestellung@psychosozial-verlag.de · www.psychosozial-verlag.de

Psychosozial-Verlag

Anne-Marie Schlösser, Alf Gerlach (Hg.)

Gewalt und Zivilisation

Erklärungsversuche und Deutungen

2002 · 688 Seiten · Gebunden
ISBN 978-3-89806-155-1

Psychoanalytiker haben mit Nachdruck auf die menschliche Aggressivität verwiesen und damit deutlich gemacht, dass Gewalt konstitutiver Bestandteil menschlicher Zivilisation ist. Nur der kulturell erzwungene Verzicht auf »Inzest, Kannibalismus und Mordlust«, wie Freud es 1927 formulierte, scheint in dieser Perspektive Zivilisation zu sichern, führt andererseits aber auch zu einer ständigen unbewussten Rebellion gegen die Unterdrückung dieser Triebwünsche. Gewalt kommt also nicht von außen, als das Fremde und überraschend Unerklärliche. Eher scheint sie interner, vielleicht sogar unverzichtbarer Bestandteil unserer so sehr auf Fortschritt ausgerichteten Zivilisation zu sein.

Alf Gerlach, Anne-Marie Schlösser, Anne Springer (Hg.)

Psychoanalyse mit und ohne Couch

Haltung und Methode

2003 · 671 Seiten · Gebunden
ISBN 978-3-89806-238-1

Der Psychoanalytiker in seiner täglichen Praxis ist heute in unterschiedlichen Settings und Anwendungsformen tätig. Auch ohne Nutzung der Couch bleiben dabei analytische Haltung und Methode für seine innere Reflexion und das Verständnis der Psychodynamik der Patienten wie der Übertragungs- und Gegenübertragungsbeziehung wichtig. Sie sind auch Grundlage des Psychoanalytikers in anderen Tätigkeitsfeldern, in denen er beratend, forschend, lehrend oder heilend seinen Beruf ausübt. Die unterschiedlichen Anwendungen der analytischen Methode werden beispielhaft an niederfrequenten Einzeltherapien, Formen der analytischen Gruppen-, Paar- und Familientherapie und an stationärer Psychotherapie dargestellt und diskutiert.

Walltorstr. 10 · 35390 Gießen · Tel. 0641-969978-18 · Fax 0641-969978-19
bestellung@psychosozial-verlag.de · www.psychosozial-verlag.de

Psychosozial-Verlag

Alf Gerlach, Anne-Marie Schlösser, Anne Springer (Hg.)

Psychoanalyse des Glaubens

2004 · 558 Seiten · Gebunden
ISBN 978-3-89806-315-9

Für die psychoanalytische Theorie stellt sich die Frage, ob Glauben eine innere Notwendigkeit darstellt, der sich kein Mensch entziehen kann. Glaube wäre in diesem Falle ein wesentlicher Teil der Kulturfähigkeit des Menschen, zugleich aber auch seines Leidens an dieser Kultur. In der analytisch-therapeutischen Arbeit werden individuelle und kollektive Glaubenssysteme untersucht. Die Aufgabe des Über-Ich, des Ich-Ideals und auch des grandiosen Selbst nimmt dabei eine zentrale Rolle ein. Doch auch Psychoanalytiker selbst geben ihr »Nicht-Wissen« zu oft zugunsten eines gläubigen »Wissens« auf, z.B. in Bezug auf eine Deutung und ihren Wert oder auf eigene Theorien und ihre Hintergrundannahmen.

Anne Springer, Alf Gerlach, Anne-Marie Schlösser (Hg.)

Macht und Ohnmacht

2005 · 492 Seiten · Gebunden
ISBN 978-3-89806-469-9

Die Beiträge befassen sich mit der Komplexität von Macht- und Herrschaftsstrukturen sowohl in der inneren als auch in der äußeren Realität aus psychoanalytischer Sicht. Zum einen sind Psychoanalytiker im Behandlungsraum gleichermaßen mit fremden wie mit ihren eigenen Vorstellungen von Macht und Ohnmacht konfrontiert, mit der Versuchung, diese zu agieren oder zu inszenieren. Sie sind dabei gefordert, mit diesen Vorstellungen verstehend und nicht agierend umzugehen und dieses Verstehen den Patienten zur Verfügung zu stellen. Zum anderen sind sie Teilnehmer der Öffentlichkeit und Berufspolitik. Um diese aktiv mitzugestalten, müssen sie ihre Macht- und Ohnmachtfantasien kontinuierlich selbst analysieren.

Walltorstr. 10 · 35390 Gießen · Tel. 0641-969978-18 · Fax 0641-969978-19
bestellung@psychosozial-verlag.de · www.psychosozial-verlag.de

Psychosozial-Verlag

Anne Springer, Alf Gerlach, Anne-Marie Schlösser (Hg.)

Störungen der Persönlichkeit

2006 · 488 Seiten · Gebunden
ISBN 978-3-89806-263-3

Die wissenschaftliche Arbeitstagung der DGPT im September 2005 in Lindau thematisierte Fragen der Diagnostik und Behandlung von Patienten mit Persönlichkeitsstörungen. Die analytische Psychotherapie mit Patienten, die unter einer schweren Charakterpathologie dieser Art leiden, verlangt häufig Modifikationen der Behandlungstechnik. Die versammelten Beiträge geben einen höchst informativen Einblick in die aktuelle Diskussion in der Psychoanalyse zu Fragen der Theorie, Diagnostik, Indikationsstellung und Behandlungsplanung unter Einbeziehung zeit- und kulturgeschichtlicher Aspekte und im Dialog mit Behandlungskonzepten der Verhaltenstherapie.

Anne Springer, Karsten Münch, Dietrich Munz (Hg.)

Psychoanalyse heute?!

2007 · 489 Seiten · Gebunden
ISBN 978-3-89806-834-5

Führende Psychoanalytiker und Psychoanalytikerinnen entwickeln in diesem Band aus klinischer, theoretischer, gesellschaftlich-kultureller und historischer Perspektive eine Standortbestimmung der aktuellen Psychoanalyse. Dabei steht die Reflexion aus deutscher Sicht 60 Jahre nach dem Ende des Nationalsozialismus, der die Psychoanalyse in die Emigration zwang, im Vordergrund. André Green, Anne-Marie Sandler und Rolf Sandell analysieren die Situation zusätzlich aus einem internationalen Blickwinkel. Das Spektrum der Beiträge reicht von Freuds aktuellem Einfluss über die Entwicklung der Psychoanalyse nach 1945 bis zum Verhältnis der Psychoanalyse zur Neurowissenschaft.

Walltorstr. 10 · 35390 Gießen · Tel. 0641-969978-18 · Fax 0641-969978-19
bestellung@psychosozial-verlag.de · www.psychosozial-verlag.de

Psychosozial-Verlag

Anne Springer, Karsten Münch, Dietrich Munz (Hg.)

Sexualitäten

2008 · 455 Seiten · Gebunden
ISBN 978-3-89806-854-3

Im Wien des 19. Jahrhunderts verlieh Freud der Sexualität und ihren Symbolisierungen eine Sprache in Medizin und Psychologie und in der Behandlung psychischer Erkrankungen. In der Geschichte der Psychoanalyse nach Freud ist aber auch zu beobachten, dass triebtheoretische Erörterungen und Bezüge aus dem Beginn der Psychoanalyse als Wissenschaft immer wieder zu »verschwinden« drohen und andererseits doch auch immer wieder andrängen und gehört werden wollen. Die Beiträge dieses Bandes widmen sich der Frage, wie Psychoanalytikerinnen und Psychoanalytiker heute die damals bahnbrechenden Konzepte Freuds verstehen und anwenden.

Karsten Münch, Dietrich Munz, Anne Springer (Hg.)

Die Fähigkeit, allein zu sein

Zwischen psychoanalytischem Ideal und gesellschaftlicher Realität

2009 · 405 Seiten · Gebunden
ISBN 978-3-8379-2060-4

Ausgangspunkt der Referentinnen und Referenten war das »Unbehagen in (unserer) Kultur« angesichts der Verflüssigung von Strukturen, des Verlusts von Bindungen und Verbindlichkeiten, des Zwangs zur Flexibilität und der mit alledem verbundenen wachsenden Verunsicherung. Die Autorinnen und Autoren versuchen, aus psychoanalytischen und sozialwissenschaftlich-philosophischen Perspektiven die Wechselwirkungen zwischen gesellschaftlichen Realitäten und individuellen Gegebenheiten und Verarbeitungsformen zu beleuchten. Die DGPT-Tagung war zugleich eine Hommage an Alexander Mitscherlich, dessen Geburtstag sich 2008 zum 100. Mal jährte.

Walltorstr. 10 · 35390 Gießen · Tel. 0641-969978-18 · Fax 0641-969978-19
bestellung@psychosozial-verlag.de · www.psychosozial-verlag.de